Resumo de Direito
Internacional & Comunitário

1ª Edição — Impetus, 2008
2ª Edição — Impetus, 2008
3ª Edição — Impetus, 2011
4ª Edição — LTr, 2015

JAIR TEIXEIRA DOS REIS

Graduado em Direito pela Universidade Estadual de Montes Claros/MG – Unimontes, com especialização em Direito Tributário em nível de Pós-Graduação pelo IBET – Instituto Brasileiro de Estudos Tributários. Concluiu o curso de Doutoramento em Direito pela Universidade Lusíada de Lisboa – Portugal. Professor de Ciência Política e TGE, Direito do Trabalho e Previdenciário em cursos de graduação da Faculdade São Geraldo – FSG. Auditor Fiscal do Trabalho desde 1996. Membro da Associação Luso-Brasileira de Juristas do Trabalho – Jutra.

Resumo de Direito Internacional & Comunitário

4ª Edição

EDITORA LTDA.
© Todos os direitos reservados

Rua Jaguaribe, 571
CEP 01224-001
São Paulo, SP – Brasil
Fone: (11) 2167-1101
www.ltr.com.br
Março, 2015

Projeto Gráfico e Editoração Eletrônica: Peter Fritz Strotbek
Projeto de Capa: Fabio Giglio
Impressão: Orgrafic

Versão impressa: LTr 5214.6 – ISBN 978-85-361-8298-8

Versão digital: LTr 8598.7 – ISBN 978-85-361-8319-0

Dados Internacionais de Catalogação na Publicação (CIP)
(Câmara Brasileira do Livro, SP, Brasil)

Reis, Jair Teixeira dos

Resumo de direito internacional & comunitário / Jair Teixeira dos Reis. — 4. ed. — São Paulo : LTr, 2015

Bibliografia.

1. Direito internacional privado — Sínteses, compêndios, etc. 2. Direito internacional público — Sínteses, compêndios, etc. 3. Direitos humanos — Sínteses, compêndios, etc. 4. Direito — Integração internacional — Sínteses, compêndios, etc. I. Título.

15-01225   CDU-341

Índices para catálogo sistemático:

1. Direito internacional   341

*Dedico este trabalho
à minha esposa,
Wilke, e a meus filhos,
Arthur e Maria Teresa.*

Agradecimentos

*Aos docentes e discentes do
Curso de Direito da Faculdade São Geraldo,
pela convivência acadêmica.*

*Aos amigos da JUTRA, pelo incentivo
e apoio na realização deste trabalho.*

Sumário

Sobre o Autor 15

Prefácio — *William Douglas* 17

Nota à 4ª Edição 19

Apresentação 21

Capítulo 1 — Introdução 23
1.1. Denominação, Conceito, Divisão e Princípios.. 23
1.2. Fontes do Direito Internacional Público 26
    1.2.1. Fontes de Direito Internacional Privado no ordenamento brasileiro 28
1.3. Tribunal Penal Internacional — TPI 30
    1.3.1. Estrutura e Jurisdição do TPI 37
    1.3.2. Princípios a serem observados no TPI 37
1.4. Corte Internacional de Justiça — CIJ 38
1.5. Quadro comparativo entre a Corte Internacional de Justiça e o Tribunal Penal Internacional..... 40

Capítulo 2 — Sujeitos de Direito Internacional — Estados e Organizações 41
2.1. Estados 41
    2.1.1. Conceito de Estado... 43
    2.1.2. Origem, denominação e composição do Estado 44
    2.1.2.1. Formas de Estados 45
2.2. Organizações Internacionais... 48
    2.2.1. Organização das Nações Unidas — ONU... 50
2.3. Coletividades Não Estatais ou outras Coletividades 52
2.4. O Homem ou o Indivíduo 53

Capítulo 3 — Órgãos das Relações entre os Estados — Agentes Diplomáticos e Representações Consulares 56
3.1. Imunidade de Jurisdição 58
    3.1.1. Agentes Diplomáticos 59
    3.1.2. Representantes Consulares 62

Capítulo 4 — Organização Internacional do Trabalho — OIT 66
4.1. Finalidade e Definição da OIT.. 66
4.2. Estrutura, Composição e Competência da OIT.. 68
4.3. Convenções e Recomendações Internacionais do Trabalho.. 70
    4.3.1. Sistemas de controle da OIT: Comissão de Peritos e Comitê de Liberdade Sindical........... 79
4.4. Declaração Sobre os Princípios e Direitos Fundamentais do Trabalho — 1998................. 80

Capítulo 5 — Organização Mundial do Comércio (OMC) 84

5.1. Estrutura da Organização Mundial do Comércio — OMC 85

    5.1.1. Objetivos e princípios da OMC 85

    5.1.2. Sistema de resolução de controvérsias da OMC 86

5.2. *Dumping* 87

    5.2.1. *Dumping* social no Judiciário Trabalhista brasileiro 89

5.3. Cláusula Social e Selo Social 91

5.4. Padrões Trabalhistas Mínimos 92

Capítulo 6 — Direito Comunitário 94

6.1. Mercado Comum do Sul — Mercosul 97

    6.1.1. Objetivos do Mercosul 97

    6.1.2. Estrutura institucional do Mercosul 98

    6.1.3. Declaração sociolaboral do Mercosul 101

6.2. União Europeia — UE 105

    6.2.1. Estrutura institucional da União Europeia 106

    6.2.2. Os princípios fundamentais da União Europeia 108

    6.2.3. A estrutura da União Europeia: o modelo dos três pilares 108

        6.2.3.1. O primeiro pilar: as três comunidades europeias 109

        6.2.3.2. O segundo pilar: cooperação no domínio da política externa e de segurança comum 109

        6.2.3.3. O terceiro pilar: cooperação policial e judiciária 110

        6.2.3.4. Fusão dos pilares da União Europeia 111

    6.2.4. Tribunal de Justiça da União Europeia 112

        6.2.4.1. Tribunal-geral 115

        6.2.4.2. Tribunal da Função Pública da União Europeia 116

    6.2.5. Livre-circulação de Trabalhadores na União Europeia 116

    6.2.6. Euro 117

Capítulo 7 — Atividades do Estrangeiro no Brasil — Limitações Constitucionais 119

Capítulo 8 — Competência Interna e Internacional 122

8.1. Aplicação da Lei Trabalhista Estrangeira e Homologação de Sentença Estrangeira 123

    8.1.1. Contratação de brasileiro para o exterior 126

    8.1.2. Autorização de trabalho e visto a estrangeiro 127

8.2. Imunidade de Jurisdição Trabalhista 128

8.3. Aplicação da Lei Processual Penal no Espaço 129

Capítulo 9 — Tratados Internacionais — Vigência e Aplicação 131

9.1. Negociação e Assinatura 133

9.2. Ratificação 134

9.3. Promulgação e Publicação 135

9.4. Vigência 135

9.5. Denúncia 135

    9.5.1. Conflito entre as normas internacionais de Direitos Humanos e a Constituição brasileira 136

    9.5.2. Conflito entre tratado de normas de Direito Interno: teorias 138

9.6. Denominações ou Terminologias 140

    9.6.1. Terminologias perante o Direito Brasileiro 141

Capítulo 10 — Normas Internacionais de Proteção da Criança e do Adolescente 143

10.1. Convenção n. 138 da OIT — Sobre a Idade Mínima de Admissão ao Emprego 145

10.2. Convenção n. 182 da OIT — Sobre a Proibição das Piores Formas de Trabalho Infantil e a Ação Imediata para a sua Eliminação 151

    10.2.1. Recomendação n. 190 — Sobre as Piores Formas de Trabalho Infantil da OIT 154

10.3. Convenção Sobre os Direitos da Criança e do Adolescente — 1989 156

Capítulo 11 — Internacionalização dos Direitos Humanos 167

11.1. União Europeia e os Direitos Humanos 170

Capítulo 12 — Questões Sobre Direito Internacional e Comunitário 172

Capítulo 13 — Anexos: Convenções da Organização Internacional do Trabalho 217

13.1. Convenções Fundamentais da OIT 217

    13.1.1. Convenção (29) Sobre o Trabalho Forçado ou Obrigatório 217

    13.1.2. Convenção (105) Relativa à Abolição do Trabalho Forçado 222

    13.1.3. Convenção (87) Sobre a Liberdade Sindical e a Proteção do Direito Sindical 224

    13.1.4. Convenção (98) Sobre a Aplicação dos Princípios do Direito de Sindicalização e de Negociação Coletiva 227

    13.1.5. Convenção (100) Sobre a Igualdade de Remuneração de Homens e Mulheres por Trabalho de Igual Valor 229

    13.1.6. Convenção (111) Sobre a Discriminação em Matéria de Emprego e Profissão 231

13.2. Convenções da OIT Referentes a Salário e Remuneração 233

    13.2.1. Convenção (95) Concernente à Proteção do Salário 233

    13.2.2. Convenção (26) Concernente à Instituição de Métodos de Fixação de Salários Mínimos ... 237

    13.2.3. Convenção (99) Concernente aos Métodos de Fixação de Salário Mínimo na Agricultura .. 239

13.3. Convenções da OIT que tratam da Proteção à Maternidade 242

    13.3.1. Convenção (103) Relativa ao Amparo à Maternidade 242

13.4. Convenções da OIT Referentes à Proteção do Trabalhador Doméstico e em Domicílio ... 245

    13.4.1. Convenção (189) sobre Trabalho Decente para as Trabalhadoras e os Trabalhadores Domésticos .. 246

    13.4.1.1. Recomendação (201) sobre o Trabalho Doméstico Decente para as Trabalhadoras e os Trabalhadores Domésticos 251

    13.4.2. Convenção (177) sobre trabalho em domicílio 255

13.5. Convenção da OIT sobre Férias Anuais Remuneradas 258

Referências Bibliográficas 261

*O coração do homem planeja o seu caminho,
mas o Senhor lhe dirige os passos.*

Provérbios 16:9

Sobre o Autor

Jair Teixeira dos Reis é natural de Janaúba/MG.

Graduado em Direito pela Universidade Estadual de Montes Claros/MG (UNIMONTES), com especialização em Direito Tributário em nível de pós-graduação pelo Instituto Brasileiro de Estudos Tributários (IBET).

É professor de Ciência Política e Teoria Geral do Estado, Direito do Trabalho e Direitos Humanos em cursos de graduação da Faculdade São Geraldo (FSG).

Concluiu o Curso de Doutoramento em Direito pela Universidade Lusíada de Lisboa.

Concluiu o Curso de Direitos Humanos e Direitos do Cidadão pela Pontifícia Universidade Católica de Minas Gerais (PUC) e o Curso de Formação em Direitos Humanos à Alimentação Adequada no contexto da Segurança Alimentar e Nutricional, promovido pelo Ministério do Desenvolvimento Social e Combate à Fome (MDS), em parceria com a Ágere Cooperação em Advocacia e com a Ação Brasileira pela Nutrição e Direitos Humanos (Abrandh).

Técnico em Agropecuária pelo Instituto Federal de Educação, Ciência e Tecnologia do Norte de Minas Gerais — Campi de Januária.

Auditor Fiscal do Trabalho desde 1996.

Membro da Associação Luso-Brasileira de Juristas do Trabalho (JUTRA).

Membro do Conselho Editorial da Revista Fonte do Direito.

Experiência profissional e acadêmica com destaque na área Trabalhista e de Direitos Humanos e Direito Internacional.

Prefácio

O Direito Internacional, embora não seja novo, é atualmente a marca do terceiro milênio e, por certo, é um dos ramos que mostra maior crescimento e oferece enorme leque de oportunidades. Sua crescente importância vem sendo reconhecida pelas universidades, escritórios de advocacia, governo e pelo serviço público.

Este é um século de grandes transformações, do qual o Direito Internacional e Comunitário é parte indissociável.

O autor, Jair Teixeira dos Reis, levou a cabo a difícil tarefa de sintetizar o pensamento e as discussões mais importantes ligadas ao Direito Internacional e Comunitário. Essa característica é de grande valia, uma vez que o Direito é marcado ao mesmo tempo por uma necessidade de certeza e, *pari passu*, pela necessária flexibilidade da regra jurídica.

A objetividade, clareza de raciocínio e abordagem dos temas mais importantes são, na verdade, a tradução daquilo que o Dr. Jair Teixeira dos Reis representa para o meio acadêmico, como professor e autor. Sua obra presta relevante serviço, pois permite um voo ligeiro e nem por isso distante, essencial para conhecer ou relembrar as linhas mestras e os estamentos gerais da matéria.

Na obra, o autor trata com muita propriedade sobre alguns temas relevantes no Direito Internacional, tais como as fontes do Direito Internacional, imunidade de jurisdição, agentes diplomáticos, representantes consulares, Organização Internacional do Trabalho (OIT), Organização Mundial do Comércio (OMC), *dumping*, atividades do estrangeiro no Brasil — limitações constitucionais, aplicação da lei trabalhista estrangeira, tratados internacionais — vigência e aplicação, entre outros.

Bem escrito e tratando o assunto de forma técnica e clara, este livro traz para o público uma fonte segura de estudo e utilização cotidiana.

William Douglas
Professor, Escritor e Juiz Federal.

Nota à 4ª edição

Com grande satisfação levamos aos leitores a quarta edição de nosso Resumo de Direito Internacional e Comunitário.

Inicialmente, não podemos deixar de agradecer aos nossos alunos, estudiosos, concurseiros e pesquisadores, pela carinhosa acolhida a este trabalho, e à generosidade de todos os professores e amigos que o recomendaram.

Para esta edição, realizamos diversas alterações por sugestões de estudantes e em função de novos conteúdos programáticos da disciplina nos concursos públicos, a saber:

- quadro comparativo entre a Corte Internacional de Justiça e o Tribunal Penal Internacional;
- objetivos e princípios da OMC e da OIT;
- *dumping*, cláusula social no Judiciário Trabalhista brasileiro;
- a estrutura institucional do Mercosul;
- a estrutura institucional da União Europeia com a entrada em vigor do Tratado de Lisboa;
- as Convenções Internacionais do Trabalho ns. 26, 29, 87, 95, 98, 99, 100, 103, 111, 105, 132, 138, 177, 182 e 189.

Vitória-ES, Novembro de 2014.

Jair Teixeira dos Reis

Apresentação

O Direito Internacional e Comunitário desponta neste terceiro milênio como ramo jurídico de singular interesse e importância em razão, principalmente, da globalização da economia, da formação dos blocos do Mercosul no continente americano e da União Europeia (UE) no continente europeu, aliado ao reconhecimento e à internacionalização dos direitos humanos.

Este livro apresenta estudos gerais sobre as fontes, os sujeitos e a competência em matéria de Direito Internacional, os Agentes Diplomáticos e os Representantes Consulares, as atividades do estrangeiro no Brasil, bem como sobre a vigência e aplicação de tratados internacionais.

A obra contém, ainda, valiosos estudos sobre a internacionalização dos Direitos Humanos, a OMC (Organização Mundial do Comércio) e o Direito Comunitário, com estudos específicos sobre o Mercosul e a UE (União Europeia). Na seara trabalhista, o presente resumo contribui com estudos específicos sobre o trabalho do estrangeiro, seja no Brasil, seja no exterior, a OIT (Organização Internacional do Trabalho) e as normas internacionais de proteção à criança e ao adolescente.

O Resumo de Direito Internacional e Comunitário constitui-se em obra esclarecedora, objetiva e concisa, de leitura agradável e proveitosa, que traz importantes contribuições para o ramo jurídico e os profissionais que laboram nessa seara.

Dárcio Vagner Vieira
Auditor Fiscal do Trabalho
Montes Claros – MG.

Capítulo 1

Introdução

Inicialmente, vale salientar que o objetivo do Direito Internacional, referido por Geraldo Eulálio do Nascimento e SILVA e ACCIOLY[1] (2002), "é o estabelecimento de segurança entre as Nações, sobre princípios de justiça para que dentro delas cada homem possa ter **paz, trabalho, liberdade de pensamento e de crença**".

Vale ressaltar também que, na prática internacional e nos livros de doutrina, não é de rigor a utilização do qualificativo "público" na designação do Direito Internacional Público, (pois, ao se falar em "Direito Internacional" já se subentende o Direito Internacional Público). Em contrapartida, a palavra qualificadora "privado" não está dispensada da designação do Direito Internacional Privado, por isso, deve sempre aparecer esta expressão a fim de distinguir este daquele (Valério de Oliveira MAZZUOLI[2], 2008).

Também, pode-se entender o Direito o Direito Internacional a partir da definição de Direito Nacional ou interno pelo jurista Norberto Bobbio[3] (1999):

"O direito nacional ou interno é aquele cuja principal fonte é a lei editada pelo Estado, conforme procedimentos específicos, que têm vigência e eficácia nos limites do território nacional e através do qual se busca um controle social".

Pondera Renata Campetti AMARAL[4] (2008) que a doutrina especializada distingue dois diferentes períodos na evolução do Direito Internacional Público: o sistema clássico (1648-1918) e o moderno (após o término da Primeira Guerra Mundial).

O **sistema clássico** fundamentou-se no reconhecimento do Estado soberano como o único sujeito do Direito Internacional Público e se difere do moderno pelos seguintes aspectos:

• característica europeia, em face do período de colonização;

• aplicação dos princípios da *pacta sunt servanda* nas obrigações internacionais, da soberania territorial, da imunidade estatal e das regras de proteção diplomática;

• aceitação do uso ilimitado de força e de guerra como direito inerente ao Estado, facilitando a aceitação da ideia de anexação de território estrangeiro conquistado e da colonização dos novos continentes.

Já o **sistema moderno** é marcado pelas características a seguir:

• desvinculação das características europeias, ou seja, universalização do Direito Internacional Público, apesar de muitas normas do DIP clássico terem sido mantidas;

• manutenção da paz e da segurança internacionais por meio da organização sistemática da sociedade internacional;

• surgimento de novas áreas do DIP, como Direito Internacional Econômico, Direitos Humanos, Direito Internacional Ambiental etc.

1.1. Denominação, conceito, divisão e princípios

Nos ensinam Liliana Lyra JUBILUT e Gustavo Ferraz de Campos MONACO[5] (2010) que há várias maneiras de se apontar o conceito de Direito Internacional. Para eles, alguns doutrinadores o fazem a partir dos objetos desse ramo do Direito (as matérias internacionais); outros buscam o conceito na forma de produção das normas. Contudo,

---

(1) SILVA, Geraldo Eulálio do Nascimento; ACCIOLY, Hildebrando. *Manual de Direito Internacional Público*. 15. ed. São Paulo: Saraiva, 2002. p. 4-5.
(2) MAZZUOLI, Valério de Oliveira. *Direito Internacional Público*: parte geral. 4. ed. São Paulo: Revista dos Tribunais, 2008. p. 13.
(3) BOBBIO, Norberto. *Teoria do Ordenamento Jurídico*. 10. ed. Brasília: Editora Universidade de Brasília, 1999. p. 23-24.
(4) AMARAL, Renata Campetti. *O Direito Internacional Público e Privado*. 4. ed. Porto Alegre: Verbo Jurídico, 2008. p. 11.
(5) JUBILUT, Liliana Lyra; MONACO, Gustavo Ferraz de Campos. *Direito Internacional Público*. São Paulo: Lex, 2010. p. 4.

a maneira mais tradicional de se identificar o conceito de Direito Internacional é a que se utiliza dos sujeitos deste ramo do Direito (Estados, Organizações Internacionais e indivíduos).

A primeira denominação do instituto do Direito Internacional *lato sensu* foi *ius gentium*, ou direito das gentes, pois regulava essa situação.

Para Hildebrando ACCIOLY[6] (2002), Direito Internacional ou Direito das Gentes é o conjunto de princípios ou regras destinado a reger os direitos e deveres internacionais, tanto dos Estados ou outros organismos análogos quanto dos indivíduos.

Leciona Amorim ARAÚJO[7] (1990) que o Direito Internacional se resume num conjunto de regras jurídicas — consuetudinárias e convencionais — que determinam os direitos e deveres, na órbita internacional, dos Estados, dos indivíduos e das instituições que obtiveram personalidade por acordo entre Estados.

Assevera Sebastião José ROQUE, citado por Carlos Roberto HUSEK[8] (2007), que o Direito Internacional é um conjunto de normas positivas, costumes, princípios, tratados internacionais e outros elementos jurídicos que tenham por objeto regular o relacionamento entre os países, e completa que ao se falar em internacional, não se pode considerar a origem etimológica do termo, mas sim o relacionamento entre Estados soberanos, e não mais entre nações.

Na mesma linha, para HUSEK[9] (2007) o Direito Internacional é o conjunto de princípios, regras, teorias que abrangem os entes coletivos internacionalmente reconhecidos — Estados e organizações internacionais — e o Homem.

O Direito Internacional é — de acordo com a habitual determinação do seu conceito — um complexo de normas que regulam a conduta recíproca dos Estados — que são os sujeitos específicos do Direito internacional (Hans KELSEN[10], 1979).

Para melhor identificarmos o Direito Internacional, merece destaque a tradicional divisão do Direito em Público e Privado:

Direito Público	Direito Privado
Área do direito que regula as relações em que o Estado é parte, ou seja, rege a organização e a atividade do Estado considerado em si mesmo, em relação a outro Estado, e em suas relações com os particulares.	Disciplina as relações entre particulares nas quais predomina o interesse de ordem privada, de modo imediato.

Enfim, tanto o Direito Internacional Público quanto o Direito Internacional Privado possuem a característica comum de envolver relações que apresentam pelo menos um componente internacional. Entretanto, enquanto o primeiro cuida das relações entre os Estados e Organizações internacionais no tocante ao Direito Público, o segundo trata daquelas relações entre particulares que possuem reflexos internacionais. Logo, pertencem ao campo do Direito Internacional Privado questões como a dos efeitos do casamento entre pessoas de diferentes Estados, de herança e de atividades empresariais cujas partes sejam pessoas privadas, com algum elemento de conexão internacional. Já ao Direito Internacional Público pertencerão aquelas questões que envolvem as relações dos Estados entre si e com outras pessoas jurídicas de Direito Internacional, como as já referidas Organizações Internacionais, como, por exemplo, questões de concessão de asilo político, expulsão de estrangeiro, guerra, deportação, extradição etc.

Direito Internacional Privado, no entendimento de Aguinaldo ALLEMAR[11] (2004):

> É o ramo do Direito que cuida de definir qual Direito material aplicável, ou qual a jurisdição competente para dirimir qualquer conflito que tenha conotação internacional, seja em função da nacionalidade ou do domicílio das partes, do local de celebração ou de execução do contrato, ou de qualquer outro elemento que dê à relação jurídica aquela conotação internacional.

---

(6) ACCIOLY, Hildebrando. *Manual de Direito Internacional Público*. 15. ed. São Paulo: Saraiva, 2002. p. 4.
(7) AMORIM ARAÚJO, Luís Ivani de. *Curso de Direito Internacional Público*. São Paulo: Revista dos Tribunais, 1990.
(8) HUSEK, Carlos Roberto. *Curso de Direito Internacional Público*. 7. ed. São Paulo: LTr, 2007. p. 21.
(9) *Ibidem*, p. 20-21.
(10) KELSEN, Hans. *Teoria Pura do Direito*. Coimbra: Coimbra Editora, 1979. p. 427.
(11) ALLEMAR, Aguinaldo. *Direito Internacional*. Curitiba: Juruá, 2004. p. 16.

Os principais fundamentos do Direito Internacional Privado, na lição de Sérgio Pinto MARTINS[12] (2006), são: a) a multiplicidade do fator estrangeiro, em que se passa a verificar o elemento estrangeiro; b) os ordenamentos jurídicos autônomos. Em Roma havia a hegemonia dos cidadãos romanos e não se reconhecia poder de outros grupos. Agora, observamos as nações-estado, que são soberanas; c) a benevolência em relação ao estrangeiro.

Já os princípios de Direito Internacional fundamentam as relações entre os sujeitos de direito internacional, a saber:

a) *Pacta sunt servanda* — Prescreve o art. 26 da Convenção de Viena sobre o Direito dos Tratados de 1969 que "todo tratado em vigor obriga as partes e deve ser cumprido por elas de boa-fé". Segundo esse princípio, o que foi pactuado deve ser cumprido.

b) **Consentimento — Não intervenção nos assuntos internos dos Estados:** Os Estados, em regra, não se subordinam senão ao direito que livremente reconhecem ou construíram. O consentimento de um Estado em obrigar-se por um tratado pode manifestar-se pela assinatura, troca dos instrumentos constitutivos do tratado, ratificação, aceitação, aprovação ou adesão, ou por quaisquer outros meios, se assim acordado.

c) **Proibição do uso ou ameaça de força** — O Direito Internacional adota como regra a proibição do uso da força ou ameaça do uso da força. A razão disso é o respeito à soberania e à autonomia política dos Estados, algo indispensável à normalidade das relações diplomáticas. Essa regra está contida no art. 2º da Carta das Nações Unidas.[13]

A regra sofre exceções em três situações, nas quais é admitido o emprego da força militar. São elas: *a) autodefesa; b) autorização do Conselho de Segurança; c) intervenção humanitária*. As duas primeiras são previstas na própria Carta, enquanto que a última é decorrência natural do desenvolvimento do Direito Internacional.

d) **Solução pacífica das controvérsias** — As soluções pacíficas devem ser entendidas como instrumentos elaborados pelos Estados e regulados pelo Direito Internacional Público, para colocar fim a uma situação de conflito de interesses. A Carta das Nações Unidas trata dessa temática em seu Capítulo VI, art. 33, 1: As partes, numa controvérsia que possa vir a constituir uma ameaça à paz e à segurança internacionais, procurarão, antes de tudo, chegar a uma solução por negociação, inquérito, mediação, conciliação, arbitragem, via judicial, recurso a organizações ou acordos regionais, ou qualquer outro meio pacífico à sua escolha.

e) **Igualdade de direitos e autodeterminação dos povos** — Todos os povos têm direito à autodeterminação, em virtude do qual determinam livremente sua condição política e promovem livremente seu desenvolvimento econômico, social e cultural.[14]

f) **Boa-fé no cumprimento das obrigações internacionais** — A boa-fé das partes pactuantes é princípio que regula a elaboração e consecução de normas de Direito Internacional. O art. 18 da Convenção de Viena, sobre o Direito dos Tratados de 1969, estabelece que um Estado é obrigado a abster-se da prática de atos que frustrariam o objeto e a finalidade de um tratado quando:

---

(12) MARTINS, Sérgio Pinto. *Instituições de Direito Público e Privado*. 6. ed. São Paulo: Atlas, 2006.

(13) Art. 2º A Organização e seus Membros, para a realização dos propósitos mencionados no art. 1º, agirão de acordo com os seguintes Princípios:

1. A Organização é baseada no princípio da igualdade de todos os seus Membros.

2. Todos os Membros, a fim de assegurarem para todos em geral os direitos e vantagens resultantes de sua qualidade de Membros, deverão cumprir de boa-fé as obrigações por eles assumidas de acordo com a presente Carta.

3. Todos os Membros deverão resolver suas controvérsias internacionais por meios pacíficos, de modo que não sejam ameaçadas a paz, a segurança e a justiça internacionais.

4. Todos os Membros deverão evitar em suas relações internacionais a ameaça ou o uso da força contra a integridade territorial ou a dependência política de qualquer Estado, ou qualquer outra ação incompatível com os Propósitos das Nações Unidas.

5. Todos os Membros darão às Nações toda assistência em qualquer ação a que elas recorrerem de acordo com a presente Carta e se absterão de dar auxílio a qualquer Estado contra o qual as Nações Unidas agirem de modo preventivo ou coercitivo.

6. A Organização fará com que os Estados que não são Membros das Nações Unidas ajam de acordo com esses Princípios em tudo quanto for necessário à manutenção da paz e da segurança internacionais.

7. Nenhum dispositivo da presente Carta autorizará as Nações Unidas a intervirem em assuntos que dependam essencialmente da jurisdição de qualquer Estado ou obrigará os Membros a submeterem tais assuntos a uma solução, nos termos da presente Carta; este princípio, porém, não prejudicará a aplicação das medidas coercitivas constantes do Capítulo VII.

(14) Art. 4º, III, da CF.

I – tiver assinado ou trocado instrumentos constitutivos do tratado, sob reserva de ratificação, aceitação ou aprovação, enquanto não tiver manifestado sua intenção de não se tornar parte no tratado; ou

II – tiver expressado seu consentimento em obrigar-se pelo tratado no período que precede a sua entrada em vigor e com a condição de esta não ser indevidamente retardada.

O objeto do Direito Internacional Privado é o estudo e a solução dos conflitos de leis no espaço. Havendo mais de uma norma a ser aplicada, irá estabelecer critérios para verificar qual será observada.

De acordo com Umberto CAMPAGNOLO, citado por LOSANO (2002), o Direito Internacional é (...) "uma parte do direito estatal", o qual "regula a conduta do cidadão em relação ao estrangeiro".

1.2. Fontes do Direito Internacional Público

Segundo ACCIOLY[15] (2002), por fontes do Direito Internacional entendemos os documentos ou pronunciamentos dos quais emanam direitos e deveres das pessoas internacionais, configurando os modos formais de constatação do DI. Convém destacar o art. 38 do Estatuto da Corte Internacional de Justiça, que traz uma relação das fontes:

a) as convenções internacionais, quer gerais, quer especiais, que estabeleçam regras expressamente reconhecidas pelos Estados litigantes;

b) o costume internacional, como prova de prática geral aceita como sendo expressão de direito;

c) os princípios gerais de direito, reconhecidos pelas nações civilizadas;

d) e, excepcionalmente, as decisões judiciárias e a doutrina dos publicistas mais qualificados.

Revela Renata Campetti AMARAL[16] (2008) que a doutrina divide a origem das fontes do Direito Internacional Público em duas concepções: a **positivista** e a **objetivista**.

• A primeira, também chamada **voluntarista**, é defendida pelos italianos, os quais entendem que a única fonte do DIP é a vontade comum dos Estados, sendo que esta se encontra expressamente manifestada nos tratados e, de modo tácito, no costume. Essa concepção (**positivista** ou **voluntarista**), todavia, é insuficiente para explicar a obrigatoriedade da norma costumeira, a qual se torna cogente para os Estados-membros da sociedade internacional, independentemente da manifestação de vontade destes.

• Em contraposição, a escola **objetivista** é baseada na distinção entre **fontes formais** e **materiais**. As fontes materiais seriam as verdadeiras fontes do Direito, enquanto que as formais seriam apenas meios de comprovação. Sendo assim, as fontes materiais seriam, por exemplo: a tradição, a cultura, a história. Já as fontes formais do Direito Internacional Público, ou seja, aquelas por meio das quais se expressa e comprova o direito, seriam os tratados, os princípios gerais do Direito e, secundariamente, a jurisprudência e a doutrina.

A sociedade internacional, desde o seu surgimento, organiza-se de forma paritária, descentralizada, sem a existência de uma autoridade superior, preservando-se a soberania absoluta, seu sistema legislativo é horizontal, carecedor de normas imperativas, como ocorre no plano nacional ou interno de cada Estado. Em razão dessa particularidade, os Estados criaram regras ou normas, como por exemplo as que se aplicam aos Tratados, como forma alternativa diante da inexistência de um congresso legislativo internacional que imponha normas vinculantes e de uma Corte internacional com jurisdição compulsória. As regras sobre os tratados foram compiladas em 1969, por meio da CONVENÇÃO DE VIENA SOBRE DIREITO DOS TRATADOS.

Segundo Carlos Roberto HUSEK[17] (2007), fonte de Direito representa o modo pelo qual este se manifesta.

As fontes do Direito Internacional têm na atualidade seu elenco destacado no art. 38 do Estado da Corte Internacional de Justiça[18]. Verifica-se que a relação das fontes trazida nesse tratado não contempla todas as espécies de fontes que são reconhecidas como tal nos dias atuais. Assim, fica configurado que o rol do art. 38 é não taxativo ou não exaustivo, isto é, ele apenas exemplifica algumas das fontes de DIP possíveis, não excluindo outras possíveis.

---

(15) ACCIOLY, Hildebrando. *Manual de Direito Internacional Público*. 15. ed. São Paulo: Saraiva, 2002. p. 24-25.
(16) AMARAL, Renata Campetti. *O Direito Internacional Público e Privado*. 4. ed. Porto Alegre: Verbo Jurídico, 2008. p. 16.
(17) HUSEK, Carlos Roberto. *Curso de Direito Internacional Público*. 7. ed. São Paulo: LTr, 2007. p. 33.
(18) Art. 34. Só os Estados poderão ser partes em questões perante a Corte.

No art. 38 do Estatuto da Corte Internacional de Justiça[19] (CIJ) está disposta a classificação das fontes do Direito Internacional, que são as seguintes:

Art. 38. A Corte, cuja função seja decidir conforme o direito internacional as controvérsias que lhes sejam submetidas, deverá aplicar:

a. **as convenções internacionais,** sejam gerais ou particulares, que estabeleçam regras expressamente reconhecidas pelos Estados litigantes;

b. **o costume internacional** como prova de uma prática geralmente aceita como direito;

c. **os princípios gerais do direito** reconhecidos pelas nações civilizadas;

d. **as decisões judiciais e as doutrinas** dos juristas de maior competência das diversas nações, como meio auxiliar para a determinação das regras de direito, sem prejuízo do disposto no art. 59;

A presente disposição não restringe a faculdade da Corte para decidir um litígio *ex aequo et bono*, se convier às partes (**a equidade**).

Os Tratados, também denominados Convenções, Estatutos, Pactos etc., surgem de reuniões de determinados Estados para estabelecer normas a serem seguidas pelos membros participantes sobre qualquer questão que vier a criar conflitos na seara internacional.

Os Usos e Costumes Internacionais são os meios primários pelos quais a comunidade se manifesta e são formados por um conjunto de regras que devem ser observadas por um grupo. Seu objeto envolve o comportamento de um respectivo Estado com os demais e com as instituições e organizações internacionais. Representam uma prática de suma importância, seguida pelos sujeitos de Direito Internacional, que os aceitam como direito propriamente dito (REIS e REIS[20], 2004).

Os Princípios Gerais de Direito representam exigências éticas imediatamente aplicáveis à ordem das relações econômicas internacionais, com caráter imperativo à comunidade mundial (art. 53[21] da Convenção de Viena sobre o Direito dos Tratados, de 1969).

Decisões Judiciais e Doutrina — De acordo com Henrique Marcello dos REIS e Cláudia Nunes Pascon dos REIS[22] (2004), as decisões dos árbitros e juízes constituem também fontes de Direito Internacional. A jurisprudência não só serve para resolver um litígio segundo decisões precedentes, como também para aplicar os Princípios Gerais de Direito. A doutrina também é meio auxiliar para a formulação das regras de direito, tendo notável importância as opiniões dos grandes tratadistas de Direito Internacional e as resoluções das entidades científicas.

A esse rol se acrescem os atos unilaterais dos Estados e das Organizações Internacionais (também denominados de Decisões das Organizações Internacionais), que apesar de controvertido para alguns autores, a maioria entende que os Atos Unilaterais e as Decisões de Organizações Internacionais são fontes de Direito Internacional Público.

São consideradas Fontes do Direito Internacional
• As Convenções Internacionais (os Tratados);
• Os Costumes Internacionais;
• Os Princípios Gerais do Direito;
• A Doutrina;
• As Decisões Judiciais (a Jurisprudência);
• A Regra *ex aequo et bono* (a Equidade);
• Os Atos Unilaterais de Estados;
• As Decisões de Organizações Internacionais.

---

(19) Assinada em São Francisco, no dia 26.6.1945 com entrada em vigor no dia 24.10.1945 juntamente com a Carta das Nações Unidas.

(20) REIS, Henrique Marcello dos; REIS, Claudia Nunes Pascon dos. *Direito para Administradores, Volume II.* São Paulo: Pioneira Thomson Learning, 2004. p. 8.

(21) Art. 53 – Tratado em Conflito com uma Norma Imperativa de Direito Internacional Geral *(jus cogens)*.

É nulo um tratado que, no momento de sua conclusão, conflite com uma norma imperativa de Direito Internacional geral. Para os fins da presente Convenção, **uma norma imperativa de Direito Internacional geral é uma norma aceita e reconhecida pela comunidade internacional dos Estados como um todo**, como norma da qual nenhuma derrogação é permitida e que só pode ser modificada por norma ulterior de Direito Internacional geral da mesma natureza.

(22) REIS, Henrique Marcello dos; REIS, Claudia Nunes Pascon dos. *Direito para Administradores, Volume II.* São Paulo: Pioneira Thomson Learning, 2004. p. 10.

Formas do Direito Internacional:

De acordo com Hee Moon JO[23] (2000), uma divisão das formas do Direito Internacional relaciona-se à força vinculante das normas internacionais. Neste sentido, a doutrina classificou-as em duas: *hard law* e *soft law*. Essa divisão encontra utilidade quando se estuda a formação das normas internacionais.

- **Direito Duro** (*hard law*): são normas com força vinculativa, obrigatórias, em cuja categoria estão os tratados, costumes internacionais, princípios gerais de direito, jurisprudência e doutrina.

- **Direito Mole** (*soft law*): são as normas sem força vinculativa, não obrigatórias. São as resoluções não obrigatórias das organizações internacionais, os tratados com dispositivos programáticos, ou seja, que mais recomendam a adoção de certa conduta do que propriamente a impõem (*e. g.*, uso de termos com "deveria" ao invés de "deve"), as leis-modelos, os *guidelines* etc.

Em síntese:

Classificação com base no art. 38 da Corte Internacional de Justiça (CIJ)	Classificação com base na força vinculante
• Fontes principais: Convenções, Costumes Internacionais; • Fontes auxiliares: Princípios Gerais do Direito, Jurisprudência, Doutrina; • Fontes novas: atos unilaterais, resoluções obrigatórias das organizações internacionais	• *hard law*: Tratados, Costumes Internacionais, Princípios Gerais de Direito, Jurisprudência e Doutrina; • *soft law*: Resoluções não obrigatórias das organizações internacionais, tratados sem força obrigatória, leis-modelos, *guidelines* etc.

Conforme lição de Valério de Oliveira MAZZUOLI[24] (2008):

> Alguma doutrina ainda coloca a chamada *soft law* — direito plástico ou direito — como fonte do Direito Internacional Público moderno. A *soft law* é produto do século XX e nasceu principalmente no âmbito do Direito Internacional do Meio Ambiente, prevendo um programa de ação para os Estados relativamente a determinada conduta em matéria ambiental. Depois ampliou seus horizontes para outros campos do Direito. O exemplo mais nítido desse tipo de instrumento é a chamada Agenda 21, que se baseia num plano de ação a ser seguido pelos Estados para a salvaguarda do meio ambiente no século XXI.

Pontua ainda, o professor MAZZUOLI[25] (2008) nos seguintes termos:

> Em que pesem algumas opiniões em contrário, o certo é que ainda não se tem maturidade científica suficiente para considerar o fenômeno da *soft law* dentro do contexto das fontes do Direito Internacional, não se descartando, porém, que num futuro próximo tais regras flexíveis de direito das gentes venham a se tornar fontes, em pé de igualdade com as outras fontes conhecidas da disciplina.

Para Marcelo Pupe BRAGA[26] (2010), as normas com caráter *soft law* são as normas "moles", "brandas", "flexíveis". Isso porque a substância delas representa mais diretivas de comportamento que obrigações de resultado, propriamente ditas. Para ele, a *soft law* abunda no Direito Internacional Ambiental e geralmente, mas não necessariamente, está relacionada com verbos de caráter programático, tais como **esforçar, favorecer, promover** etc. A princípio, o seu descumprimento não acarreta maiores prejuízos ao seu destinatário, por se tratar mais de incitações comportamentais do que de verdadeiras obrigações jurídicas.

1.2.1. Fontes de Direito Internacional Privado no ordenamento brasileiro

Afirmam os grandes autores internacionalistas que a principal fonte do Direito Internacional Privado é a própria legislação interna de cada Estado, razão por que não cabe falar em Direito Internacional, tendo em vista que a autoria de suas regras é interna, e não internacional. Denotando-se dessa maneira, a perfeita distinção entre o Direito Internacional Público e o Direito Internacional Privado, uma vez que, enquanto o Direito Internacional Público é regido

---

(23) JO, Hee Moon. *Introdução ao Direito Internacional*. São Paulo: LTr, 2000.
(24) MAZZUOLI, Valério de Oliveira. *Direito Internacional Público – Parte Geral*. 4. ed. São Paulo: Revista dos Tribunais, 2008. p. 38.
(25) *Idem*.
(26) BRAGA, Marcelo Pupe. *Direito Internacional*: Público e Privado. 2. ed. Rio de Janeiro: Forense; São Paulo: Método, 2010. p. 20-21.

por tratados e convenções, multi e bilaterais, controlada a observância de suas normas por órgãos internacionais e regionais, o Direito Internacional Privado é preponderantemente composto de normas produzidas pelo legislador pátrio internamente.

No Brasil, a principal fonte legislativa no campo do Direito Internacional é a Lei de Introdução às Normas do Direito Brasileiro — Lei n. 12.376/2010, que trata do Direito Internacional Privado nos arts. 7º a 19.[27] A Constituição

---

(27) Art. 7º A lei do país em que domiciliada a pessoa determina as regras sobre o começo e o fim da personalidade, o nome, a capacidade e os direitos de família.

§ 1º Realizando-se o casamento no Brasil, será aplicada a lei brasileira quanto aos impedimentos dirimentes e às formalidades da celebração.

§ 2º O casamento de estrangeiros poderá celebrar-se perante autoridades diplomáticas ou consulares do país de ambos os nubentes. (Redação dada pela Lei n. 3.238, de 1º.8.1957)

§ 3º Tendo os nubentes domicílio diverso, regerá os casos de invalidade do matrimônio a lei do primeiro domicílio conjugal.

§ 4º O regime de bens, legal ou convencional, obedece à lei do país em que tiverem os nubentes domicílio, e, se este for diverso, a do primeiro domicílio conjugal.

§ 5º O estrangeiro casado, que se naturalizar brasileiro, pode, mediante expressa anuência de seu cônjuge, requerer ao juiz, no ato de entrega do decreto de naturalização, se apostile ao mesmo a adoção do regime de comunhão parcial de bens, respeitados os direitos de terceiros e dada esta adoção ao competente registro. (Redação dada pela Lei n. 6.515, de 26.12.1977)

§ 6º O divórcio realizado no estrangeiro, se um ou ambos os cônjuges forem brasileiros, só será reconhecido no Brasil depois de 1 (um) ano da data da sentença, salvo se houver sido antecedida de separarão judicial por igual prazo, caso em que a homologação produzirá efeito imediato, obedecidas as condições estabelecidas para a eficácia das sentenças estrangeiras no país. O Superior Tribunal de Justiça, na forma de seu regimento interno, poderá reexaminar, a requerimento do interessado, decisões já proferidas em pedidos de homologação de sentenças estrangeiras de divórcio de brasileiros, a fim de que passem a produzir todos os efeitos legais. (Redação dada pela Lei n. 12.036, de 2009)

§ 7º Salvo o caso de abandono, o domicílio do chefe da família estende-se ao outro cônjuge e aos filhos não emancipados, e o do tutor ou curador aos incapazes sob sua guarda.

§ 8º Quando a pessoa não tiver domicílio, considerar-se-á domiciliada no lugar de sua residência ou naquele em que se encontre.

Art. 8º Para qualificar os bens e regular as relações a eles concernentes, aplicar-se-á a lei do país em que estiverem situados.

§ 1º Aplicar-se-á a lei do país em que for domiciliado o proprietário, quanto aos bens móveis que ele trouxer ou se destinarem a transporte para outros lugares.

§ 2º O penhor regula-se pela lei do domicílio que tiver a pessoa, em cuja posse se encontre a coisa apenhada.

Art. 9º Para qualificar e reger as obrigações, aplicar-se-á a lei do país em que se constituírem.

§ 1º Destinando-se a obrigação a ser executada no Brasil e dependendo de forma essencial, será esta observada, admitidas as peculiaridades da lei estrangeira quanto aos requisitos extrínsecos do ato.

§ 2º A obrigação resultante do contrato reputa-se constituída no lugar em que residir o proponente.

Art. 10. A sucessão por morte ou por ausência obedece à lei do país em que domiciliado o defunto ou o desaparecido, qualquer que seja a natureza e a situação dos bens.

§ 1º A sucessão de bens de estrangeiros, situados no País, será regulada pela lei brasileira em benefício do cônjuge ou dos filhos brasileiros, ou de quem os represente, sempre que não lhes seja mais favorável a lei pessoal do *de cujus*. (Redação dada pela Lei n. 9.047, de 18.5.1995)

§ 2º A lei do domicílio do herdeiro ou legatário regula a capacidade para suceder.

Art. 11. As organizações destinadas a fins de interesse coletivo, como as sociedades e as fundações, obedecem à lei do Estado em que se constituírem.

§ 1º Não poderão, entretanto, ter no Brasil filiais, agências ou estabelecimentos antes de serem os atos constitutivos aprovados pelo Governo brasileiro, ficando sujeitas à lei brasileira.

§ 2º Os Governos estrangeiros, bem como as organizações de qualquer natureza que eles tenham constituído, dirijam ou hajam investido de funções públicas, não poderão adquirir no Brasil bens imóveis ou susceptíveis de desapropriação.

§ 3º Os Governos estrangeiros podem adquirir a propriedade dos prédios necessários à sede dos representantes diplomáticos ou dos agentes consulares.

Art. 12. É competente a autoridade judiciária brasileira, quando for o réu domiciliado no Brasil ou aqui tiver de ser cumprida a obrigação.

§ 1º Só à autoridade judiciária brasileira compete conhecer das ações, relativas a imóveis situados no Brasil.

§ 2º A autoridade judiciária brasileira cumprirá, concedido o *exequatur* e segundo a forma estabelecida pele lei brasileira, as diligências deprecadas por autoridade estrangeira competente, observando a lei desta, quanto ao objeto das diligências.

Art. 13. A prova dos fatos ocorridos em país estrangeiro rege-se pela lei que nele vigorar, quanto ao ônus e aos meios de produzir-se, não admitindo os tribunais brasileiros provas que a lei brasileira desconheça.

Art. 14. Não conhecendo a lei estrangeira, poderá o juiz exigir de quem a invoca prova do texto e da vigência.

Art. 15. Será executada no Brasil a sentença proferida no estrangeiro que reúna os seguintes requisitos:

a) haver sido proferida por juiz competente;

Federal de 1988 trata da nacionalidade no art. 12, dos direitos e deveres dos estrangeiros, das questões atinentes aos tratados internacionais nos arts. 37, I; 49, I e 84, VIII, da sucessão internacional no art. 5º, XXXI, além de determinar a competência do Superior Tribunal de Justiça (STJ) em temas de cooperação internacional (art. 105, I, "*i*" — homologação de sentenças estrangeiras e a concessão de *exequatur* às cartas rogatórias) e da Justiça Federal, em assunto de tratados (art. 109, III).

O Código de Processo Civil regulamenta a questão da jurisdição internacional, nos arts. 88 e 89, e aquelas relativas às cartas rogatórias nos arts. 200 a 204, 210 a 212, prova do direito estrangeiro no art. 337, e sentenças estrangeiras nos arts. 483 e 484. O art. 475-N, VI, atribui à sentença estrangeira homologada pelo Superior Tribunal de Justiça em nosso ordenamento a categoria de título executivo judicial.

O Código de Processo Penal (CPP) faz referência, no art. 1º, I, à aplicação da lei processual penal no espaço.

A Emenda Constitucional n. 45, que constituiu uma verdadeira reforma do Poder Judiciário, modificou a competência para homologação da sentença estrangeira e para o cumprimento de cartas rogatórias de outros países, as quais passaram a ser atribuição do Superior Tribunal de Justiça. A Resolução n. 9 do STJ passou a tratar de tais matérias em caráter provisório, até que fosse instituída em Regimento Interno próprio, todavia, tal resolução já prevê inovações e resolve algumas questões que restavam controvertidas no ordenamento anterior.

Conforme Nádia de ARAÚJO[28] (2004), além das fontes de origem legislativa, conta-se com a doutrina e a jurisprudência. A primeira se manifesta como intérprete e guia para a segunda, que aparece nas decisões do Supremo Tribunal Federal e do Superior Tribunal de Justiça — no cumprimento de sua competência originária, julgando sentenças estrangeiras, cartas rogatórias e extradição. A Justiça Estadual cuida dos casos referentes ao direito de família, sucessão e contratos internacionais, e a Justiça Federal, daqueles dentro de sua competência pela matéria.

1.3. Tribunal Penal Internacional – TPI

O estudo do Tribunal Penal Internacional (TPI) está intimamente ligado à própria história da humanidade e às inúmeras violações de direitos humanos ocorridas no período sombrio do Holocausto, que foi o grande marco de desrespeito e ruptura para com a dignidade da pessoa humana, em virtude das barbaridades e das atrocidades cometidas a milhares de seres humanos, especialmente judeus, por ocasião da Segunda Guerra Mundial.

Segundo Flávia PIOVESAN e Daniela Ribeiro IKAWA[29] (2009) a ideia de um Tribunal Penal Internacional não é recente. O primeiro tribunal internacional foi estabelecido provavelmente ainda em 1474, em Breisach, Alemanha, para julgar Peter Von Hagenbach, por haver permitido que suas tropas estuprassem e matassem civis, saqueando suas propriedades.

No entanto, pode-se afirmar que a ideia de jurisdição penal internacional remonta ao ano de 1872 (década de 1860), quando Gustavo Moynier apresentou, em uma Conferência da Cruz Vermelha, a primeira proposta formal direcionada ao estabelecimento de um Tribunal com competência para julgar os Crimes de Guerra, também chamada de

---

b) terem sido as partes citadas ou haver-se legalmente verificado à revelia;

c) ter passado em julgado e estar revestida das formalidades necessárias para a execução no lugar em que foi proferida;

d) estar traduzida por intérprete autorizado;

e) ter sido homologada pelo Supremo Tribunal Federal.

Art. 16. Quando, nos termos dos artigos precedentes, se houver de aplicar a lei estrangeira, ter-se-á em vista a disposição desta, sem considerar-se qualquer remissão por ela feita a outra lei.

Art. 17. As leis, atos e sentenças de outro país, bem como quaisquer declarações de vontade, não terão eficácia no Brasil, quando ofenderem a soberania nacional, a ordem pública e os bons costumes.

Art. 18. Tratando-se de brasileiros, são competentes as autoridades consulares brasileiras para lhes celebrar o casamento e os mais atos de Registro Civil e de tabelionato, inclusive o registro de nascimento e de óbito dos filhos de brasileiro ou brasileira nascido no país da sede do Consulado.

Art. 19. Reputam-se válidos todos os atos indicados no artigo anterior e celebrados pelos cônsules brasileiros na vigência do Decreto-lei n. 4.657, de 4 de setembro de 1942, desde que satisfaçam todos os requisitos legais.

Parágrafo único. No caso em que a celebração desses atos tiver sido recusada pelas autoridades consulares, com fundamento no art. 18 do mesmo Decreto-lei, ao interessado é facultado renovar o pedido dentro em 90 (noventa) dias contados da data da publicação desta lei.

(28) ARAÚJO, Nadia de. *Direito Internacional Privado: Teoria e Prática Brasileira*. 2. ed. Rio de Janeiro: Renovar, 2004.

(29) PIOVESAN, Flávia. *Temas de Direitos Humanos*. 3. ed. São Paulo: Saraiva, 2009. p. 146.

"Convenção para Criação de um Órgão Judicial Internacional para a Prevenção e Punição das Violações à Convenção de Genebra". No entanto, é no século XX que se encontram as manifestações mais importantes no sentido do desenvolvimento do Direito Penal Internacional[30].

O Brasil, por intermédio de seu corpo diplomático, mesmo antes da Conferência Diplomática de Plenipotenciários das Nações Unidas, em Roma, em que foi aprovado o Estatuto do Tribunal,[31] o qual estabelece as condições de funcionamento dessa jurisdição criminal internacional e define as regras e princípios em que o futuro Tribunal irá funcionar, já participava de uma Comissão Preparatória para o Estabelecimento de um Tribunal Penal Internacional e teve atuação destacada no processo de sua criação. Podemos dizer que nossos representantes internacionais tudo fizeram para colocar em prática o art. 7º do Ato das Disposições Constitucionais Transitórias da Constituição Federal de 1988, que preceitua: "O Brasil propugnará pela formação de um tribunal internacional dos direitos humanos".

Em conformidade com os termos da Emenda Constitucional n. 45, de 8 de dezembro de 2004, que introduziu o § 4º ao art. 5º da Constituição Federal de 1988,[32] o Estado brasileiro submete-se à jurisdição do Tribunal Penal Internacional (TPI), a cuja criação tenha manifestado adesão.

O Tribunal Penal Internacional tem sede em Haia, na Holanda, e tem competência internacional para processamento e julgamento dos crimes contra a humanidade, crimes de guerra, crimes de agressão e, também, do genocídio, todos eles tipificados em seu Estatuto. Todavia, esses crimes por lesão à humanidade, cometidos a partir de 1º de julho de 2002, por pessoas dos Estados-membros, incluindo o Brasil, ou que tenham sido praticados nesses mesmos países, são da alçada jurisdicional do TPI.[33]

Em 7 de fevereiro de 2000, o Brasil assinou o tratado referente ao Estatuto de Roma.

---

(30) SILVA, Pablo R. Alflen da. O Tribunal Penal Internacional: Antecedentes Históricos e o Novo Código Penal Internacional Alemão. In: SILVA, Pablo R. Alflen da. (Org.). *Tribunal Penal Internacional*: aspectos fundamentais e o novo Código Penal Internacional alemão. Porto Alegre: Sergio Antônio Fabris, 2004. cap. I. p. 17-18.

(31) *O Estatuto de Roma, do Tribunal Penal Internacional*, é uma convenção multilateral, celebrada com o propósito de constituir um tribunal internacional, dotado de personalidade jurídica própria, com sede em Haia.

O Estatuto compõe-se de preâmbulo e treze partes (I – estabelecimento do Tribunal; II – competência, admissibilidade e direito aplicável; III – princípios gerais de Direito Penal; IV – composição e administração do Tribunal; V – inquérito e ação penal; VI – processo; VII – penas; VIII – recurso e revisão; IX – cooperação internacional e auxílio judiciário; X – execução da pena; XI – Assembleia dos Estados-partes; XII – financiamento; XIII – cláusulas finais), com um total de 128 artigos.

O preâmbulo proclama a determinação dos Estados em criar um Tribunal Penal Internacional, com caráter *permanente* e *independente*, *complementar* das jurisdições penais nacionais, que exerça competência sobre indivíduos, no que respeita aos *crimes mais graves que afetem o conjunto da comunidade internacional*.

Esses crimes, que não prescrevem, são os seguintes: crime de genocídio, crimes contra a humanidade, crimes de guerra e crime de agressão. O Tribunal só terá competência relativamente aos referidos crimes cometidos após a entrada em vigor do *Estatuto*. Se um Estado se tornar Parte no *Estatuto* depois da sua entrada em vigor, o Tribunal só poderá exercer a sua competência em relação aos crimes cometidos depois da entrada em vigor do *Estatuto* nesse Estado.

Segundo o *Estatuto*, o Tribunal será pessoa de Direito Internacional e terá a capacidade jurídica necessária ao desempenho de suas funções e à realização de seus objetivos. Seu vínculo às Nações Unidas se dará mediante um acordo, a ser aprovado pela Assembleia dos Estados- -partes no *Estatuto*, e assinado pelo Presidente do Tribunal em nome deste. Disponível em: <http://www.dhnet.org.br/dados/cartilhas/dh/tpi/cartilha_tpi.htm#1-%20A%20criação>.

(32) Leciona Henrique Savonitti MIRANDA (2007) que, no § 4º do art. 5º, o ordenamento jurídico brasileiro reconhece, com *status* constitucional, a jurisdição do Tribunal Penal Internacional (TPI), que o país já integra. Destarte, na eventual intenção de retirada, deverá fazê-lo pelo procedimento destinado à elaboração das Emendas Constitucionais.

(33) Disciplina o art. 5º, I, do Estatuto de Roma, do Tribunal Penal Internacional, de 1998, que a competência do Tribunal restringir-se-á ao julgamento dos crimes de genocídio; crimes contra a humanidade; crimes de guerra e do crime de agressão. *Verbis*:

Art. 5º

Crimes da Competência do Tribunal:

1. A competência do Tribunal restringir-se-á aos crimes mais graves, que afetam a comunidade internacional no seu conjunto. Nos termos do presente Estatuto, o Tribunal terá competência para julgar os seguintes crimes:

a) O crime de genocídio;

b) Crimes contra a humanidade;

c) Crimes de guerra;

d) O crime de agressão.

O Governo brasileiro, por meio do Decreto Presidencial n. 4.388, de 25 de setembro de 2002, promulgou o Estatuto de Roma, do Tribunal Penal Internacional, tratado esse anteriormente ratificado pelo Congresso Nacional por meio do Decreto Legislativo n. 112, de 6 de junho de 2002, em cumprimento ao inciso I do art. 49 da CF.

Todas as infrações penais de competência do Tribunal Penal Internacional (TPI) são imprescritíveis,[34] uma vez que afrontam a humanidade como um todo.

Não se trata de violação ao art. 5º, LI,[35] da Carta Política de 1988, a entrega pelo Brasil de um brasileiro para que seja submetido a julgamento perante o TPI, pois não será hipótese de extradição.

Em síntese, o Tribunal Penal Internacional (TPI) ou Corte Penal Internacional (CPI) é o primeiro tribunal penal internacional permanente. Foi estabelecido em 2002 em Haia, na Holanda, onde fica a sede do Tribunal, conforme estabelece o art. 3º do Estatuto de Roma, documento aprovado no Brasil pelo Decreto n. 4.388, de 25 de setembro de 2002. É uma instituição judiciária permanente, criada pelos Estados fundadores, dotada de personalidade jurídica própria. É regido pelo Estatuto de Roma, o qual determina que:

1. Tem caráter permanente e possui jurisdição complementar, ou seja, a jurisdição nacional do Estado onde ocorreu o crime ou do Estado da nacionalidade do réu tem preferência no julgamento do crime.

Art. 1º

O Tribunal

É criado, pelo presente instrumento, um Tribunal Penal Internacional ("o Tribunal"). O Tribunal será uma instituição permanente, com jurisdição sobre as pessoas responsáveis pelos crimes de maior gravidade com alcance internacional, de acordo com o presente Estatuto, e será complementar às jurisdições penais nacionais. A competência e o funcionamento do Tribunal reger-se-ão pelo presente Estatuto.

2. É competente para julgar os crimes cometidos após a entrada em vigor do Estatuto — jurisdição não retroativa;

Art. 11

Competência *Ratione Temporis*

1. O Tribunal só terá competência relativamente aos crimes cometidos após a entrada em vigor do presente Estatuto.

2. Se um Estado se tornar Parte no presente Estatuto depois da sua entrada em vigor, o Tribunal só poderá exercer a sua competência em relação a crimes cometidos depois da entrada em vigor do presente Estatuto relativamente a esse Estado, a menos que este tenha feito uma declaração nos termos do § 3º do art. 12.

3. Tem personalidade jurídica internacional.

Art. 4º

Regime Jurídico e Poderes do Tribunal

1. O Tribunal terá personalidade jurídica internacional. Possuirá, igualmente, a capacidade jurídica necessária ao desempenho das suas funções e à prossecução dos seus objetivos.

4. Consagra o princípio de que a responsabilidade penal individual será invocada perante o Direito Internacional independentemente da lei nacional e de que a imunidade de Chefes de Estado e Ministros não os beneficiará quando envolvidos em crimes internacionais.

Art. 27

Irrelevância da Qualidade Oficial

1. O presente Estatuto será aplicável de forma igual a todas as pessoas sem distinção alguma baseada na qualidade oficial. Em particular, a qualidade oficial de Chefe de Estado ou de Governo, de membro de Governo ou do Parlamento, de representante eleito ou de funcionário público, em caso algum eximirá a pessoa em causa de responsabilidade criminal nos termos do presente Estatuto, nem constituirá *de per se* motivo de redução da pena.

2. As imunidades ou normas de procedimento especiais decorrentes da qualidade oficial de uma pessoa, nos termos do direito interno ou do direito internacional, não deverão obstar a que o Tribunal exerça a sua jurisdição sobre essa pessoa.

---

(34) Trata-se de característica fundamental dos Direitos Humanos – **Imprescritibilidade**.

(35) LI – nenhum brasileiro será extraditado, salvo o naturalizado, em caso de crime comum, praticado antes da naturalização, ou de comprovação de envolvimento em tráfico ilícito de entorpecentes e drogas afins, na forma da lei.

5. O exercício da jurisdição do Tribunal pressupõe o consentimento do Estado onde ocorreu o crime e do Estado patrial do réu.

Art. 13

Exercício da Jurisdição

O Tribunal poderá exercer a sua jurisdição em relação a qualquer um dos crimes a que se refere o art. 5º, de acordo com o disposto no presente Estatuto, se:

a) Um Estado-parte denunciar ao Procurador, nos termos do art. 14, qualquer situação em que haja indícios de ter ocorrido a prática de um ou vários desses crimes;

b) O Conselho de Segurança, agindo nos termos do Capítulo VII da Carta das Nações Unidas, denunciar ao Procurador qualquer situação em que haja indícios de ter ocorrido a prática de um ou vários desses crimes; ou

c) *O Procurador tiver dado início a um inquérito sobre tal crime, nos termos do disposto no art. 15.*

6. O Tribunal só será competente para julgar as pessoas físicas.

Art. 25

Responsabilidade Criminal Individual

1. De acordo com o presente Estatuto, o Tribunal será competente para julgar as pessoas físicas.

2. Quem cometer um crime da competência do Tribunal será considerado individualmente responsável e poderá ser punido de acordo com o presente Estatuto.

7. O Tribunal não terá jurisdição sobre pessoas menores de 18 anos.

Art. 26

Exclusão da Jurisdição Relativamente a Menores de 18 anos

O Tribunal não terá jurisdição sobre pessoas que, à data da alegada prática do crime, não tenham ainda completado 18 anos de idade.

8. Imprescritibilidade dos crimes.

Art. 29

Imprescritibilidade

Os crimes da competência do Tribunal não prescrevem.

9. Competência do Tribunal — O Estatuto de Roma do Tribunal Penal Internacional (TPI), de 1998, descreve os crimes de sua competência material nos arts. 6º, 7º e 8º, *verbis*:

Art. 6º

Crime de Genocídio

Para os efeitos do presente Estatuto, entende-se por "genocídio", qualquer um dos atos que a seguir se enumeram, praticado com intenção de destruir, no todo ou em parte, um grupo nacional, étnico, racial ou religioso, enquanto tal:

a) Homicídio de membros do grupo;

b) Ofensas graves à integridade física ou mental de membros do grupo;

c) Sujeição intencional do grupo a condições de vida com vista a provocar a sua destruição física, total ou parcial;

d) Imposição de medidas destinadas a impedir nascimentos no seio do grupo;

e) Transferência, à força, de crianças do grupo para outro grupo.

Art. 7º

Crimes Contra a Humanidade

1. Para os efeitos do presente Estatuto, entende-se por "crime contra a humanidade", qualquer um dos atos seguintes, quando cometido no quadro de um ataque, generalizado ou sistemático, contra qualquer população civil, havendo conhecimento desse ataque:

a) Homicídio;

b) Extermínio;

c) Escravidão;

d) Deportação ou transferência forçada de uma população;

e) Prisão ou outra forma de privação da liberdade física grave, em violação das normas fundamentais de direito internacional;

f) Tortura;

g) Agressão sexual, escravatura sexual, prostituição forçada, gravidez forçada, esterilização forçada ou qualquer outra forma de violência no campo sexual de gravidade comparável;

h) Perseguição de um grupo ou coletividade que possa ser identificado, por motivos políticos, raciais, nacionais, étnicos, culturais, religiosos ou de gênero, tal como definido no § 3º, ou em função de outros critérios universalmente reconhecidos como inaceitáveis no direito internacional, relacionados com qualquer ato referido neste parágrafo ou com qualquer crime da competência do Tribunal;

i) Desaparecimento forçado de pessoas;

j) Crime de *apartheid*;

k) Outros atos desumanos de caráter semelhante, que causem intencionalmente grande sofrimento, ou afetem gravemente a integridade física ou a saúde física ou mental.

2. Para efeitos do § 1º:

a) Por "ataque contra uma população civil" entende-se qualquer conduta que envolva a prática múltipla de atos referidos no § 1º contra uma população civil, de acordo com a política de um Estado ou de uma organização de praticar esses atos ou tendo em vista a prossecução dessa política;

b) O "extermínio" compreende a sujeição intencional a condições de vida, tais como a privação do acesso a alimentos ou medicamentos, com vista a causar a destruição de uma parte da população;

c) Por "escravidão" entende-se o exercício, relativamente a uma pessoa, de um poder ou de um conjunto de poderes que traduzam um direito de propriedade sobre uma pessoa, incluindo o exercício desse poder no âmbito do tráfico de pessoas, em particular mulheres e crianças;

d) Por "deportação ou transferência à força de uma população" entende-se o deslocamento forçado de pessoas, através da expulsão ou outro ato coercivo, da zona em que se encontram legalmente, sem qualquer motivo reconhecido no direito internacional;

e) Por "tortura" entende-se o ato por meio do qual uma dor ou sofrimentos agudos, físicos ou mentais, são intencionalmente causados a uma pessoa que esteja sob a custódia ou o controle do acusado; este termo não compreende a dor ou os sofrimentos resultantes unicamente de sanções legais, inerentes a essas sanções ou por elas ocasionadas;

f) Por "gravidez à força" entende-se a privação ilegal de liberdade de uma mulher que foi engravidada à força, com o propósito de alterar a composição étnica de uma população ou de cometer outras violações graves do direito internacional. Esta definição não pode, de modo algum, ser interpretada como afetando as disposições de direito interno relativas à gravidez;

g) Por "perseguição" entende-se a privação intencional e grave de direitos fundamentais em violação do direito internacional, por motivos relacionados com a identidade do grupo ou da coletividade em causa;

h) Por "crime de *apartheid*" entende-se qualquer ato desumano análogo aos referidos no § 1º, praticado no contexto de um regime institucionalizado de opressão e domínio sistemático de um grupo racial sobre um ou outros grupos nacionais e com a intenção de manter esse regime;

i) Por "desaparecimento forçado de pessoas" entende-se a detenção, a prisão ou o sequestro de pessoas por um Estado ou uma organização política ou com a autorização, o apoio ou a concordância destes, seguidos de recusa a reconhecer tal estado de privação de liberdade ou a prestar qualquer informação sobre a situação ou localização dessas pessoas, com o propósito de lhes negar a proteção da lei por um prolongado período de tempo.

Art. 8º

Crimes de Guerra

1. O Tribunal terá competência para julgar os crimes de guerra, em particular quando cometidos como parte integrante de um plano ou de uma política ou como parte de uma prática em larga escala desse tipo de crimes.

2. Para os efeitos do presente Estatuto, entende-se por "crimes de guerra":

a) As violações graves às Convenções de Genebra, de 12 de agosto de 1949, a saber, qualquer um dos seguintes atos, dirigidos contra pessoas ou bens protegidos nos termos da Convenção de Genebra que for pertinente:

i) Homicídio doloso;

ii) Tortura ou outros tratamentos desumanos, incluindo as experiências biológicas;

iii) O ato de causar intencionalmente grande sofrimento ou ofensas graves à integridade física ou à saúde;

iv) Destruição ou a apropriação de bens em larga escala, quando não justificadas por quaisquer necessidades militares e executadas de forma ilegal e arbitrária;

v) O ato de compelir um prisioneiro de guerra ou outra pessoa sob proteção a servir nas forças armadas de uma potência inimiga;

vi) Privação intencional de um prisioneiro de guerra ou de outra pessoa sob proteção do seu direito a um julgamento justo e imparcial;

vii) Deportação ou transferência ilegais, ou a privação ilegal de liberdade;

viii) Tomada de reféns;

b) Outras violações graves das leis e costumes aplicáveis em conflitos armados internacionais no âmbito do direito internacional, a saber, qualquer um dos seguintes atos:

i) Dirigir intencionalmente ataques à população civil em geral ou civis que não participem diretamente nas hostilidades;

ii) Dirigir intencionalmente ataques a bens civis, ou seja bens que não sejam objetivos militares;

iii) Dirigir intencionalmente ataques ao pessoal, instalações, material, unidades ou veículos que participem numa missão de manutenção da paz ou de assistência humanitária, de acordo com a Carta das Nações Unidas, sempre que estes tenham direito à proteção conferida aos civis ou aos bens civis pelo direito internacional aplicável aos conflitos armados;

iv) Lançar intencionalmente um ataque, sabendo que o mesmo causará perdas acidentais de vidas humanas ou ferimentos na população civil, danos em bens de caráter civil ou prejuízos extensos, duradouros e graves no meio ambiente que se revelem claramente excessivos em relação à vantagem militar global concreta e direta que se previa;

v) Atacar ou bombardear, por qualquer meio, cidades, vilarejos, habitações ou edifícios que não estejam defendidos e que não sejam objetivos militares;

vi) Matar ou ferir um combatente que tenha deposto armas ou que, não tendo mais meios para se defender, se tenha incondicionalmente rendido;

vii) Utilizar indevidamente uma bandeira de trégua, a bandeira nacional, as insígnias militares ou o uniforme do inimigo ou das Nações Unidas, assim como os emblemas distintivos das Convenções de Genebra, causando deste modo a morte ou ferimentos graves;

viii) A transferência, direta ou indireta, por uma potência ocupante de parte da sua população civil para o território que ocupa ou a deportação ou transferência da totalidade ou de parte da população do território ocupado, dentro ou para fora desse território;

ix) Dirigir intencionalmente ataques a edifícios consagrados ao culto religioso, à educação, às artes, às ciências ou à beneficência, monumentos históricos, hospitais e lugares onde se agrupem doentes e feridos, sempre que não se trate de objetivos militares;

x) Submeter pessoas que se encontrem sob o domínio de uma parte beligerante a mutilações físicas ou a qualquer tipo de experiências médicas ou científicas que não sejam motivadas por um tratamento médico, dentário ou hospitalar, nem sejam efetuadas no interesse dessas pessoas, e que causem a morte ou coloquem seriamente em perigo a sua saúde;

xi) Matar ou ferir à traição pessoas pertencentes à nação ou ao exército inimigo;

xii) Declarar que não será dado quartel;

xiii) Destruir ou apreender bens do inimigo, a menos que tais destruições ou apreensões sejam imperativamente determinadas pelas necessidades da guerra;

xiv) Declarar abolidos, suspensos ou não admissíveis em tribunal os direitos e ações dos nacionais da parte inimiga;

xv) Obrigar os nacionais da parte inimiga a participar em operações bélicas dirigidas contra o seu próprio país, ainda que eles tenham estado ao serviço daquela parte beligerante antes do início da guerra;

xvi) Saquear uma cidade ou uma localidade, mesmo quando tomada de assalto;

xvii) Utilizar veneno ou armas envenenadas;

xviii) Utilizar gases asfixiantes, tóxicos ou outros gases ou qualquer líquido, material ou dispositivo análogo;

xix) Utilizar balas que se expandem ou achatam facilmente no interior do corpo humano, tais como balas de revestimento duro que não cobre totalmente o interior ou possui incisões;

xx) Utilizar armas, projéteis, materiais e métodos de combate que, pela sua própria natureza, causem ferimentos supérfluos ou sofrimentos desnecessários ou que surtam efeitos indiscriminados, em violação do direito internacional aplicável aos conflitos armados, na medida em que tais armas, projéteis, materiais e métodos de combate sejam objeto de uma proibição geral e estejam incluídos em um anexo ao presente Estatuto, em virtude de uma alteração aprovada em conformidade com o disposto nos arts. 121 e 123;

xxi) Ultrajar a dignidade da pessoa, em particular por meio de tratamentos humilhantes e degradantes;

xxii) Cometer atos de violação, escravidão sexual, prostituição forçada, gravidez à força, tal como definida na alínea "f" do § 2º do art. 7º, esterilização à força e qualquer outra forma de violência sexual que constitua também um desrespeito grave às Convenções de Genebra;

xxiii) Utilizar a presença de civis ou de outras pessoas protegidas para evitar que determinados pontos, zonas ou forças militares sejam alvo de operações militares;

xxiv) Dirigir intencionalmente ataques a edifícios, material, unidades e veículos sanitários, assim como o pessoal que esteja usando os emblemas distintivos das Convenções de Genebra, em conformidade com o direito internacional;

xxv) Provocar deliberadamente a inanição da população civil como método de guerra, privando-a dos bens indispensáveis à sua sobrevivência, impedindo, inclusive, o envio de socorros, tal como previsto nas Convenções de Genebra;

xxvi) Recrutar ou alistar menores de 15 anos nas forças armadas nacionais ou utilizá-los para participar ativamente nas hostilidades;

c) Em caso de conflito armado que não seja de índole internacional, as violações graves do art. 3º comum às quatro Convenções de Genebra, de 12 de agosto de 1949, a saber, qualquer um dos atos que a seguir se indicam, cometidos contra pessoas que não participem diretamente nas hostilidades, incluindo os membros das forças armadas que tenham deposto armas e os que tenham ficado impedidos de continuar a combater devido a doença, lesões, prisão ou qualquer outro motivo:

i) Atos de violência contra a vida e contra a pessoa, em particular o homicídio sob todas as suas formas, as mutilações, os tratamentos cruéis e a tortura;

ii) Ultrajes à dignidade da pessoa, em particular por meio de tratamentos humilhantes e degradantes;

iii) A tomada de reféns;

iv) As condenações proferidas e as execuções efetuadas sem julgamento prévio por um tribunal regularmente constituído e que ofereça todas as garantias judiciais geralmente reconhecidas como indispensáveis.

d) A alínea c) do § 2º do presente artigo aplica-se aos conflitos armados que não tenham caráter internacional e, por conseguinte, não se aplica a situações de distúrbio e de tensão internas, tais como motins, atos de violência esporádicos ou isolados ou outros de caráter semelhante;

e) As outras violações graves das leis e costumes aplicáveis aos conflitos armados que não têm caráter internacional, no quadro do direito internacional, a saber qualquer um dos seguintes atos:

i) Dirigir intencionalmente ataques à população civil em geral ou civis que não participem diretamente nas hostilidades;

ii) Dirigir intencionalmente ataques a edifícios, material, unidades e veículos sanitários, bem como ao pessoal que esteja usando os emblemas distintivos das Convenções de Genebra, em conformidade com o direito internacional;

iii) Dirigir intencionalmente ataques ao pessoal, instalações, material, unidades ou veículos que participem numa missão de manutenção da paz ou de assistência humanitária, de acordo com a Carta das Nações Unidas, sempre que estes tenham direito à proteção conferida pelo direito internacional dos conflitos armados aos civis e aos bens civis;

iv) Atacar intencionalmente edifícios consagrados ao culto religioso, à educação, às artes, às ciências ou à beneficência, monumentos históricos, hospitais e lugares onde se agrupem doentes e feridos, sempre que não se trate de objetivos militares;

v) Saquear um aglomerado populacional ou um local, mesmo quando tomado de assalto;

vi) Cometer atos de agressão sexual, escravidão sexual, prostituição forçada, gravidez à força, tal como definida na alínea "f" do § 2º do art. 7º;

esterilização à força ou qualquer outra forma de violência sexual que constitua uma violação grave do art. 3º comum às quatro Convenções de Genebra;

vii) Recrutar ou alistar menores de 15 anos nas forças armadas nacionais ou em grupos, ou utilizá-los para participar ativamente nas hostilidades;

viii) Ordenar a deslocação da população civil por razões relacionadas com o conflito, salvo se assim o exigirem a segurança dos civis em questão ou razões militares imperiosas;

ix) Matar ou ferir à traição um combatente de uma parte beligerante;

x) Declarar que não será dado quartel;

xi) Submeter pessoas que se encontrem sob o domínio de outra parte beligerante a mutilações físicas ou a qualquer tipo de experiências médicas ou científicas que não sejam motivadas por um tratamento médico, dentário ou hospitalar nem sejam efetuadas no interesse dessa pessoa, e que causem a morte ou ponham seriamente a sua saúde em perigo;

xii) Destruir ou apreender bens do inimigo, a menos que as necessidades da guerra assim o exijam;

f) A alínea "e" do § 2º do presente artigo aplicar-se-á aos conflitos armados que não tenham caráter internacional e, por conseguinte, não se aplicará a situações de distúrbio e de tensão internas, tais como motins, atos de violência esporádicos ou isolados ou outros de caráter semelhante; aplicar-se-á, ainda, a conflitos armados que tenham lugar no território de um Estado, quando exista um conflito armado prolongado entre as autoridades governamentais e grupos armados organizados ou entre estes grupos.

1.3.1. Estrutura e Jurisdição do TPI

Quanto à estrutura, o TPI será composto por quatro órgãos:

a) A Presidência;

b) Uma Seção de Recursos, uma Seção de Julgamento em Primeira Instância e uma Seção de Instrução;

c) O Gabinete do Procurador;

d) A Secretaria.

A Presidência integrada por três juízes, que serão responsáveis pela administração do tribunal (art. 38 do Estatuto de Roma).

As Câmaras (Seção de Recursos e Seção de Julgamento de Primeira Instância) divididas em Câmara de Questões Preliminares, Câmara de Primeira Instância e Câmara de Apelações (art. 39.2[36] do Estatuto).

O Gabinete do Procurador será constituído pela Promotoria, órgão autônomo do Tribunal, competente para receber as denúncias sobre crimes, examiná-las, investigá-las e propor ação penal junto ao Tribunal (art. 42 do Estatuto).

A Secretaria, encarregada de aspectos não judiciais da administração do Tribunal (art. 43 do Estatuto).

Quanto à jurisdição, conforme Flávia PIOVESAN e Daniela Ribeiro IKAWA[37] (2009), cabe analisá-la sob os **critérios material, pessoal, temporal e territorial.**

Sob a **perspectiva material,** o Tribunal Penal Internacional tem jurisdição sobre quatro crimes: Crimes de Genocídio, Crimes contra a Humanidade, Crimes de Guerra e Crime de Agressão.

• Sob a **perspectiva pessoal,** a jurisdição do TPI não alcança pessoas menores de 18 anos (art. 26 do Estatuto de Roma).

• Sob a **perspectiva temporal,** a jurisdição do Tribunal compreende apenas os crimes cometidos após a entrada em vigor do Estatuto (art. 11[38]).

• Sob a **perspectiva territorial,** o Tribunal tem jurisdição sobre crimes praticados no território de qualquer dos Estados-partes, ainda que o Estado do qual o acusado seja nacional não tenha ratificado o Estatuto, nem aceito a jurisdição do Tribunal para o julgamento do crime em questão (art. 12).

1.3.2. Princípios a serem observados no TPI

Os Estados-partes devem destacar dois princípios: Principio da Complementariedade e da Cooperação.

Quanto ao Princípio da Complementariedade, para o Estatuto de Roma, o Tribunal Penal Internacional exercerá sua competência nos casos de manifesta incapacidade ou falta de disposição de um sistema judiciário nacional para exercer sua jurisdição primária conforme prevê o § 11 do Preâmbulo:

"Sublinhando que o Tribunal Penal Internacional, criado pelo presente Estatuto, será complementar às jurisdições penais nacionais",

No que se refere ao Princípio da Cooperação, o Estatuto de Roma do Tribunal Penal Internacional impõe aos Estados-partes a obrigação genérica de cooperar totalmente com o Tribunal na investigação e no processamento de crimes que estejam sob sua jurisdição (arts. 86 e 87 do Estatuto).

---

(36) Art. 39.2. a) As funções judiciais do Tribunal serão desempenhadas em cada Seção pelos juízos.

b) i) O **Juízo de Recursos** será composto por todos os juízes da Seção de Recursos;

ii) As funções do **Juízo de Julgamento em Primeira Instância** serão desempenhadas por três juízes da Seção de Julgamento em Primeira Instância;

iii) As funções do **Juízo de Instrução** serão desempenhadas por três juízes da Seção de Instrução ou por um só juiz da referida Seção, em conformidade com o presente Estatuto e com o Regulamento Processual;

c) Nada no presente número obstará a que se constituam simultaneamente mais de um Juízo de Julgamento em Primeira Instância ou Juízo de Instrução, sempre que a gestão eficiente do trabalho do Tribunal assim o exigir.

(37) PIOVESAN, Flávia. *Temas de Direitos Humanos*. 3. ed. São Paulo: Saraiva, 2009. p. 152-155.

(38) Art. 11

Competência *Ratione Temporis*

1. O Tribunal só terá competência relativamente aos crimes cometidos após a entrada em vigor do presente Estatuto.

Art. 86

Obrigação Geral de Cooperar

Os Estados-partes deverão, em conformidade com o disposto no presente Estatuto, cooperar plenamente com o Tribunal no inquérito e no procedimento contra crimes da competência deste.

Art. 87

Pedidos de Cooperação: Disposições Gerais

1. a) O Tribunal estará habilitado a dirigir pedidos de cooperação aos Estados-partes. Estes pedidos serão transmitidos pela via diplomática ou por qualquer outra via apropriada escolhida pelo Estado-parte no momento de ratificação, aceitação, aprovação ou adesão ao presente Estatuto.

1.4. Corte Internacional de Justiça – CIJ

O Tribunal Internacional de Justiça (TIJ), como também é denominada a Corte Internacional de Justiça (CIJ), não é o único órgão jurisdicional parauniversal; existe também o Tribunal Internacional de Direito do Mar (**Convenção das Nações Unidas sobre o Direito do Mar**,[39] celebrada em Montego Bay, Jamaica, em 1982) e o Tribunal Penal Internacional (TPI).

A Corte tem dois tipos de **competências: contenciosas e consultivas**. Ao contrário do que acontece com os tribunais em geral, funciona quer como órgão de decisão de litígios quer como órgão que emite pareceres a pedido de outros órgãos ou organizações.

Nos arts. 34 a 38 do Estatuto da Corte Internacional de Justiça (CIJ) estão dispostas as suas competências[40] (a finalidade da CIJ é resolver os **problemas/conflitos** entre os Estados):

Competência da Corte

Art. 34

1. Só os Estados poderão ser partes em questões perante a Corte.

2. Sobre as questões que forem submetidas, a Corte, nas condições prescritas por seu Regulamento, poderá solicitar informação de organizações públicas internacionais e receberá as informações que lhe forem prestadas, por iniciativa própria, pelas referidas organizações.

3. Sempre que, no julgamento de uma questão perante a Corte, for discutida a interpretação do instrumento constitutivo de uma organização pública internacional ou de uma convenção internacional, adotada em virtude do mesmo, o Escrivão dará conhecimento disso à organização pública internacional interessada e lhe encaminhará cópias de todo o expediente escrito.

Art. 35

1. A Corte estará aberta aos Estados que são partes do presente Estatuto.

2. As condições pelas quais a Corte estará aberta a outros Estados serão determinadas pelo Conselho de Segurança, ressalvadas as disposições especiais dos tratados vigentes; em nenhum caso, porém, tais condições colocarão as partes em posição de desigualdade perante a Corte.

3. Quando um Estado que não é Membro das Nações Unidas for parte numa questão, a Corte fixará a importância com que ele deverá contribuir para as despesas da Corte. Esta disposição não será aplicada se tal Estado já contribuir para as referidas despesas.

Art. 36

1. A competência da Corte abrange todas as questões que as partes lhe submetam, bem como todos os assuntos especialmente previstos na Carta das Nações Unidas ou em tratados e convenções em vigor.

2. Os Estados, partes do presente Estatuto, poderão, em qualquer momento, declarar que reconhecem como obrigatória, *ipso facto* e sem acordo especial, em relação a qualquer outro Estado que aceite a mesma obrigação, a jurisdição da Corte em todas as controvérsias de ordem jurídica que tenham por objeto:

a) a interpretação de um tratado;

---

(39) O Brasil ratificou a Convenção em dezembro de 1988.

(40) A fonte principal é a lei, mas no Direito Internacional Público é diferente. Essas fontes vêm estabelecidas no Estatuto da Corte Internacional de Justiça (CIJ), que é um dos órgãos da ONU. Ela é composta por 15 juízes, e estes resolvem quase todos os tipos de assuntos que envolvem relações internacionais. Os Estados podem consultar a Corte, para que esta os oriente se devem ou não assinar algum tipo de Tratado. Os juízes da CIJ podem se deslocar para qualquer lugar a fim de proferirem uma decisão sobre algum assunto.

b) qualquer ponto de direito internacional;

c) a existência de qualquer fato que, se verificado, constituiria violação de um compromisso internacional;

d) a natureza ou extensão da reparação devida pela ruptura de um compromisso internacional.

3. As declarações acima mencionadas poderão ser feitas pura e simplesmente ou sob condição de reciprocidade da parte de vários ou de certos Estados, ou por prazo determinado.

4. Tais declarações serão depositadas junto ao Secretário-Geral das Nações Unidas que as transmitirá, por cópia, às partes contratantes do presente Estatuto e ao Escrivão da Corte.

5. Nas relações entre as partes contratantes do presente Estatuto, as declarações feitas de acordo com o Art. 36 do Estatuto da Corte Permanente de Justiça Internacional e que ainda estejam em vigor serão consideradas como importando na aceitação da jurisdição obrigatória da Corte Internacional de Justiça, pelo período em que ainda devem vigorar e de conformidade com os seus termos.

6. Qualquer controvérsia sobre a jurisdição da Corte será resolvida por decisão da própria Corte.

Art. 37

Sempre que um tratado ou convenção em vigor disponha que um assunto deva ser submetido a uma jurisdição a ser instituída pela Liga das Nações ou à Corte Permanente de Justiça Internacional, o assunto deverá, no que respeita às partes contratantes do presente Estatuto, ser submetido à Corte Internacional de Justiça.

Art. 38

1. A Corte, cuja função é decidir de acordo com o direito internacional as controvérsias que lhe forem submetidas, aplicará:

a) as convenções internacionais, quer gerais, quer especiais, que estabeleçam regras expressamente reconhecidas pelos Estados litigantes;

b) o costume internacional, como prova de uma prática geral aceita como sendo o direito;

c) os princípios gerais de direito, reconhecidos pelas nações civilizadas;

d) sob ressalva da disposição do Art. 59, as decisões judiciárias e a doutrina dos juristas mais qualificados das diferentes nações, como meio auxiliar para a determinação das regras de direito.

2. A presente disposição não prejudicará a faculdade da Corte de decidir uma questão *ex aequo et bono*, se as partes com isto concordarem.

A Corte Internacional de Justiça, com sede em Haia, será constituída por um corpo de magistrados independentes eleitos, sem levar em conta suas nacionalidades, de pessoas que gozem de alta consideração moral e que reúnam as condições necessárias para o exercício das mais altas funções judiciais em seus respectivos países, ou que sejam jurisconsultos de reconhecida competência na área do Direito Internacional (art. 1º do Estatuto da Corte Internacional de Justiça).

A Corte será composta por **quinze membros,** eleitos por nove anos, dos quais não poderão haver dois que sejam da mesma nacionalidade (art. 3.1 do Estatuto). **Os membros da Corte não poderão exercer qualquer função política ou administrativa, nem se dedicar a qualquer outra ocupação de caráter profissional** (art. 16.1 do Estatuto).

No exercício das funções do cargo, os membros da Corte gozarão de privilégios e imunidades diplomáticas (art. 19 do Estatuto).

As duas Convenções de Viena sobre Direito dos Tratados (1969 e 1986) atribuem ao Tribunal Internacional de Justiça (TIJ) uma função específica na interpretação e na aplicação dos seus preceitos relativos ao *jus cogens*.

Art. 66 da Convenção de Viena de 1969

Processo de Solução Judicial, de Arbitragem e de Conciliação

Se, nos termos do § 3 do art. 65, nenhuma solução foi alcançada, nos 12 meses seguintes à data na qual a objeção foi formulada, o seguinte processo será adotado:

a) qualquer parte na controvérsia sobre a aplicação ou a interpretação dos arts. 53 ou 64 poderá, mediante pedido escrito, submetê-la à decisão da Corte Internacional de Justiça, salvo se as partes decidirem, de comum acordo, submeter a controvérsia a arbitragem;(...)

Logo, o Tribunal Internacional Penal (TPI) difere-se da Corte Internacional de Justiça (CIJ), pois esta última se ocupa apenas de **disputas entre Estados,**[41] e não de atos criminosos individuais.

---

(41) Apenas os Estados poderão ser partes em casos diante da Corte Internacional de Justiça.

O direito penal internacional abre a possibilidade de julgar – sob certas condições – chefes de Estado e dirigentes políticos. A qualidade de chefe de Estado ou de governo não impede a ação penal por derrogação do princípio das imunidades diplomáticas. Contrariamente à Corte Internacional de Justiça (CIJ), órgão das Nações Unidas criado em 1946 e que julga os atos dos Estados, o TPI julgará as pessoas à maneira dos tribunais *ad hoc* instaurados para a ex--Iugoslávia e para Ruanda. Seu campo de intervenção é restrito aos crimes de genocídio, crimes contra a humanidade, crimes de guerra e crimes de agressão cometidos em qualquer lugar, desde sua entrada em vigor, em 1º de julho de 2002.

1.5. Quadro comparativo entre a Corte Internacional de Justiça e o Tribunal Penal Internacional

	Corte Internacional de Justiça (CIJ)	Tribunal Penal Internacional (TPI)
Tratado de Criação	Carta das Nações Unidas, de 1945, em São Francisco, EUA.	Estatuto de Roma. Concluído em 1998, com vigência a partir de abril de 2002.
Denominação	Corte Internacional de Justiça (CIJ) ou Tribunal Internacional de Justiça (TIJ)	Corte Penal Internacional (CPI) ou Tribunal Penal Internacional (TPI)
Localização – Sede	Haia – Países Baixos	Haia – Países Baixos
Competência	Processar e julgar Estados-membros da ONU (art. 34 do Estatuto da Corte). Competência contenciosa e consultiva.	Processar e julgar os indivíduos (pessoas físicas) por crimes de genocídio, crimes contra a humanidade, crimes de guerra e crimes de agressão – Crimes por lesão à humanidade. Competência subsidiária /suplementar.
Vínculo com a ONU	A CIJ é órgão integrante das Nações Unidas.	O TPI é órgão autônomo, dotado de personalidade jurídica, podendo estabelecer acordo com a ONU, conforme arts. 2º e 4º do Estatuto de Roma.
Composição	15 membros (juízes), dos quais não poderá haver dois que sejam da mesma nacionalidade. O mandato é de noves anos, permitida a reeleição. Não poderá haver mais de um nacional do mesmo Estado investido no Tribunal.	Composto por 18 juízes, eleitos entre indivíduos com idoneidade moral comprovada, imparcialidade e integridade. O mandato é de nove anos, não havendo previsão de reeleição.

Capítulo 2
Sujeitos de Direito Internacional – Estados e Organizações

No dizer de BOSON[42] (2000), a sociedade internacional revela-se pelos sujeitos de Direito Internacional e pelas relações que os vinculam, juridicamente. Toda sociedade é sociedade de pessoas, sujeitos de direitos e obrigações, cujas determinações vêm estabelecidas nas normas que a regem. Uma mesma pessoa pode ser sujeito de direito em mais de uma sociedade, porque esta se limita pelos valores que visa garantir e realizar, ao passo que, para pertencer-lhe, basta que a pessoa esteja envolvida diretamente nestes objetivos. Por esta razão, muitas são ou podem ser as pessoas no Direito Internacional: Estados soberanos, neutralizados, confederados, protegidos, vassalos, internacionalizados, tutelados, federados (dependendo da Carta constitucional federativa), associações de Estados (Confederação, União real), organizações internacionais ou intergovernamentais (SDN, ONU, OIT, UNESCO), organizações particulares, insurretos de beligerância, a Igreja e o Homem.

Sujeitos ou pessoas internacionais são os destinatários das normas jurídicas internacionais: todo ente que possui direitos e obrigações perante a ordem jurídica internacional (Vera GARABINI[43], 2005).

Informa-nos Valéria Maria SANT'ANNA (1995)[44] que sujeito internacional ou pessoa de direito internacional é todo aquele a quem se reconhece a capacidade de possuir direitos e obrigações na esfera internacional.

São pessoas internacionais os entes destinatários das normas jurídicas internacionais e que têm atuação e competência delimitadas por estas. Os Estados, a ONU, a Santa Sé e o próprio indivíduo, além das empresas transnacionais ou internacionais, são exemplos de pessoas (HUSEK[45], 2007).

Assim como no plano interno existem aquelas pessoas que possuem a capacidade de se vincular juridicamente, contraindo entre si direitos e obrigações (art. 1º do CC de 2002)[46] conforme expressava o art. 2º do Código Civil de 1916,[47] também no âmbito internacional encontramos os denominados sujeitos de direito internacional.

Esses sujeitos são possuidores de personalidade internacional, que corresponde à capacidade que possuem determinados entes de se mostrar no cenário internacional como unidade, com capacidade própria para celebrar tratados, acordos, convênios etc. São, portanto, detentores de direitos e obrigações na comunidade de Estados ou Internacional.

Dos entes tidos como possuidores de personalidade internacional, ou seja, a capacidade de exercer direitos e contrair obrigações, o mais abrangente é o **Estado**, pois a sociedade internacional só existe em função de sua pluralidade.

O outro ente constante da classificação é a **Organização Internacional**, que pode ser definida, de forma breve, como uma sociedade de Estados que visam um objetivo comum — econômico, político, social, militar ou cultural.

Nesse diapasão, podemos elencar como sujeitos ou pessoas de Direito Internacional **os Estados, as Organizações Internacionais, as Coletividades não Estatais e o Homem ou Indivíduo**.

2.1. Estados

O Estado é notoriamente a principal entidade do Direito Internacional Público. Regra geral é formado a partir de três elementos ou requisitos fundamentais: um **território** livre, a **sociedade de indivíduos** que habita essa área e um **governo soberano** e independente.

O Estado, considerado por Kelsen como "pessoa jurídica", é a personalidade da comunidade, a qual é criada por uma ordem jurídica nacional. Como instituição, o Estado exerce o controle social (CASTRO e FALCÃO[48], 2004).

---

(42) BOSON, Gerson de Brito Mello. *Direito Internacional Público:* o Estado em Direito das Gentes. 3. ed. Belo Horizonte: Del Rey, 2000.
(43) GARABINI, Vera. *Direito Internacional & Comunitário*. Belo Horizonte: Leiditathi Editora Jurídica, 2007. p. 13.
(44) SANT'ANNA, Valéria Maria. *Direito Internacional:* para concurso de Juiz do Trabalho. 2. ed. Bauru: Edipro, 1995. p. 9.
(45) HUSEK, Carlos Roberto. *Curso de Direito Internacional Público*. 7. ed. São Paulo: LTr, 2007. p. 49.
(46) Art. 1º Toda pessoa é capaz de direitos e deveres na ordem civil.
(47) Art. 2º Todo homem é capaz de direitos e obrigações na ordem civil.
(48) CASTRO, Celso Antônio Pinheiro de; FALCÃO, Leonor Peçanha. *Ciência Política:* uma introdução. São Paulo: Atlas, 2004. p. 141.

Para CASTRO e FALCÃO[49] (2004), o conceito corrente de Estado considera tratar-se de uma instituição cujos elementos constitutivos são **nação**[50] **território e governo soberano**. Ou, nas palavras de Manoel Gonçalves FERREIRA FILHO[51] (1994), o Estado, segundo ensina a doutrina tradicional, é uma associação humana (**povo**), radicada em base espacial (**território**), que vive sob o comando de uma autoridade (**poder**), não sujeita a qualquer outra (**soberana**).

Hans KELSEN[52] (1998) analisa os elementos do Estado consagrados pela doutrina tradicional em Território, População e Poder.[53]

Como comunidade social, Hans KELSEN[54] (1998) destaca que o Estado — de acordo com a teoria tradicional do Estado — compõe-se de três elementos: a população, o território e o poder, que é exercido por um governo estadual independente. Todos esses três elementos só podem ser definidos juridicamente, isto é, eles apenas podem ser apreendidos como vigência e domínio de vigência (validade) de uma ordem jurídica.

• A população é constituída pelos indivíduos que pertencem a um Estado.

• O território do Estado é um espaço rigorosamente delimitado. Não é um pedaço, exatamente limitado, da superfície do globo, mas um espaço tridimensional ao qual pertencem o subsolo, por baixo, e o espaço aéreo por cima da região compreendida dentro das chamadas fronteiras do Estado.

• Costuma ver-se no exercício do poder do Estado uma manifestação de força (poder), que é tida como um atributo tão essencial do Estado que até se designa o Estado como poder e se fala dos Estados como "potências", mesmo que não se trate de uma "grande potência". O poder do Estado não é uma força ou instância mística que esteja escondida detrás do Estado ou do seu Direito. Ele não é senão a eficácia da ordem jurídica.

Dessa forma, o Estado, cujos elementos essenciais são a população, o território e o poder, define-se como uma ordem jurídica relativamente centralizada, limitada no seu domínio espacial e temporal de vigência, soberana ou imediata relativamente ao Direito Internacional e que é, globalmente ou de um modo geral, eficaz.

São elementos constitutivos do Estado, conforme AZKOUL[55] (2002):

• **Elementos materiais:** População e território;

• **Elementos formais:** Ordenamento Jurídico e Governo Soberano;

• **Elemento final:** Bem Comum.

Disciplina o art. 1º da Convenção Interamericana sobre os Direitos e Deveres dos Estados, firmada em Montevidéu, em 26 de dezembro de 1933[56], que são quatro os elementos constitutivos do Estado (definição formal de Estado). *Verbis*:

O Estado como pessoa de Direito Internacional deve reunir os seguintes requisitos:

I – População permanente.

II – Território determinado.

III – Governo.

IV – Capacidade de entrar em relações com os demais Estados.

---

(49) CASTRO, Celso Antônio Pinheiro de; FALCÃO, Leonor Peçanha. *Ciência Política*: uma introdução. São Paulo: Atlas, 2004. p. 147.

(50) Hannah Arendt distingue o país real e o país formal. O país real é a **Nação**; o país formal é o **Estado**.

(51) FERREIRA FILHO, Manoel Gonçalves. *Curso de Direito Constitucional*. 21. ed. São Paulo: Saraiva, 1994. p. 39.

(52) KELSEN, Hans. *Teoria Pura do Direito*. 6. ed. São Paulo: Martins Fontes, 1998. p. 201.

(53) A Convenção Pan-americana de **Montevidéu**, de 1933, sobre Direitos e Deveres dos Estados, considera que o Estado deve ter povoação permanente, território demarcado, governo e capacidade de entrar em relações diplomáticas com outros Estados, para que seja considerado pessoa internacional.

(54) KELSEN, Hans. *Teoria Pura do Direito*. 6. ed. São Paulo: Martins Fontes, 1998. p. 201-202.

(55) AZKOUL, Marco Antônio. *Teoria Geral do Estado*. São Paulo: Juarez de Oliveira, 2002. p. 12.

(56) Promulgada pelo Brasil por meio do Decreto n. 1.570, de 13 de abril de 1937.

No entanto, para Luciano Monti FAVARO[57] (2008), alguns doutrinadores divergem do último requisito mencionado — *capacidade de entrar em relações com os demais Estados* — e reconhecem apenas os três primeiros elementos como necessários para a caracterização dos Estados. Um desses doutrinadores é Francisco REZEK,[58] que explica:

> O Estado, personalidade originária de Direito Internacional Público, ostenta três elementos conjugados: uma base territorial, uma comunidade humana estabelecida sobre essa área, e uma forma de governo não subordinado a qualquer autoridade exterior.

PRESSUPOSTOS (ELEMENTOS) DE EXISTÊNCIA DO ESTADO (FRIEDE[59] 2011)

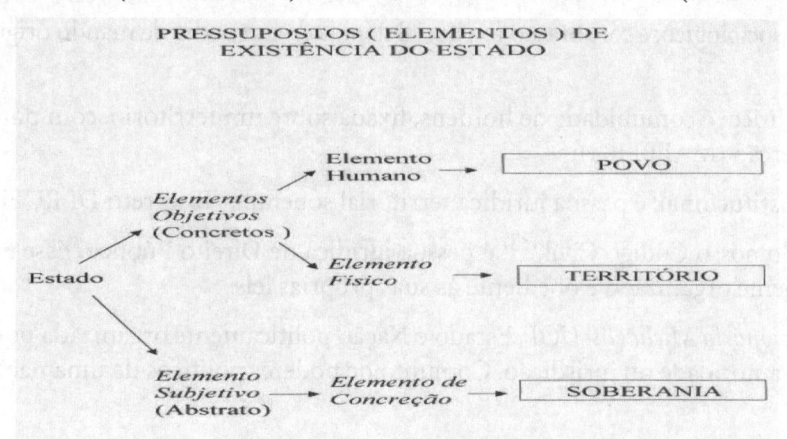

2.1.1. Conceito de Estado

É uma espécie de sociedade política, ou seja, é um tipo de sociedade criada a partir da vontade do homem e que tem como objetivo a realização dos fins daquelas organizações mais amplas que o homem teve necessidade de criar para enfrentar o desafio da natureza e das outras sociedades civis.

CONCEITO DE ESTADO (FRIEDE[60], 2011)

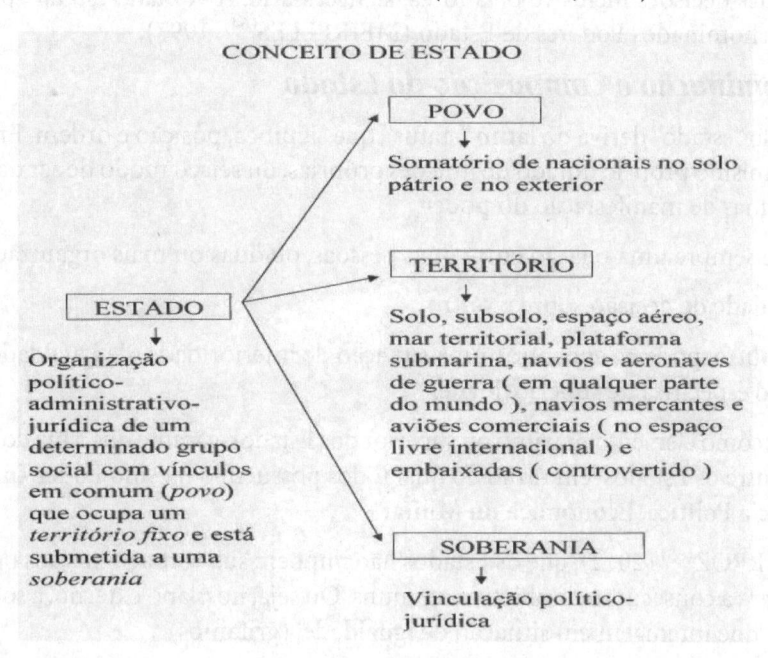

---

(57) FAVARO, Luciano Monti. *Os Sujeitos de Direito Internacional Econômico*. Disponível em: <http://portalrevistas.ucb.br/index.php/rvmd/article/viewFile/2606/1596> Acesso em: 7 abr. 2014.

(58) REZEK, J. Francisco. *Direito Internacional Público*: curso elementar. 10. ed. rev. e atual. São Paulo: Saraiva, 2005. p. 161.

(59) FRIEDE, Reis. *Curso Resumido de Ciência Política e Teoria Geral do Estado*. 3. ed. Rio de Janeiro: Forense, 2011. p. 20.

(60) *Ibidem*, p. 16.

Para Norberto BOBBIO[61] (2001), o Estado pode ser entendido como o ordenamento político de uma comunidade, nasce da dissolução da comunidade primitiva fundada sobre os laços de parentesco e da formação de comunidades mais amplas derivadas da união de vários grupos familiares por razões de sobrevivência interna (sustento) e externa (a defesa).

> "O Estado é um ordenamento jurídico destinado a exercer o poder soberano sobre um dado território, ao qual estão necessariamente subordinados os sujeitos a ele pertencentes" (Mortati C. — Italiano)

Para o Professor Hely Lopes MEIRELES[62] (1997), o conceito de Estado varia segundo o ângulo em que é considerado:

• Do ponto de vista **sociológico**: é corporação territorial dotada de um poder de mando originário (Georg JELLINEK, 1919);

• Sob o aspecto **político**: é comunidade de homens, fixada sobre um território, com potestade superior de ação, de mando e de coerção (MALBERG);

• Sob o prisma **constitucional**: é pessoa jurídica territorial soberana (Biscaretti DI RUFFIA).

Na conceituação do nosso Código Civil,[63] é pessoa jurídica de Direito Público. Esse é o Estado de Direito, ou seja, o Estado juridicamente organizado e obediente às suas próprias leis.

Nos termos do *Dicionário Michaelis-UOL*, Estado é Nação politicamente organizada por leis próprias. Terras ou países sujeitos à mesma autoridade ou jurisdição. Conjunto de poderes políticos de uma nação. Divisão territorial de certos países.

Em síntese:

> O Estado é constituído de 3 (três) elementos originários e indissociáveis: **Povo, Território e Governo soberano**. Sendo o povo o componente humano do Estado; Território, a sua base física; governo soberano, o elemento condutor do Estado, que detém e exerce o poder absoluto de autodeterminação e auto-organização emanado do Povo. Não há nem pode haver Estado independente sem Soberania, isto é, sem esse poder absoluto, indivisível e incontrastável de organizar-se e de conduzir-se segundo a vontade livre de seu Povo e de fazer cumprir as suas decisões inclusive pela força, se necessário. A vontade estatal apresenta-se e se manifesta através dos denominados Poderes de Estado (MEIRELLES[64], 1997).

2.1.2. Origem, Denominação e Composição do Estado

Origem: O vocábulo "estado" deriva do latim "status", que significa, posição e ordem. Em seu sentido ontológico, **Estado** significa um organismo próprio dotado de funções próprias, ou seja, o modo de ser da sociedade politicamente organizada, uma das formas de manifestação do **poder**.

O **poder** pressupõe sempre uma relação entre duas pessoas, ou duas ou mais organizações.

O poder é **a capacidade de decisão sobre o outro**.

Na relação com o outro, pode-se encontrar uma situação de inferioridade, de igualdade ou de **superioridade**. O poder supõe uma relação específica de **superioridade**.

Assim, a Soberania, como elemento máximo ou superior dos Estados, garante que à luz do DIP prevalece o princípio da igualdade soberana entre os Estados, em razão do qual todos possuem o mesmo Poder, **independentemente de sua relevância ou importância Política, Econômica ou Militar**.

Diz Roberto CAPARROZ[65] (2012), que os Estados não impõem sua vontade uns aos outros, mas sim trabalham de forma **Coordenada** para a consecução de objetivos comuns. Ou seja, no plano externo, a soberania revela o encontro de poderes equivalentes, que interagem em situação de **igualdade**. (grifamos)

---

(61) BOBBIO, Norberto. *Estado, Governo, Sociedade*; por uma teoria geral da política. 9. ed. Rio de Janeiro: Paz e Terra, 2001. p. 73.

(62) MEIRELLES, Hely Lopes. *Direito Administrativo Brasileiro*. 22. ed. São Paulo: Malheiros, 1997. p. 55-56.

(63) Art. 42 São pessoas jurídicas de Direito Público externo os Estados estrangeiros e todas as pessoas que forem regidas pelo Direito Internacional Público.

(64) MEIRELLES, Hely Lopes. *Direito Administrativo Brasileiro*. 22. ed. São Paulo: Malheiros, 1997. p. 56.

(65) CAPARROZ, Roberto. *Direito Internacional, volume 11*. Niterói: Impetus, 2012. p. 3-4.

Denominação: A denominação Estado nem sempre foi utilizada para expressar **sociedade política**, pois esta designação só foi aceita a partir dos séculos XVI e XVII.

Na Grécia antiga era utilizada a expressão "Polis", que significava cidade. Já os Romanos utilizavam a palavra "civitas". Na Idade Média e na Idade Moderna passou-se a utilizar os termos **principado, reino, república**, dentre outros. Nicolau Maquiavel, em sua obra *O Príncipe*, publicada em 1513, faz a seguinte referência ao termo "Estado": "todos os estados, todos os domínios que tiveram e têm poder sobre os homens, são estados e são ou repúblicas ou principados"[66].

Quanto ao número de participantes ou a sua **composição**, apresentamos a seguinte classificação: 1.1) **Estado simples ou unitário**; 1.2) **Estado Composto — Federação — Confederação**. Como Estado Composto[67] podemos ainda citar a **União Pessoal**, que ocorre quando o mesmo chefe de Estado governa simultaneamente dois ou mais Estados, mantendo a soberania, mas uma relativa autonomia externa. Não é muito comum nos dias de hoje. Ex.: Macedônia. Como Estado Composto temos ainda a **União Real**, a qual ocorre quando dois ou mais Estados, guardando a sua soberania interna, unem-se no sentido de formar um só entidade, principalmente no plano externo. Aconteceu no século passado e naqueles Estados que possuem monarquia. Ex.: Império Austro-Húngaro (por volta de 1815). **União Incorporada** também é um tipo de Estado Composto, em que dois ou mais Estados se unem e, mediante uma fusão, criam um novo Estado. Ex.: Irlanda, Escócia, Grã-Bretanha — que formaram, em um período, o Reino Unido da Grã-Bretanha.

2.1.2.1. Formas de Estado[68]

Por Formas de Governo, deferentemente de Formas de Estado, entende-se serem as maneiras pelas quais o Estado se organiza para exercer o Poder Político (forma: República e Monarquia constitucional).

Já Regimes ou Sistemas de Governo, por outro lado, são classificações de governos de acordo com o relacionamento que mantenham entre si os órgãos que exercem as funções Legislativas e Executivas (Regimes: Parlamentarismo e Presidencialismo)[69].

Por Formas de Estado, entendemos a maneira pela qual o Estado organiza o povo, o território e estrutura o seu poder relativamente a outros de igual natureza (Poder Político: Soberania e Autonomia), que a ele ficarão coordenados ou subordinados.

As Formas de Estado levam em consideração a composição geral do Estado, a estrutura do poder, sua unidade, distribuição e competências no território do Estado.

Como Forma de Estado, têm-se a unidade dos ordenamentos estatais; a sociedade de Estados, ou seja, os **Estados Compostos** (o **Estado Federal**, a **Confederação**, a União Pessoal, a União Real etc.) e o **Estado simples ou Estado unitário**.

• **Estado Unitário**[70] — caracteriza-se pela unidade de poder. Em todo o território estatal possui uma fonte única de poder político. Assim, no Estado Unitário só existe um governo, ou seja, não se percebe mais que um Poder Legislativo, Judiciário e Executivo, os quais exercem com autonomia suas atribuições institucionais em todo o território do Estado.

• **Confederação**[71] — união dos Estados soberanos que se agregam para atingir um determinado objetivo comum. A soberania é a faculdade de decidir. Nesta forma de Estado, caso o Estado-membro assim deseje, poderá cindir a unidade confederada. Logo, a Confederação é a união instável dos Estados soberanos.

---

(66) MACHIAVELLI, Nicoló. *O Príncipe*. 2. ed. São Paulo: Martins Fontes, 1996.

(67) Estado Composto é aquele em que o Governo central reparte com coletividades locais as diversas competências constitucionais: **legislação, jurisdição** e **administração**. O tipo de Estado Composto ou Complexo é o Estado federal, de que são exemplos, na Europa, Alemanha e Suíça; e, na América, Brasil e Estados Unidos (BOSON, 2000).

(68) a) A **forma de Estado**: Confederal, Federal e Unitário (centralizado e descentralizado); b) A **forma de Governo**: República ou Monarquia Constitucional; c) O **sistema de Governo**: Presidencialista, Parlamentarista e Híbrido (Presidencialista-Parlamentarista).

(69) FILOMENO, José Geraldo Brito. *Manual de Teoria Geral do Estado e Ciência Política*. 8. ed. Rio de Janeiro: Forense, 2012. p. 123.

(70) Segundo BOSON (2000), **Estado Unitário ou Simples** é aquele em que o governo central monopoliza todos os poderes de ordem legislativa e jurisdicional. Quando monopoliza também as funções administrativas, diz-se Estado centralizado, mas se reparte tais funções com departamentos ou municípios, diz-se Estado descentralizado. O Estado Simples é a mais comum das formas de Estado, de que são exemplos, na Europa, Portugal, Espanha e França; na América, Uruguai, Chile e Peru; na Ásia, Japão, Turquia e Filipinas.

(71) CONFEDERAÇÃO – pode ser também uma associação de vários Estados, soberanos no plano interno e autônomos no plano externo, que conservam sua personalidade internacional, pois cada um possui governo próprio, moeda própria ou única, às vezes língua própria, se unem para determinados fins, tais como a manutenção da paz ou o auxílio mútuo no caso de ataques externos, criando geralmente órgãos comuns. (Confederação Americana de 1781 a 1789, quando se tornaram os atuais EUA)

• **Federação** — união de Estados, autônomos sob a égide da Constituição. Esta autonomia se trata do princípio de toda a federação, em que as unidades politicamente descentralizadas formam o próprio Estado Federal.

O Estado Federal tem sua origem vinculada à Constituição Norte-americana de 1787, não correspondendo a um esquema prévio, mas às necessidades práticas: tratava-se de buscar uma fórmula híbrida que tornasse compatível o grau de independência alcançado pelos treze Estados com um poder dotado de faculdades para bastar-se a si mesmo na esfera de suas funções. Depreende dessa fórmula híbrida uma solução ideal ao problema da divisão das atribuições de competências governamentais entre o poder central e as outras entidades políticas, de modo a valorizar ao máximo a descentralização, mas assegurando o caráter único do Estado em sua complexidade (Mário Lúcio Quintão SOARES[72], 2004).

É de essência do federalismo americano ser uma forma de organização política, na qual o exercício de poderes bifurca-se em dois níveis de governo, caracterizando as relações verticais de poder entre a União e seus Estados-membros.

Seguindo Mário Lúcio Quintão SOARES[73] (2004), são características fundamentais do Estado federal:

• a união dos Estados federados cria um novo Estado e, concomitantemente, aqueles que aderiram à federação perdem a condição de Estados soberanos.

• a base jurídica do Estado federal é uma Constituição, não um tratado.

• na federação, geralmente, inexiste o direito de secessão.

Nela, apenas o poder central ou União detém a soberania.

• no Estado Federal as atribuições da União e das Unidades federadas são fixadas na Constituição, mediante uma distribuição de competências.

• a cada esfera de competências atribui-se renda própria.

• o poder político deve ser compartilhado entre a União e unidades federadas.

De acordo com as regras tradicionais do federalismo clássico, surgem os Estados Federais quando há no mesmo território dois grupos governantes: os centrais e os locais, correspondendo os primeiros ao Estado Federal (União), e os segundos, aos Estados-membros.

O Estado Federal (União) é um Estado que se caracteriza por uma descentralização de forma especial e de grau elevado, que se compõe de coletividade de membros dominados por ele, mas que possuem autonomia constitucional, bem como participam da formação da vontade federal, distinguindo-se dessa maneira de todas as demais coletividades públicas inferiores.

No Estado Federal, os entes descentralizados detêm, além de competências administrativas e legislativas ordinárias, competências legislativas constitucionais, o que significa que os Estados-membros elaboram suas Constituições e as promulgam, sem que seja possível ou necessária a intervenção do parlamento nacional para aprovar esta Constituição estadual, sendo que esta sofrerá apenas um controle de constitucionalidade em relação à Carta Constitucional nacional.

Neste sentido, os Estados federados possuem as demais características em complemento às retromencionadas:

• princípio federal que consiste no método de dividir os poderes, de modo que os governos central e regionais sejam, cada um dentro de sua esfera, coordenados e independentes;

• equilibrar a pluralidade com a unidade;

• manutenção da unidade do Estado, para que a descentralização não leve à dissolução da comunidade jurídica;

• o ato constituinte do Estado Federal é um ato político que integra uma unidade conjunta com coletividades particulares;

• é um Estado soberano composto de vários Estados;

---

(72) SOARES, Mário Lúcio Quintão. *Teoria do Estado:* introdução. 2. ed. Belo Horizonte: Del Rey, 2004. p. 295.
(73) *Ibidem*, p. 300.

- uma Constituição surge como norma principal que tem eficácia e validade para dar suporte, também, aos ordenamentos locais. Essa preeminência da Constituição Federal não retira a atribuição dos Estados particulares em elaborar a própria organização constitucional;

- a Constituição Federal ordena uma distribuição de competências que determinam as relações entre a federação e os Estados;

- as relações decorrentes da distribuição de competências podem determinar:

- participação: consiste no direito que têm os Estados-membros de colaborar na formação e decisão dos órgãos federais;

- coordenação.

Dessas noções delineadas podemos inferir as quatro características capazes de **distinguir** o **Estado confederado** de uma **federação**, quais sejam: a) na confederação os Estados signatários mantêm suas **soberanias**, ao passo que na federação as renunciam em nome de um novo Estado, restando apenas **autonomia**; b) a confederação se sustenta por um Tratado, enquanto a federação, por uma **Constituição Federal**; c) enquanto na confederação existe a possibilidade de retirada do Estado signatário, por não haver perdido sua soberania, o que se denomina **direito de retirada** ou de **secessão do pacto**, a federação é **indissolúvel**; d) enquanto na confederação os indivíduos possuem a **nacionalidade de cada Estado** signatário do acordo internacional, no Estado Federal a **nacionalidade será uma só**, independentemente da unidade da federação na qual houve o nascimento (MIRANDA[74], 2007).

O **Estado unitário**[75] também não se confunde com um **Estado federado**, na medida em que: a) no Estado unitário todo o **poder político-administrativo** está centralizado, ao passo que na Federação verifica-se a descentralização desse poder, manifestado em diversas Administrações Públicas autônomas; b) no Estado unitário as **competências legislativas** também se encontram centralizadas, já na Federação as leis são elaboradas pelos órgãos dos diversos entes federados; c) em uma Federação há a **participação da vontade regional** na formação da vontade nacional, o que não se vê no Estado unitário, e; d) em uma Federação os Estados-membros se organizam por **Constituições Estaduais**, elaboradas em conformidade com a Constituição Federal (MIRANDA[76], 2007).

A *Lex* Constitucional de 1988 introduziu novos fundamentos ao federalismo brasileiro, como a singular inclusão do Ente municipal (Município) entre os entes que compõem a união indissolúvel da República Federativa, no *caput* do art. 1º.[77]

Classificação dos Estados

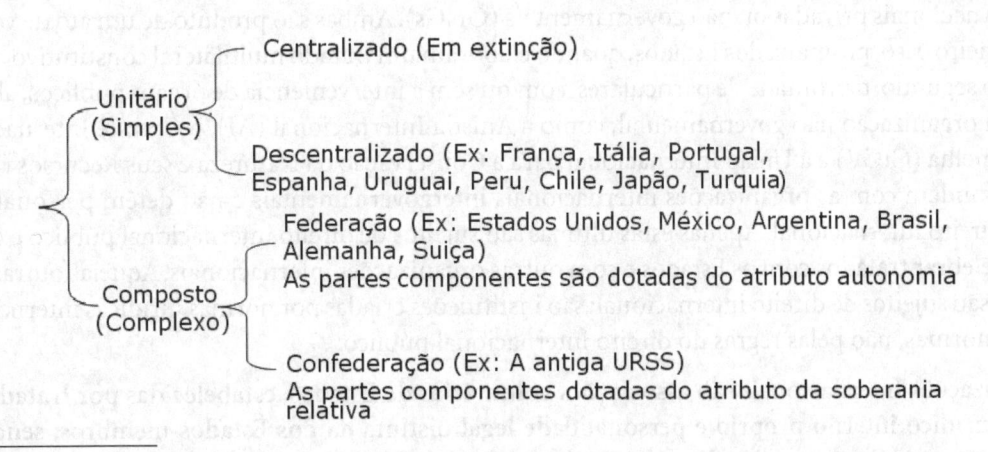

- Unitário (Simples)
  - Centralizado (Em extinção)
  - Descentralizado (Ex: França, Itália, Portugal, Espanha, Uruguai, Peru, Chile, Japão, Turquia)
- Composto (Complexo)
  - Federação (Ex: Estados Unidos, México, Argentina, Brasil, Alemanha, Suiça)
    As partes componentes são dotadas do atributo autonomia
  - Confederação (Ex: A antiga URSS)
    As partes componentes dotadas do atributo da soberania relativa

---

(74) MIRANDA, Henrique Savonitti. *Curso de Direito Constitucional*. 5. ed. Brasília: Senado Federal, 2007. p. 377.

(75) O Estado Simples ou Unitário permite, portanto, descentralização jurídica e administrativa; o que não se admite nunca é a descentralização política, caracterizando-se, por isso, pela **UNICIDADE** do Poder Político.

(76) MIRANDA, Henrique Savonitti. *Curso de Direito Constitucional*. 5. ed. Brasília: Senado Federal, 2007. p. 377.

(77) **Art. 1º** A República Federativa do Brasil, formada pela união indissolúvel dos Estados e **Municípios** e do Distrito Federal, constitui-se em Estado Democrático de Direito (...).

Formas e regimes de governo

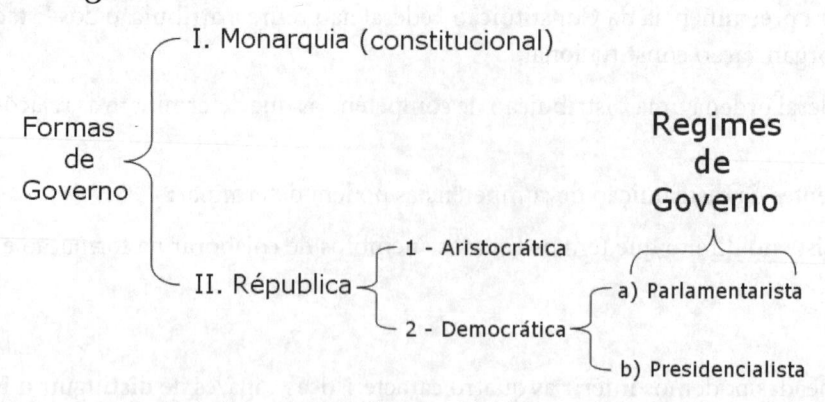

```
                    ┌ I. Monarquia (constitucional)
   Formas           │                                      Regimes
   de       ────────┤                                      de
   Governo          │                                      Governo
                    │              ┌ 1 - Aristocrática
                    └ II. República┤                    ┌ a) Parlamentarista
                                   └ 2 - Democrática ───┤
                                                        └ b) Presidencialista
```

1 - Aristocracia: Voto censitário (vota a classe considerada privilegiada, exclusão do voto das massas populares;
2 - Democrática: Direito de voto pertencente a todos os cidadãos;
3 - República "res" (coisa) e "pública" (comum ou de todos);
4 - Monarquia: Governo individual ou governo de um só.

2.2. Organizações internacionais

Uma **organização internacional** é, conforme especifica o próprio vocábulo, uma **organização** de caráter internacional, cujos objetivos são a **cooperação e a boa vontade de encontrar conjuntamente solução para problemas comuns**. A personalidade jurídica está na junção voluntária dos Estados ou demais entes ou sujeitos de Direito Internacional.

Os organismos internacionais são também denominados simplesmente Organismos ou Organizações Interestatais, cuja autonomia é pautada no entendimento de que após sua criação tomam corpo próprio, adquirem personalidade e vivem independentemente de seus criadores (Carla Noura TEIXEIRA[78], 2007).

Pode ser de dois tipos:

• uma *organização intergovernamental*, formada pela reunião de Estados soberanos, ou

• uma *organização não governamental* (ONG), formada por membros da sociedade.

No entendimento de Valério de Oliveira Mazzuoli[79] (2008):

> É de suma importância uma distinção entre tais organizações internacionais (ORGs) e aquelas organizações internacionais privadas ou não governamentais (ONGs). Ambas são produto de um ato de vontade que, no primeiro caso, promana dos Estados, quando elaboram um tratado multilateral constitutivo da organização e, no segundo, da vontade de particulares, com ou sem a interveniência de órgãos públicos, almejando criar uma organização não governamental, como a Anistia Internacional (AI), o Comitê Internacional da Cruz Vermelha (CICV) e a União Internacional para a Conservação da Natureza e seus Recursos (UICN), não se confundem com as organizações internacionais intergovernamentais e não detêm personalidade jurídica de direito internacional. Apenas estas últimas são sujeitos de direito internacional público e detêm o poder de celebrar tratados com os Estados e com outras organizações internacionais. Aquelas outras organizações não são sujeitos de direito internacional; são instituições criadas por normas jurídicas internas e regidas por tais normas, não pelas regras do direito internacional público.

As Organizações Internacionais são associações voluntárias de Estados, estabelecidas por tratados, possuindo ordenamento jurídico interno próprio e personalidade legal distinta da dos Estados-membros, sendo dotadas de órgãos e institutos próprios, por meio dos quais realizam as finalidades a que se destinam.

Os organismos internacionais são entes formados pela iniciativa de outros sujeitos internacionais — em regra, os Estados. Representam a cooperação entre eles, porque, sozinhos, não podem realizar seus objetivos.

---

(78) TEIXEIRA, Carla Noura. *Direito Internacional:* Público, Privado e dos Direitos Humanos. São Paulo: Saraiva, 2007. p. 9.
(79) MAZZUOLI, Valério de Oliveira. *Direito Internacional Público.* 4. ed. São Paulo: Revista dos Tribunais, 2008. p. 118.

Para a estrutura de uma organização internacional, dois órgãos se fazem indispensáveis, independentemente de seu alcance e sua finalidade:[80]

- **Assembleia Geral** — trata-se de órgão em que todos os Estados-membros têm voz e voto, em condições de igualdade. **Na OIT a Conferência é a Assembleia Geral** de todos os Estados-membros da organização, que, como órgão supremo da Organização, traça as diretrizes gerais da política social a ser observada.

- **Secretaria** — órgão de administração da Entidade, com funcionamento permanente, em que trabalham servidores neutros em relação à política dos Estados-membros.

Podemos verificar que as Organizações Internacionais, no tocante ao seu alcance e finalidade, têm **alcance universal** e estão vocacionadas a acolher o maior número possível de Estados, sem restrição de índole geográfica, cultural, econômica etc. O **alcance regional** restringe o acolhimento de Estados a uma determinada área. Quanto à finalidade, identificamos organizações de **vocação política** — como aquelas que se consagram, sobretudo, à preservação da paz e da segurança — e as de **vocação técnica específica** — que são as organizações voltadas primordialmente a um fim cultural, econômico, financeiro ou técnico.

As Organizações Internacionais podem, ainda, ser classificadas da seguinte forma (HUSEK[81], 2007):

a) **Quanto ao objeto:**

1. de fins gerais, como a ONU[82] (Organização das Nações Unidas), a OEA (Organização dos Estados Americanos) e a OUA (Organização da Unidade Africana).

2. de fins especiais, como as Organizações de cooperação política (conselho da Europa); Organizações de cooperação econômica (FMI[83], BIRD[84] etc.); Organizações de cooperação militar (OTAN etc.); Organizações de cooperação social e humanitária (OIT, OMS etc.); Organizações para finalidades culturais (UNESCO[85]).

b) **Quanto à sua estrutura:**

1. Organizações intergovernamentais, como a ONU e a OUA.

2. Organizações supranacionais, como a CECA e a CE.

c) **Quanto ao âmbito de sua participação:**

1. Organizações parauniversais, como a ONU, a OIT e o FMI.

2. Organizações regionais, como a OEA,[86] a OTAN etc.

---

(80) Para a Professora Vera GARABINI (2005, p. 16), as Organizações Internacionais têm estrutura variável em função dos objetivos e finalidade a que se propõem, mas, de um modo geral, a composição mínima representa três órgãos: um Conselho, que é o órgão executivo, uma Assembleia, na qual estão representados todos os membros, e um Secretariado, responsável pela parte administrativa.

(81) HUSEK, Carlos Roberto. *Curso de Direito Internacional Público*. 7. ed. São Paulo: LTr, 2007. p. 148-150.

(82) Em 1945, representantes de 50 países reuniram-se em São Francisco, nos Estados Unidos, na Conferência das Nações Unidas, para uma Organização Internacional. No encontro, foi elaborado um rascunho da Carta das Nações Unidas, a qual foi assinada em 26 de junho de 1945 e ratificada por 51 países em 24 de outubro de 1945.

(83) Criado em 1944, o FMI tem como missão fundamental reduzir o desequilíbrio das balanças de pagamentos dos Países-membros mediante a concessão de créditos procedentes de seus próprios recursos e a estabilização do câmbio. A adesão ao FMI implica a aceitação de uma carta monetária internacional que impõe aos Estados-membros obrigações relativas à estabilidade e à conversibilidade monetária.

(84) O Banco Mundial foi criado em 1944, na conferência de Bretton Woods, da mesma forma que o FMI. Tem entre seus objetivos conceder créditos a países subdesenvolvidos para o financiamento de projetos e facilitar-lhes ajuda técnica. Integram o Banco Mundial ou Banco Internacional de Reconstrução e Desenvolvimento (BIRD) a Corporação Financeira Internacional (CFI), criada em 1956 para complementar a ação do BIRD, especialmente na criação e expansão de empresas privadas, e a Associação Internacional de Desenvolvimento (AID), constituída em 1960 para a concessão de empréstimos em melhores condições que as oferecidas pelo BIRD.

(85) Fundada em 1946, a UNESCO tem por finalidade aprofundar a relação entre todos os povos do mundo por meio da educação, da ciência e da cultura. Tem sede em Paris e promove frequentes campanhas de esclarecimento da opinião pública. Assumiu a defesa de muitos dos grandes temas do século XX, como a universalização das oportunidades educacionais, a democratização das artes, os direitos da mulher e de todas as minorias discriminadas.

(86) A Organização dos Estados Americanos (OEA) é o organismo institucional do Sistema Interamericano, assim como a Organização das Nações Unidas (ONU) representa o Sistema Mundial.

2.2.1. Organização das Nações Unidas – ONU

A Organização das Nações Unidas (ONU) é uma instituição internacional formada por 193 Estados soberanos, fundada após a 2ª Guerra Mundial para manter a paz e a segurança no mundo, fomentar relações cordiais entre as nações, promover progresso social, melhores padrões de vida e direitos humanos. Os membros são unidos em torno da Carta da ONU, um tratado internacional que enuncia os direitos e deveres dos membros da comunidade internacional.

As Nações Unidas são constituídas por seis órgãos principais: a Assembleia Geral, o Conselho de Segurança, o Conselho Econômico e Social, o Conselho de Tutela, o Tribunal Internacional de Justiça ou Corte Internacional de Justiça e o Secretariado. Todos eles estão situados na sede da Organização, em Nova York, com exceção do Tribunal, que fica em Haia, na Holanda.

Ligados à ONU há organismos especializados que trabalham em diversas áreas, como saúde, agricultura, aviação civil, meteorologia e trabalho — por exemplo: OMS (Organização Mundial da Saúde), OIT (Organização Internacional do Trabalho), Banco Mundial e FMI (Fundo Monetário Internacional). Esses organismos especializados, juntamente com as Nações Unidas e outros programas e fundos (tais como o Fundo das Nações Unidas para a Infância, UNICEF), compõem o Sistema das Nações Unidas.

Os propósitos da ONU são:

- manter a paz e a segurança internacionais;

- desenvolver relações amistosas entre as nações;

- realizar a cooperação internacional para resolver os problemas mundiais de caráter econômico, social, cultural e humanitário, promovendo o respeito aos direitos humanos e às liberdades fundamentais;

- ser um centro destinado a harmonizar a ação dos povos para a consecução desses objetivos comuns.

As Nações Unidas agem de acordo com os seguintes princípios:

- a Organização se baseia no princípio da igualdade soberana de todos seus membros.

- todos os membros se obrigam a cumprir de boa-fé os compromissos da Carta.

- todos deverão resolver suas controvérsias internacionais por meios pacíficos, de modo que não sejam ameaçadas a paz, a segurança e a justiça internacionais.

- todos deverão abster-se em suas relações internacionais de recorrer à ameaça ou ao emprego da força contra outros Estados.

- todos deverão dar assistência às Nações Unidas em qualquer medida que a Organização tomar em conformidade com os preceitos da Carta, abstendo-se de prestar auxílio a qualquer Estado contra o qual as Nações Unidas agirem de modo preventivo ou coercitivo.

- cabe às Nações Unidas fazer com que os Estados que não são membros da Organização ajam de acordo com esses princípios em tudo quanto for necessário à manutenção da paz e da segurança internacionais.

- nenhum preceito da Carta autoriza as Nações Unidas a intervir em assuntos que são essencialmente da alçada nacional de cada país.

O Conselho de Segurança da ONU é constituído por 15 membros: cinco permanentes — **Estados Unidos, Rússia, Grã-Bretanha, França e China** — e dez não permanentes, eleitos pela Assembleia Geral por dois anos.

Suas funções e atribuições são:

- manter a paz e a segurança internacionais de acordo com os propósitos e princípios das Nações Unidas;

- examinar qualquer controvérsia ou situação suscetível de provocar atritos internacionais;

- recomendar métodos para o acerto de tais controvérsias ou as condições para sua solução.

De acordo com a Carta, todos os membros das Nações Unidas concordam em aceitar e cumprir as decisões do Conselho.

Leciona Cleuton Barrachi SILVA[87] (2014), que a principal finalidade do Conselho de Segurança da ONU é manter a paz e a segurança internacional, sendo que sempre que este órgão receber notícias acerca da controvérsia, deverá, primeiramente, recomendar a seus membros, que cheguem a um acordo de maneira pacífica, podendo, entretanto, empreender investigações e por meio destas tentar a intermediação do conflito, estabelecendo os princípios do acordo, por intermédio de representantes especiais nomeados pelo Secretário Geral.

Conforme estabelece o Capítulo VII da Carta das Nações, o Conselho de Segurança pode, para fazer cumprir suas decisões, tomar medidas drásticas, que vão desde os embargos econômicos até o uso da força formado por uma coalizão militar integrada por seus membros, o que seria o último caso.

Em suma, de acordo com a Carta das Nações Unidas, as funções do Conselho de Segurança são as seguintes:

a) Manter a paz e a segurança internacionais conforme os propósitos e princípios das Nações Unidas;

b) Investigar toda e qualquer situação que possa ensejar conflito internacional;

c) Recomendar métodos de ajustes de tais controvérsias, e condições para acordo;

d) Elaborar planos para o estabelecimento de um sistema que regula os armamentos;

e) Determinar se existe uma ameaça à paz ou um gesto de agressão e recomendar que medidas devem ser adotas;

f) Impor aos seus membros que adotem sanções, que não o uso da força, para deter a agressão;

g) Empreender ação militar contra um agressor;

h) Recomendar o ingresso de novos membros;

i) Exercer funções de administração fiduciária das Nações Unidas em zonas estratégicas;

j) Recomendar para Assembleia Geral a designação do Secretário Geral, e junto com a Assembleia, eleger os magistrados para a Corte Internacional de Justiça.

Registra-se que não há a necessidade de o Conselho de Segurança se reunir na sede da ONU, podendo, entretanto, se reunir em qualquer outro ponto do planeta, como achar conveniente, como ocorreu em 1972 e 1973 na Etiópia e no Panamá, respectivamente.

O Conselho Econômico e Social é formado por 54 (cinquenta e quatro) membros eleitos para um período de três anos, abrangendo a África, Europa Ocidental, América Latina e Ásia. É o órgão que prepara relatórios e estudos e faz recomendações sobre assuntos econômicos e sociais, convoca conferências e faz projetos de convenção, negocia acordos entre a ONU e as organizações especializadas, promove o respeito e a observância dos direitos do Homem e das liberdades fundamentais.

Obs.: As Resoluções do Conselho de Segurança da ONU criam obrigações para os Estados-membros.

---

(87) SILVA, Cleuton Barrachi. *O Conselho de Segurança da ONU:* definição, finalidade, membros e estrutura. Disponível em: <http://www.advogado.adv.br/artigos/2003/cleutonbarrachisilva/conselhodesegurancaonu.htm> Acesso em: 10 abr. 2014.

Organograma da ONU*

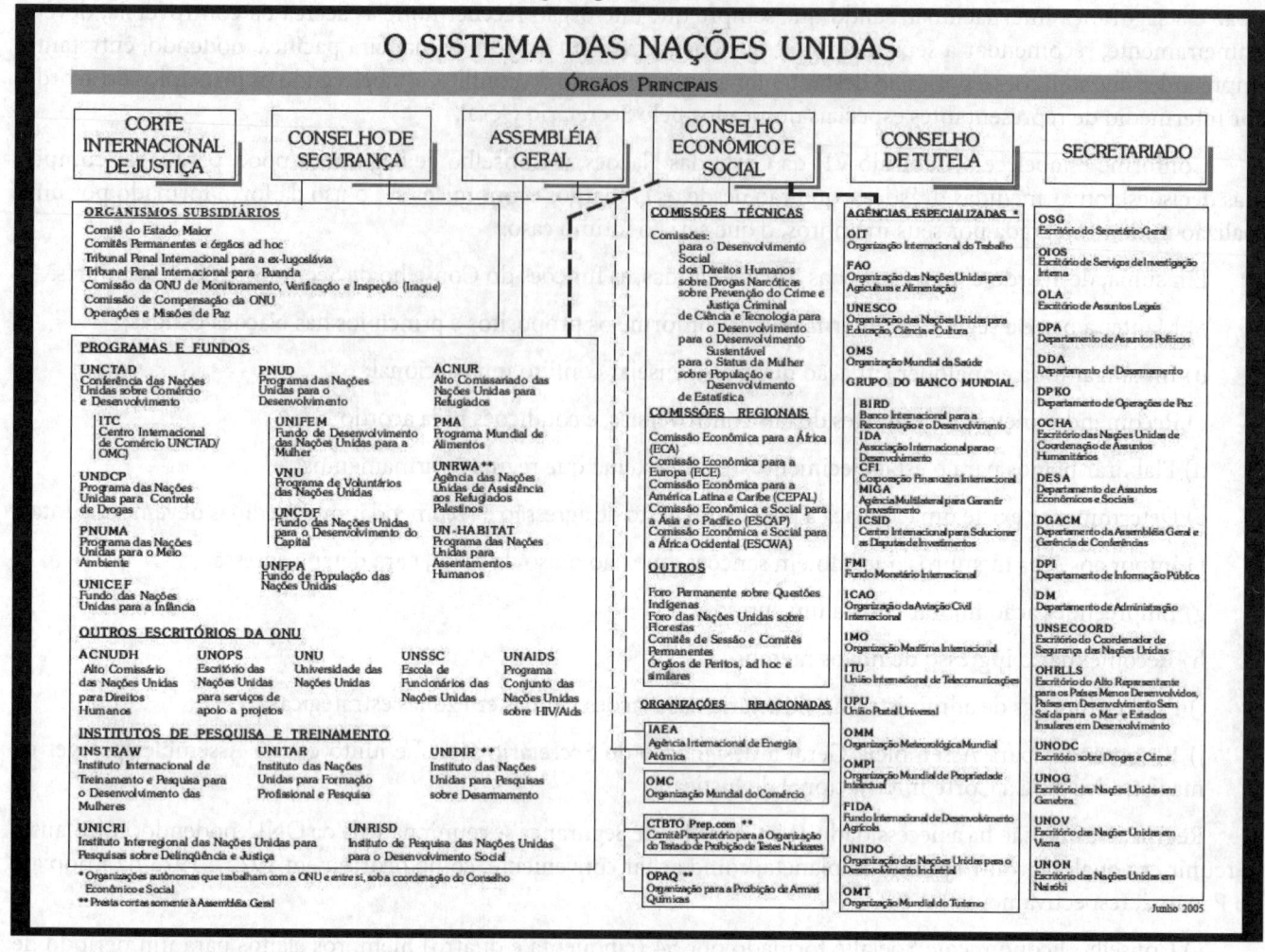

[Organograma do Sistema das Nações Unidas — Órgãos Principais: Corte Internacional de Justiça, Conselho de Segurança, Assembléia Geral, Conselho Econômico e Social, Conselho de Tutela, Secretariado. Junho 2005]

2.3. Coletividades não estatais ou outras coletividades

São entes não Estados, nem Organismos Internacionais.

Conforme Carlos Roberto HUSEK[88] (2007), **outras coletividades**[89] podem ser localizadas em situações que não se enquadram entre os caracteres do Estado e dos Organismos Internacionais. Nesse caso estão os Beligerantes, os Insurgentes, a Santa Sé, Territórios sob Tutela Internacional, a Soberana Ordem de Malta, o Comitê Internacional da Cruz Vermelha e as Sociedades Comerciais.

a) **Beligerantes** — São os revoltosos internos de um Estado que possuem o controle de parte do território deste, como era o caso dos confederados na Guerra de Secessão nos EUA, em 1861, reconhecidos como tais pela França e pela Inglaterra.

b) **Insurgentes** — O reconhecimento do estado de insurgência abrange os movimentos em terra e no mar que não assumem a proporção de uma guerra civil. Diversamente dos Beligerantes, cujo reconhecimento cria direitos e obrigações, a identificação dos Insurgentes não tem, de imediato, tais efeitos, dependendo do que estabelece o ato em si, normalmente com efeitos mais restritos.

c) **Santa Sé**[90] — É a reunião da Cúria Romana com o Papa e o Estado do Vaticano, representa o território da Santa Sé e sua personalidade jurídica está estabelecida no Tratado de Latrão, de 1929.

---

(88) HUSEK, Carlos Roberto. *Curso de Direito Internacional Público*. 7. ed. São Paulo: LTr, 2007. p. 55.

(89) Ensina-nos Vera GARABINI (2005) que algumas coletividades atuam na ordem internacional, mas não possuem características nem de Estados nem de Organizações Internacionais, as quais são denominadas coletividades não estatais, que possuem personalidade jurídica internacional e seguem assinando tratados e acordos internacionais, sendo por isso consideradas **sujeitos de Direito Internacional**.

(90) O atual Código de Direito Canônico, promulgado em 25 de janeiro de 1983 pelo Papa João Paulo II, quando trata da autoridade suprema da Igreja, dispõe:

d) **Territórios sob Tutela Internacional** — Antigamente eram conhecidos como territórios sob mandato, expressão esta muito criticada e substituída por tutela. Sua finalidade é conduzir os povos colocados nesse regime à independência política, o que é feito por intermédio de acordos de tutela entre a ONU e a potência administradora. Os territórios sob esse regime possuem personalidade internacional, uma vez que recebem direitos e deveres diretamente da ordem jurídica internacional.

e) **Soberana Ordem de Malta** — Também conhecida como Ordem de São João de Jerusalém, porque teve sua origem nesta cidade, em um hospital para peregrinos cristãos e pobres. Após a 1ª Cruzada foi formada uma Ordem Religiosa. Em 1119 o Papa aprovou a Ordem e lhe deu aspecto militar. Em 1523, quando dominava na Ilha de Rodes, de lá foi expulsa e recebeu de Carlos V as Ilhas de Malta, Goza e Comino. A sede atual é Roma, dedica-se a fins filantrópicos, mantendo relações diplomáticas junto a diversos Estados, e seu Grão-Mestre tem gozado de imunidade de jurisdição.

f) **Cruz Vermelha Internacional** — Proveio de uma ideia de Henri Durant, que publicou, em 1862, *Un Souvenir de Solférino*, pois ficou impressionado com a falta de assistência aos feridos nos campos de batalha, principalmente da guerra havida entre a França e a Áustria em 1859. Juntamente com Gustave Moynier, leitor da obra, que se convenceu das ideias de Durant, nasceu o Comitê Internacional e Permanente de Socorro dos Feridos Militares cujos estatutos foram elaborados em 1928. Com sede em Genebra, seu orçamento é formado com dotação do governo suíço, doações de Estados (a maior parte dos EUA) e contribuições das sociedades nacionais. Sua bandeira é uma cruz vermelha em fundo branco, o inverso da bandeira da Suíça, sendo uma homenagem a esta, permanentemente neutra. Tem Assembleia, Conselho Executivo e Diretoria. O CICV (Comitê Internacional da Cruz Vermelha) é tido como sujeito de Direito Internacional Público em razão da série de prerrogativas que os tratados internacionais lhe conferem, em especial as Convenções de Genebra.[91]

2.4. O homem ou o indivíduo

Inerentes à personalidade humana, o Homem possui direitos primordiais, os quais o Direito Internacional reconhece e coloca sob sua garantia. Nesse sentido, a Carta das Nações Unidas insistiu na existência de direitos e liberdades fundamentais do homem, e por meio da Declaração Universal dos Direitos Humanos, de 1948, ocorreu a definição, mas não a garantia de tais direitos e deveres. Embora imponha aos Estados-membros das Nações Unidas o dever de respeitá-los e de observá-los, não têm, portanto, por si só, força jurídica coercitiva.[92]

Nesse aspecto, destaca o professor Jorge MIRANDA[93] (2009) que:

> O Direito Internacional nunca deixou de se ocupar dos indivíduos, das pessoas singulares, pelo menos quando inseridos em certas situações. Basta recordar a proteção diplomática, as imunidades diplomáticas, o Estatuto dos Chefes de Estado e de Governo e dos Ministros dos Negócios Estrangeiros, o regime de cidadania e de estrangeiro, determinadas regras de Direito de Guerra e, mais recentemente, e sobretudo, a

---

Com o nome de Sé Apostólica ou Santa Sé designam-se neste Código não só o Romano Pontífice, mas ainda, a não ser que por natureza das coisas ou do contexto outra coisa se deduza, a Secretaria de Estado, o Conselho para os negócios públicos da Igreja, e os demais Organismos da Cúria Romana. (can. 361)

(91) **I Convenção (1864)**
Melhoria das Condições dos Feridos e Doentes das Forças Armadas em Campanha.
II Convenção (1906)
Melhoria das Condições dos Feridos e Doentes das Forças Armadas em Campanha no Mar.
III Convenção (1929)
Tratamento dos Prisioneiros de Guerra.
IV Convenção (1949)
Proteção dos Civis em Tempo de Guerra.

(92) A presente Declaração Universal dos Diretos Humanos como o ideal comum a ser atingido por todos os povos e todas as nações, com o objetivo de que cada **indivíduo** e cada órgão da sociedade, tendo sempre em mente esta Declaração, se esforce, através do ensino e da educação, por promover o respeito a esses direitos e liberdades, e, pela adoção de medidas progressivas de caráter nacional e internacional, por assegurar o seu reconhecimento e a sua observância universais e efetivos, tanto entre os povos dos próprios Estados-membros quanto entre os povos dos territórios sob sua jurisdição. (grifo nosso)

(93) MIRANDA, Jorge. *Curso de Direito Internacional Público*: uma visão sistemática do Direito Internacional dos nossos dias. Rio de Janeiro: Forense, 2009. p. 174.

proteção internacional dos direitos do homem. Todavia, **relevância jurídica** não equivale à **personalidade jurídica**; tratamento do indivíduo enquanto tal ou enquanto investido de determinada função não significa, só por si, consideração como sujeito no sentido rigoroso do termo, a par de outros sujeitos. É preciso algo mais (independentemente dos debates teóricos sobre quais sejam, em última análise, os destinatários das normas de Direitos das Gentes).

A Convenção contra a Tortura e outras penas ou tratamentos cruéis, desumanos ou degradantes, de 17 de dezembro de 1984[94], refere-se à **pessoa**, nos seguintes termos:

> Considerando que, de acordo com os princípios proclamados pela Carta das Nações Unidas, o reconhecimento dos **direitos iguais e inalienáveis de todos os membros da família humana** é o fundamento da **liberdade**, da **justiça** e da **paz** no mundo. Reconhecendo que esses direitos emanam da **dignidade inerente à pessoa humana**.

Já para HUSEK[95] (2007), o desenvolvimento progressivo do estatuto internacional do particular comporta três fases, como ensina Paul REUTER: regras de Direito Internacional que definam os direitos e obrigações dos particulares, sanções de Direito Interno com reclamação interestadual e o acesso do indivíduo ao Direito Internacional. Além disso, segundo ele:

> Todas essas fases têm sido ultrapassadas, pois temos algumas regras internacionais que atingem o indivíduo, como sobre a pirataria, Estatuto do Estrangeiro, regime do comércio internacional, direitos dos particulares contra o seu próprio Estado, proteção das minorias nacionais (curdos, palestinos). Quanto às nações, se a vítima não é um estrangeiro, o Estado de que ele depende dispõe de reclamação diplomática; se a vítima não é um estrangeiro, os governos podem apresentar reclamação junto ao Estado culpado, o que tem sido feito. Mais difícil tem sido o acesso do particular aos tribunais e organismos internacionais; no entanto já tem ocorrido, como a participação na OIT pelos delegados sindicais ou a possibilidade de reclamação junto ao BIRD ou, ainda, de petição junto ao Conselho de Tutela (art. 87-B da Carta das Nações Unidas).

Relativamente aos direitos primordiais inatos do homem, temos:[96]

a) liberdade individual, em cujo sentido são necessárias medidas contra a escravidão, o tráfico de escravos e de mulheres;

b) salvaguarda da saúde e da vida;

c) proteção dos frutos do trabalho intelectual e individual.

d) condições de trabalho equitativas e humanas;

e) proteção de minorias.

Na atualidade, dois fatos de extrema importância constitucional reconhecem personalidade jurídica à pessoa humana:

• A instituição de um Tribunal Penal Internacional, de natureza permanente e jurisdição internacional, competente para julgar os crimes de genocídio, os crimes contra a humanidade, os crimes de guerra e os crimes de agressão — Tratado de Roma de 17 de julho de 1998.[97]

• A abertura da jurisdição de um tribunal internacional regional, antes unicamente aberto a reclamações de Estados contra Estados ou de um organismo diplomático, a Comissão Europeia de Direitos Humanos, contra Estados, à pessoa humana, por direito próprio, sem necessidade de seus direitos serem assumidos por um Estado (por meio de proteção diplomática) ou pela referida comissão (Guido SOARES *apud* Vera GARABINI[98], 2005).

O **Tribunal Europeu dos Direitos Humanos**, criado em 1959 e cuja sede é em Estrasburgo, transformou-se em um órgão permanente em 1º de novembro de 1998. Não é um órgão da União Europeia, contrariamente ao Tribunal de Justiça da União Europeia, mas uma jurisdição do Conselho da Europa. Os 47 Estados-membros desse Conselho também devem ser imperativamente membros desse Tribunal e aceitar as suas decisões.

---

(94) Adotada pela Resolução n. 39/46, da Assembleia Geral das Nações Unidas, em 10.12.1984 — ratificada pelo Brasil em 28.9.1989.

(95) HUSEK, Carlos Roberto. *Curso de Direito Internacional Público*. 7. ed. São Paulo: LTr, 2007. p. 60.

(96) Sugerimos leitura de nossa obra *Direitos Humanos para Provas e Concursos*. 3. ed. São Paulo: Juruá, 2009.

(97) Conforme art. 5º, § 4º, da CF, o Brasil se submete à jurisdição de Tribunal Penal Internacional a cuja criação tenha manifestado adesão.

(98) GARABINI, Vera. *Direito Internacional & Comunitário*. Belo Horizonte: Leiditathi Editora Jurídica, 2005. p. 17.

A Convenção Europeia dos Direitos do Homem, em seu art. 19, estabelece a criação do Tribunal Europeu dos Direitos do Homem (o Tribunal), a fim de assegurar o respeito pelos compromissos que resultam, para as Altas Partes Contratantes, a proteção e o desenvolvimento dos direitos do homem e das liberdades fundamentais. A saber:

- Direito à vida;
- Proibição da tortura;
- Proibição da escravatura e do trabalho forçado;
- Direito à liberdade e à segurança;
- Direito a um processo equitativo;
- Princípio da legalidade;
- Direito ao respeito pela vida privada e familiar;
- Liberdade de pensamento, de consciência e de religião;
- Liberdade de expressão;
- Liberdade de reunião e de associação;
- Direito ao casamento;
- Direito a um recurso efetivo;
- Proibição de discriminação;
- Derrogação em caso de estado de necessidade;
- Restrições à atividade política dos estrangeiros;
- Proibição de abuso de direito;
- Limitação da aplicação de restrições aos direitos.

CAPÍTULO 3

Órgãos das Relações entre os Estados – Agentes Diplomáticos e Representações Consulares

O Estado brasileiro, por intermédio de seus representantes, deve atuar nas suas relações com a sociedade internacional em obediência aos princípios elencados no art. 4º, respectivos incisos e seu parágrafo único, da *Lex Fundamentalis*. *In verbis*:

Art. 4º A República Federativa do Brasil rege-se nas suas relações internacionais pelos seguintes princípios:

I – independência nacional;

II – prevalência dos direitos humanos;

III – autodeterminação dos povos;

IV – não intervenção;

V – igualdade entre os Estados;

VI – defesa da paz;

VII – solução pacífica dos conflitos;

VIII – repúdio ao terrorismo e ao racismo;

IX – cooperação entre os povos para o progresso da humanidade;

X – concessão de asilo político.

Parágrafo único. A República Federativa do Brasil buscará a integração econômica, política, social e cultural dos povos da América Latina, visando à formação de uma comunidade latino-americana de nações.

As relações internacionais entre os Estados embasam-se principalmente em duas importantes convenções patrocinadas pela Organização das Nações Unidas (ONU), realizadas em Viena em 1961 e 1963:

• Convenção de Viena sobre Relações Diplomáticas de 1961[99];

• Convenção de Viena sobre Relações Consulares de 1963[100].

Diplomata	Cônsul
Representante do Estado de origem junto à soberania local; trato bilateral de assuntos de Estado.	Representante do Estado de origem para o fim de cuidar de interesses privados.
Assuntos do Estado	Assuntos ou negócios privados

Essas Convenções transformaram-se num Código de Direito Internacional. O preâmbulo da primeira delas expõe as razões do diploma legal, declarando que vem atender aos objetivos da ONU, e os propósitos e princípios da convenção visam à manutenção da paz e da segurança internacionais, bem como ao desenvolvimento das relações de amizade entre os Estados, da coexistência pacífica entre todos os países, dentro do **princípio de igualdade soberana dos Estados**.

Para Henrique Marcelo dos REIS e Cláudia Nunes Pascon dos REIS[101] (2004), embora sejam embaixada e consulado órgãos de relacionamento entre países, há sensíveis diferenças entre ambos. A embaixada é mais um órgão de representação de um governo perante outro, defendendo os interesses do país. O consulado defende mais os interesses dos cidadãos encontrados no país acreditado. Embaixada só existe uma, localizada na capital do país acreditado, e seu

---

(99) Promulgada pelo Brasil por meio do Decreto n. 56.435, de 8 de junho de 1965.

(100) Promulgada pelo Brasil por meio do Decreto n. 61.078, de 26 de julho de 1967.

(101) REIS, Henrique Marcelo dos; REIS, Cláudia Nunes Pascon dos. *Direito para Administradores, Volume II*. São Paulo: Pioneira Thomson Learning, 2004. p. 272.

relacionamento é essencialmente com o governo desse país. O consulado pode ser instalado em várias cidades em que houver maior concentração de seus nacionais. Há consulados instalados em São Paulo, Rio de Janeiro e outras cidades do Brasil, e não em Brasília. Por outro lado, as embaixadas estão todas em Brasília.

Para Luiz Carlos Bivar CORRÊA JR[102]. (2006), o cônsul não representa o Estado, exercendo funções referentes às atividades privadas, principalmente mercantis. Por isso, tem imunidade apenas frente às autoridades judiciárias e administrativas do Estado receptor (acreditado) no tocante aos atos praticados no exercício da função consular. Logo, não se aplica essa imunidade consular aos membros de sua família. Ademais, permite-se o inquérito, ação penal e prisão relativos a crimes não relacionados com a função consular. Finalmente, considerando que alguns países unificaram as carreiras (cônsul e diplomata), dentre os quais o Brasil, os profissionais da diplomacia atuam concomitantemente entre as funções diplomáticas e consulares. Assim, a função exercida no momento é que determina a pauta de privilégios no tocante à imunidade diplomática.

O relacionamento externo do Estado é exercido, portanto, pelo chefe de Estado e pelo Ministro das Relações Exteriores,[103] também chamado "chanceler", e pelo corpo diplomático e consular.

Os agentes diplomáticos são pessoas que o governo acredita em outro Estado. A matéria é de domínio interno do Estado, que regula a carreira diplomática. No Brasil, os futuros agentes diplomáticos saem do Instituto Rio Branco e vão para o Itamaraty, nome que passou a ser conhecido como sinônimo da diplomacia brasileira.

Nas relações entre os países, antes de se acreditar chefe de missão diplomática junto a um Estado, consulta-se a este para saber se o indicado é ou não *persona grata*, se existe óbice à sua investidura. É o que se chama **"pedido de agrément ou de agreátion"**.

Persona non grata é expressão mundialmente conhecida que designa que um membro da missão diplomática ou consular foi vetado pelo país acreditado. Pode haver muitas razões para que um membro do corpo diplomático não seja aprovado pelo Estado ao qual deveria servir. Todavia, não está obrigado o Estado acreditado a justificar o motivo pelo qual considera o agente diplomático ou consular de outro país como *persona non grata*.

Segundo estabelece o art. 41 da Convenção de Viena sobre Relações Diplomáticas, há normas impostas ao comportamento dos agentes diplomáticos, cuja transgressão poderá provocar reação do Estado acreditado.

Art. 41.

Sem prejuízo de seus privilégios e imunidades, todas as pessoas que gozem desses privilégios e imunidades deverão respeitar as leis e os regulamentos do Estado acreditador. Têm também o dever de não se imiscuir nos assuntos internos do referido Estado.

2. Todos os assuntos oficiais tratados com o Estado acreditador confiados à missão pelo Estado acreditante deverão sê-lo com o Ministério dos Negócios Estrangeiros do Estado acreditador ou por seu intermédio, ou com outro Ministério em que se tenha convindo.

3. Os locais da missão não devem ser utilizados de maneira incompatível com as funções da missão, tais como são enunciadas na presente Convenção, ou em outras normas de direito internacional geral ou em acordos especiais em vigor entre o Estado acreditante e o Estado acreditador.

A Convenção de Viena sobre Relações Diplomáticas, de 1961, explicita as funções do chefe de missão diplomática (art. 3º):

a) representar o Estado acreditante perante o Estado acreditado;

b) proteger no Estado acreditado os interesses do Estado acreditante e de seus nacionais;

c) negociar com o governo acreditado;

d) inteirar-se por todos os meios lícitos das condições existentes e da evolução dos acontecimentos no Estado acreditado e informar a esse respeito o Governo do Estado acreditante;

---

(102) CORRÊA JR., Luiz Carlos Bivar. *Direito Processual Penal*. Brasília: Vestcon, 2006.

(103) O Ministério das Relações Exteriores é órgão interno do Estado e, ao mesmo tempo, órgão de relações com os demais países. Dentre as funções exercidas pelo Ministro das Relações Exteriores, apresentamos: 1) seguir a política exterior determinada pelo Presidente da República; 2) dar as informações necessárias para a execução da política exterior; 3) representar o governo brasileiro; 4) negociar e celebrar tratados; 5) organizar e instruir missões especiais; 6) coordenar as conferências internacionais que se realizarem no Brasil; 7) proteger os interesses brasileiros no exterior; 8) representar o governo brasileiro nas relações oficiais com missões diplomáticas estrangeiras e junto a organismos internacionais, conforme o Decreto n. 71.534, de 12.12.72.

e) promover relações amistosas e desenvolver as relações econômicas, culturais e científicas entre os dois Estados.

2. Nenhuma disposição da presente Convenção poderá ser interpretada como impedindo o exercício de funções consulares pela Missão diplomática.

3.1. Imunidade de jurisdição

A imunidade de jurisdição tem origem no caráter sagrado dos locais dedicados aos cultos entre os povos antigos.

As imunidades diplomáticas encontram-se previstas na Convenção de Viena sobre Relações Diplomáticas, assinada em 18 de abril de 1961, e na Convenção de Viena sobre as Relações Consulares, assinada em 24 de abril de 1963, ratificadas em 23 de fevereiro de 1965 e 20 de abril de 1967, respectivamente. Essas Convenções, na seara penal, se referem a qualquer delito e abrangem os agentes diplomáticos (embaixador, secretários da embaixada, pessoal técnico e administrativo das representações); os membros de suas famílias; os funcionários de organizações internacionais (ONU, OEA etc.) quando em serviço; os chefes de Estado estrangeiro quando em visita a outros países, bem como os membros de sua comitiva. Não são abrangidos por essas imunidades os empregados particulares dos agentes diplomáticos (ainda que da mesma nacionalidade destes), a não ser que o Estado acreditante as reconheça. Outrossim, os cônsules (agentes administrativos que representam interesses de pessoas físicas ou jurídicas estrangeiras) não gozam dessas imunidades penais, a não ser na existência de tratado entre os Estados interessados.

Fica patente que uma das mais importantes restrições aos direitos fundamentais dos Estados é a imunidade à jurisdição e à execução estatal de que gozam os representantes de um Estado, bem como o imóvel onde funciona a representação (embaixada) no território de outro, que ficam sujeitos apenas à jurisdição de seu país de origem, por uma ficção de extraterritorialidade. Tal se faz com o fim de garantir aos representantes de um Estado a liberdade e independência necessárias ao exercício pleno de suas funções.

O pessoal da missão diplomática, incluído aí o Chefe do Estado acreditante, goza de ampla imunidade de jurisdição penal, civil e tributária, sem se perquirir até que ponto seus atos foram ou não praticados no exercício de suas funções. Tais pessoas são fisicamente invioláveis e jamais podem ser obrigadas a depor como testemunhas.

As prerrogativas e imunidades diplomáticas podem ser divididas em dois grupos: **as relativas à missão diplomática e as relativas aos agentes diplomáticos.**

A Professora Vera GARABINI[104] (2005) expõe de maneira bastante didática que o Estado soberano exerce sua jurisdição sobre todas as pessoas e coisas que estão no seu território, pois no sistema legal internacional, "jurisdição" diz respeito à autoridade do Estado. E o Estado, como sujeito de Direito Internacional, goza de imunidade quanto ao exercício do direito jurisdicional de um outro Estado.

A autora afirma ainda que várias são as situações compreendidas pela imunidade de jurisdição. No sentido amplo, compreende também a imunidade de execução. Relata que a imunidade de jurisdição judiciária provém do direito costumeiro ou consuetudinário e sempre foi entendida como absoluta, motivo pelo qual os Estados invocaram a imunidade sem fazer distinção entre os atos em questão.

É entendimento majoritário da doutrina brasileira que a renúncia da imunidade de jurisdição não garante a execução da sentença, uma vez que é necessária, também, a renúncia à imunidade executiva. Desse modo, para Vera GARABINI[105] (2006), a renúncia à imunidade de jurisdição não significa renúncia à imunidade de execução, sendo necessária mais uma renúncia (execução) para que se possa obrigar judicialmente o pagamento de uma obrigação mediante bens do Estado estrangeiro.

Para Débora Bithiah de AZEVEDO e Nilton Rodrigues da PAIXÃO JÚNIOR[106] (2001), em Parecer sobre o tema "Imunidade de Jurisdição e Imunidade de Execução de Entes de Direito Público Externo":

> O Direito Internacional, na esteira dos princípios da salvaguarda da independência e da igualdade entre as nações, concede imunidade de jurisdição aos consulados e às representações diplomáticas em face do direito

---

(104) GARABINI, Vera. *Direito Internacional & Comunitário*. Belo Horizonte: Leiditathi Editora Jurídica, 2005. p. 61.

(105) *Ibidem*, p. 62.

(106) AZEVEDO, Débora Bithiah de; PAIXÃO JÚNIOR, Nilton Rodrigues da. *Imunidade de Jurisdição e Imunidade de Execução de Entes de Direito Público Externo*. Disponível em: <http://www2.camara.leg.br/documentos-e-pesquisa/publicacoes/estnottec/tema5/pdf/012462.pdf> Acesso em: 11 abr. 2014.

interno dos Estados em que esses organismos se encontram sediados. Historicamente, essa imunidade se assenta no brocardo latino *par in parem non habet judicium*, ou seja, entre iguais não há jurisdição. Nesse aspecto, leciona Francisco Rezek que "nenhum Estado soberano pode ser submetido, contra sua vontade, à condição de parte perante foro doméstico". Atualmente, mercê do dinamismo imposto pelas relações internacionais, tem-se como questão pacífica que a imunidade de jurisdição se restringe aos atos de império, os quais pertinem à soberania de cada Estado em particular, não abrangendo os atos de simples gestão, dentre outros, os contratos mercantis, os contratos de empreitada etc. Nessa condição, encontra-se o tema em perspectiva: relações de emprego mantidas entre brasileiros, na condição de empregados, e os países estrangeiros (acreditantes), enquanto empregadores, com representações diplomáticas em solo pátrio.

E nos apresenta o entendimento do STF, revelado na Apelação Cível n. 9.696-3-SP (j. 31.5.1989) e no Agravo Regimental n. 139.671.8-DF em relação às demandas trabalhistas:

> Não há imunidade judiciária para o Estado estrangeiro, em causa de natureza trabalhista. Em princípio, esta deve ser processada e julgada pela Justiça do Trabalho, se ajuizada depois do advento da Constituição Federal de 1988 (art. 114). Na hipótese, porém, permanece a competência da Justiça Federal, em face do disposto no § 10 do art. 27 do ADCT da CF/1988, c/c art. 125, II, da EC n. 1/69. Recurso ordinário conhecido e provido pelo Supremo Tribunal Federal para se afastar a imunidade judiciária reconhecida pelo Juízo Federal de primeiro grau, que deve prosseguir no julgamento da causa, como de direito (STF, Ac. 9.696-3-SP, Sydney Sanches).
>
> *Estado Estrangeiro, Reclamação trabalhista ajuizada por empregados de Embaixada. Imunidade de jurisdição. Caráter relativo. Reconhecimento da jurisdição doméstica dos juízes e tribunais brasileiros* (STF, AgRg 139.671.8-DF, Celso de Mello, 1ª T.).

3.1.1. Agentes diplomáticos

Na Antiguidade e na Idade Média os agentes diplomáticos não eram permanentes, como ocorreu a partir do século XV na Itália. Foi quando apareceram as primeiras missões permanentes, o que foi reforçado pelo Congresso de Viena, de 1815, e, como se verifica, até a atualidade.

Os primeiros agentes permanentes foram os apocrisiários e os preceitistas, estes, um misto de diplomatas e de jurisconsultos, o que não acontecia com os primeiros, cujas funções eram nitidamente diplomáticas (MATTOS, 2002).

Em complemento, registramos que os agentes diplomáticos surgiram em face da divisão internacional do trabalho. Representam seu Estado no exterior, sendo uma função preponderantemente política.

Acrescentam-se às funções retromencionadas no capítulo acima, em relação ao Brasil, as seguintes: a) expedir e visar passaportes oficiais; b) solicitar o cumprimento de rogatórias que lhes forem encaminhadas pelo seu país; c) transmitir aos consulados brasileiros as instruções recebidas de seu governo; e d) encaminhar os pedidos de extradição.

Da missão diplomática também participa o pessoal de apoio ao agente diplomático, como secretária e técnicos, criptógrafos etc., dependendo da necessidade específica. A Convenção de Viena de 1961 é detalhista nas definições sobre os diversos cargos ocupados em uma missão diplomática, como abaixo transcrevemos:

> Art. 1º Definições — Para efeitos da presente Convenção:
>
> a) "Chefe de Missão" é a pessoa encarregada pelo Estado acreditante de agir nessa qualidade;
>
> b) "membros da Missão" são o Chefe da Missão e os membros do pessoal da Missão;
>
> c) "membros do pessoal da Missão" são os membros do pessoal diplomático, do pessoal administrativo e técnico e do pessoal de serviço da Missão;
>
> d) "membros do pessoal diplomático" são os membros do pessoal da Missão que tiverem a qualidade de diplomata;
>
> e) "Agente Diplomático", o Chefe da Missão ou um membro do pessoal diplomático da Missão;
>
> f) "membros do pessoal administrativo e técnico" são os membros do pessoal da Missão empregados no serviço administrativo e técnico da Missão;
>
> g) "membros do pessoal de serviço" são os membros do pessoal da Missão empregados no serviço doméstico da Missão;
>
> h) "criado particular" é pessoa do serviço doméstico de um membro da Missão que não seja empregado do Estado acreditante;
>
> i) *"locais da Missão" são os edifícios, ou parte dos edifícios, e terrenos anexos, seja quem for seu proprietário, utilizados para as finalidades da Missão, inclusive a residência do Chefe da Missão* (**Convenção de Viena sobre Relações Diplomáticas**).

Normalmente o Estado acreditado pode determinar o efetivo das missões diplomáticas, e tal limitação é feita com base em acordo ou na reciprocidade, nos termos do art. 11:

Art. 11:

1. Não havendo acordo explícito sobre o número de membros da Missão, o Estado acreditado poderá exigir que o efetivo da Missão seja mantido dentro dos limites que considere razoáveis e normais, tendo em conta as circunstâncias e condições existentes nesse Estado e as necessidades da referida Missão."

2. O Estado acreditado poderá igualmente, dentro dos limites e sem discriminação, recusar-se a admitir funcionários de uma determinada categoria. (**Convenção de Viena sobre Relações Diplomáticas**).

Na forma do art. 14 da Convenção de Viena de 1961 sobre as Relações Diplomáticas, os Chefes de Missão dividem-se em três categorias. *Verbis*:

Art. 14.

1. Os Chefes de Missão dividem-se em três classes:

a) Embaixadores ou Núncios acreditados perante Chefes de Estado, e outros Chefes de Missão de categoria equivalente;

b) Enviados, Ministros ou Internúncios, acreditados perante Chefes de Estado;

c) Encarregados de Negócios, acreditados perante Ministro das Relações Exteriores.

Têm os agentes diplomáticos algumas imunidades: 1. inviolabilidade para o desempenho das funções diplomáticas. Abrange a missão diplomática e as residências particulares dos agentes diplomáticos; 2. imunidade de jurisdição civil e administrativa, criminal e de execução (porque invioláveis os bens da missão diplomática); 3. isenção de impostos. Possuem os agentes diplomáticos isenção de todos os impostos e taxas pessoais ou reais, nacionais, regionais ou municipais, exceção feita aos impostos indiretos que estejam normalmente incluídos no preço das mercadorias ou dos serviços, aqueles sobre bens imóveis privados, os de remuneração a serviços específicos, os direitos de registro, de hipoteca, custas judiciais e impostos de selo relativos a bens imóveis. A isenção de impostos não se estende às pessoas que contratam com a missão diplomática.

Além dessas imunidades, os agentes diplomáticos têm: 1. direito ao culto privado; 2. direito de arvorar o pavilhão nacional; 3. liberdade de circulação e trânsito, salvo em zona que interesse à segurança nacional.

Os privilégios e imunidades dos agentes diplomáticos tiveram por base algumas teorias que tentaram justificá-los: a) o agente diplomático representa o soberano ou o Estado, sendo este propriedade daquele, daí a imunidade; b) extra-territorialidade: a embaixada faz parte do território do Estado de que ela é nacional; c) direito de legação: decorre daí a imunidade, fazendo parte do Direito Natural; e d) teoria do interesse da função: atualmente consagrada, tem em mira que a finalidade de tais privilégios e imunidades não é beneficiar os indivíduos, mas o desempenho das missões diplomáticas (Convenção de Viena).

O Direito de Legação se traduz no direito de enviar e receber agentes diplomáticos, sendo ativo no momento em que o Estado envia seus agentes diplomáticos e, passivo, ao recebê-los de outros Estados. Regra geral, ele é simultaneamente ativo e passivo, com fundamento no princípio da reciprocidade, cessando, em caso de ruptura de relações diplomáticas, momentaneamente, tanto em seu aspecto ativo como em seu aspecto passivo.

Na atualidade, além dos Estados, as organizações internacionais também enviam e recebem agentes diplomáticos.

Cada Estado-membro de uma Organização Internacional mantém nela uma representação ou uma missão permanente, cujos componentes são protegidos pelas imunidades diplomáticas. Tal representação está regulada na Convenção de Viena sobre a Representação dos Estados em suas Relações com as Organizações Internacionais de Caráter Universal, de 14 de maio de 1975.

Algumas organizações internacionais admitem representantes não estatais, como a OIT, que tem representantes dos empregados e dos empregadores, e o Parlamento Europeu, que tem representantes eleitos diretamente pelos cidadãos.

Os agentes diplomáticos terminam suas funções, em geral, quando há rompimento das relações diplomáticas e, por óbvio, quando o Estado desaparece ou quando os Estados — acreditante e acreditado — se desentendem.

Acrescentem-se ainda as Missões Especiais — estabelecidas nos termos da Convenção sobre Missões Especiais, adotada pela Assembleia Geral das Nações Unidas em dezembro de 1969, quando a instituição Missão Especial for definida como missão temporária, tendo cada Estado representativo, enviada, por um Estado junto de outro Estado, com o consentimento deste último para tratar com ele de questões definidas ou para cumprir junto dele uma tarefa estabelecida. Também conhecida como diplomacia *ad hoc*.

Em síntese, são basicamente três as garantias conferidas aos agentes diplomáticos:

a) **Inviolabilidade pessoal:** é a chamada intangibilidade do agente, colocando-o acima de qualquer ofensa ou perseguição, não podendo ele ser detido ou preso em hipótese alguma. Alcança o pessoal da missão, o Chefe de Estado, seus familiares, o Chefe de governo e o Ministro das Relações Exteriores. Começa a viger desde o momento em que o agente entra no território do Estado acreditado, se sua missão for anunciada, ou a partir do momento em que se identifique como tal. Apesar disso, o diplomata poderá ser expulso do país onde serve, caso pratique atos ofensivos à dignidade ou à tranquilidade local. A residência particular do agente goza da mesma inviolabilidade e proteção que os locais da missão, podendo inclusive o diplomata conceder asilo diplomático ali, bem como seus documentos, sua correspondência oficial e seus bens.

b) **Imunidade jurisdicional:**[107] os agentes têm imunidade jurisdicional absoluta e irrenunciável, tanto civil quanto criminal, salvo na hipótese de serem processados pelo Tribunal Penal Internacional. Tal imunidade estende-se aos seus familiares que vivam com o agente no Estado acreditado sob sua dependência. O pessoal de serviço da missão tem imunidade apenas em relação aos atos de ofício que pratiquem, não estendível à sua família.

c) **Isenção fiscal:**[108] o agente é isento do pagamento de quaisquer tributos instituídos pelo Estado acreditado, inclusive os relativos à importação de objetos destinados ao uso oficial da Missão ou para uso pessoal e de seus familiares.

---

(107) Art. 29.
A pessoa do agente diplomático é inviolável. Não poderá ser objeto de nenhuma forma de detenção ou prisão. O Estado acreditado tratá-lo-á com o devido respeito e adotará todas as medidas adequadas para impedir qualquer ofensa à sua pessoa, liberdade ou dignidade.
Art. 30.
1. **A residência particular do agente diplomático goza da mesma inviolabilidade e proteção que os locais da Missão.**
2. Seus documentos, sua correspondência e, sob reserva do disposto no § 3º do art. 31, seus bens gozarão igualmente de inviolabilidade.
Art. 31.
1. **O agente diplomático gozará da imunidade de jurisdição penal do Estado acreditado.** Gozará também da imunidade de jurisdição civil e administrativa, a não ser que se trate de:
a) uma ação sobre imóvel privado situado no território do Estado acreditado, salvo se o agente diplomático o possuir por conta do Estado acreditante para os fins da missão;
b) uma ação sucessória na qual o agente diplomático figure, a título privado e não em nome do Estado, como executor testamentário, administrador, herdeiro ou legatário;
c) uma ação referente a qualquer profissão liberal ou atividade comercial exercida pelo agente diplomático no Estado acreditado fora de suas funções oficiais.
2. **O agente diplomático não é obrigado a prestar depoimento como testemunha.**
3. O agente diplomático não está sujeito a nenhuma medida de execução, a não ser nos casos previstos nas alíneas *"a", "b"* e *"c"*, do § 1º deste artigo e desde que a execução possa realizar-se sem afetar a inviolabilidade de sua pessoa ou residência.
4. A imunidade de jurisdição de um agente diplomático no Estado acreditado não o isenta da jurisdição do Estado acreditante.
(108) Art. 23. 1. **O Estado acreditante e o Chefe da Missão estão isentos de todos os impostos e taxas, nacionais, regionais ou municipais, sobre os locais da Missão** de que sejam proprietários ou inquilinos, excetuados os que representem o pagamento de serviços específicos que lhes sejam prestados.
2. A isenção fiscal a que se refere este artigo não se aplica aos impostos e taxas cujo pagamento, na conformidade da legislação do Estado acreditado, incumbir às pessoas que contratem com acreditante ou com o Chefe da Missão.
Art. 34.
O agente diplomático gozará de isenção de todos os impostos e taxas, pessoais ou reais, nacionais, regionais ou municipais, com as exceções seguintes:
a) os impostos indiretos que estejam normalmente incluídos no preço das mercadorias ou dos serviços;
b) os impostos e taxas sobre bens imóveis privados, situados no território do Estado acreditado, a não ser que o agente diplomático os possua em nome do Estado acreditante e para os fins da Missão;
c) os direitos de sucessão percebidos pelo Estado acreditado salvo o disposto no § 4º do art. 39;
d) os impostos e taxas sobre rendimentos privados que tenham a sua origem no Estado acreditado e os impostos sobre o capital, referente a investimentos em empresas comerciais no Estado acreditado;
e) os impostos e taxas cobrados por serviços específicos prestados;
f) os direitos de registro, de hipoteca, custas judiciais e imposto de selo relativos a bens imóveis, salvo o disposto no art. 23.

As imunidades civis e tributárias encontram exceções. Não há imunidade do agente em feito sucessório em que esteja envolvido a título exclusivamente privado, em relação a reconvenção ajuizada em feito proposto pelo agente, nem em feito relativo à atividade comercial ou de profissional liberal que o agente pratique a título privado.

Apesar das imunidades, é dever do agente respeitar as leis do Estado acreditado.

A imunidade penal do agente não impede que a polícia local investigue o caso e remeta as informações à autoridade competente do Estado acreditante, para que esta processe o agente pelo crime cometido.

3.1.2. Representantes consulares

A instituição consular é mais antiga que a diplomática. Tem sua origem na Grécia, com a instituição de proxênia, que protegia os habitantes de uma cidade que se dirigiam a outra, onde recebiam assistência (MATTOS[109], 2002).

Com o desenvolvimento do comércio marítimo, no fim da Idade Média, surgiram os cônsules do mar, magistrados que distribuíam justiça em territórios estrangeiros. Depois dos tratados de Westphalia, em princípio, perderam esse caráter judiciário, caracterizando-se, apenas, por atos de natureza comercial.

Os agentes ou representantes consulares, por sua vez, são funcionários administrativos do Estado, que o envia para proteger seus interesses comerciais, fomentar o desenvolvimento das relações comerciais, legalizar documentos de nacionais que estão no estrangeiro (expedir passaportes e documentos de viagem, notário e registro civil) e outras funções determinadas pelo governo.

O cônsul está subordinado ao Ministério das Relações Exteriores e recebe sua investidura por meio de **carta-patente** ou instrumento similar, conforme art. 11 da Convenção de Viena sobre Relações Consulares de 1963, assinada pelo chefe de Estado. O Estado receptor dá sua autorização, isto é, seu *exequatur*.

Art. 11

Carta-Patente ou Notificação da Nomeação

1. O chefe da repartição consular será munido, pelo Estado que envia, de um documento, sob forma de carta-patente ou instrumento similar, feito para cada nomeação, que ateste sua qualidade e que indique, como regra geral, seu nome completo, sua classe e categoria, a jurisdição consular e a sede da repartição consular.

2. O Estado que envia transmitirá a carta-patente ou instrumento similar, por via diplomática ou outra via apropriada, ao Governo do Estado em cujo território o chefe da repartição consular irá exercer suas funções.

3. Se o Estado receptor o aceitar, o Estado que envia poderá substituir a carta-patente ou instrumento similar por uma notificação que contenha as indicações referidas no § 1º do presente artigo.

Art. 12

Exequatur

1. O Chefe da repartição consular será admitido no exercício de suas funções por uma autorização do Estado receptor denominada *exequatur*, qualquer que seja a forma dessa autorização.

2. O Estado que negar a concessão de um *exequatur* não estará obrigado a comunicar ao Estado que envia os motivos dessa recusa.

3. Sem prejuízo das disposições dos arts. 13 e 15, o chefe da repartição consular não poderão iniciar suas funções antes de ter recebido o *exequatur*.

Existem os cônsules honorários[110] ou *electi*, escolhidos entre os nacionais do Estado em que vão servir, e os cônsules *missi*, para os quais serve o primeiro conceito dado, sendo verdadeiros funcionários públicos.[111]

---

(109) MATTOS, Adherbal Meira. *Direito Internacional Público*. 2. ed. São Paulo: Renovar, 2002.

(110) Os cônsules e o pessoal do serviço consular têm imunidade de jurisdição civil e penal, não estendível aos seus familiares, apenas em relação aos atos de ofício que pratiquem. Têm ainda inviolabilidade pessoal e oficial, incluindo de sua residência oficial e seus arquivos consulares. Sua isenção fiscal afeta somente os impostos pessoais e os que recaem sobre seus móveis. Os locais consulares gozam de inviolabilidade apenas no que tange a sua utilização funcional, gozando, contudo, de isenção fiscal. O cônsul não pode conceder asilo. A Convenção de Viena de 1963 reduziu a zero as diferenças de prerrogativas entre os cônsules de carreira (chamados cônsules *missi*) e os cônsules honorários (chamados cônsules *electi*).

(111) Existem duas categorias de funcionários consulares: os funcionários consulares de carreira e os funcionários consulares honorários.

Os Chefes da repartição consular, nos termos do art. 9º da Convenção de Viena de 1963, dividem-se em quatro categorias. Vejamos:

Art. 9º

Categorias de Chefes de Repartição Consular

1. Os chefes de repartição consular se dividem em quatro categorias, a saber:

a) cônsules-gerais;

b) cônsules;

c) vice-cônsules;

d) agentes consulares.

Em geral, os cônsules honorários recebem gratificações, mas a remuneração é paga aos de carreira, embora no Brasil não exista carreira específica para o cônsul, sendo este escolhido entre os agentes diplomáticos.

As prerrogativas dos cônsules são: 1) inviolabilidade pessoal[112] (não se estendendo à família); 2) inviolabilidade da residência oficial, da correspondência oficial com seu governo, da correspondência com o representante diplomático do seu país e daquela com o corpo consular estrangeiro; 3) inviolabilidade de arquivo e documentos consulares;[113] 4) imunidade de jurisdição[114] (art. 43); e 5) isenção de impostos[115] (isenção fiscal, art. 49).

---

(112) Art. 41

Inviolabilidade Pessoal dos Funcionários Consulares

1. Os funcionários consulares não poderão ser detidos ou presos preventivamente, exceto em caso de crime grave e em decorrência de decisão de autoridade judiciária competente.

2. Exceto no caso previsto no § 1º do presente artigo, os funcionários consulares não podem ser presos nem submetidos a qualquer outra forma de limitação de sua liberdade pessoal, senão em decorrência de sentença judiciária definitiva.

3. Quando se instaurar processo penal contra um funcionário consular, este será obrigado a comparecer perante as autoridades competentes. Todavia, as diligências serão conduzidas com as deferências devidas à sua posição oficial e, exceto no caso previsto no § 1º deste artigo, de maneira a que perturbe o menos possível o exercício das funções consulares. Quando, nas circunstâncias previstas no § 1º deste artigo, for necessário decretar a prisão preventiva de um funcionário consular, o processo correspondente deverá iniciar-se sem a menor demora.

(113) Art. 33

Inviolabilidade dos Arquivos e Documentos Consulares

Os arquivos e documentos consulares serão sempre invioláveis, onde quer que estejam.

(114) Art. 43

Imunidade de Jurisdição

1. Os funcionários consulares e os empregados consulares não estão sujeitos à jurisdição das autoridades judiciárias e administrativas do Estado receptor pelos atos realizados no exercício das funções consulares.

2. As disposições do § 1º do presente artigo não se aplicarão, entretanto, no caso de ação civil:

a) que resulte de contrato que o funcionário ou empregado consular não tiver realizado implícita ou explicitamente como agente do Estado que envia; ou

b) que seja proposta por terceiro como consequência de danos causados por acidente de veículo, navio ou aeronave, ocorrido no Estado receptor.

(115) Art. 49

Isenção Fiscal

1. Os funcionários e empregados consulares, assim como os membros de suas famílias que com eles vivam, estarão isentos de quaisquer impostos e taxas, pessoais ou reais, nacionais, regionais ou municipais, com exceção dos:

a) impostos indiretos normalmente incluídos no preços das mercadorias ou serviços;

b) impostos e taxas sobre bens imóveis privados situados no território do Estado receptor, sem prejuízo das disposições do art. 32;

c) impostos de sucessão e de transmissão exigíveis pelo Estado receptor, sem prejuízo das disposições do parágrafo "b" do art. 51;

d) impostos e taxas sobre rendas particulares, inclusive rendas de capital, que tenham origem no Estado receptor, e impostos sobre capital, correspondentes a investimentos realizados em empresas comerciais ou financeiras situadas no Estado receptor;

e) impostos e taxas percebidos como remuneração de serviços específicos prestados;

f) direitos de registro, taxas judiciárias, hipoteca e selo, sem prejuízo do disposto no art. 32.

2. Os membros do pessoal de serviço estarão isentos de impostos e taxas sobre salários que recebam como remuneração de seus serviços.

3. Os membros da repartição consular que empregarem pessoas cujos ordenados ou salários não estejam isentos de imposto de renda no Estado receptor deverão respeitar as obrigações que as leis e regulamentos do referido Estado impuserem aos empregadores em matéria de cobrança do imposto de renda.

A função consular pode terminar pela anulação do *exequatur*, pela declaração de guerra entre os Estados, pela demissão, pela aposentadoria ou pela morte, nos termos dos arts. 25, 26 e 27 da Convenção de 1963.

O ordenamento brasileiro, por meio da Lei n. 3.917, de 14 de julho de 1961, que reorganiza o Ministério das Relações Exteriores, prevê as seguintes repartições consulares:

Art. 27. As Repartições Consulares serão:

1. Repartições Consulares de Carreira:

a) Consulados-Gerais;

b) Consulados.

2. Consulados Privativos;[116]

3. Consulados Honorários.[117]

Interessantes, também, as diferenças entre os agentes diplomáticos e os cônsules, como as didaticamente apontadas por Albuquerque MELLO *apud* HUSEK[118] (2007):

> a) o cônsul não tem aspecto representativo no sentido político, enquanto o agente diplomático tem; b) o cônsul tem funções junto às autoridades locais, enquanto o agente diplomático as tem junto ao governo central; c) os agentes diplomáticos têm maiores privilégios e imunidades que os cônsules; d) diversidade de funções (por exemplo, os cônsules não tratam de assuntos políticos, como fazem os agentes diplomáticos); e) o agente diplomático recebe credenciais do Estado acreditante, enquanto o cônsul recebe carta-patente do Estado de envio; f) o agente diplomático entra em função após a entrega das credenciais, enquanto o cônsul o faz após a concessão do *exequatur*; g) o cônsul só tem atuação no distrito consular, enquanto o agente diplomático a tem em todo o território do Estado.

As repartições consulares gozam de imunidades e privilégios. **Inviolabilidade dos locais consulares** e dos arquivos e documentos; liberdade de circulação e trânsito interno; liberdade de comunicações oficiais; a mala consular não poderá ser aberta ou retida; as correspondências são invioláveis.

Art. 59

Proteção dos Locais Consulares

O Estado receptor adotará todas as medidas apropriadas para proteger os locais consulares de uma repartição consular dirigida por um funcionário consular honorário contra qualquer intrusão ou dano e para evitar perturbações à tranquilidade da repartição consular ou ofensas à sua dignidade.

Art. 61

Inviolabilidade dos Arquivos e Documentos Consulares

Os arquivos e documentos consulares de uma repartição consular, cujo chefe for um funcionário consular honorário, serão sempre invioláveis onde quer que se encontrem, desde que estejam separados de outros papéis e documentos e, especialmente, da correspondência particular de chefe da repartição consular, da de qualquer pessoa que com ele trabalhe, bem como dos objetos, livros e documentos relacionados com sua profissão ou negócios.

Os funcionários consulares de carreira gozam de imunidades e privilégios mais restritos que os agentes diplomáticos. Têm imunidade para os atos praticados no exercício de suas funções; só podem ser detidos ou presos por crimes graves; podem prestar testemunho quando convocados, mas não são obrigados a depor sobre suas funções; **os funcionários e as pessoas da família que vivem sob sua dependência não estão obrigados ao registro de estrangeiro**; isenção fiscal; dentre outras elencadas na Convenção de Viena de 1963.

Art. 47

Isenção de Autorização de Trabalho

---

(116) **Art. 30.** Os Cônsules Privativos serão nomeados, em caráter efetivo, pelo Presidente da República, dentre brasileiros (Vetado) de comprovada idoneidade e familiarizados com o meio onde exercerão os seus cargos.

(117) **Art. 31.** Os Cônsules Honorários serão designados pelo Presidente da República, dentre pessoas de comprovada idoneidade, de preferência brasileiras.

(118) HUSEK, Carlos Roberto. *Curso de Direito Internacional Público*. 7. ed. São Paulo: LTr, 2007. p. 132.

1. Os membros da repartição consular estarão isentos, em relação aos serviços prestados ao Estado que envia, de quaisquer obrigações relativas à autorização de trabalho exigida pelas leis e regulamentos do Estado receptor referentes ao emprego de mão de obra estrangeira.

2. Os membros do pessoal privado, dos funcionários e empregados consulares, desde que não exerçam outra ocupação de caráter lucrativo no Estado receptor, estarão isentos das obrigações previstas no § 1º do presente artigo.

Art. 65

Isenção do Registro de Estrangeiros e da Autorização de Residência

Os funcionários consulares honorários, com exceção dos que exercerem no Estado receptor atividade profissional ou comercial em proveito próprio, estarão isentos de quaisquer obrigações previstas pelas leis e regulamentos do Estado receptor em matéria de registro de estrangeiros e de autorização de residência.

Princípios aplicados às Relações Exteriores

Os Estados, por intermédio de seus representantes, devem atuar nas suas relações com a sociedade internacional em obediência aos seguintes princípios:

a) Independência Nacional;

b) Prevalência dos Direitos Humanos;

c) Autodeterminação dos Povos;

d) Não intervenção;

e) Igualdade entre os Estados;

f) Defesa da Paz;

g) Solução pacífica dos conflitos;

h) Repúdio ao Terrorismo e ao Racismo;

i) Cooperação entre os povos para o progresso da humanidade;

j) Integração da América Latina.

CAPÍTULO 4

Organização Internacional do Trabalho (OIT)

O Direito Internacional do Trabalho[119] é uma das partes mais importantes do Direito Internacional Público, porém não se constitui num ramo autônomo da ciência jurídica. É certo que a Organização Internacional do Trabalho (OIT), possui algumas peculiaridades e vasta obra, mas não basta, conforme Arnaldo SÜSSEKIND[120] (1991), para configurar a autonomia científica do Direito Internacional do Trabalho, uma vez que os objetivos gerais da instituição, os princípios doutrinários, os métodos de investigação e os instrumentos de que se utiliza são os mesmos do Direito Internacional Público, inclusive as Nações Unidas (ONU), que procuram, igualmente, dentro da respectiva esfera de competência, alcançar objetivos comuns.

Leciona Gustavo Filipe Barbosa GARCIA[121] (2007) que o Direito Internacional do Trabalho, em termos científicos, é um dos segmentos do Direito Internacional Público, e não do Direito do Trabalho propriamente. Afirma ainda que no Direito Internacional do Trabalho merece destaque a Organização Internacional do Trabalho, sua constituição e as normas produzidas, bem como os tratados internacionais em matéria trabalhista.

O Tratado de Paz de Versalhes, de 1919, foi o criador da Organização Internacional do Trabalho (OIT), com sede em Genebra, a qual passou a expedir Convenções e Recomendações sobre assuntos trabalhistas e de seguridade social, sendo a mesma especificada na Parte XIII e completada posteriormente pela Declaração de Filadélfia, de 1944.

A proposta inicial de criação de um organismo permanente especial vinculado à sociedade das Nações apresentava as seguintes características fundamentais:

a) A Organização Internacional do Trabalho (OIT) seria constituída de três órgãos: o Conselho de Administração (direção colegiada), a Conferência (parlamento) e a Repartição (secretaria);

b) O Conselho e a Conferência seriam integrados de representantes governamentais, patronais e de trabalhadores, na proporção de dois para os primeiros e um para cada um dos demais, estabelecendo-se, assim, igual número de representantes oficiais e das classes produtoras;

c) A Conferência aprovaria projetos de Convenções e de Reconvenções, sujeitos à ratificação ou apreciação posterior de cada país;

d) Um sistema especial de controle e de sanções, de que careciam os demais tratados internacionais, imporia a fiel aplicação dos instrumentos ratificados ou adotados pelos Estados-membros.

4.1. Finalidade e definição da OIT

Consoante o art. 1º[122] de sua Constituição, a OIT é a organização permanente de caráter internacional encarregada de trabalhar pela realização do programa exposto em seu preâmbulo e na Declaração referente aos seus fins e objetivos,

---

(119) O Direito Internacional do Trabalho tem por objetivos (fins), de acordo com Arnaldo SÜSSEKIND (1991, p. 1.237):

I – por meio de convenções internacionais (tratados universais abertos) – a) universalizar as normas de proteção ao trabalho, esteadas nos princípios da justiça social e da dignificação do trabalho humano; b) estabelecer o bem-estar social geral como condição precípua à felicidade humana e à paz mundial; c) evitar que razões de natureza econômica, decorrentes do ônus da proteção ao trabalho, impeçam que todas as nações adotem e apliquem as normas tutelares consubstanciadas nos diplomas internacionais;

II – por meio de tratados bilaterais ou plurilaterais (instrumentos de aplicação restrita aos Estados contratantes e que não permanecem abertos à ratificação de outros países): a) estabelecer, no que tange aos problemas do trabalho e aos que lhe são conexos, reciprocidade de tratamento entre os nacionais dos países signatários; b) regular aspectos da proteção aos trabalhadores imigrantes, inclusive no concernente à conservação de direitos adquiridos no país de origem, relativos aos seguros sociais.

(120) SÜSSEKIND, Arnaldo. *Instituições de Direito do Trabalho*. 11. ed. São Paulo: LTr, 1991. p. 1235.

(121) GARCIA, Gustavo Filipe Barbosa. *Curso de Direito do Trabalho*. São Paulo: Método, 2007. p. 119.

(122) É criada uma Organização permanente, encarregada de promover a realização do programa exposto no preâmbulo da presente Constituição e na Declaração referente aos fins e objetivos da Organização Internacional do Trabalho, adotada na Filadélfia a 10 de maio de 1944 e cujo texto figura em anexo à presente Constituição.

adotada na Filadélfia a 10 de maio de 1944, cujo texto figura como anexo. Consignamos que esse enunciado resultou da revisão constitucional de 1946, e cujas finalidades, a partir de então, correspondem ao que expressamente proclamam o Preâmbulo da sua Constituição e a mencionada Declaração.

Essa revisão constitucional de 1946 foi determinada pela 27ª Conferência Internacional do Trabalho. Na mesma reunião, decidiu-se também incorporar a Declaração da Filadélfia de 1994. Neste mesmo ano, por meio do Acordo de Nova York firmado com a ONU pela OIT, esta se tornou uma agência especializada da ONU.[123]

O referido Preâmbulo afirma que a "**a paz universal e permanente só pode basear-se na Justiça Social**".[124] Assinala a seguir que "existem condições de trabalho que contêm tal grau de injustiça, miséria e privações para grande número de seres humanos, que o descontentamento causado constitui uma ameaça para a paz e a harmonia universais",[125] e, "**considerando que é urgente melhorar as ditas condições**", enumera, como exemplo, diversos aspectos da proteção ao trabalho, a contratação do trabalhador, a luta contra o desemprego, a previdência social, a posição do trabalhador estrangeiro, o princípio da liberdade sindical, a organização do ensino técnico-profissional. Finalmente proclama que:

> Se qualquer nação não adotar um regime de trabalho realmente humano, esta omissão constituirá um obstáculo aos esforços de outras nações que desejem melhorar a sorte dos trabalhadores em seus próprios países.

No entendimento de SÜSSEKIND[126] (1991), a OIT é uma pessoa jurídica de direito público internacional, de caráter permanente, constituída de Estados que assumem, soberanamente, a obrigação de observar as normas constitucionais da organização e das convenções que ratificam, integrando o sistema das Nações Unidas como uma de suas agências especializadas, devendo tratar de questões que visem à justiça social, tendo em vista o progresso material e espiritual do ser humano, em condições de liberdade e dignidade, com segurança econômica e iguais oportunidades.

---

(123) A ONU possui 16 agências especializadas que atuam em áreas como saúde, finanças, agricultura, aviação civil e telecomunicações, entre outras, além de promover programas de apoio à população, à criança e aos refugiados. As agências especializadas são autônomas e têm responsabilidades em nível internacional.
OIT: Organização Internacional do Trabalho — encarregada de garantir o respeito aos direitos dos trabalhadores. Para isso, elabora normas e recomendações de condições de trabalho.
OMS: Organização Mundial da Saúde — criada par manter os padrões de saúde no mundo, atua em programas de imunização de doenças, como a poliomielite e o sarampo, na educação da população e no fornecimento de remédios essenciais.
UNESCO: Organização das Nações Unidas para a Educação, a Ciência e a Cultura — cuida dos padrões educacionais no mundo e seu principal objetivo é reduzir o analfabetismo.
UNICEF: Fundo das Nações Unidas para a Infância — dedica-se ao atendimento das necessidades básicas da criança e do adolescente.
FAO: Organização das Nações Unidas para a Agricultura e a Alimentação — tem como objetivo aumentar os níveis de nutrição e melhorar a produtividade agrícola e as condições de vida das populações rurais.
Bird: Banco Mundial — oferece ajuda e assistência técnica aos países em desenvolvimento.
FMI: Fundo Monetário Internacional — auxilia a cooperação monetária internacional e a estabilidade financeira.
ICAO: Organização de Aviação Civil Internacional.
UPU: União Postal Universal.
UIT: União Internacional de Telecomunicações.
OMM: Organização Metereológica Mundial.
OMI: Organização Marítima Internacional.
OMPI: Organização Mundial da Propriedade Intelectual.
FIDA: Fundo Internacional de Desenvolvimento Agrícola.
UNIDO: Organização das Nações Unidas para o Desenvolvimento Industrial.
OIEA: Organismo Internacional de Energia Atômica.

(124) "**Considerando que a paz, para ser universal e duradoura, deve assentar sobre a justiça social**".

(125) Considerando que existem condições de trabalho que implicam, para grande número de indivíduos, miséria e privações, e que o descontentamento que daí decorre põe em perigo a paz e a harmonia universais, e considerando que é urgente melhorar essas condições no que se refere, por exemplo, à regulamentação das horas de trabalho, à fixação de uma duração máxima do dia e da semana de trabalho, ao recrutamento da mão de obra, à luta contra o desemprego, à garantia de um salário que assegure condições de existência convenientes, à proteção dos trabalhadores contra as moléstias graves ou profissionais e os acidentes do trabalho, à proteção das crianças, dos adolescentes e das mulheres, às pensões de velhice e de invalidez, à defesa dos interesses dos trabalhadores empregados no estrangeiro, à afirmação do princípio "para igual trabalho, mesmo salário", à afirmação do princípio de liberdade sindical, à organização do ensino profissional e técnico, e outras medidas análogas;

(126) SÜSSEKIND, Arnaldo. *Instituições de Direito do Trabalho*. 11. ed. São Paulo: LTr, 1991. p. 1.251.

Podemos considerá-la também como a única agência do sistema das Nações Unidas com uma estrutura tripartite na qual participam em situação de igualdade representantes de governos, de empregadores e de trabalhadores nas atividades dos diversos órgãos da Organização.

Todo Estado-membro das Nações Unidas, desde a criação desta instituição, e todo Estado que for a ela admitido, na qualidade de Membro, de acordo com as disposições da Carta, por decisão da Assembleia Geral, podem tornar-se Membros da Organização Internacional do Trabalho, comunicando ao Diretor-Geral da Repartição Internacional do Trabalho que aceitou, integralmente, as obrigações decorrentes da Constituição da Organização Internacional do Trabalho.

Nenhum Estado-membro da Organização Internacional do Trabalho poderá dela retirar-se sem aviso prévio ao Diretor-Geral da Repartição Internacional do Trabalho. **A retirada tornar-se-á efetiva dois anos** depois que este aviso prévio houver sido recebido pelo Diretor-Geral, sob condição de que o Estado-membro haja, nesta data, preenchido todas as obrigações financeiras que decorrem da qualidade de Membro, e tal fato não afetará, para o Estado-membro que houver ratificado uma convenção, a validez das obrigações desta decorrentes, ou a ela relativas, durante o período previsto pela mesma convenção.

4.2. Estrutura, composição e competência da OIT

A estrutura da OIT, que se tornou organismo especializado das Nações Unidas a partir de 1946, foi composta de três órgãos principais:[127]

a) A **Conferência Internacional do Trabalho** — que é a Assembleia Geral dos Representantes de todos os Estados-membros. Reúnem-se anualmente em Genebra, no mês de junho, para: 1. discutir diversos temas do trabalho; 2. adotar e revisar normas internacionais do trabalho; 3. aprovar as políticas gerais e o programa de trabalho e orçamento da OIT, financiado por seus Estados-membros;

b) O **Conselho de Administração**[128] — é o órgão executivo da Conferência, administrando também a OIT, composto por representantes dos Estados-membros, dos trabalhadores e dos empregadores, que fixa a ordem do dia e vigia as atividades da Oficina (*Bureau*) Internacional do Trabalho;

c) A **Oficina (Repartição) Internacional do Trabalho** — é o órgão de trabalho técnico e científico que intervém diretamente nas relações entre a OIT e os governos dos Estados-membros, como também das Organizações Profissionais dos Trabalhadores e dos Empregadores, que se encarrega da preparação das conferências.[129]

O Conselho de Administração (CA)[130] é um órgão de composição tripartite que administra em nível superior a OIT. É composto, todavia, por **56 (cinquenta e seis) membros titulares, sendo 28 (vinte e oito) representantes de**

---

(127) Art. 2

A Organização permanente compreenderá:

a) uma **Conferência** geral constituída pelos Representantes dos Estados-membros;

b) um **Conselho de Administração** composto como indicado no art. 7º;

c) uma **Repartição Internacional do Trabalho** sob a direção de um Conselho de Administração.

(128) A OIT é dirigida pelo Conselho de Administração, que se reúne três vezes por ano em Genebra. Esse conselho executivo é responsável pela elaboração e controle de execução das políticas e programas da OIT, pela eleição do Diretor-Geral e pela elaboração de programas e orçamento bienal.

(129) A **Repartição Internacional do Trabalho** constitui-se no Secretariado Técnico-Administrativo da Organização, dirigida por um Diretor-Geral nomeado pelo Conselho, de quem recebe instruções e perante o qual é responsável. Centraliza todas as informações e as distribui, em particular o estudo das questões a serem submetidas a discussão na Conferência para a Adoção de Convenções Internacionais, bem como a realização de inquéritos determinados pela Conferência e pelo Conselho. Tem, também, competência para elaborar, em colaboração direta com as autoridades nacionais interessadas e organismos de diversos tipos, programas de atividades práticas e de cooperação técnica.

(130) Art. 7

1. O Conselho de Administração será composto de 56 pessoas:

28 representantes dos Governos,

14 representantes dos empregadores e

14 representantes dos empregados.

2. Dos vinte e oito representantes dos Governos, dez serão nomeados pelos Estados-membros de maior importância industrial e dezoito serão nomeados pelos Estados-membros designados para esse fim pelos delegados governamentais da Conferência, excluídos os delegados dos dez membros acima mencionados.

Governos (Estados), 14 (quatorze) representantes dos empregadores e 14 (quatorze) dos trabalhadores (art. 7º), eleitos, para um mandato de 3 (três) anos, pelos colégios eleitorais constituídos pelos delegados dos correspondentes grupos, na reunião da Conferência que coincidir com o ano de eleição.

Dez dos postos governamentais são ocupados permanentemente pelos países de maior importância industrial (**Alemanha, Brasil, China, Estados Unidos da América, França, Índia, Itália, Japão, Reino Unido e Rússia**). Os representantes dos demais países são eleitos a cada três anos pelos delegados governamentais na Conferência, de acordo com a distribuição geográfica. Os empregadores e os trabalhadores elegem seus próprios representantes em colégios eleitorais separados.

A Conferência Internacional do Trabalho funciona como uma assembleia geral da OIT. Cada Estado-membro tem direito a enviar quatro delegados à Conferência (anualmente em Genebra, em junho), acompanhados por conselheiros técnicos: dois representantes do governo, um dos trabalhadores e um dos empregadores, todos com direito a voto independente. O Ministro de Estado responsável pelos assuntos trabalhistas em cada país pode assistir à Conferência e intervir nos debates. Cada um dos delegados tem total independência de voto, podendo votar em sentido contrário ao governo de seus países, assim como dos outros delegados.

A OIT dispõe das seguintes competências:

a) formular normas internacionais de trabalho na forma de convenções e recomendações, que estabelecem condições mínimas em matéria de direitos trabalhistas fundamentais — liberdade sindical, direito de negociação coletiva, abolição do trabalho forçado, igualdade de oportunidades e de tratamento, bem como outras matérias que objetivam regular condições que englobam todo o contingente de questões relacionadas ao trabalho;

b) prestar assistência técnica em áreas como formação e reabilitação profissional, política de emprego, administração do trabalho, legislação do trabalho e relações trabalhistas, condições de trabalho, desenvolvimento gerencial, cooperativas, previdência social, estatísticas trabalhistas e segurança e saúde no trabalho;

c) fomentar o desenvolvimento de organizações independentes de empregadores e trabalhadores e facilitar-lhes a formação e o assessoramento técnico.

De acordo com GROTT[131] (2003), os documentos adotados pela Organização Internacional do Trabalho têm as seguintes definições:

• **Tratado** — é a norma jurídica escrita, celebrada entre Estados, para solucionar ou prevenir situações ou estabelecer condições. É um acordo internacional concluído entre Estados. Um tratado somente é válido quando o governo o aprova mediante ratificação, incorporando o mesmo ao seu ordenamento jurídico.

• **Protocolo** — é a forma em que é feito o acordo entre os negociadores a respeito de um tratado.

• **Convenções** — são normas jurídicas provenientes da Conferência da Organização Internacional do Trabalho que têm por objetivo determinar regras gerais obrigatórias para os Estados que as ratificarem, passando a fazer parte de seu ordenamento jurídico interno.

• **Recomendação** — é uma norma da Organização Internacional do Trabalho em que não houve número suficiente de adesões para que pudesse se transformar numa convenção. Tem validade somente com sugestão ao Estado, de modo a orientar o seu Direito interno.

• **Resoluções** — consistem em proposições adotadas por maioria simples, sem qualquer caráter obrigatório, quando verificado que o número de ratificações não seria expressivo. Não acarretam qualquer obrigação formal para os Estados-membros. Portanto, tratam de questões meramente internas dos Estados-membros que compõem a OIT.

• **Denúncia**[132] **— é o aviso-prévio dado pelo Estado de que não há interesse em continuar aplicando uma norma de Direito Internacional. Só é possível denunciar uma Convenção da Organização Internacional do Trabalho**

---

(131) GROTT, João Manoel. *Meio Ambiente do Trabalho:* Prevenção – A Salvaguarda do Trabalhador. Curitiba: Juruá, 2003. p. 47-48.

(132) Dentre os procedimentos prévios à denúncia, a OIT recomenda que em qualquer caso de denúncia de Convenção o governo realize longas consultas antes de tomar a decisão, as quais devem ser realizadas com as organizações representativas de empregados e empregadores. A Convenção 144, em seu art. 5, § 1, e a Recomendação 152 preveem também essas consultas e exige-se que se indiquem os motivos que tenham induzido o Governo a tomar essa medida.

no decurso do décimo ano, sendo que há prorrogação por iguais períodos se o Estado não observar a referida faculdade. (grifos nossos)

• **Revisão** — A prática geral de rever uma convenção consiste em adotar uma nova convenção sobre a mesma matéria que compreenda, além das disposições novas ou modificadas, todas as disposições do instrumento anterior que não tenham sido afetadas pela revisão.[133]

• **Reclamação** — é a forma de que dispõem as organizações dos empregados e/ou dos empregadores para mostrar o não cumprimento de convenções ratificadas por um Estado-membro.

• **Queixa** — é o processo instaurado contra Estado-membro que não adotou as medidas necessárias ao cumprimento de uma convenção por ele ratificada. Pode ser feita por qualquer Estado-membro que tenha ratificado a convenção, pelo Conselho de Administração ou pela representação de qualquer delegação à Conferência Internacional do Trabalho.

Após a Convenção ser aprovada pela Conferência Internacional do Trabalho, cada um dos Estados-membros obriga-se a submetê-la, no prazo de um ano a contar do encerramento da reunião da Conferência, e em caso de circunstâncias excepcionais no prazo **máximo de 18 meses**, ao órgão nacional competente (art. 19, § 5º, *"d"*, da Constituição da OIT), que no caso do ordenamento brasileiro **é o Congresso Nacional** (art. 49, I da CF). O Chefe de Estado poderá ratificá-lo em ato formal dirigido ao Diretor-Geral da Repartição Internacional do Trabalho (art. 19, parágrafo *"d"*, da Constituição da OIT). A Convenção entrará em vigor no país depois de certo período da data em que tenha sido registrada na OIT sua ratificação, o que em regra é especificado na referida norma internacional. A ratificação tem validade decenal. No Brasil, a Convenção é aprovada por meio de Decreto Legislativo. Havendo necessidade, ainda, de que a Convenção seja tornada pública, para efeito de divulgação de seu texto, o que é realizado por meio de Decreto do Presidente da República, pois a lei ou a norma internacional só vige depois de oficialmente publicada no Diário Oficial da União, consoante art. 1º da Lei de Introdução ao Código Civil.

No Manual de Procedimentos em Matéria de Convenções e Recomendações Internacionais do Trabalho (1993), publicado pela OIT, o item XI, que trata da denúncia de convenções, diz especificamente que cada convenção tem um artigo que define as condições a serem observadas pelos países que a tenham ratificado, para proceder à sua denúncia. Para as convenções adotadas de 1919 a 1927, ou seja, as de ns. 1 a 25, permite-se a denúncia ao expirar o prazo estabelecido no instrumento internacional, a contar da data em que a convenção original entrou em vigor. No caso das convenções adotadas a partir de 1928, as de n. 26 e seguintes, permite-se a denúncia dentro de um intervalo, normalmente de um ano, a contar da expiração de uma sucessão de períodos, que variam de cinco a dez anos, transcorridos a partir da data em que a convenção original começou a vigorar.

4.3. Convenções e recomendações internacionais do trabalho

Convenção Internacional é uma espécie de acordo internacional firmado entre Estados-membros e que tem como objetivo criar normas gerais para regularizar relações no Direito Internacional.

O conjunto de normas consubstanciadas nas Convenções e Recomendações constitui o que a Organização Internacional do Trabalho denomina de Código Internacional do Trabalho.

Nesse sentido, as Convenções constituem Tratados multilaterais que, uma vez ratificados pelos Estados-membros, passam a integrar a respectiva legislação nacional, e as Recomendações se destinam a sugerir normas que podem ser adotadas por qualquer das fontes diretas ou autônomas do Direito do Trabalho.[134]

---

(133) **Efeitos da revisão referente às Convenções adotadas a partir de 1929.**
A ratificação, por um país, de uma convenção revista traz consigo a denúncia automática por esse país da convenção anterior, a partir da data em que a convenção revista entra em vigor;
A partir da data de entrada em vigor da convenção revista, a convenção anterior deixa de estar aberta à ratificação;
A Convenção anterior continua em vigor sem qualquer mudança nos países que a ratificaram e que, não obstante, não ratificaram a convenção revista.

(134) As normas fundamentais do trabalho representam uma parte da atividade normativa da Organização. Desde sua criação, a OIT e suas estruturas tripartites construíram um sistema de normas internacionais sob a forma de Convenções e Recomendações. As **Convenções** são tratados internacionais sujeitos a ratificação dos Países-membros. As **Recomendações** são instrumentos opcionais que tratam dos mesmos temas que as Convenções e estabelecem orientações para a política e a ação nacionais.

As Convenções da Organização Internacional do Trabalho, no ensinamento de Süssekind (1998):[135]

> [...] são tratados multilaterais abertos, de caráter normativo. Multilaterais, porque podem ter um número irrestrito de partes; abertos, porque podem ser ratificadas, sem limitação de prazo, por qualquer dos Estados-membros da OIT, [...] de caráter normativo, porque contém normas cujo destino é a incorporação ao direito interno dos países que manifestaram sua adesão ao respectivo tratado.

As Convenções da OIT, tendo em vista a natureza de suas normas e seus objetivos, podem ser classificadas em quatro tipos, consoante expôs Plá RODRIGUES, citado por Arnaldo SÜSSEKIND[136] (1991) na excelente obra sobre o tema "*Los convênios internacionales del trabajo*": Convenções de uniformização; Convenções de princípios; Convenções de igualdade de direitos; e Convenções de procedimentos.[137]

As Convenções da OIT possuem natureza de tratados internacionais multilaterais, estabelecendo normas obrigatórias àqueles Estados que as ratificarem. Contudo, essa ratificação não é compulsória.

As Convenções da Organização Internacional do Trabalho podem ser de três modalidades:[138]

a) **autoaplicáveis** — dispensando qualquer regulamentação;

b) **de princípios** — estabelecendo apenas normas gerais a serem reguladas pelos Estados-membros;

c) **promocionais** — fixando programas a serem disciplinados por normas nacionais a médio e longo prazo.

Além destas três formas oficiais, a Conferência Internacional do Trabalho e todos os órgãos que formam a OIT frequentemente elaboram acordos sobre outros documentos, tais como códigos de conduta, resoluções e declarações. **Esses documentos têm um efeito normativo, mas não fazem parte do sistema de normas internacionais do trabalho**, as quais devem ser universais, para que todos os países, independentemente do seu nível de desenvolvimento social e econômico, as possam ratificar e implantar, e escritas com certa **flexibilidade**, permitindo sua adequação à realidade de cada país.

As deliberações tripartites devem assegurar que uma determinada norma seja viável, podendo realmente ser aplicada pelos países que a ratificarem. Nesse sentido, as normas internacionais são sensíveis a mudanças, podendo ser **revisadas**.[139]

Além disso, mesmo depois de celebradas no âmbito internacional, tais normas devem, conforme registrado acima, passar por um processo de aprovação, para somente então integrar o ordenamento jurídico nacional.

---

(135) SÜSSEKIND, Arnaldo. *Convenções da OIT*. 2. ed. ampl. e atual. até ago. 1998. São Paulo: LTr, 1998. p. 30.

(136) SÜSSEKIND, Arnaldo. *Instituições de Direito do Trabalho*. 11. ed. São Paulo: LTr, 1991.

(137) De acordo com o ilustre jurista uruguaio, os tipos de convenções citados apresentam as seguintes características:

a) Convenções de Uniformização são as que visam, mediante disposições autoexecutáveis uniformizar a legislação, atinente ao seu objeto, dos Estados que as ratifiquem. Constituem verdadeiras regulamentações do assunto abordado, que podem ser aplicadas, independentemente de qualquer lei complementar, com a simples vigência da respectiva ratificação. Por meio delas é possível alcançar, de forma direta, a universalização das normas adotadas pela Conferência;

b) Convenções de Princípios são as que visam, mediante disposições de caráter normativo, estabelecer princípios que devem ser observados pelos países que as ratifiquem. Ao contrário das primeiras, que são de índole regulamentar, dependem, para sua efetiva aplicação, da aprovação de leis ou outros atos complementares, salvo se o respectivo Estado já os possui;

c) Convenções de Igualdade de Direito são as que têm por fim assegurar a igualdade de direitos entre trabalhadores nacionais e estrangeiros no território dos Estados que as ratifiquem, relativamente aos assuntos versados, podendo, ainda, estabelecer regras para a solução dos conflitos de leis no espaço;

d) Convenções de Procedimentos, muito mais raras do que as demais, são as que estatuem disposições de natureza formal, como se verificou com a Convenção n. 80, que reviu os artigos finais das convenções adotadas antes da guerra de 1939.

(138) Tendo em vista a natureza das suas normas, a Convenção pode ser classificada, conforme SÜSSEKIND (1998) em:

• *autoaplicáveis*, quando suas disposições não requerem regulamentação complementar para serem aplicadas pelos Estados que as ratificam [...]

• *de princípios*, que dependem, para sua efetiva aplicação, da adoção de lei ou outros atos regulamentares pelos países que as ratificaram, ressalvada a hipótese da preexistência da norma interna compatível.

• *promocionais*, que fixam determinados objetivos e estabelecem programas para sua consecução, os quais devem ser atendidos pelos Estados que as ratificam mediante providências sucessivas, a médio e longo prazo.

(139) Fonte: <http://www.ilo.org/public/portugue/region/ampro/brasilia/rules/caracteristic.htm>.

Desde a criação da OIT até 2014 foram aprovadas 188 (cento e oitenta e oito) Convenções, das quais demonstraremos abaixo as ratificadas pelo Estado brasileiro.

I. as convenções da Organização Internacional do Trabalho são tratados internacionais abertos para a ratificação dos Estados-membros;
II. as recomendações não necessitam de ratificação, visando, apenas, a orientar as políticas, legislações e práticas nacionais;
III. as convenções internacionais são consideradas **fontes normativas heterônomas do direito**, desde que seja realizada a ratificação pelo Estado-membro da Organização Internacional do Trabalho;
IV. a recomendação é considerada **fonte jurídica material**, uma vez que cumpre o importante papel político e cultural de induzir os Estados a aperfeiçoar sua legislação interna na direção traçada por esse documento programático internacional.

Atos Multilaterais Promulgados pelo Brasil no Âmbito da Organização Internacional do Trabalho (OIT)[140]

Convenção n.	Tema	Adoção	Ratificada pelo Brasil	Decreto Legislativo	Data da Ratificação	Decreto de Promulgação	Observação
1.	Horas de trabalho (indústria).	1919					
2.	Sobre o Desemprego.	1919					
3.	Sobre a proteção da maternidade.	1919			26/04/34	n. 423 – 12/11/35–	Denunciada
4.	Trabalho Noturno (mulheres).	1919			26/04/34	n. 423 – 12/11/35	Denunciada
5.	Idade Mínima (indústria).	1919			26/04/34	n. 423 – 12/11/35	Denunciada em 28.6.2001
6.	Trabalho Noturno (Menores na Indústria).	1919	X		26/04/34	n. 423 – 12/11/35	
7.	Idade Mínima (trabalho marítimo).	1920			08/06/36	n. 1 397 – 19/01/37	Denunciada
8.	Indenizações de desemprego (naufrágio).	1920					
9.	Colocação dos trabalhadores marítimos.	1920					
10.	Idade Mínima (Agricultura).	1921					
11.	Direito de Associação (Agricultura).	1921	X	n. 24/56	25/05/57	n. 41721 – 25/06/57	
12.	Indenização por acidentes de trabalho (Agricultura).	1921	X	n. 24 – 29/05/56	25/05/57	n. 41721 – 25/06/57	
13.	Sobre a Cerusa (alvaiade) (Pintura).	1921					
14.	Repouso Semanal (Indústria).	1921	X	n. 24 – 29/05/56	25/04/57	n. 41721 – 25/06/57	
15.	Sobre a Idade Mínima (Fogareiros).	1921					
16.	Exame médico dos menores (trabalho marítimo).	1921	X	n. 9 – 22/11/35	08/06/36	n. 1398 – 19/01/37	
17.	Indenização por acidentes de trabalho.	1925					
18.	Doenças profissionais.	1925					
19.	Igualdade de tratamento (acidentes de trabalho).	1925	X	n. 24/56	25/04/57	n. 41721 – 25/06/57	
20.	Trabalho Noturno (Padarias).						
21.	Inspeção dos Imigrantes.	1926	X	n. 20 – 30/04/65	18/06/65	n. 58816 – 14/07/66	
22.	Contrato de enrolamento dos marítimos.	1926	X	n. 20 – 30/04/65	18/06/65	n. 58817 – 14/07/66	
23.	Repatriação dos marítimos.	1926					
24.	Seguro de Doença (indústria).	1927					

(140) Fonte: <mre.gov.br/portugues/.../temas_agenda/desenvolvimento/atos.asp>.

Convenção n.	Tema	Adoção	Ratificada pelo Brasil	Decreto Legislativo	Data da Ratificação	Decreto de Promulgação	Observação
25.	Seguro de doença (agricultura).	1927					
26.	Métodos de Fixação do Salário Mínimo.	1928	X	n. 24/56	25/04/57	n. 41721 - 25/06/57	
27.	Indicação de peso nos fardos transportados por navio.	1929					
28.	Proteção dos carregadores de cais contra os acidentes.	1929		n. 24 - 29/05/56	NÃO TEVE DEPÓSITO	n. 41721 - 57	
29.	Sobre o Trabalho Forçado.	1930	X	n. 24 - 29/05/56	25/04/56	n. 41721 - 26/06/57	
30.	Jornada de Trabalho (Comércio e Escritórios).	1930					
31.	Jornada de Trabalho (Minas de Carvão).	1931					
32.	Proteção dos carregadores de cais contra os acidentes (revisado).	1932					
33.	Sobre a Idade Mínima (trabalhos não industriais).	1932					
34.	Agências Retribuídas de Colocação.	1933					
35.	Seguro de velhice (indústria).	1933					
36.	Seguro de velhice (agricultura).	1933					
37.	Seguro de incapacidade (indústria).	1933					
38.	Seguro de incapacidade (agricultura).	1933					
39.	Seguro por morte (indústria, etc.).	1933					
40.	Seguro por morte (agricultura).	1933					
41.	Trabalho noturno (mulheres) (revisada).	1934		n. 9 -22/12/35	08/06/36	n. 1396 - 19/01/37	Denunciada
42.	Sobre Doenças Profissionais (revisada).	1937	X	n. 9 - 22/12/35	08/06/36	n. 1361 - 12/01/37	
43.	Fábricas de Vidro.	1934					
44.	Desemprego.	1934					
45.	Trabalho Subterrâneo (revisada).	1935	X	n. 482 - 08/06/38	22/09/38	n. 3233 - 03/11/38	
46.	Jornada de Trabalho (Minas de Carvão) (revisada).	1935					
47.	Jornada de quarenta horas.	1935					
48.	Conservação dos Direitos Previdenciários dos Migrantes.	1935					
49.	Redução da Jornada de Trabalho (Fábricas de Vidro).	1935					
50.	Recrutamento dos trabalhadores indígenas.	1936					
51.	Redução da Jornada de Trabalho (Obras Públicas).	1936					
52.	Férias Remuneradas.	1936		n. 481 - 08/06/38	22/09/38	n. 3232 - 03/11/38	Denunciado
53.	Certificados de Capacidade dos Oficiais.	1936	X	n. 477 - 08/06/38	12/10/38	n. 3343 - 30/11/38	

Convenção n.	Tema	Adoção	Ratificada pelo Brasil	Decreto Legislativo	Data da Ratificação	Decreto de Promulgação	Observação
54.	Férias Remuneradas dos marítimos.	1936					
55.	Obrigações do Armador em caso de doença ou acidentes dos marítimos.	1936					
56.	Seguro Doença dos marítimos.	1936					
57.	Jornada de trabalho a bordo e dotação.	1936					
58.	Idade Mínima (trabalho marítimo) (revisada).	1936		n. 480 - 08/06/38	12/10/38	n. 3342 - 30/11/38	Denunciada em 28/06/01
59.	Idade Mínima (indústria) (revisada).	1937					
60.	Idade Mínima (trabalhos não industriais) (revisada).	1937					
61.	Seguro de incapacidade (indústria têxtil).	1937					
62.	Prescrições de Segurança (edificações).	1937					
63.	Estatísticas de salários e jornada de trabalho.	1938					
64.	Contratos de trabalho (trabalhadores indígenas).	1939					
65.	Sanções Penais (trabalhadores indígenas).	1939					
66.	Trabalhadores migrantes.	1939					
67.	Jornada de trabalho e repouso (transporte rodoviário).	1939					
68.	Alimentação e serviço de rancho (tripulação dos navios).	1946					
69.	Certificado de aptidão dos cozinheiros de navio.	1946					
70.	Seguridade social dos marítimos.	1946					
71.	Benefícios de aposentadoria dos marítimos.	1946					
72.	Férias Remuneradas dos marítimos.	1946					
73.	Exame médico dos marítimos.	1946					
74.	Certificado de marinheiro preferente.	1946					
75.	Alojamento da Tripulação.	1946					
76.	Salários, jornada de trabalho a bordo e dotação.	1946					
77.	Exame médico dos menores (indústria).	1946					
78.	Exame médico dos menores (Trabalhos não Industriais).	1946					
79.	Trabalho Noturno dos Menores (trabalhos não industriais.)	1946					
80.	Revisão dos artigos finais.	1946	X	n. 5 - 26/08/48	13/04/48	n. 25 696- 20/10/48	
81.	Fiscalização do Trabalho (Protocolo 1995).	1947	X	n. 24 - 29/05/56	11/10/89	n. 95 461- 11/12/87	

Conven-ção n.	Tema	Ado-ção	Ratificada pelo Brasil	Decreto Legislativo	Data da Ratificação	Decreto de Promulgação	Observação
82.	Política Social (Territórios não metropolitanos).	1947					
83.	Normas de trabalho (Territórios não metropolitanos).	1947					
84.	Direito de Associação (Territórios não metropolitanos).	1947					
85.	Fiscalização do Trabalho (Territórios não metropolitanos).	1947					
86.	Contratos de trabalho (Trabalhadores Indígenas).	1947					
87.	Liberdade Sindical e Proteção ao Direito de Sindicalização.	1948					
88.	Serviço de Emprego.	1948	X	n. 24 - 01/09/56	25/04/56	n. 41721 - 25/06/57	
89.	Trabalho Noturno (Mulheres) (revisada).	1948	X	n. 24/56	25/04/57	n. 41721 - 25/06/57	
90.	Trabalho Noturno dos menores (indústria) (revisada).	1948					Rejeitada
91.	Férias remuneradas dos marítimos (revisada).	1949		n. 20 - 04/05/65	18/06/65	n. 66875 - 16/07/70	Denunciada
92.	Alojamento da tripulação (revisada).	1949	X	n. 71 - 01/10/53	08/06/54	n. 36378 - 22/10/54	
93.	Salários, Jornada de trabalho a bordo e dotação (revisada).	1949	X	n. 20 - 30/04/65	18/06/65		Denunciada
94.	Cláusulas de trabalho (contratos celebrados por autoridades públicas).	1949	X	n. 20 - 04/05/65	18/06/65	n. 58818 - 14/07/66	
95.	Proteção do salário.	1949	X	n. 24/56	25/04/57	n. 41721 - 25/06/57	
96.	Agências retribuídas de colocação (revisada).	1949		n. 24/56	21/06/57	n. 63161 - 23/08/68	Denunciada
97.	Trabalhadores Migrantes.	1949	X	n. 20 - 30/04/65	18/06/65	n. 58819 - 14/07/66	
98.	Direito de Sindicalização e Negociação Coletiva.	1949	X	n. 49 - 27/09/52	18/11/52	n. 33196 - 29/06/53	
99.	Métodos para fixação dos salários mínimos (agricultura).	1951	X	n. 24/56	25/04/57	n. 41721 - 25/06/57	
100.	Igualdade de Remuneração (Homens e Mulheres).	1951	X	n. 24 - 29/05/56	25/04/57	n. 41721 - 25/06/57	
101.	Férias Remuneradas (agricultura).	1952		n. 24 - 12/03/57	24/07/57	n. 41721 - 25/06/57	Denunciada em 23/07/98
102.	Seguridade Social (norma mínima).	1952	X	N. 269, 19/09/2008	15/06/2009		Com aceitação de todas as obrigações
103.	Proteção da Maternidade (revisada).	1952	X	n. 20 - 30/04/65	18/06/65	n. 58820 - 14/04/66	Com exceção dos trabalhos a que se refere o art. 7º parágrafo 1 b e c
104.	Abolição das Sanções Penais (trabalhadores indígenas).	1955	X	n. 20 - 30/04/65	18/06/65	n. 58821 - 14/07/66	
105.	Abolição do Trabalho Forçado.	1957	X	n. 20 - 30/04/65	18/06/65	n. 58822 - 14/07/66	
106.	Repouso Semanal (Comércio e Escritórios).	1957	X	n. 20 - 30/04/65	18/06/65	n. 58823 - 14/07/66	O gov declarou que a conv. se aplica também às pessoas empregadas nos estabelecimentos especificados no art 3 para 1 a c e d

Convenção n.	Tema	Adoção	Ratificada pelo Brasil	Decreto Legislativo	Data da Ratificação	Decreto de Promulgação	Observação
107.	Populações Indígenas e Tribais.	1957		n. 20 - 30/04/65	18/06/65	n. 58824 - 14/07/66	Denunciada
108.	Documentos de Identidade dos marítimos.	1958		n. 6/ 63	05/11/63	n. 58825 - 14/07/66	Denunciada
109.	Salários, jornada de trabalho a bordo e dotação (revisada).	1958	X	n. 70/ 65	30/11/66		Excluindo pt 2 não está em vigor
110.	Plantações (Protocolo 1982).	1958		n. 33 - 05/08/64	01/03/65	n. 58826 - 14/07/66	Denunciada
111.	Discriminação no Emprego e na Ocupação.	1958	X	n. 104 - 24/11/64	26/11/65	n. 62150 - 19/01/68	
112.	Idade Mínima (Pescadores).	1959					
113.	Exame Médico dos Pescadores.	1959	X	n. 27 - 05/08/64	01/03/65	n. 58827 - 14/07/66	
114.	Contrato de enrolamento dos Pescadores.	1959					
115.	Proteção contra as radiações ionizantes.	1960	X	n. 2 - 07/04/64	05/09/66	n. 62151 - 19/01/68	
116.	Revisão de artigos finais.	1961	X	n. 2 - 07/04/64	05/09/66	n. 62152 - 19/01/68	
117.	Política Social (Normas e Objetivos Básicos).	1962	X	n. 65 - 30/11/66	24/03/69	n. 66496 - 27/04/70	
118.	Igualdade de tratamento (Seguridade Social).	1962	X	n. 31 - 20/08/68	24/03/69	n. 66497 - 27/04/70	Aceitou apenas as letras a & g
119.	Proteção das máquinas.	1963	X	n. 232 - 16/12/91	16/04/92	n. 1255 - 29/09/94	
120.	Higiene (Comércio e Escritórios).	1964	X	n. 30 - 20/08/68	24/03/69	n. 66498 - 27/04/70	
121.	Prestações em caso de acidentes de trabalho e doenças profissionais.	1964					
122.	Política de Emprego.	1964	X	n. 61 - 30/11/66	24/03/69	n. 66499 - 27/04/70	
123.	Idade Mínima (trabalho subterrâneo).	1965					
124.	Exame médico dos menores (trabalho subterrâneo).	1965	X	n. 664 - 30/06/69	21/08/70	n. 67342 - 05/10/70	
125.	Certificados de competência dos Pescadores.	1966	X	n. 663 - 30/06/69	21/08/70	n. 67341 - 05/10/70	
126.	Alojamento da Tripulação (pescadores).	1966	X	n. 10/94 - 08/02/94	12/0494	n. 2 420 - 16/12/97	
127.	Peso Máximo.	1967	X	n. 662 - 30/06/69	21/08/70	n. 67339 - 05/10/70	
128.	Benefícios de invalidez, velhice e sobreviventes.	1967					
129.	Fiscalização do Trabalho (agricultura).	1969					
130.	Assistência Médica e Prestações monetárias por doença.	1969					
131.	Fixação dos Salários Mínimos.	1970	X	n. 110 - 30/11/82	04/05/83	n. 89686 - 22/04/84	
132.	Férias Remuneradas (revisada).	1970	X	N. 41/81 - 23/09/81	23/09/98	N. 3.197, DE 05/10/1999	
133.	Alojamento da Tripulação (disposições complementárias).		X	n. 222 - 12/12/91	16/04/92	n. 1257 - 29/09/94	
134.	Prevenção de Acidentes (marítimos).	1970		n. 43/1995	25/07/96	n. 2.657, de 3 de julho de 1998	
135.	Representantes dos Trabalhadores.	1971	X	n. 86 - 14/12/89	18/05/90	n. 131 - 22/05/91	

Convenção n.	Tema	Adoção	Ratificada pelo Brasil	Decreto Legislativo	Data da Ratificação	Decreto de Promulgação	Observação
136.	Benzeno.	1971	X	n. 76 - 19/11/92	24/03/93	n. 1253 - 27/09/94	
137.	Trabalho Portuário.	1973	X	n. 29 - 16/12/93	12/08/94	n. 1574 - 31/07/95	
138.	Idade Mínima.	1973	X	N. 179/de 1999 publicado em 15/12/1999	28/06/2001	4.134 - 15/02/2002.,	Idade mín. especificada:16 anos
139.	Câncer Profissional.	1974	X	n. 03 - 07/05/90	27/06/90	n. 157 - 02/07/91	
140.	Licença Remunerada de Estudos.	1974	X	n. 234 - 16/12/91	16/04/92	n. 1258 - 29/09/94	
141.	Organizações de Trabalhadores Rurais.	1975	X	n. 5 - 01/04/93	27/09/94	n. 1703 - 17/11/95	
142.	Desenvolvimento dos Recursos Humanos.	1975	X	n. 46 - 23/09/81	24/11/81	n. 98656 - 21/12/89	
143.	Trabalhadores Migrantes (Disposições Complementárias).	1975		n. 86 - 14/12/89			Rejeitada.
144.	Consulta Tripartite (Normas Internacionais).	1976	X	n. 06 - 01/06/89	27/09/94	n. 2.518 - 12/03/98	
145.	Continuidade no Emprego (marítimos).	1976	X	n. 66 - 31/10/89	18/05/90	n. 128 - 22/05/91	
146.	Férias Anuais Remuneradas (marítimos).	1976	X	48/90 - 27/11/90	24/09/98	N. 3.168, de 14/09/1999	
147.	Marinha Mercante (Normas Mínimas).	1976	X	n. 33 - 25/10/90	17/01/91	n. 447 - 07/02/92	
148.	Meio Ambiente de Trabalho (contaminação do ar, ruído e vibrações).	1977	X	n. 56	14/01/82	n. 92413 - 15/10/86	
149.	Pessoal de Enfermaria.	1977					
150.	Administração do Trabalho.	1978					
151.	Relações de Trabalho na Administração Pública.	1978	X	n. 206 - 08/04/2010	15/06/2010	n. 7944 06/03/2013	
152.	Segurança e Higiene (trabalho portuário).	1979	X	n. 84 - 11/Constitucional12/ 89	18/05/90	n. 99534 - 19/09/90	
153.	Duração do Trabalho e Períodos de Repouso (transportes rodoviários).	1979					
154.	Negociação Coletiva.	1981	X	n. 22 - 12/05/92	10/07/92	n. 23.544	
155.	Segurança e Saúde dos trabalhadores.	1981	X	n. 2 - 17/03/92	18/05/92	n. 1254 - 29/09/94	
156.	Trabalhadores com responsabilidades familiares.	1981					
157.	Conservação dos Direitos em matéria de Seguridade Social.	1982					
158.	Término da Relação de Trabalho por Iniciativa do Empregador. [Republicada em 26/09/96, denunciada em 20/11/96, (Publicação) Decreto 2.100, 20/12/96]	1982		n. 68/92 - 19/09/92	05/0195	n. 1855 - 10/04/96	Denunciada em 20/11 /1996
159.	Readaptação profissional e o emprego (Deficientes Físicos).	1983	X	n. 51 - 25/08/89	18/05/90	n. 129 - 22/05/91	
160.	Estatísticas do trabalho.	1985	X	n. 1 - 25/08/89	02/08/90	n. 158 - 02/07/91	Em conform c/ o art. 16 par. 2 do convênio dos arts 7 a 10, 12 ,113, e 15 da parte 2 foram aceitos
161.	Serviços de Saúde no Trabalho.	1985	X	n. 86 - 14/12/89	18/05/90	n. 127 - 22/05/91	

Convenção n.	Tema	Adoção	Ratificada pelo Brasil	Decreto Legislativo	Data da Ratificação	Decreto de Promulgação	Observação
162.	Asbesto/Amianto.	1986	X	n. 51 - 25/08/89	18/05/90	n. 126 - 22/05/90	
163.	Bem-estar dos marítimos.	1987	X	n. 74/1996	26/02/97	n. 2 669 de 15/07/98	
164.	Proteção à Saúde e Assistência Médica aos marítimos. (revisada)	1987	X	n. 74/1996	26/02/97	n. 2 671 de 15/07/98	
165.	Seguridade Social dos Marítimos.	1987		n. 74/1996			
166.	Repatriação dos marítimos.	1987	X	n. 74/1996	26/02/97	n. 2 670 de 15/07/98	
167.	Segurança e Saúde na Construção.	1988		N. 61 de 2006			
168.	Fomento do Emprego e proteção contra o Desemprego.	1988	X	n. 89 - 10/12/92	24/03/93	n. 2 682, de 21/07/98	
169.	Populações Indígenas e Tribais.	1989	X	N. 143, de 2002, publicado em 21/06/2002	25/07/2002	Decreto n. 5.051, de 19 de abril de 2004	
170.	Produtos Químicos.	1990	X	n. 67/1995	23/12/96		
171.	Trabalho Noturno.	1990	X	N. 270, de 13/11/2002, publicado em 14/11/2002	18/12/2001		
172.	Condições de trabalho (hotéis e restaurantes).	1991					
173.	Proteção dos Créditos laborais em caso de insolvência do empregador.	1992					
174.	Prevenção de acidentes industriais maiores.	1993	X	N. 246, de 28 de junho de 2001	02/08/2001	N. 4.085, de 15/01/2002	
175.	Trabalho em Tempo Parcial.	1994					
176.	Segurança e Saúde nas Minas.	1995		N. 62, de 2006	18/05/2006	Decreto 6.270, de 22/11/2007	
177.	Trabalho em Domicílio.	1996					
178.	Fiscalização do Trabalho (marítimos).	1996		N. 267, de 04/10/2007	21/12/2007		
179.	Contratação e Colocação dos Trabalhadores Marítimos.	1996					
180.	Jornada de Trabalho a Bordo e Dotação dos Navios.	1996					
181.	Agências Remuneradas de Colocação.	1997					
182.	Proibição das piores formas de trabalho infantil e a ação imediata para sua eliminação.	1999	X	N. 178, de 1999 Publicado em 15/12/1999	02/02/2000	3.597, de 12/09/2000	
183	Proteção da Maternidade (Revisada).	2000					
184	Segurança e Saúde na Agricultura.	2001					
185	Revisão da Convenção n. 108 sobre Documento de Identidade dos Trabalhadores Marítimos.	2003	X	N. 892 - 20/11/2009	21/01/2010		
Convenção sem número	Convenção sobre o Trabalho Marítimo - Norma consolidada.	2006					
187	Convenção sobre o Marco Promocional em Segurança e Saúde no Trabalho.	2006					

Convenção n.	Tema	Adoção	Ratificada pelo Brasil	Decreto Legislativo	Data da Ratificação	Decreto de Promulgação	Observação
188	Convenção sobre o Trabalho no Setor Pesqueiro	2007					
189	Convenção sobre Trabalhadoras e Trabalhadores Domésticos	2011					
TOTAL	189						

4.3.1. Sistemas de Controle da OIT: Comissão de Peritos e Comitê de Liberdade Sindical

O art. 22[141] da Constituição da OIT determina que os Estados-membros apresentem à RIT relatório anual acerca das medidas utilizadas na execução das convenções por eles assinadas. A anualidade da exigência representa o controle permanente da aplicação das convenções e recomendações, isto é, o organismo toma conhecimento anualmente de como vêm se comportando em matéria de efetivação os Estados-membros.

Desde 1919, após a primeira reunião da Conferência Internacional do Trabalho, a OIT adota convenções para regulamentar o mundo do trabalho. Logo, desde aquele ano os países signatários têm a obrigação de apresentar relatórios anualmente. Com o passar dos anos, tornou-se impossível a Conferência Internacional, em sessão plenária, proceder à análise dos relatórios, pois "absorveria provavelmente todo o tempo útil da Conferência em detrimento de sua função legislativa".

Assim, em 1926, com vistas a possibilitar análise técnica e livre de pressões, a Conferência, por meio de Resolução, aprovou solicitação ao Conselho de Administração, a fim de que nomeasse, a título de experiência, comissão técnica constituída por um número limitado de personalidades independentes para analisar os relatórios apresentados pelos Estados-membros. Essa comissão técnica passou a se chamar de **Comissão de Peritos na Aplicação de Convenções e Recomendações** e se vinculou à RIT cuja finalidade precípua é conseguir que todos os Estados-membros da OIT cumpram obrigações decorrentes da Constituição e apliquem, efetivamente, todas as normas das convenções ratificadas e, na medida do possível, adotem as disposições inseridas nas recomendações e nas demais convenções.

A Comissão de Peritos, conforme ensina Héctor G. BARTOLOMEI DE LA CRUZ[142] (1992), "tem como encargo o exame jurídico dos relatórios governamentais (e eventualmente as observações das organizações profissionais), com o apoio técnico do Departamento de Normas Internacionais do Trabalho".

Os integrantes da Comissão de Peritos devem ser pessoas livres de qualquer influência de governos, organizações de trabalhadores ou empregadores, ou seja, devem estar sujeitas apenas às suas consciências, respeitando o princípio da Justiça Social.

Assim, a finalidade da Comissão de Peritos é alcançar o cumprimento, por parte de todos os Estados-membros, das obrigações decorrentes da Constituição da OIT, a aplicação das convenções e a adoção dos preceitos das recomendações, ou seja, fazer com que todos os integrantes da OIT ajudem-na a atingir sua finalidade[143].

Cabe à Comissão de Peritos examinar:

a) as comunicações de caráter informativo sobre a observância de certas normas constitucionais;

b) as comunicações de caráter declaratório, atinentes a obrigações assumidas em relação a convenções que possibilitam opções entre dois ou mais regimes jurídicos, exclusão de determinadas partes ou limitações no seu âmbito de incidência;

c) as comunicações de caráter declaratório, referentes à aplicação de convenções ratificadas;

---

(141) Art. 22. Os Estados-membros comprometem-se a apresentar à Repartição Internacional do Trabalho um relatório anual sobre as medidas por eles tomadas para execução das convenções a que aderiram. Esses relatórios serão redigidos na forma indicada pelo Conselho de Administração e deverão conter as informações pedidas por este Conselho.

(142) BARTOLOMEI DE LA CRUZ, Héctor G. Contribuição da organização internacional do trabalho na elaboração do direito social internacional. *Revista do Ministério Público do Trabalho*, Brasília, Procuradoria Geral do Trabalho0, São Paulo: LTr, n. 4, p. 33-46, set. 1992.

(143) SILVA, Davi José de Souza da; FERREIRA, Luciano Cavalcante de Souza. *A Efetividade da Normas da OIT*. Disponível em: <http://www.conpedi.org.br/manaus/arquivos/anais/bh/davi_jose_de_souza_da_silva.pdf> Acesso em: 12 abr. 2014.

d) os relatórios anualmente devidos em relação a certo número de convenções ratificadas, que constituem o documento básico para a aferição da efetiva aplicação de suas normas pelos respectivos países;

e) os relatórios devidos por todos os Estados-membros, relativos à aplicação (ou dificuldades de aplicação) de convenções e/ou recomendações sobre um mesmo tema, escolhidas anualmente pelo Conselho de Administração para um estudo geral.

Em 1950, a Organização Internacional do Trabalho (OIT) criou um procedimento especial, com o objetivo de verificar o respeito à liberdade sindical nos Estados-membros. Fez-se um acordo com a ONU e foram criados dois organismos especializados: **o Comitê de Liberdade Sindical e a Comissão de Investigação e Conciliação**, que têm a missão de examinar as queixas apresentadas contra algum Estado por organizações de trabalhadores ou empregadores, quando estes países infringirem alguma convenção, mesmo que não tenham ratificado.

O Comitê de Liberdade Sindical tem uma composição tripartite, com representação dos empregados, empregadores e governos, num total de **nove membros**, nomeados pelo Conselho de Administração e do qual não poderão tomar parte os cidadãos do país que se encontre em exame.[144]

Dentre as competências do Comitê de Liberdade Sindical, destaca-se o exame preliminar das queixas relacionadas com os direitos sindicais apresentadas à OIT. A expressão "queixa", contida no ato instituidor do Comitê, foi empregada no sentido genérico, correspondendo tanto à reclamação quanto à queixa de que tratam os arts. 24 a 34 da Constituição da Organização Internacional do Trabalho.

Leciona Arnaldo SÜSSEKIND[145] (1991) que o Comitê de Liberdade Sindical, no exame das centenas de casos que lhe têm sido submetidos, tem firmado orientação no sentido de não conhecer denúncias formuladas por: a) particulares; b) associações não profissionais, inclusive partidos políticos; c) organização internacional de trabalhadores que não goze de estatuto consultivo perante a OIT e não tenha filiados no país contra o qual se dirige a queixa; d) organizações sindicais nacionais sediadas em países distintos daqueles a que se referem as queixas, sem interesse direto nas questões equacionais.

4.4. Declaração sobre os princípios e direitos fundamentais do trabalho – 1998

Em 1998 foi adotada a Declaração da OIT sobre os Princípios e Direitos Fundamentais no Trabalho e seu Seguimento.[146] O documento é uma reafirmação universal do compromisso dos Estados-membros e da comunidade internacional em geral em respeitar, promover e aplicar de "boa-fé", os princípios fundamentais e direitos no trabalho referentes:

Liberdade sindical e reconhecimento efetivo do direito de negociação coletiva	Convenção (n. 87) sobre a liberdade sindical e a proteção do direito sindical, 1948;
	Convenção (n. 98) sobre direito de sindicalização e de negociação coletiva, 1949.
Eliminação de todas as formas de trabalho forçado ou obrigatório.	Convenção (n. 29) sobre o trabalho forçado ou obrigatório, 1930.
	Convenção (n. 105) relativa à abolição do trabalho forçado, 1957.
Abolição efetiva do trabalho infantil.	Convenção (n. 138) sobre a idade mínima de admissão a emprego, 1973.
	Convenção (n. 182) sobre a proibição das piores formas de trabalho infantil e a ação imediata para sua eliminação, 1999.
Eliminação da discriminação em matéria de emprego e ocupação.	Convenção (n. 100) sobre a igualdade de remuneração de homens e mulheres trabalhadores por trabalho de igual valor, 1951.
	Convenção (n. 111) sobre a discriminação em matéria de emprego e profissão, 1958.

---

(144) O Comitê de Liberdade Sindical foi especialmente criado pela OIT para o exame das queixas que lhe eram encaminhadas. A composição do órgão segue o modelo tripartite, com três represenates para cada grupo que integra a OIT: **governamental, patronal e laboral**. Os nove componentes, nomeados individualmente e sem qualquer vínculo com os países, reúnem-se três vezes ao ano, quando buscam soluções consensuais para as queixas apresentadas.

(145) SÜSSEKIND, Arnaldo. *Instituições de Direito do Trabalho*. 11. ed. São Paulo: LTr, 1991.

(146) Os princípios fundamentais e direitos no trabalho estão presentes em todas as ações da OIT. A principal razão da criação desta Organização, em 1919, foi promover e harmonizar direitos do trabalho mediante o estabelecimento e aplicação de **normas internacionais do trabalho**.

Esses princípios e direitos estão refletidos nas oito Convenções fundamentais citadas acima. A Declaração destaca que todos os Estados-membros estão obrigados a respeitar os direitos fundamentais objeto das convenções correspondentes, mesmo que ainda não as tenham ratificado.

O **princípio fundamental da liberdade sindical e de direito de negociação coletiva é expressão da dignidade humana**. Assegura a trabalhadores e a empregadores poder se unir e atuar conjuntamente, na defesa não só de seus interesses econômicos como também de liberdades civis como o direito à vida, à segurança, à integridade e à liberdade pessoal e coletiva. Garante proteção contra a discriminação, ingerência e intimidações. Como parte integrante da democracia, é também elemento-chave na aplicação dos demais direitos fundamentais definidos na Declaração da OIT.

Por fim, a referida Declaração, adotada em 1998, impõe à Organização o dever de ajudar os esforços de seus Estados-membros na observância dos princípios e direitos fundamentais no trabalho, inclusive a liberdade sindical e a negociação coletiva, criando, portanto, uma nova estrutura de assistência técnica.

DECLARAÇÃO DA OIT SOBRE OS PRINCÍPIOS E DIREITOS FUNDAMENTAIS NO TRABALHO

Considerando que a criação da OIT procede da convicção de que a justiça social é essencial para garantir uma paz universal e permanente;

Considerando que o crescimento econômico é essencial, mas insuficiente, para assegurar a equidade, o progresso social e a erradicação da pobreza, o que confirma a necessidade de que a OIT promova políticas sociais sólidas, a justiça e instituições democráticas;

Considerando, portanto, que a OIT deve hoje, mais do que nunca, mobilizar o conjunto de seus meios de ação normativa, de cooperação técnica e de investigação em todos os âmbitos de sua competência, e em particular no âmbito do emprego, a formação profissional e as condições de trabalho, a fim de que no âmbito de uma estratégia global de desenvolvimento econômico e social, as políticas econômicas e sociais se reforcem mutuamente com vistas à criação de um desenvolvimento sustentável de ampla base;

Considerando que a OIT deveria prestar especial atenção aos problemas de pessoas com necessidades sociais especiais, em particular os desempregados e os trabalhadores migrantes, mobilizar e estimular os esforços nacionais, regionais e internacionais encaminhados à solução de seus problemas, e promover políticas eficazes destinadas à criação de emprego;

Considerando que, com o objetivo de manter o vínculo entre progresso social e crescimento econômico, a garantia dos princípios e direitos fundamentais no trabalho reveste uma importância e um significado especiais ao assegurar aos próprios interessados a possibilidade de reivindicar livremente e em igualdade de oportunidades uma participação justa nas riquezas a cuja criação têm contribuído, assim como a de desenvolver plenamente seu potencial humano;

Considerando que a OIT é a organização internacional com mandato constitucional e o órgão competente para estabelecer Normas Internacionais do Trabalho e ocupar-se das mesmas, e que goza de apoio e reconhecimento universais na promoção dos direitos fundamentais no trabalho como expressão de seus princípios constitucionais;

Considerando que numa situação de crescente interdependência econômica urge reafirmar a permanência dos princípios e direitos fundamentais inscritos na Constituição da Organização, assim como promover sua aplicação universal;

A Conferência Internacional do Trabalho,

1. Lembra:

a) que no momento de incorporar-se livremente à OIT, todos os Membros aceitaram os princípios e direitos enunciados em sua Constituição e na Declaração de Filadélfia, e se comprometeram a esforçar-se por alcançar os objetivos gerais da Organização na medida de suas possibilidades e atendendo a suas condições específicas;

b) que esses princípios e direitos têm sido expressados e desenvolvidos sob a forma de direitos e obrigações específicos em convenções que foram reconhecidas como fundamentais dentro e fora da Organização.

2. Declara que todos os Membros, ainda que não tenham ratificado as convenções aludidas, têm um compromisso derivado do fato de pertencer à Organização de respeitar, promover e tornar realidade, de boa-fé e de conformidade com a Constituição, os princípios relativos aos direitos fundamentais que são objeto dessas convenções, isto é:

a) **a liberdade sindical e o reconhecimento efetivo do direito de negociação coletiva;**

b) **a eliminação de todas as formas de trabalho forçado ou obrigatório;**

c) **a abolição efetiva do trabalho infantil; e**

d) **a eliminação da discriminação em matéria de emprego e ocupação.**

3. Reconhece a obrigação da Organização de ajudar a seus Membros, em resposta às necessidades que tenham sido estabelecidas e expressadas, a alcançar esses objetivos fazendo pleno uso de seus recursos constitucionais, de funcionamento e orçamentários, incluída a mobilização de recursos e apoio externos, assim como estimulando a outras organizações internacionais com as quais a OIT tenha estabelecido relações, de conformidade com o art. 12 de sua Constituição, a apoiar esses esforços:

a) oferecendo cooperação técnica e serviços de assessoramento destinados a promover a ratificação e aplicação das convenções fundamentais;

b) assistindo aos Membros que ainda não estão em condições de ratificar todas ou algumas dessas convenções em seus esforços por respeitar, promover e tornar realidade os princípios relativos aos direitos fundamentais que são objeto dessas convenções; e

c) ajudando aos Membros em seus esforços por criar um meio ambiente favorável de desenvolvimento econômico e social.

4. Decide que, para tornar plenamente efetiva a presente Declaração, implementar-se-á um seguimento promocional, que seja crível e eficaz, de acordo com as modalidades que se estabelecem no anexo que será considerado parte integrante da Declaração.

5. Sublinha que as normas do trabalho não deveriam utilizar-se com fins comerciais protecionistas e que nada na presente Declaração e seu seguimento poderá invocar-se nem utilizar-se de outro modo com esses fins; ademais, não deveria de modo algum colocar-se em questão a vantagem comparativa de qualquer país sobre a base da presente Declaração e seu seguimento.

Anexo

Seguimento da Declaração

I. OBJETIVO GERAL

1. O objetivo do seguimento descrito a seguir é estimular os esforços desenvolvidos pelos Membros da Organização com o objetivo de promover os princípios e direitos fundamentais consagrados na Constituição da OIT e a Declaração de Filadélfia, que a Declaração reitera.

2. De conformidade com este objetivo estritamente promocional, o presente seguimento deverá contribuir a identificar os âmbitos em que a assistência da Organização, por meio de suas atividades de cooperação técnica, possa resultar útil a seus Membros com o fim de ajudá-los a tornar efetivos esses princípios e direitos fundamentais. Não poderá substituir os mecanismos de controle estabelecidos nem obstar seu funcionamento; por conseguinte, as situações particulares próprias ao âmbito desses mecanismos não poderão discutir-se ou rediscutir-se no âmbito do referido seguimento.

3. Os dois aspectos do presente seguimento, descritos a seguir, recorrerão aos procedimentos existentes; o seguimento anual relativo às convenções não ratificadas somente suporá certos ajustes às atuais modalidades de aplicação do artículo 19, § 5, e) da Constituição, e o relatório global permitirá otimizar os resultados dos procedimentos realizados em cumprimento da Constituição.

II. SEGUIMENTO ANUAL RELATIVO ÀS CONVENÇÕES FUNDAMENTAIS NÃO RATIFICADAS

A. Objeto e âmbito de aplicação

1. Seu objetivo é proporcionar uma oportunidade de seguir a cada ano, mediante um procedimento simplificado que substituirá o procedimento quadrienal introduzido em 1995 pelo Conselho de Administração, os esforços desenvolvidos de acordo com a Declaração pelos Membros que não ratificaram ainda todas as convenções fundamentais.

2. O seguimento abrangerá a cada ano as quatro áreas de princípios e direitos fundamentais enumerados na Declaração.

B. Modalidades

1. O seguimento terá como base relatórios solicitados aos Membros em virtude do art. 19, § 5, e) da Constituição. Os formulários de memória serão estabelecidos com a finalidade de obter dos governos que não tiverem ratificado alguma das convenções fundamentais, informação sobre as mudanças que ocorreram em sua legislação e sua prática, considerando o art. 23 da Constituição e a prática estabelecida.

2. Esses relatórios, recopilados pela Repartição, serão examinados pelo Conselho de Administração.

3. Com o fim de preparar uma introdução à compilação dos relatórios assim estabelecida, que permita chamar a atenção sobre os aspectos que mereçam em seu caso uma discussão mais detalhada, a Repartição poderá recorrer a um grupo de peritos nomeados com este fim pelo Conselho de Administração.

4. Deverá ajustar-se o procedimento em vigor do Conselho de Administração para que os Membros que não estejam nele representados possam proporcionar, da maneira mais adequada, os esclarecimentos que no seguimento de suas discussões possam resultar necessárias ou úteis para completar a informação contida em suas memórias.

III. RELATÓRIO GLOBAL

A. Objeto e âmbito de aplicação

1. O objeto deste relatório é facilitar uma imagem global e dinâmica de cada uma das categorias de princípios e direitos fundamentais observada no período quadrienal anterior, servir de base à avaliação da eficácia da assistência prestada pela Organização e estabelecer as prioridades para o período seguinte mediante programas de ação em matéria de cooperação técnica destinados a mobilizar os recursos internos e externos necessários a respeito.

2. O relatório tratará sucessivamente cada ano de uma das quatro categorias de princípios e direitos fundamentais.

B. Modalidades

1. O relatório será elaborado sob a responsabilidade do Diretor-Geral sobre a base de informações oficiais ou reunidas e avaliadas de acordo com os procedimentos estabelecidos. Em relação aos países que ainda não ratificaram as convenções fundamentais, referidas informações terão como fundamento, em particular, no resultado do seguimento anual antes mencionado. No caso dos Membros que tenham ratificado as convenções correspondentes, estas informações terão como base, em particular, os relatórios (memórias) tal como são apresentados e tratados em virtude do artículo 22 da Constituição.

2. Este relatório será apresentado à Conferência como um relatório do Diretor-Geral para ser objeto de uma discussão tripartite. A Conferência poderá tratá-lo de um modo distinto do inicialmente previsto para os relatórios aos que se refere o art. 12 de seu Regulamento, e poderá fazê-lo numa sessão separada dedicada exclusivamente a esse informe ou de qualquer outro modo apropriado. Posteriormente, corresponderá ao Conselho de Administração, durante uma de suas reuniões subsequentes mais próximas, tirar as conclusões de referido debate no relativo às prioridades e aos programas de ação em matéria de cooperação técnica que deva implementar durante o período quadrienal correspondente.

IV. FICA ENTENDIDO QUE:

1. O Conselho de Administração e a Conferência deverão examinar as emendas que resultem necessárias a seus regulamentos respectivos para executar as disposições anteriores.

2. A Conferência deverá, em determinado momento, reexaminar o funcionamento do presente seguimento, considerando a experiência adquirida, com a finalidade de comprovar se este mecanismo está ajustado convenientemente ao objetivo enunciado na Parte I.

3. O texto anterior é o texto da Declaração da OIT relativa aos princípios e direitos fundamentais no trabalho e seu seguimento devidamente adotado pela Conferência Geral da Organização Internacional do Trabalho durante a Octogésima sexta reunião, realizada em Genebra e cujo encerramento foi declarado em 18 de junho de 1998.

É FÉ DO QUAL foi assinado neste décimo nono dia de junho de 1998.

Presidente da Conferência

JEAN-JACQUES OECHSLIN

O Diretor-Geral da Oficina Internacional do Trabalho

MICHEL HANSENNE

Capítulo 5

Organização Mundial do Comércio (OMC)

Inicialmente, no rescaldo da 2ª Guerra Mundial, tiveram lugar várias Conferências que visavam à criação de uma Organização Internacional do Comércio. A Carta de Havana de 1948, em seu art. 56, criou a Organização Internacional do Comércio (OIC), que não entrou em vigor em razão da não aprovação do Senado dos Estados Unidos da América.

A OMC constitui a primeira organização internacional pós-guerra fria. Nasceu em 1995 e suas normas representam uma abrangente codificação e um significativo desenvolvimento progressivo do Direito Internacional de cooperação econômica, pois consolidaram uma visão do que deve ser um Direito Internacional econômico. Por ser uma organização internacional, detém personalidade jurídica. Sendo derivada do GATT, a Organização Mundial do Comércio, objetiva o desenvolvimento do comércio internacional, com a possível eliminação de tarifas aduaneiras ou outros entraves que dificultam as operações mercantis no plano internacional. A eliminação das restrições às importações é um princípio e uma disposição fundamental da OMC, sendo, portanto, estabelecida em uma época em que essas restrições estavam muito difundidas e constituíam importante obstáculo ao comércio internacional.[147]

Ressalte-se que a OMC é uma organização internacional que prescreve as normas que regem a mercancia entre os Estados. Seu propósito principal é assegurar que as transações empresariais ocorram com a máxima facilidade, previsibilidade e liberdade possíveis.

Expressa Roberto DI SENA JÚNIOR[148] (2005) que a globalização é um fenômeno cujos reflexos são nitidamente sentidos tanto na seara jurídica quanto nas mais variadas áreas do conhecimento humano, reclamando de todos — teóricos e práticos — a adoção de novas perspectivas compatíveis com as mudanças hodiernamente observadas. Para ele, a primeira dificuldade em lidar com a ideia de globalização consiste na variedade de significados que têm sido atribuídos ao mesmo fenômeno. Tal variedade é explicável, em parte, porque esse é um processo cujo impacto se faz sentir em diversas áreas e, apesar dos benefícios por ele trazidos, inegáveis são os conflitos oriundos da sua intensificação, notadamente nas relações comerciais exteriores, as quais passaram a compreender novos mecanismos e instrumentos.

Nesse sentido, no campo do Comércio Exterior a globalização produziu efeitos positivos e negativos, como são exemplos as práticas comerciais desleais, que comprometem a produtividade e o bom desempenho do conjunto das empresas, levando muitas delas à falência.

As principais funções da OMC são as seguintes[149]:

• administrar os acordos de comércio da OMC;

---

(147) A OMC tem a função de elaboração dos diplomas globais para o comércio, a fim de aumentar a transparência e a previsibilidade do comércio internacional.

(148) DI SENA JÚNIOR, Roberto. O *dumping* e as práticas desleais de comércio exterior. *Jus Navigandi*, Teresina, ano 5, n. 44, 1º ago. 2000. Disponível em: <http://jus.com.br/artigos/768>. Acesso em: 12 abr. 2014.

(149) Art. III (Acordo Constitutivo da Organização Mundial de Comércio)
Funções da OMC:
1. A OMC facilitará a aplicação, administração e funcionamento do presente Acordo e dos Acordos comerciais multilaterais e promoverá a consecução de seus objetivos e constituirá também o quadro jurídico para a aplicação, administração e funcionamento dos Acordos comerciais Plurilaterais.
2. A OMC será o foro para as negociações entre seus Membros acerca de suas relações comerciais multilaterais em assuntos tratados no quadro dos acordos incluídos nos Anexos ao presente Acordo. A OMC poderá também servir de foro para ulteriores negociações entre seus Membros acerca de suas relações comerciais multilaterais e de quadro Jurídico para a aplicação dos resultados dessas negociações segundo decida a Conferência Ministerial.
3. A OMC administrará o entendimento relativo às normas e procedimentos que regem a solução de controvérsias (denominado a seguir 'Entendimento sobre Solução de Controvérsias' ou 'ESC') que figura no Anexo 2 do presente Acordo.
4. A OMC administrará o mecanismo de Exame das Políticas Comerciais (denominado a seguir 'TPRM') estabelecido no anexo 3 do presente Acordo.
5. Com o objetivo de alcançar uma maior coerência na formulação das políticas econômicas em escala mundial, a OMC cooperará no que couber com o Fundo Monetário Internacional e com o Banco Internacional de Reconstrução e Desenvolvimento e com os órgãos a eles afiliados.

- proporcionar um local para as negociações comerciais;
- regular disputas comerciais;
- fiscalizar as políticas de comércio dos membros;
- fornecer auxílio técnico e de formação aos países em desenvolvimento e aos menos desenvolvidos;
- cooperar com outras organizações internacionais.

5.1. Estrutura da Organização Mundial do Comércio – OMC

A estrutura da OMC, detalhada no artigo IV do Tratado de Marrakesh, é uma organização intergovernamental cujo regime decisório é por consenso. Compreende:

- Conferências ministeriais

O corpo que toma decisão em nível superior da OMC é a Conferência Ministerial, da qual participam todos os membros. Esta se reúne, pelos menos, a cada dois anos, e tem por função decidir os assuntos relativos aos acordos de comércio multilateral.[150]

- Conselho geral

O Conselho geral, também organizado pelos representantes de todos os membros da OMC, realiza-se periodicamente, assumindo as funções da Conferência Ministerial extraordinariamente. Sob o enquadramento do acordo da "compreensão de estabelecimento da disputa" e do mecanismo da "apreciação de política comercial", o conselho resolve disputas comerciais entre os membros e analisa as políticas comerciais, de acordo com os procedimentos decididos.[151]

- Conselhos

Para além do Conselho geral funcionam ainda o Conselho do comércio de mercadorias, Conselho do comércio de serviços e Conselho do comércio da propriedade intelectual. Os conselhos ainda podem estabelecer estruturas subordinadas, nomeadamente, comitês, grupos de trabalho etc.

- Secretariado

Ao Secretariado não cabe tomar decisões diretas; sua principal função é prestar auxílio administrativo para o funcionamento global da OMC.

5.1.1. Objetivos e princípios da OMC

Objetivos da OMC:

São objetivos da Organização Mundial do Comércio:

1. a elevação dos níveis de vida;

2. o pleno emprego;

3. a expansão da produção e do comércio de bens e serviços;

4. a proteção do meio ambiente;

5. o uso dos recursos naturais em níveis sustentáveis e a necessidade de realizar esforços positivos para assegurar uma participação mais efetiva dos países em desenvolvimento no comércio internacional.

Princípios da OMC

A Organização Mundial do Comércio (OMC) assenta-se sobre determinados princípios, a saber: multilateralismo, nação mais favorecida e proibição de discriminações.

---

(150) O órgão máximo da OMC é o Conselho Ministerial, composto por representantes de todos os seus membros, com reuniões no mínimo a cada dois anos. O Conselho Ministerial tem autoridade para tomar decisões sobre todas as matérias dentro de qualquer acordo multilateral. É integrado por Ministros de Relações Exteriores ou Ministros de Comércio Externo dos países-membros.

(151) O Conselho Geral é o corpo diretor da OMC, também composto por representantes de todos os membros. Nesse caso, os representantes são embaixadores (representantes permanentes dos países-membros) ou delegados nas missões.

1. Multilateralismo

O princípio do multilateralismo consiste na liberdade de comércio entre os Estados-membros, sem facilidades tarifárias diferenciadas para nenhum deles. Esse princípio é fundamental para a organização, tendo em vista a sua vocação para a arbitragem de conflitos comerciais internacionais e para evitar as medidas unilaterais que conceitualmente lhe são contrárias.

2. Nação mais favorecida

Pelo princípio da Nação Mais Favorecida, as vantagens concedidas por um Estado-membro a outro, membro ou não da OMC, serão automaticamente válidas para todos os seus membros.

3. Proibição de Discriminações

O princípio de proibição de discriminações visa a coibir as práticas políticas de comércio exterior dos governos de criação de estímulos para negociação de determinados produtos, como, por exemplo, taxas alfandegárias diferenciadas por produtos, controle de câmbio etc., que tenham como objetivo facilitar ou dificultar o comércio com determinados países.

5.1.2. Sistema de resolução de controvérsias da OMC

Inicialmente, buscamos em Celso LAFER (1998) identificar os objetivos das busca pacífica da solução das controvérsias na OMC. Vejamos:

> O mercado e a concorrência podem ser vistos como uma grociana luta de todos em prol de todos. Essa é a tese do *doux commerce*. Simmel observou que o mercado e a concorrência são, no entanto, simultaneamente uma hobbesiana guerra de todos contra todos.
>
> Para evitar a confrontação bélica de uma concorrência desenfreada " baseada no poder", a administração do conflito e da cooperação no mercado requer um enquadramento jurídico. A OMC prevê esse enquadramento através de um ordenamento jurídico, o *single undertaking*, concebido como um jogo de normas de *fair play* compartilhadas por todos os membros. (...) "O sistema de solução de controvérsias da OMC representa não só codificação, mas um desenvolvimento progressivo do direito e da prática do GATT.

O sistema de solução de controvérsias da Organização Mundial do Comércio (OMC) foi criado pelos países-membros durante a Rodada do Uruguai e é usualmente referido como uma contribuição única da OMC para a estabilidade da economia global, atualmente conta com 159 membros.

Esses entendimentos da Rodada do Uruguai, que culminaram, em 1994, no Entendimento sobre Solução de Controvérsias — ESC (*Dispute Settlement Understanding* — DSU) constante do **Anexo 2 do Tratado de Marrakesh**, introduziram um modelo mais claro e organizado de solução de controvérsias que o procedimento adotado pelo antigo GATT.

O objetivo central do sistema de solução de controvérsias da OMC é o de prover segurança e previsibilidade ao sistema multilateral de comércio. Cabe ressaltar, entretanto, que as decisões proferidas não são vinculantes.

A eficácia do mecanismo previsto no ESC (DSU) se baseia em três características:

— **Abrangência**: todos os acordos da OMC estão cobertos pelo mecanismo.

— **Automaticidade**: deriva da regra do consenso negativo, válida para diversos procedimentos (como o estabelecimento dos Painéis, as decisões dos Órgãos de Apelação etc.) e garante que o mecanismo somente pode ser interrompido por acordo mútuo das partes em litígio.

— **Exequibilidade**: uma adaptação do termo em inglês *enforcement*, e que significa dizer que verificando-se o descumprimento de decisão do Órgão de Solução de Controvérsias, embasada em relatório do Painel ou do Corpo de Apelação, o membro demandante poderá solicitar autorização para retaliar.

O art. 3.2 do DSU estabelece que:

> O Sistema de Solução de Controvérsias da OMC é o elemento central para trazer **segurança e previsibilidade** ao sistema multilateral de comércio. Os Membros reconhecem que ele serve para preservar os direitos e as obrigações dos Membros sob os acordos abrangidos, e para esclarecer os dispositivos daqueles acordos existentes segundo as regras habituais de interpretação do Direito Internacional Público. As recomendações e as decisões do DSB não podem aumentar ou diminuir os direitos e as obrigações estabelecidas nos acordos abrangidos.

Por outro lado, o art. 3.7 do DSU prescreve:

O objetivo do mecanismo de solução de controvérsias é dar **solução positiva** a uma controvérsia. Uma solução mutuamente aceitável às partes em disputa e, consistente com os acordos abrangidos, é sem dúvida preferida.

Os Membros da OMC reconheceram explicitamente que a solução imediata de controvérsias a respeito dos acordos abrangidos "é essencial para o eficaz funcionamento da OMC e para a manutenção de um contrapeso apropriado entre direitos e obrigações dos Membros."

O Sistema de Solução de Controvérsias da OMC tem jurisdição sobre qualquer controvérsia entre Membros da OMC surgida no âmbito dos chamados acordos abrangidos. Esses acordos são aqueles listados no Apêndice 1 ao DSU, incluindo o Acordo da OMC, GATT 1994 e todos os outros Acordos Multilaterais sobre Comércio de Bens, o GATS, o Acordo TRIPS e o DSU. O art. 1.1 do DSU estabelece «um sistema integrado para solução de controvérsias", que se aplica a todos os acordos abrangidos. O DSU estabelece um sistema único e coerente de regras e procedimentos para a solução de controvérsias aplicável às disputas que se referem aos acordos abrangidos.

O Sistema de Solução de Controvérsia da OMC é, conforme Guilherme Corrêa GRISI[152] (2014), composta das seguintes fases:

- **Consulta** — "Cada Membro se compromete a examinar com compreensão a argumentação apresentada por outro Membro e a conceder oportunidade adequada para consulta com relação a medidas adotadas dentro de seu território que afetem o funcionamento de qualquer acordo abrangido".

- **Painel (Grupos Especiais)** — É a primeira instância no procedimento para solução de controvérsias na OMC. São compostos por três indivíduos, que apresentam o relatório circunstanciado sobre a controvérsia e uma análise jurídica quanto ao fundamento da reclamação. Tem como competência "examinar a questão submetida e estabelecer conclusões que auxiliem o OSC a fazer recomendações ou emitir decisões". Antes de emitir uma decisão (relatório), o painel apresenta um esboço descritivo, e um relatório provisório, ainda confidencial, que poderá ser objeto de comentários pelas partes nas controvérsias. Após essa fase, o relatório do painel circula entre todos os Membros da OMC e é colocado à disposição no sítio eletrônico. Submetido o relatório ao OSC, será ele aprovado, a não ser que haja consenso reverso ou que uma das partes da controvérsia recorra ao OAp (Órgão Permanente de Apelação), o que geralmente ocorre.

- **Apelação** — Diante do OAp, as partes apresentam seus argumentos escritos e em audiência. As deliberações dos juízes do OAp são confidenciais, e o relatório final aprovado, confirmando, modificando ou revogando o relatório do painel; é então remetido ao OSC, onde será aprovado. Com a aprovação pelo OSC do relatório do painel ou do OAp, encerra-se a fase jurisdicional do sistema de solução de controvérsias da OMC.

- **O relatório final** aprovado, se concluir que a medida nacional reclamada é incompatível com os acordos da OMC, deverá recomendar que o Membro torne a medida compatível com o acordo.

5.2. *Dumping*

O Comércio Internacional é extremamente complexo e suas relações são objeto de acordos gerais, como são exemplos os Acordos do GATT e o de Marrakesh, de 1994, que objetivam estabelecer normas gerais garantidoras de um sistema de trocas mais justo e vantajoso para todos os Estados-membros. Nesse contexto, o *dumping* caracteriza a perversão de toda a principiologia iniciada pelo GATT e continuada pela OMC.

A expressão "*dumping*"[153] provém do verbo inglês "*dump*", significando desfazer-se de algo e depositá-lo em determinado local, deixando-o como se fosse "lixo". No mercado internacional uma empresa executa *dumping* quando:

a) detém certo poder de estipular o preço de seu produto no mercado local (empresa em concorrência imperfeita);

b) possui perspectiva de aumentar o lucro por meio de vendas no mercado internacional. Essa empresa, então, vende no mercado externo seu produto a preço inferior ao vendido no mercado local, provocando elevada perda

---

(152) GRISI, Guilherme Corrêa. *Soluções de Controvérsias na Organização Mundial do Comércio – OMC*. Disponível em: <http://www.planalto.gov.br/ccivil_03/revista/rev_81/MonoDisTeses/GuilhermeGrisi.pdf> Acesso em: 17 abr. 2014.

(153) *Dumping* é uma palavra de origem inglesa que não tem encontrado tradução nas línguas latinas, sendo incorporada, em sua grafia original, ao vocabulário de inúmeros idiomas, dentre os quais o português. O *Black's Law Dictionary* define *dumping* como "**o ato de vender grandes quantidades a um preço muito abaixo ou praticamente sem considerar o preço; também, vender mercadorias no exterior por menos que o preço do mercado doméstico**". (Rafael Moura da CUNHA, 2006)

de bem-estar ao consumidor nacional, porque os residentes locais não conseguem comprar o bem no preço a ser vendido para o estrangeiro. Para adquirir parcela de mercado, a empresa poderá inclusive vender ao exterior a preço inferior ao custo da produção. O subsídio do governo pode contribuir para a prática de *dumping*, uma vez que aufere renda ao produtor e permite que o produto seja vendido a preços bem inferiores ao custo de produção ou ao preço interno (Carina FRAHM e Marco Antônio César VILLATORE[154], 2003).

O *dumping*[155] implica a exportação de uma mercadoria para outro país por um preço abaixo do "valor normal", entendendo-se como tal um preço inferior ao custo de produção do bem ou então inferior àquele praticado internamente no país exportador. Essa situação gera inúmeras distorções na economia do país importador, podendo levar à ruína empresas já ali instaladas ou impedir que outras mais se estabeleçam em seu território. À evidência, em se perpetuando tal sorte de acontecimentos, o padrão de vida das pessoas que habitam o país lesado será abruptamente reduzido, seja em função da extinção de empresas e postos de trabalho, seja em virtude da artificial redução dos preços das mercadorias.

Na lição de De Plácido e SILVA[156] (1991) *dumping* é expressão usada para indicar a organização que tem por objetivo vender mercadorias de sua produção ou comércio em país estrangeiro por preço inferior aos artigos similares, neste mercado, a fim de que possa afrontá-los ou retirá-los da concorrência.

DI SENA JÚNIOR[157] (2005) apresenta diversos conceitos de *dumping*, a saber:

• *Dumping* é uma palavra de origem inglesa que não tem encontrado tradução nas línguas latinas, sendo incorporada, em sua grafia original, ao vocabulário de inúmeros idiomas, dentre os quais o português. O *Black's Law Dictionary* define *dumping* como "**o ato de vender grandes quantidades a um preço muito abaixo ou praticamente sem considerar o preço; também, vender mercadorias no exterior por menos que o preço do mercado doméstico**". (VARANDA[158], 1987)

• O Conselho Administrativo de Defesa Econômica — CADE —, órgão integrante do Ministério da Justiça, já definiu *dumping* como **a temporária e artificial redução de preços para oferta de bens e serviços por preços abaixo daqueles vigentes no mercado** (eventualmente abaixo do custo), provocando oscilações em detrimento do concorrente e subsequente elevação no exercício de especulação abusiva. (LEÃES[159], 1993)

• Desta feita, o *dumping* representa uma prática perniciosa ao comércio normal, não se restringindo meramente à venda de produtos abaixo do preço de custo. Consoante caracterização de Luiz Gastão Paes de Barros LEÃES[160] (1993), faz-se mister a existência de dois elementos para configurá-lo, quais sejam: **a redução de preços, seguida de elevação com vistas ao exercício de especulação abusiva; e o intuito de eliminar a concorrência e criar monopólios**.

Richard D. BOLTUCK[161] (1987) define *dumping* como "a venda de um produto importado abaixo de seu valor normal. Em virtude de essa prática ser considerada injusta, o GATT permite que suas partes contratantes imponham medidas *antidumping*, nunca superiores à margem total de *dumping*".

• O *dumping*, enquanto prática comercial desleal, caracteriza-se pela venda de um produto abaixo de seu valor normal, ou, nos termos do Decreto n. 1.602, de 23 de agosto de 1995:

Art. 4º Para os efeitos deste Decreto, **considera-se prática de *dumping* a introdução de um bem no mercado doméstico, inclusive sob a modalidade de *drawback*, a preço de exportação inferior ao valor normal**.

---

(154) FRAHM, Carina; Marco Antônio César VILLATORE. *Dumping* Social e o Direito do Trabalho. In: *Direito Coletivo do Trabalho*. São Paulo: LTr, 1998.

(155) A prática do *Dumping* tem sua vedação expressa no art. VI do Acordo Geral sobre Tarifas e Comércio (GATT), de 1947. Estipulando-se que, se a prática desse ato provocar danos à indústria doméstica, será permitida a aplicação de Direito Compensatório, conforme a autoridade competente do país prejudicado.

(156) SILVA, De Plácido e. *Vocabulário Jurídico*. Rio de Janeiro: Forense, 1991. p. 29.

(157) DI SENA JÚNIOR, Roberto. O *dumping* e as práticas desleais de comércio exterior. *Jus Navigandi*, Teresina, ano 5, n. 44, 1 ago. 2000. Disponível em: <http://jus.com.br/artigos/768> Acesso em: 12 abr. 2014.

(158) VARANDA, Aquiles Augusto. *A disciplina do dumping do Acordo Geral de Tarifas Aduaneiras e Comércio*: tipificação de um delito num Tratado internacional? Tese de doutorado. Faculdade de Direito da Universidade de São Paulo, 1987. 190 p.

(159) LEÃES, Luiz Gastão Paes de Barros. O *dumping* como forma de abuso do poder econômico. *Revista de Direito Mercantil, Industrial, Econômico e Financeiro*, São Paulo, v. 32, n. 91, p. 5-15, jul./set. 1993.

(160) *Idem*.

(161) BOLTUCK, Richard D. An economic analysis of dumping. *Journal of World Trade Law*, Twickenham, v. 21, n. 5, p. 45-54, out. 1987.

Art. 5º Considera-se valor normal o preço efetivamente praticado para o produto similar nas operações mercantis normais, que o destinem a consumo interno no país exportador.

Atualmente encarado como um dos temas mais controversos nas negociações da Organização Mundial do Comércio, a adoção de uma cláusula social em seus tratados reflete o quanto o fenômeno chamado de globalização e o comércio internacional transformaram o mundo. Segundo Robert Gilpin, o comércio internacional seria, ao lado da guerra, o mais importante vínculo existente entre as nações do globo terrestre. Neste sentido, leciona Gustavo Santamaría Carvalhal RIBAS[162] (2005) que a **cláusula social é**, em suma, **uma tentativa de abrandar os efeitos do selvagerismo advindo da alta competitividade do sistema capitalista, impondo o respeito a direitos e condições básicas do trabalhador, que de outro modo estaria entregue a uma incontrolável exploração**. Logo, por meio da cláusula social, inserir-se-ia em tratados comerciais a imposição de padrões trabalhistas, assegurando uma existência minimamente digna ao trabalhador. É um resgate ético inserido na atmosfera altamente egoísta e individualista das negociações comerciais, obrigando-as a levar em conta essas normas sociais mínimas.

César FLORES[163] (2004), também em referência ao meio ambiente, leciona que as organizações internacionais que regulamentam as relações comerciais entre os países, como a Organização Mundial do Comércio, as quais poderiam desempenhar um papel importante no cenário internacional, acabam se limitando às questões estritas de comércio, sem avaliar os efeitos de um comércio agressivo e extremamente competitivo.

Para o autor, em sua conclusão, as normas da OMC objetivam ampliar o comércio, dentro do possível, e aplicar o desenvolvimento sustentável. Entretanto, os países desenvolvidos têm medo de que as políticas ambientais levem a uma alteração das condições de competitividade. Já os países em desenvolvimento temem ser alvo de políticas restritivas dos desenvolvidos, ou seja, têm medo de que o discurso ambiental se transforme em nova forma de protecionismo.

5.2.1. Dumping *Social no Judiciário Trabalhista brasileiro*

Num contexto geral, iniciamos este tópico com a questão de nº 22 cobrada no Exame Nacional de Desempenho dos Estudantes – ENADE/ADMINISTRAÇÃO/2009, pois a mesma reflete a preocupação nacional em combater a prática do *Dumping*. Vejamos:

Se a empresa A, localizada no país X, vende um produto nesse país por US$ 100,00 e exporta o mesmo produto para o Brasil, em condições comparáveis de comercialização (volume, estágio de comercialização, prazo de pagamento) por US$ 80,00, considera-se que há prática de *dumping* com margem de US$ 20,00. MDIC/SECEX. Disponível em: <http://www.mdic.gov.br/> Acesso em: 3 out. 2009.

Com base nessa situação, pode-se afirmar que a prática de *dumping*:

I – permite que uma empresa entre em mercados estrangeiros, com vantagem em relação às empresas já estabelecidas naqueles mercados;

II – é considerada uma prática leal de comércio;

III – pode provocar o desmantelamento da indústria nacional de um país, se for implementada por uma empresa estrangeira. É CORRETO afirmar que:

A) apenas os itens I e III estão corretos.

B) apenas os itens I e II estão corretos.

C) apenas os itens II e III estão corretos.

D) nenhum item está correto.

E) todos os itens estão corretos.

Resposta: C

---

(162) RIBAS, Gustavo Santamaria Carvalhal. A adoção de uma cláusula social nos tratados da OMC – Página 2/2. *Jus Navigandi*, Teresina, ano 10, n. 644, 13 abr. 2005. Disponível em: <http://jus.com.br/artigos/6548> Acesso em: 14 abr. 2014.

(163) FLORES, César. O Direito Comercial Internacional e a Preservação Ambiental: Entre o Risco e o Desenvolvimento. In: LEITE, José Rubens Morato; BELLO FILHO, Ney de Barros (Orgs.). *Direito Ambiental Contemporâneo*. Barueri: Manole, 2004. p. 392.

Ficou claro na questão acima, que a utilização do instituto, dentre outros fatores, poderá provocar o desmantelamento da indústria nacional de um país, se for implantado por uma empresa estrangeira.

Afinal, a ordem econômica nacional, fundada na valorização do trabalho humano e na livre iniciativa, tendo por fim último assegurar o primado da dignidade humana — art. 170 da Constituição Federal — rege-se por princípios de lealdade concorrencial, prevenindo e reprimindo infrações contra a ordem econômica, consubstanciados na Lei n. 8.884/94[164] (Jônatas dos Santos ANDRADE, 2010).

Para o Juiz Jônatas dos Santos ANDRADE (2010) — *dumping* é uma prática comercial consistente na venda de produtos por preços abaixo de seu valor justo — ou do próprio custo — com o propósito de prejudicar e/ou eliminar concorrentes. A prática pode visar o próprio lucro, a expansão de mercados ou o domínio do mercado para futura imposição de preços arbitrários. O conceito é de uso corrente no comércio internacional e objeto de restrições pelos governos nacionais.

Pensando na seara social, o *dumping* ocorrerá pela prática desleal da concorrência, neste caso, em prejuízo primeiramente da classe operária, pois as agressões reincidentes aos direitos trabalhistas provocam danos, também, à sociedade, além da obtenção de vantagem indevida, perante a concorrência, pela infratora. Noutro dizer, o ***dumping* social constitui a redução de custos da produção ou prestação de serviços a partir da eliminação de direitos fundamentais trabalhistas**.

A importância do estudo do *dumping social* no ordenamento brasileiro mereceu atenção especial na 1ª Jornada de Direito Material e Processual na Justiça do Trabalho, realizada em 23 de novembro de 2007. A 14ª proposta de autoria do Juiz Jorge Luiz Souto Maior converteu-se na seguinte ementa:

> 4. "*DUMPING* SOCIAL". DANO À SOCIEDADE. INDENIZAÇÃO SUPLEMENTAR: "As agressões reincidentes e inescusáveis aos direitos trabalhistas geram um dano à sociedade, pois com tal prática desconsidera-se, propositalmente, a estrutura do Estado social e do próprio modelo capitalista com a obtenção de vantagem indevida perante a concorrência. A prática, portanto, reflete o conhecido "*dumping* social", motivando a necessária reação do Judiciário trabalhista para corrigi-la, mesmo por atuação "*ex officio*". O dano à sociedade configura-se ato ilícito, por exercício abusivo do direito, já que extrapola limites econômicos e sociais, nos exatos termos dos arts. 186, 187 e 927 do Código Civil. Encontra-se no 404, parágrafo único do Código Civil, o fundamento de ordem positiva para impingir ao agressor contumaz uma indenização suplementar, como, aliás, já previam os arts. 652, "*d*", e 832, § 1º, da CLT.

Na Justiça Laboral, a sua aplicação, por exemplo, ocorreu em face da Empresa JBS S.A. (Friboi), no processo iniciado na Vara do Trabalho de Ituiutaba-MG, em Sentença de lavra do juiz Alexandre Chibante Martins, às fls 260/290, que posteriormente foi confirmada pela Quarta Turma do TRT da 3ª Região, em 31.8.2009 (Relator Desembargador Júlio Bernardo do Carmo), com a ementa abaixo:

> EMENTA: REPARAÇÃO EM PECÚNIA — CARÁTER PEDAGÓGICO — *DUMPING* SOCIAL — CARACTERIZAÇÃO — Longas jornadas de trabalho, baixos salários, utilização da mão de obra infantil e condições de labor inadequadas são algumas modalidades exemplificativas do denominado *dumping* social, favorecendo em última análise o lucro pelo incremento de vendas, inclusive de exportações, devido à queda dos custos de produção nos quais encargos trabalhistas e sociais se acham inseridos. "As agressões reincidentes e inescusáveis aos direitos trabalhistas geram um dano à sociedade, pois com tal prática desconsidera-se, propositalmente, a estrutura do Estado Social e do próprio modelo capitalista com a obtenção de vantagem indevida perante a concorrência. A prática, portanto, reflete o conhecido '*dumping* social'" (1ª Jornada de Direito Material e Processual na Justiça do Trabalho, Enunciado n. 4). Nessa ordem de ideias, não deixam as empresas de praticá-lo, notadamente em países subdesenvolvidos ou em desenvolvimento, quando infringem comezinhos direitos trabalhistas na tentativa de elevar a competitividade externa. "Alega-se, sob esse aspecto, que a vantagem derivada da redução do custo de mão de obra é injusta, desvirtuando o comércio internacional. Sustenta-se, ainda, que a harmonização do fator trabalho é indispensável para evitar distorções num mercado que se globaliza" (LAFER, Celso — "Dumping Social", *in Direito e Comércio Internacional:* tendências e perspectivas, estudos em homenagem ao Prof. Irineu Strenger. São Paulo: LTr, 1994. p. 162). Impossível afastar, nesse viés, a incidência do regramento vertido nos arts. 186, 187 e 927 do Código Civil, a coibir — ainda que pedagogicamente — a utilização, pelo empreendimento econômico, de quaisquer métodos para produção de bens, a coibir – evitando práticas nefastas futuras — o emprego de quaisquer meios necessários para sobrepujar concorrentes em detrimento da dignidade humana.

Assim, a 4ª Turma do TRT-MG manteve a condenação de uma empresa pela prática de *dumping social* (**produção de mercadorias ou prestação de serviços mais baratos com a exploração da mão de obra adquirida a baixos custos, por meio da utilização de formas precárias de trabalho, em desrespeito às normas trabalhistas, gerando concorrência**

---

(164) JUSTIÇA DO TRABALHO DA 8ª REGIÃO – 1ª VARA DO TRABALHO DE PARAUAPEBAS-PA. Sentença de Conhecimento no Processo n. 0068500-45.2008.5.08.0114 (Ação Civil Pública em face da Vale S.A. e outros).

desleal e danos à sociedade). Na avaliação dos julgadores, as repetidas tentativas da reclamada de burlar a legislação trabalhista caracterizam a prática do *dumping social*.

5.3. Cláusula social e selo social

O tema da cláusula social é bastante recorrente no cenário internacional, não configurando, portanto, novidade para seus estudiosos. Ela advém da superposição existente entre o comércio internacional e os direitos humanos. Essas duas temáticas já eram relacionadas no século XIX, com a proibição do tráfico negreiro e a luta pela extinção do trabalho forçado. Também estão presentes no Tratado de Versalhes, de 1919, quando este prescreve a seus signatários que desenvolvam esforços para garantir condições justas e humanas de trabalho na produção de bens destinados ao comércio internacional. A Carta de Havana de 1948 ainda prevê em seu art. 7º padrões justos de trabalho, objetivando a melhoria de salários e das condições de trabalho. A controvérsia acerca da cláusula social também está presente na história da OMC. Os Estados Unidos tentaram sem sucesso incluí-la no *General Agreement on Trade and Tariffs* — GATT —, instituição que resultou na criação da OMC, duas vezes. Em 1979, durante a Rodada Tóquio, foi proposta a adoção de um código de direitos trabalhistas, o qual, em 1983, foi novamente proposto. Porém, nem todas as tentativas foram fracassadas. O *Caribean Basis Economic Recovery Act* condiciona a isenção tributária de numerosos produtos advindos da região caribenha à manutenção de um núcleo básico de direitos trabalhistas naqueles Estados, quais sejam o exercício de liberdade de associação e de participação em negociações coletivas, e a proibição ao trabalho forçado e ao uso abusivo de mão de obra infantil. O *Tariff and Trade Act*, de 1984, adicionou aos requisitos para a concessão de benefícios fiscais a produtos de países em desenvolvimento do *Generalized System of Preferences* os direitos trabalhistas reconhecidos internacionalmente. Outro exemplo é o *North American Agreement on Labour Corporation*, que obriga os países integrantes do *North America Free Trade Agreement* — NAFTA — a cumprirem os direitos trabalhistas, sob pena de contra eles serem aplicadas sanções comerciais (RIBAS[165], 2005).

O combate ao *dumping* social ocorre por intermédio da inserção de cláusulas sociais em atos internacionais (combate prévio) ou por meio de imposição de salvaguardas, preponderantemente tarifas fundamentadas no direito compensatório, equivalente à diferença do preço de venda e de preço honesto (combate posterior: no momento da entrada do produto no país estrangeiro). Observa que nos casos de *dumping* o Estado importador precisa constatar, em processo perante órgãos governamentais, a existência da prática de *dumping* pelo país exportador.

As cláusulas sociais, ou também denominadas normas sociais, veiculam a semântica de dispositivos **inseridos em acordos comerciais internacionais, com o intuito de proteger os direitos mínimos dos trabalhadores, estabelecendo inclusive penalidades** (Carina FRAHM e Marco Antônio César VILLATORE[166], 2003).

Assim, as chamadas cláusulas sociais, medidas *antidumping* relacionadas ao trabalho e aos direitos humanos, são utilizadas em negociações comerciais para vetar a compra de produtos produzidos por países que não respeitam os direitos trabalhistas.

A "cláusula social"[167] **pode ser aplicada de forma negativa ou positiva.** Como forma negativa, ela preveria a aplicação de sanções retaliatórias ao país que não respeitasse as condições mínimas apresentadas; como forma positiva, ela ajudaria os países que a cumprissem, favorecendo-os de alguma maneira no comércio internacional.

Ainda conforme RIBAS[168] (2005), como alternativas à cláusula social outras propostas também são encontradas no contexto internacional, dentre as quais podemos citar a do **"selo social"**,[169] que propõe a colocação de uma etiqueta nos

---

(165) RIBAS, Gustavo Santamaria Carvalhal. A adoção de uma cláusula social nos tratados da OMC – Página 2/2.*Jus Navigandi*, Teresina, ano 10, n. 644, 13 abr. 2005. Disponível em: <http://jus.com.br/artigos/6548> Acesso em: 14 abr. 2014.

(166) FLORES, César. O Direito Comercial Internacional e a Preservação Ambiental: Entre o Risco e o Desenvolvimento. In: LEITE, José Rubens Morato; BELLO FILHO, Ney de Barros (Orgs.). *Direito Ambiental Contemporâneo*. Barueri: Manole, 2004. p. 392.

(167) Ressalte-se que as Convenções da OIT ns. 87 e 98 (Liberdade Sindical e Negociação Coletiva), 29 e 105 (Proibição do Trabalho Forçado), 100 e 111 (Igualdade e Não discriminação), 138 e 182 (Idade Mínima para o Trabalho e Sobre Piores Formas do Trabalho Infantil), as quais se alinham dando conteúdo às chamadas "Cláusulas Sociais" dos acordos comerciais – OMC –, não dão um panorama global de tudo o que pode ser considerado como importante no trabalho da OIT, especialmente na Declaração Sobre os Princípios e Direitos Fundamentais do Trabalho, de 1998. Elas deixam de lado todas as demais questões de emprego e de desemprego; de duração do trabalho; da remuneração; da saúde e segurança do trabalho; da seguridade social e dos serviços relacionados à Inspeção do Trabalho.

(168) RIBAS, Gustavo Santamaria Carvalhal. A adoção de uma cláusula social nos tratados da OMC – Página 2/2.*Jus Navigandi*, Teresina, ano 10, n. 644, 13 abr. 2005. Disponível em: <http://jus.com.br/artigos/6548> Acesso em: 14 abr. 2014.

(169) O selo social ou etiqueta social a ser colocada nos produtos fabricados pelos países que respeitam as normas internacionais do trabalho é uma proposta alternativa à adoção da cláusula social.

produtos dizendo que o país que os produziu respeita as normas internacionais de trabalho; e outra que visa estabelecer códigos corporativos de conduta, obrigando as empresas multinacionais a aplicar no estrangeiro as mesmas normas trabalhistas que são aplicadas em seu país de origem.

O polo contrário à adoção de uma cláusula social nos tratados da OMC é ocupado, em sua maioria, pelos países em desenvolvimento e subdesenvolvidos e pelas empresas transnacionais dos países desenvolvidos. Esses adotam a tese do livre mercado, segundo a qual a melhoria das condições de trabalho será uma consequência do crescimento do nível de renda, e não o contrário. Eles argumentam que a globalização não atingiu as pessoas, mas somente bens, capitais e serviços, e que diferenças salariais não são privilégio da relação países desenvolvidos, em desenvolvimento/ subdesenvolvidos, mas também podem ser encontradas dentro destes, variando entre suas regiões e cidades. Os níveis de remuneração do trabalho estão condicionados pelo grau de desenvolvimento dos países e, dentro deles, de suas regiões, Estados e Municípios.

O "*dumping* social" argumentado pelos países desenvolvidos aqui passa a ser encarado como uma nova modalidade de protecionismo, advinda de pressões dos sindicatos trabalhistas para diminuir o desemprego em seus países e as importações que recebe dos demais. A aplicação de padrões trabalhistas de países desenvolvidos, e a consequente sanção aos não cumpridores, segundo eles, somente levarão à perpetuação da pobreza e ao atraso dos esforços desenvolvimentistas, incluindo aqueles que visam melhorias nas condições de trabalho, e muito menos fará pela extinção do trabalho infantil. Não é o comércio, mas a pobreza a responsável por péssimas condições de trabalho, e esta só é vencida com mais comércio.

Sistematizando:

"**Dumping**" é uma prática comercial consistente na venda de produtos por preços abaixo de seu valor justo – ou do próprio custo – com o propósito de prejudicar e/ou eliminar concorrentes.
"**Dumping social**" constitui a redução de custos da produção ou da prestação de serviços a partir da eliminação de direitos fundamentais trabalhistas.
"**Selo social**" é a certificação de que determinados produtos foram produzidos por um país que respeita as normas internacionais do trabalho.
"**Cláusula social**" é uma prática *antidumping* que objetiva impor sanções aos Estados (países) que não cumprem os direitos trabalhistas fundamentais.
"**Carta social**" é uma declaração solene, e não tem consequências legais, mas representa um quadro de referência para princípios que estabelecem direitos básicos. É, também, uma declaração solene por meio da qual se reconhecem e se proclamam direitos, identificando-se metas ou objetivos a serem alcançados em relação a aspectos trabalhistas ou sociais.

5.4. Padrões trabalhistas mínimos

A vinculação de padrões trabalhistas à agenda comercial internacional visa, fundamentalmente, garantir-lhes compulsoriedade, sob pena de os países transgressores suportarem sanções comerciais, as quais seriam necessárias tanto como forma de amenizar as pressões internas dos trabalhadores dos países desenvolvidos que se julgam prejudicados pela injusta competição internacional, quanto como forma de demonstrar à população local que o país em questão está atuando na defesa dos direitos humanos dos trabalhadores dos países subdesenvolvidos (Roberto DI SENA JÚNIOR[170], 2005).

As Convenções e Recomendações da OIT podem ser um bom ponto de partida para a fixação deste conjunto de Padrões Trabalhistas Mínimos, a saber:

• proibição de trabalho escravo;

• proibição de trabalho infantil;

• direito à livre organização sindical;

• proibição da discriminação por gênero e raça.

---

(170) DI SENA JÚNIOR, Roberto. O *dumping* e as práticas desleais de comércio exterior. *Jus Navigandi*, Teresina, ano 5, n. 44, 1 ago. 2000. Disponível em: <http://jus.com.br/artigos/768> Acesso em: 12 abr. 2014.

Assim, em virtude da forte pressão econômica, somente em 9 de junho de 1998 foi possível concluir uma Declaração da OIT sobre Princípios e Direitos Fundamentais no Trabalho. Ressalte-se que merece destaque a inserção dos direitos trabalhistas mínimos no rol dos Direitos Humanos. Destaca-se em seu art. 2º:

2. Declara que todos os Membros, ainda que não tenham ratificado as convenções aludidas, têm um compromisso derivado do fato de pertencer à Organização de respeitar, promover e tornar realidade, de boa-fé e de conformidade com a Constituição, os princípios relativos aos direitos fundamentais que são objeto dessas convenções, isto é:

a) a liberdade sindical e o reconhecimento efetivo do direito de negociação coletiva;

b) a eliminação de todas as formas de trabalho forçado ou obrigatório;

c) a abolição efetiva do trabalho infantil; e

d) *a eliminação da discriminação em matéria de emprego e ocupação.*

Esses princípios e direitos estão refletidos em **oito Convenções fundamentais.**

N. 29	Trabalho forçado (1930): dispõe sobre a eliminação do trabalho forçado ou obrigatório em todas as suas formas. Admitem-se algumas exceções, tais como o serviço militar, o trabalho penitenciário adequadamente supervisionado e o trabalho obrigatório em situações de emergência, como guerras, incêndios, terremotos etc.
N. 87	Liberdade sindical e proteção do direito de sindicalização (1948): estabelece o direito de todos os trabalhadores e empregadores de constituir organizações que considerem convenientes e de a elas se afiliarem, sem prévia autorização, e dispõe sobre uma série de garantias para o livre funcionamento dessas organizações, sem ingerência das autoridades públicas.
N. 98	Direito de sindicalização e de negociação coletiva (1949): estipula proteção contra todo ato de discriminação que reduza a liberdade sindical, proteção das organizações de trabalhadores e de empregadores contra atos de ingerência de umas nas outras, e medidas de promoção da negociação coletiva.
N. 100	Igualdade de remuneração (1951): preconiza a igualdade de remuneração e de benefícios entre homens e mulheres por trabalho de igual valor.
N. 105	Abolição do trabalho forçado (1957): proíbe o uso de toda forma de trabalho forçado ou obrigatório como meio de coerção ou de educação política, como castigo por expressão de opiniões políticas ou ideológicas; a mobilização de mão de obra como medida disciplinar no trabalho; punição por participação em greves, ou como medida de discriminação.
N. 111	Discriminação (emprego e ocupação) (1958): preconiza a formulação de uma política nacional que elimine toda discriminação em matéria de emprego, formação profissional e condições de trabalho por motivos de raça, cor, sexo, religião, opinião política, ascendência nacional ou origem social, e promoção da igualdade de oportunidades e de tratamento.
N. 138	Idade mínima (1973): objetiva a abolição do trabalho infantil, ao estipular que a idade mínima de admissão ao emprego não deverá ser inferior à idade de conclusão do ensino obrigatório.
N. 182	Piores formas de trabalho infantil (1999): defende a adoção de medidas imediatas e eficazes que garantam a proibição e a eliminação das piores formas de trabalho infantil.

Fonte: OIT Brasil, 2006.

Capítulo 6

Direito Comunitário

No entendimento de Kátia Vanessa PIRES[171] (2002) o processo de integração, nos níveis iniciais ou nos níveis mais avançados, quando então se constitui numa vivência comunitária, requer a incorporação ao âmbito jurídico de um outro conceito indispensável à compreensão dessas novas tendências marcadas pelo Direito Comunitário, Direito da Integração e pelo conceito de Supranacionalidade.

Para a professora PIRES[172] (2002), o Direito da Integração, o Direito Comunitário e a Supranacionalidade, de fato, são inovações e realidades que já se fazem presentes. Não se pode fechar os olhos a esse novo panorama, posto que as modificações no plano internacional trazem consequências diretas no plano interno do país.

O processo de integração compreende três etapas consecutivas: 1ª – **integração regional**; 2ª – **comunidade**; 3ª – **supranacionalidade**. Em cada uma dessas etapas é imperiosa a manutenção de um bom ordenamento jurídico com um eficaz sistema de resolução de controvérsias. O Direito, por isso, manifesta-se como um fator essencial no processo de integração, é o motor da integração, e assim contribui, respectivamente, com o Direito da Integração, o Direito Comunitário e a Supranacionalidade.

No **primeiro momento** há a integração regional, que se dá pela reunião de Estados soberanos formando os blocos regionais — Mercosul, Nafta. Em geral, visa à superação de barreiras econômicas, com o estabelecimento de zona de livre-comércio e união aduaneira. Nesse processo, para solução de controvérsia, dá-se a formação do Direito de Integração. Temos que o Mercosul somente alcançou esse nível de integração.

No **segundo momento**, a integração regional evolui para uma comunidade — mercado comum e união econômica. A integração regional evolui de livre-comércio a união aduaneira e se consolida em mercado comum (com o livre--trânsito de pessoas, bens, mercadorias, capital e trabalho) e em união econômica (moeda comum — moeda única).

Por último, a comunidade evolui para a supranacionalidade, com delegação de parcela da soberania dos Estados--membros para organismos supranacionais dentro dos limites de "Tratados Constitutivos".

O Direito da Integração é todo o conjunto de normas que vai disciplinar as relações jurídicas existentes entre Estados em processo de integração, ou seja, nas suas fases de união aduaneira e livre-comércio.

O **Direito Comunitário** surgiu da experiência europeia. Trata-se de um Direito autônomo primário, portanto, não é derivado de outro, seja interno, seja externo. É inerente a cada um dos Estados-membros, igual ao direito natural desses mesmos Estados, que possui aplicabilidade imediata, tem prevalência, força coercitiva e executória na ordem jurídica interna dos Estados-membros. É ainda direito subjetivo e afeta tanto pessoas públicas (Estados soberanos) quanto particulares e tem hierarquia superior às normas de direito interno dos Estados-membros.

A **supranacionalidade**, segundo Russo CANTERO (1999), significa "sobre o nacional" e se dá mediante a delegação de soberania, mas não de uma soberania exclusivamente territorial, e sim como soberania em relação a competências determinadas. As atribuições desses organismos estão marcadas dentro dos limites que se estabelecem nos "Tratados Constitutivos". Para Diaz LABRANO (1998), a supranacionalidade é um dos conceitos mais difíceis de explicar dentro do processo de integração, pois potencializa os projetos e objetivos dos Estados ao mesmo tempo em que assinala um cerceamento ou perda e diminuição de sua soberania. A supranacionalidade já é realidade na Europa.

Na lição de Maria Teresa de Cárcomo LOBO[173] (2007), o **Direito Comunitário pode ser definido como ramo do Direito cujo objeto é o estudo dos tratados comunitários, a evolução jurídica resultante de sua regulamentação e a interpretação jurisprudencial das cláusulas estabelecidas nos referidos tratados.**

---

(171) PIRES, Kátia Vanessa. As novas tendências do Direito Internacional: o Direito Comunitário e a Supranacionalidade. In: *Revista do Curso de Direito da Universidade Estadual de Montes Claros*, v. 23, n. 23 (jan./jun. 2001), Montes Claros: Unimontes, 2002, p. 65-74.

(172) Idem.

(173) LOBO, Maria Teresa de Cárcomo. *Manual de Direito Comunitário*. Curitiba: Juruá, 2007.

De acordo com Alice Monteiro de BARROS[174] (2007), o Direito Comunitário forma um sistema jurídico autônomo, não se confundindo com o Direito Internacional, pois aquele é constituído de um conjunto de fontes de Direito ordenado por uma hierarquia de normas, sendo regido por dois princípios essenciais: **o princípio da integração e o princípio da primazia**. Por outro lado, enquanto o Direito Comunitário modifica e integra direta ou indiretamente (por intermédio de diretivas) o ordenamento nacional, em virtude de uma limitação de soberania aceita pelos Estados-membros, o Direito Internacional pressupõe a autonomia dos ordenamentos nacionais, só intervindo por intermédio de um ato que se expressa por meio de ratificação.

Neste estudo, trataremos especificamente da União Europeia e do Mercosul, em que:

A União Europeia foi criada pelo Tratado de Maastricht, de 1992, o qual transformou a Comunidade Econômica Europeia (CEE) em uma organização política, implantando posteriormente a moeda única, que é o Euro. Nesse sentido o Direito Comunitário, que é o conjunto das normas da União Europeia, tem hierarquia superior às normas internas de cada país[175] pertencente ao citado bloco (Sérgio Pinto MARTINS[176], 2006), cujos direitos são baseados na reciprocidade e na não discriminação.

Diz Gustavo Filipe Barbosa GARCIA[177] (2013) que o Direito Comunitário se trata de nível mais avançado de agrupamento de Estados, envolvendo livre circulação dos meios de produção, bem como uniformização de medidas e deliberações para o grupo como um todo. Nessa entidade os Regulamentos têm alcance geral e obrigatório, sendo aplicáveis diretamente em cada Estado-membro. As Diretivas também são obrigatórias, mas as autoridades dos Estados-membros podem escolher a forma para a sua consecução. Já as decisões são atos particulares para certo caso concreto, sendo consideradas normas individualizadas.

Já o Mercosul, criado pelo Tratado de Assunção, de 26 de março de 1991, tem como membros Argentina, Brasil, Paraguai e Uruguai, e foi criado com as seguintes pretensões: a) a livre circulação de bens, serviços e fatores de produção entre os países, por meio, entre outros, da eliminação dos direitos alfandegários, restrições não tarifárias à circulação de mercadorias de qualquer outra medida de efeito equivalente; b) o estabelecimento de uma tarifa externa e a adoção de uma política comercial comum em relação a terceiros Estados ou agrupamentos de Estados e a coordenação de posições em foros econômico-comerciais regionais e internacionais (MARTINS, 2006).

O **Mercosul** (em português: *Mercado Comum do Sul*, em espanhol: *Mercado Común del Sur*, **Mercosur**) é o programa de integração econômica de quatro países da América do Sul: Argentina, Brasil, Paraguai e Uruguai. A Venezuela está em processo de adesão desde dezembro de 2005. O bloco também é chamado de Cone Sul, porque sua formação original abrangia as nações do sul do continente, formando um cone.

Esclarece Klaus-Dieter BORCHARDT[178] (2000) que o conceito de "fonte de direito" tem dupla acepção: sentido inicial do termo aponta para a razão que está na essência do direito. Assim, a fonte do Direito Comunitário foi a vontade de preservar a paz e de construir uma Europa mais próspera pela via da integração econômica, as duas pedras basilares da Comunidade Europeia. Em linguagem jurídica, o conceito de "fonte de direito" consubstancia os modos de formulação e de revelação do direito.

Para o autor, pode-se dizer que são fontes do Direito Comunitário Europeu:

As fontes do direito comunitário

1. Direito primário:

— Tratados originários

— Princípios gerais de direito

2. Acordos internacionais da CE

---

(174) BARROS, Alice Monteiro de. *Curso de Direito do Trabalho*. 3. ed. São Paulo: LTr, 2007.

(175) Na União Europeia a soberania dos Estados-membros é objeto de relativização.

(176) MARTINS, Sérgio Pinto. *Instituições de Direito Público e Privado*. 6. ed. São Paulo: Atlas, 2006.

(177) GARCIA, Gustavo Filipe Barbosa. *Curso de Direito do Trabalho*. 7. ed. Rio de Janeiro: Forense, 2013. p. 132.

(178) BORCHARDT, Klaus-Dieter. *O ABC do Direito Comunitário*. 5. ed. Coleção Documentação Europeia. Luxemburgo: Serviço das Publicações Oficiais das Comunidades Europeias, 2000. p. 58-61.

3. Direito derivado:

— Regulamentos e disposições de aplicação

— Diretivas/Recomendações CECA

— Decisões gerais e individuais

4. Princípios gerais de direito administrativo

5. Acordos entre os Estados-membros

Os Tratados originários: Direito Comunitário Primário

Fazem parte do *Direito primário como fonte do direito comunitário* os três Tratados originários, incluindo os anexos e protocolos, os aditamentos e as alterações posteriores, isto é, os atos que criaram a CE e à qual nos referimos antes como os seus fundamentos institucionais. Os Tratados originários e as respectivas alterações, sobretudo as introduzidas pelo Ato Único Europeu e pelo Tratado da União Europeia, contêm as normas fundamentais relativas aos objetivos, à organização e ao modo de funcionamento da Comunidade, bem como partes do seu direito econômico. São pois as disposições "constitucionais" da Comunidade que proporcionam às instituições comunitárias um quadro para o exercício das suas competências legislativas e administrativas no interesse da Comunidade. Uma vez que se trata de direito criado diretamente pelos Estados-membros, é designado, em linguagem jurídica, por *direito comunitário primário*.

Os atos jurídicos comunitários: direito comunitário derivado

O direito criado pelas instituições comunitárias no exercício das suas competências tem a designação de *direito comunitário derivado*, a **segunda fonte importante do direito comunitário**, o que provém das instituições comunitárias e tem por base os tratados.

Resulta, em primeiro lugar, de todos os atos jurídicos enumerados e definidos nos arts. 249 do Tratado CE, 161 do 58 Tratado CEEA, e 14 do Tratado CECA. Enquanto *atos jurídicos* vinculativos contêm simultaneamente disposições jurídicas de caráter geral e abstrato e medidas concretas e individuais. Permitem ainda que as instituições da Comunidade se pronunciem de forma *não vinculativa*.

No entanto, estas enumerações de atos jurídicos não são exaustivas, já que o direito derivado comporta atos jurídicos que não constam de nenhuma delas. Trata-se designadamente de atos que regem o funcionamento interno da CE ou das suas instituições, tais como regulamentações ou acordos entre as instituições ou os regulamentos internos das instituições. Importa ainda mencionar neste contexto a elaboração e a publicação dos programas comunitários. Existem diferenças consideráveis entre os atos jurídicos do direito comunitário derivado em termos de procedimento de adoção, força jurídica e destinatários — diferenças que serão estudadas detalhadamente na parte dedicada aos instrumentos de ação.

O direito derivado emergiu de forma progressiva, conferindo vitalidade à constituição comunitária oriunda do direito primário e, pouco a pouco, construindo e completando o ordenamento jurídico europeu.

Os acordos internacionais celebrados pela CE

Uma *terceira fonte de direito comunitário* está ligada ao papel da Comunidade no plano internacional. Como um dos polos do mundo, a Europa não se pode limitar à gestão dos seus assuntos internos. Pelo contrário, deve procurar desenvolver as relações econômicas, sociais e políticas com todos os países. Com esse objetivo, a Comunidade celebra com os países não membros (países terceiros) e com outras organizações internacionais acordos que vão de tratados de cooperação nos domínios comercial, industrial, técnico e social a acordos sobre a comercialização de certos produtos.

Os princípios gerais do direito

Os princípios gerais do direito são fontes não escritas do direito comunitário. Trata-se de normas que traduzem conceitos fundamentais de direito e justiça, às quais qualquer ordem jurídica está obrigada. O direito comunitário escrito, que fundamentalmente só regula situações econômicas e sociais, cumpre esta obrigação apenas em parte; dessa forma, os princípios gerais de direito são uma das fontes mais importantes do direito comunitário. Os referidos princípios permitem colmatar as lacunas existentes ou desenvolver de forma mais justa o direito estabelecido por interpretação, recorrendo ao princípio da equidade.

A concretização desses princípios é feita pela aplicação do direito, principalmente por jurisprudência do Tribunal de Justiça da CE, que, no âmbito das suas atribuições, garante o respeito do direito na interpretação e aplicação do

(...) Tratado. Os principais pontos de referência para determinar os princípios gerais de direito são os princípios gerais comuns às ordens jurídicas dos Estados-membros. Fornecem o material a partir do qual se cria, no âmbito do direito comunitário, a regra necessária à solução de um problema.

Para além dos princípios da autonomia, da aplicabilidade direta e do primado do direito comunitário, contam-se ainda outros princípios jurídicos, como a proteção dos direitos fundamentais, o princípio da proporcionalidade, a proteção da confiança legítima, o direito de ser ouvido ou, ainda, o princípio da responsabilidade dos Estados-membros em caso de violação do direito comunitário.

6.1. Mercado Comum do Sul – Mercosul

Historicamente, as primeiras negociações objetivando a integração no Cone Sul foram feitas entre Brasil e Argentina a partir da assinatura do Tratado de Montevidéu, em 1980, que criou a Associação Latino-Americana de Integração (ALADI). Essa integração era limitada às iniciativas de âmbito bilateral entre Brasil e Argentina, que, com a celebração do Tratado de Assunção,[179] em 26 de março de 1991, tornaram-se membros Paraguai e Uruguai, tendo assim início a fase de transição do processo integracionista, fase esta que se estende até a assinatura, em 17 de dezembro de 1994, do Protocolo de Ouro Preto, que trata da estrutura institucional do Mercosul, cuja fase de consolidação começou em janeiro de 1995.

O Mercado Comum do Sul (Mercosul) tem como membros os seguintes países, denominados Estados-membros: Argentina, Brasil, Paraguai e Uruguai. Desde **2006**, a **Venezuela**[180] depende de aprovação dos Congressos Nacionais para que sua entrada seja aprovada. No dia 07 de abril de 2010, entrou oficialmente no bloco o Estado de **Israel**, sendo o primeiro país fora da América do Sul a ingressar no Mercosul, porém, sua participação é apenas o livre-comércio atualmente restringido a **Brasil** e **Uruguai**. Em 2 de agosto de 2010, foi a vez de o Egito assinar também um TLC com o bloco.

Os idiomas oficiais do Mercado Comum serão o português e o espanhol e a versão oficial dos documentos de trabalho será a do idioma do país sede de cada reunião (art. 17 do Tratado de Assunção).

Os instrumentos de ratificação serão depositados ante o Governo da República do Paraguai, que comunicará a data do depósito aos Governos dos demais Estados-partes (art. 19 do Tratado de Assunção).

O Estado-parte que desejar desvincular-se do presente Tratado (Tratado de Assunção) deverá comunicar essa intenção aos demais Estados-partes de maneira expressa e formal, efetuando no prazo de sessenta (60) dias a entrega do documento de denúncia ao Ministério das Relações Exteriores da República do Paraguai, que o distribuirá aos demais Estados-partes (art. 21).

6.1.1. Objetivos do Mercosul

Dentre os objetivos do Mercosul, destaca-se o compromisso dos Estados-membros de harmonizar suas legislações, nas áreas pertinentes, para lograr o fortalecimento do processo de integração.

São objetivos específicos do Mercosul:

• **a livre circulação de bens e serviços e fatores produtivos** entre os Estados-membros, por meio, entre outros, da eliminação dos direitos alfandegários e restrições não tarifárias à circulação de mercadorias e de qualquer outra medida de efeito equivalente;

• **o estabelecimento de uma tarifa externa comum e a adoção de uma política comercial comum** em relação a terceiros Estados ou agrupamentos de Estados e a coordenação de posições em foros econômico-comerciais regionais e internacionais;

• **a coordenação de políticas macroeconômicas e setoriais** entre os Estados-membros de comércio exterior, agrícola, industrial, fiscal, monetário, cambial e de capitais, de serviços, alfandegários, de transportes e comunicações e outras que se acordem, a fim de assegurar condições de concorrência entre os membros;

• **o compromisso dos Estados-membros de harmonizar suas legislações**, nas áreas pertinentes, para lograr o fortalecimento do processo de integração.

---

(179) O Tratado de Assunção criou assim o Mercosul, em 26 de março de 1991.
(180) O Congresso do Paraguai aprovou em 18.12.2013 a entrada plena da Venezuela no Mercosul.

Além desses objetivos gerais, o Mercosul desenvolve suas ações para os seguintes objetivos específicos:

• aumento e diversificação da oferta de bens e serviços com padrões comuns de qualidade e seguindo normas internacionais, propiciando economias de escala;

• promoção de modo coordenado do desenvolvimento científico e tecnológico;

• busca permanente de pautas comuns para o desenvolvimento sustentável dos recursos regionais;

• aumento da participação dos setores privados no processo de integração.

6.1.2. Estrutura institucional do Mercosul

A estrutura do Mercosul, de acordo com o art. 1º do **Tratado de Ouro Preto**,[181] se consolidou em:

Estrutura Institucional
1. Conselho do Mercado Comum (CMC)
2. Grupo Mercado Comum (GMC)
3. Comissão de Comércio do Mercosul (CCM)
4. Parlamento do Mercosul (PM)
5. Foro Consultivo Econômico-Social (FCES)
6. Secretaria do Mercosul (SM)
7. Tribunal Permanente de Revisão do Mercosul (TPR)
8. Tribunal Administrativo-Trabalhista do Mercosul (TAL)
9. Centro MERCOSUL de Promoção do Estado de Direito (CMPED)

Fonte: <http://www.mercosul.gov.br/organograma/organograma-mercosul> Acesso em: 10 maio 2010.

O **Parlamento do Mercosul (PM)** é o **órgão democrático** de representação civil da pluralidade ideológica e política dos povos dos Países-membros do Mercosul: **Argentina, Brasil, Paraguai, Uruguai** e **Venezuela** (esse último se encontra em processo de adesão). Criado legalmente em **9 de dezembro de 2005**, sua primeira sessão foi realizada em **7 de maio de 2007**.

Localizado em **Montevidéu, no Uruguai**, a Câmara Legislativa será integrada por 90 **deputados**, 18 de cada País-membro.

Em uma primeira etapa seus membros foram escolhidos entre os integrantes dos parlamentos nacionais e em sua etapa definitiva, a partir de **2014**, os representantes serão eleitos por **voto direto** e simultâneo dos cidadãos seguindo o critério de representatividade civil.

Com a edição da Decisão 28, de 2010, do Conselho do Mercado Comum, a composição das bancadas do Parlamento do Mercosul, até 2014, por Estado-parte é a seguinte: **Argentina – 26 (vinte e seis); Brasil – 37 (trinta e sete, sendo 27 Deputados Federais e 10 Senadores); Paraguai – 18 (dezoito); Uruguai – 18 (dezoito)**.

No campo trabalhista, a harmonização das leis, prevista no art. 1º do Tratado de Assunção, deve ser traduzida na supressão de algumas normas que sejam díspares, na manutenção de outras, bem como na alteração daquelas que não atendam às peculiaridades dos Estados-membros. O que se deve buscar é fazer desaparecer as diferenças legislativas mais pronunciadas, porém, mantendo algumas que atendam às peculiaridades locais, sem prejuízo do contexto integracionista (VIEIRA[182], 2003).

O Tratado de Assunção, no art. 9º, criou dois órgãos responsáveis pela administração e execução não só dele próprio como de quaisquer acordos específicos e decisões durante o período de transição: o Conselho do Mercado Comum e o **Grupo Mercado Comum**.

O Conselho é o órgão superior do Mercado Comum, tendo como atribuição a condução política do Mercosul e a tomada de decisões para assegurar o cumprimento dos objetivos e prazos estabelecidos para a constituição definitiva do mesmo. O Conselho estará integrado pelos Ministros de Relações Exteriores e os Ministros de Economia dos Estados-membros.

---

(181) Protocolo Adicional ao Tratado de Assunção sobre a Estrutura Institucional do Mercosul, celebrado em 17 de dezembro de 1994.

(182) VIEIRA, Maria Margareth Garcia. *A Globalização e as Relações de Trabalho*. Curitiba: Juruá, 2003. p. 31.

O **Grupo Mercado Comum** é o órgão executivo do Mercado Comum e será coordenado pelos Ministérios das Relações Exteriores.

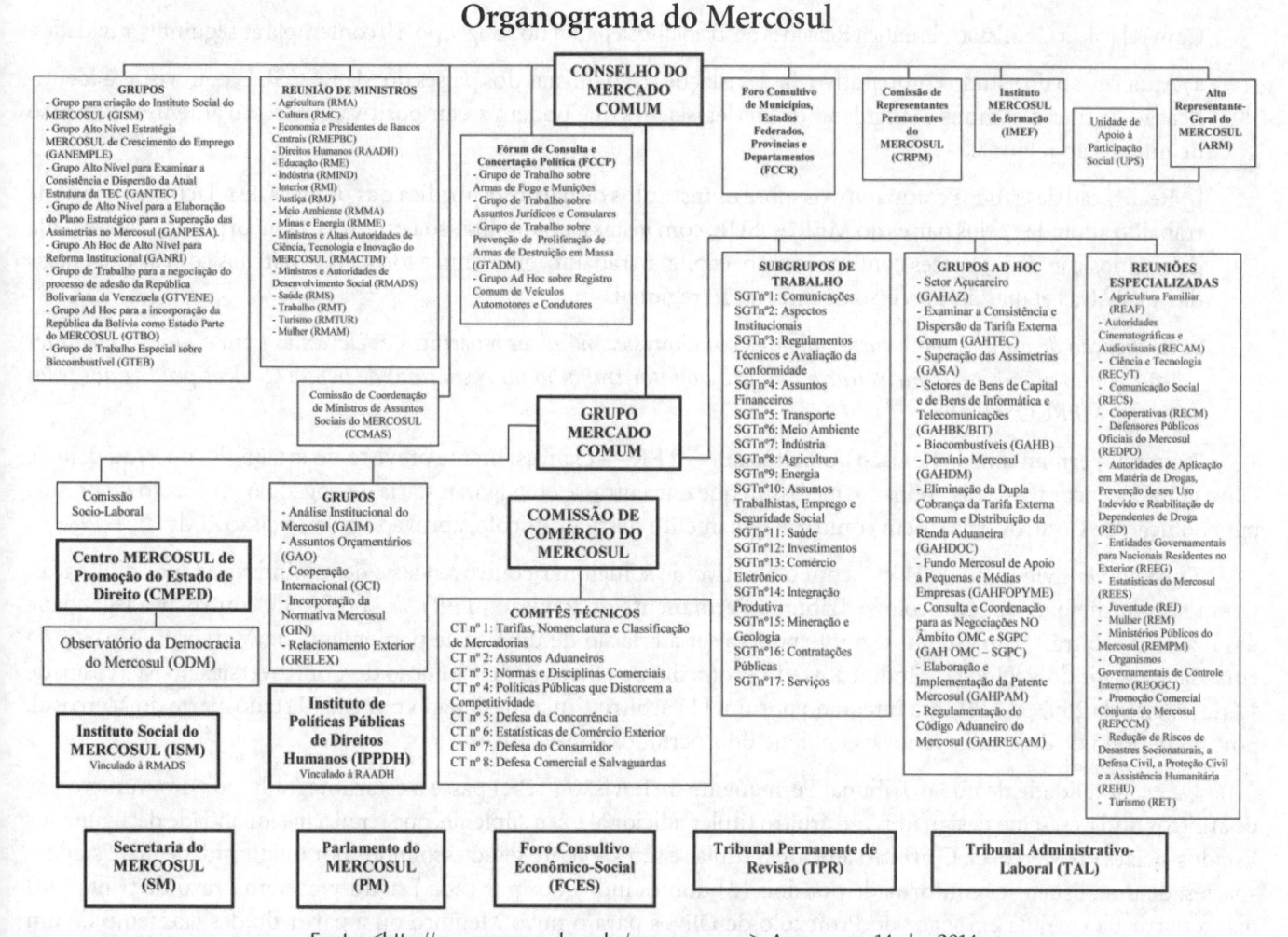

Organograma do Mercosul

CONSELHO DO MERCADO COMUM

GRUPOS
- Grupo para criação do Instituto Social do MERCOSUL (GISM)
- Grupo Alto Nível Estratégia MERCOSUL de Crescimento do Emprego (GANEMPLE)
- Grupo Alto Nível para Examinar a Consistência e Dispersão da Atual Estrutura da TEC (GANTEC)
- Grupo de Alto Nível para a Elaboração do Plano Estratégico para a Superação das Assimetrias no Mercosul (GANPESA)
- Grupo Ah Hoc de Alto Nível para Reforma Institucional (GANRI)
- Grupo de Trabalho para a negociação do processo de adesão da República Bolivariana da Venezuela (GTVENE)
- Grupo Ad Hoc para a incorporação da República da Bolívia como Estado Parte do MERCOSUL (GTBO)
- Grupo de Trabalho Especial sobre Biocombustível (GTEB)

REUNIÃO DE MINISTROS
- Agricultura (RMA)
- Cultura (RMC)
- Economia e Presidentes de Bancos Centrais (RMEPBC)
- Direitos Humanos (RAADH)
- Educação (RME)
- Indústria (RMIND)
- Interior (RMI)
- Justiça (RMJ)
- Meio Ambiente (RMMA)
- Minas e Energia (RMME)
- Ministros e Altas Autoridades de Ciência, Tecnologia e Inovação do MERCOSUL (RMACTIM)
- Ministros e Autoridades de Desenvolvimento Social (RMADS)
- Saúde (RMS)
- Trabalho (RMT)
- Turismo (RMTUR)
- Mulher (RMAM)

Fórum de Consulta e Concertação Política (FCCP)
- Grupo de Trabalho sobre Armas de Fogo e Munições
- Grupo de Trabalho sobre Assuntos Jurídicos e Consulares
- Grupo de Trabalho sobre Prevenção de Proliferação de Armas de Destruição em Massa (GTADM)
- Grupo Ad Hoc sobre Registro Comum de Veículos Automotores e Condutores

Foro Consultivo de Municípios, Estados Federados, Províncias e Departamentos (FCCR)

Comissão de Representantes Permanentes do MERCOSUL (CRPM)

Instituto MERCOSUL de formação (IMEF)

Unidade de Apoio à Participação Social (UPS)

Alto Representante-Geral do MERCOSUL (ARM)

Comissão de Coordenação de Ministros de Assuntos Sociais do MERCOSUL (CCMAS)

GRUPO MERCADO COMUM

Comissão Socio-Laboral

Centro MERCOSUL de Promoção do Estado de Direito (CMPED)

Observatório da Democracia do Mercosul (ODM)

Instituto Social do MERCOSUL (ISM) Vinculado à RMADS

GRUPOS
- Análise Institucional do Mercosul (GAIM)
- Assuntos Orçamentários (GAO)
- Cooperação Internacional (GCI)
- Incorporação da Normativa Mercosul (GIN)
- Relacionamento Exterior (GRELEX)

Instituto de Políticas Públicas de Direitos Humanos (IPPDH) Vinculado à RAADH

COMISSÃO DE COMÉRCIO DO MERCOSUL

COMITÊS TÉCNICOS
- CT nº 1: Tarifas, Nomenclatura e Classificação de Mercadorias
- CT nº 2: Assuntos Aduaneiros
- CT nº 3: Normas e Disciplinas Comerciais
- CT nº 4: Políticas Públicas que Distorcem a Competitividade
- CT nº 5: Defesa da Concorrência
- CT nº 6: Estatísticas de Comércio Exterior
- CT nº 7: Defesa do Consumidor
- CT nº 8: Defesa Comercial e Salvaguardas

SUBGRUPOS DE TRABALHO
- SGTnº1: Comunicações
- SGTnº2: Aspectos Institucionais
- SGTnº3: Regulamentos Técnicos e Avaliação da Conformidade
- SGTnº4: Assuntos Financeiros
- SGTnº5: Transporte
- SGTnº6: Meio Ambiente
- SGTnº7: Indústria
- SGTnº8: Agricultura
- SGTnº9: Energia
- SGTnº10: Assuntos Trabalhistas, Emprego e Seguridade Social
- SGTnº11: Saúde
- SGTnº12: Investimentos
- SGTnº13: Comércio Eletrônico
- SGTnº14: Integração Produtiva
- SGTnº15: Mineração e Geologia
- SGTnº16: Contratações Públicas
- SGTnº17: Serviços

GRUPOS AD HOC
- Setor Açucareiro (GAHAZ)
- Examinar a Consistência e Dispersão da Tarifa Externa Comum (GAHTEC)
- Superação das Assimetrias (GASA)
- Setores de Bens de Capital e de Bens de Informática e Telecomunicações (GAHBK/BIT)
- Biocombustíveis (GAHB)
- Domínio Mercosul (GAHDM)
- Eliminação da Dupla Cobrança da Tarifa Externa Comum e Distribuição da Renda Aduaneira (GAHDOC)
- Fundo Mercosul de Apoio a Pequenas e Médias Empresas (GAHFOPYME)
- Consulta e Coordenação para as Negociações NO Âmbito OMC e SGPC (GAH OMC – SGPC)
- Elaboração e Implementação da Patente Mercosul (GAHPAM)
- Regulamentação do Código Aduaneiro do Mercosul (GAHRECAM)

REUNIÕES ESPECIALIZADAS
- Agricultura Familiar (REAF)
- Autoridades Cinematográficas e Audiovisuais (RECAM)
- Ciência e Tecnologia (RECyT)
- Comunicação Social (RECS)
- Cooperativas (RECM)
- Defensores Públicos Oficiais do Mercosul (REDPO)
- Autoridades de Aplicação em Matéria de Drogas, Prevenção de seu Uso Indevido e Reabilitação de Dependentes de Droga (RED)
- Entidades Governamentais para Nacionais Residentes no Exterior (REEG)
- Estatísticas do Mercosul (REES)
- Juventude (REJ)
- Mulher (REM)
- Ministérios Públicos do Mercosul (REMPM)
- Organismos Governamentais de Controle Interno (REOGCI)
- Promoção Comercial Conjunta do Mercosul (REPCCM)
- Redução de Riscos de Desastres Socionaturais, a Defesa Civil, a Proteção Civil e a Assistência Humanitária (REHU)
- Turismo (RET)

Secretaria do MERCOSUL (SM) | **Parlamento do MERCOSUL (PM)** | **Foro Consultivo Econômico-Social (FCES)** | **Tribunal Permanente de Revisão (TPR)** | **Tribunal Administrativo-Laboral (TAL)**

Fonte: <http://www.mercosul.gov.br/organograma> Acesso em: 14 abr. 2014.

O Grupo Mercado Comum terá faculdade de iniciativa. Suas funções serão as seguintes:

• velar pelo cumprimento do Tratado;

• tomar as providências necessárias ao cumprimento das decisões adotadas pelo Conselho;

• propor medidas concretas tendentes à aplicação do Programa de Liberação Comercial, à coordenação de política macroeconômica e à negociação de Acordos frente a terceiros;

• fixar programas de trabalho que assegurem avanços para o estabelecimento do Mercado Comum.

O Tratado de Assunção, em seu Anexo V, determinou que o Grupo Mercado Comum (GMC) constituísse sub-grupos de trabalho, para fins de coordenação das políticas macroeconômicas e setoriais. E, assim, foram constituídos dez subgrupos, sendo que nenhum deles contemplou assuntos trabalhistas. Ainda em 1991, por meio da resolução MERCOSUL/GMC/RES n. 11/91, foi criado o subgrupo de Trabalho n. 11 — denominado "Assuntos Trabalhistas" —, que teve sua denominação alterada em 1992 para "Relações Trabalhistas Emprego e Seguridade Social".

O Subgrupo de Trabalho de n. 11 desenvolveu discussões no âmbito de oito comissões temáticas, nos seguintes temas: a) Relações Individuais de Trabalho; b) Relações Coletivas de Trabalho; c) Emprego e Migrações Trabalhistas; d) Formação Profissional; e) Higiene e Segurança do Trabalho; f) Seguridade Social; g) Princípios; e h) Setores Específicos.

O GMC reformulou os subgrupos de trabalho e, a partir de 1996, dentre os subgrupos foi constituído o SGT-10, que passou a tratar de Assuntos Trabalhistas, Emprego e Seguridade Social, tendo quatro coordenadores nacionais e quatro alternos, por Estado-membro, sendo todos representantes governamentais. Sua formação é tripartite, composto, portanto, por representantes do governo, empregadores e trabalhadores.

O SGT-10 conta, atualmente, com três comissões temáticas, a saber: a) Relações de Trabalho; b) Emprego, Migrações, Qualificação e Formação Profissional; e c) Saúde e Segurança no Trabalho, Inspeção do Trabalho e Seguridade Social.

Com relação à Comissão Temática Relações de Trabalho, a pauta do subgrupo-10 contempla as seguintes atividades:

a) Atualização do estudo comparativo das legislações trabalhistas dos países do MERCOSUL, com vistas à identificação de traços comuns e singulares de tais legislações que podem afetar positiva ou negativamente o processo de integração regional.

b) Realização de estudos comparativos sobre os institutos de natureza jurídica e as práticas de relações coletivas de trabalho adotadas pelos países do MERCOSUL, com vistas a possibilitar sua progressiva incorporação ao sistema de composição de interesses conflitivos entre capital e trabalho, em ritmo e forma compatíveis com as exigências das sucessivas etapas do processo de integração regional.

c) Realização de estudos sobre custos laborais em setores econômicos específicos e relevantes para o processo de integração, com o propósito de mensurar o impacto do fator trabalho no custo final de bens e serviços produzidos pelos países do MERCOSUL.[183]

Tribunal Permanente de Revisão do Mercosul — TPR — expressamente previsto no art. 55[184] do Protocolo de Olivos (2002), encontra-se disciplinado que, assim que este entrasse em vigor, restaria derrogado o Protocolo de Brasília para Solução de Controvérsias, bem como o Regulamento desse protocolo, aprovado pela Decisão CMC n. 17/98.

Entrando em vigor em 2004,[185] com o objetivo de solucionar controvérsias e de minimizar as suas diferenças. Criou-se, por meio desse protocolo, o **Tribunal Permanente de Revisão (TPR)**, com o fim de controlar a legalidade das decisões arbitrais. Um estágio seguinte poderá ser a criação de uma corte permanente do Mercosul. A partir da entrada em vigor do Protocolo Modificativo do Protocolo de Olivos para a Solução de Controvérsias no Mercosul, de 17 de janeiro de 2007, o TPR será integrado por um (1) árbitro titular designado por cada Estado-parte do Mercosul, por um período de dois anos, renovável por até dois períodos consecutivos.

Na eventualidade de que o Tribunal Permanente de Revisão (TPR) passe a estar integrado por um número par de árbitros titulares, serão designados um árbitro titular adicional e seu suplente, que terão a nacionalidade de algum dos Estados-partes do Mercosul. O árbitro adicional titular e seu suplente serão escolhidos por unanimidade dos Estados-partes, de uma lista a ser conformada por dois (2) nomes indicados por cada Estado-parte, no prazo de trinta (30) dias a partir da entrada em vigor do Protocolo de Olivos para o novo Membro ou a partir do desligamento de um Estado-parte, de acordo com o disposto no art. 49 do Protocolo de Olivos. Não havendo unanimidade, a designação se fará por sorteio que realizará o Secretário da Secretaria do Tribunal Permanente de Revisão, dentre os integrantes dessa lista, dentro dos dois (2) dias seguintes ao vencimento do prazo mencionado no parágrafo anterior. O árbitro titular adicional e seu suplente serão designados por um período de dois (2) anos, renovável por, no máximo, 2 (dois) períodos consecutivos, à exceção do primeiro período, cuja duração será igual à duração restante do período dos demais árbitros que integram o Tribunal.

No caso de dois Estados se envolverem em uma controvérsia, esta será resolvida em primeira instância por arbitragem *ad hoc*, por árbitros escolhidos dentre uma lista de nomes previamente fornecida pelos Estados. Poderá existir recurso do laudo arbitral ao Tribunal, caso em que será integrado por três árbitros. Dois deles serão nacionais dos dois Estados-partes litigantes e o terceiro, que será o presidente, será sorteado entre os demais árbitros que não sejam

---

(183) Mercosul. Brasília: MTb, SEFIT,1998, p. 13.

(184) **Art. 55**
Derrogação
1. O presente Protocolo derroga, a partir de sua entrada em vigência, o Protocolo de Brasília para a Solução de Controvérsias, adotado em 17 de dezembro de 1991, e o Regulamento do Protocolo de Brasília, aprovado pela Decisão CMC n. 17/98.
2. Não obstante, enquanto as controvérsias iniciadas sob o regime do Protocolo de Brasília não estejam concluídas totalmente e até se completarem os procedimentos previstos no art. 49, continuará sendo aplicado, no que corresponda, o Protocolo de Brasília e seu Regulamento.
3. As referências ao Protocolo de Brasília que figuram no Protocolo de Ouro Preto e seu Anexo, entendem-se remetidas, no que corresponda, ao presente Protocolo.

(185) Sugerimos a leitura complementar do Protocolo de Olivos, de 2002, e o seu Protocolo Modificativo de 2007.

nacionais dos referidos Estados. Caso a controvérsia envolva mais que dois Estados, o Tribunal contará com a totalidade de seus árbitros. As votações e deliberações seguirão o princípio majoritário e serão confidenciais. Os laudos do TPR possuirão força de coisa julgada. O TPR será sediado em Assunção mas poderá se reunir, em caso de necessidade devidamente justificada, em outras cidades do Mercosul.

Estabelece o Protocolo de Olivos que os árbitros supracitados deverão ser juristas de reconhecida competência e ter conhecimento do conjunto normativo do Mercosul. Deverão ser imparciais em relação à administração pública e sem interesse de qualquer natureza na controvérsia.

6.1.3. Declaração sociolaboral do Mercosul

Notadamente, percebe-se que a unificação da Legislação Trabalhista dos membros integrantes do Mercosul procurará reduzir a Intervenção do Estado nas Relações de Trabalho, mas acreditamos que sejam mantidas as normas de Saúde e Segurança no Trabalho, Auditoria e Fiscalização do Trabalho e Seguridade Social, haja vista o interesse governamental de ambos na busca da redução de acidentes de trabalho, e combate ao trabalho escravo e infantil, ou seja, caberá aos Estados a intervenção na criação e fiscalização de normas de ordem social.

Em abril de 1997, na cidade de Assunção, foi realizada mais uma reunião internacional do SGT-10, na qual foi apreciada a proposta Argentina de instituição das Bases para um marco institucional normativo do Sistema de Relações Trabalhistas do Mercosul, que redundaria posteriormente na declaração Sociolaboral do Mercado Comum do Sul.

Na XVª Reunião do Conselho do Mercado Comum, realizada nos dias 9 e 10 de dezembro de 1998, na cidade do Rio de Janeiro, chegou-se à aprovação da Declaração Sociolaboral do Mercosul.

A declaração retromencionada é um documento que veio estabelecer um regramento mínimo para os Estados-membros com base nas principais Convenções da Organização Internacional do Trabalho, e que representa um formidável progresso na área trabalhista para Argentina, Brasil, Paraguai e Uruguai ao instituir a Comissão Sociolaboral, considerado primeiro organismo tripartite do Mercosul, e com ela criar um espaço para o tratamento e negociação dos temas sociais e trabalhistas com encaminhamento direto ao GMC, que é o órgão executivo responsável pelas negociações e decisões do Mercosul.

Segundo entendimento de VIEIRA[186] (2003), esse documento representa, também, um avanço no Tratado de Assunção, dentro do processo integracionista, porque, até então, a atenção principal dos Estados-membros era com os aspectos econômicos, comerciais e financeiros, buscando dessa forma ser um marco dentro desse processo, justificando o que dizia o Tratado de Assunção, em seu preâmbulo: "... condição fundamental para acelerar seus processos de desenvolvimento econômico com justiça social".

A Declaração Sociolaboral está constituída de 25 artigos; do art. 1º ao art. 19 encontram-se elencados vários princípios e direitos na área trabalhista, que foram divididos em três grandes grupos: direitos individuais (não discriminação, promoção da igualdade, situação dos trabalhadores migrantes e fronteiriços, eliminação do trabalho forçado, luta contra o trabalho infantil e de menores e direitos dos empregados); direitos coletivos (liberdade de associação, promoção e desenvolvimento de procedimentos preventivos e de autocomposição de conflitos e diálogo social); e outros direitos (fomento do emprego, proteção dos desempregados, formação profissional e desenvolvimento de recursos humanos, saúde e segurança no trabalho, inspeção do trabalho e seguridade social) (VIEIRA[187], 2003).

Declaração sociolaboral do Mercosul

OS CHEFES DE ESTADO DOS ESTADOS-PARTES DO MERCADO COMUM DO SUL,

Considerando que os Estados-partes do Mercosul reconhecem, nos termos do Tratado de Assunção (1991), que a ampliação das atuais dimensões de seus mercados nacionais, por meio da integração, constitui condição fundamental para acelerar os processos de desenvolvimento econômico com justiça social;

Considerando que os Estados-partes declaram, no mesmo Tratado, a disposição de promover a modernização de suas economias para ampliar a oferta de bens e serviços disponíveis e, em consequência, melhorar as condições de vida de seus habitantes;

Considerando que os Estados-partes, além de Membros da Organização Internacional do Trabalho (OIT), ratificaram as principais convenções que garantem os direitos essenciais dos trabalhadores, e adotam em larga medida as recomendações orientadas para a promoção do emprego de qualidade, das condições saudáveis de trabalho, do diálogo social e do bem-estar dos trabalhadores;

---

(186) VIEIRA, Maria Margareth Garcia. *A Globalização e as Relações de Trabalho*. Curitiba: Juruá, 2003. p. 34.

(187) *Ibidem*, p. 35.

Considerando, ademais, que os Estados-partes apoiaram a "Declaração da OIT relativa a princípios e direitos fundamentais no trabalho" (1998), que reafirma o compromisso dos Membros de respeitar, promover e colocar em prática os direitos e obrigações expressos nas convenções reconhecidas como fundamentais dentro e fora da Organização;

Considerando que os Estados-partes estão comprometidos com as declarações, pactos, protocolos e outros tratados que integram o patrimônio jurídico da Humanidade, entre os quais a Declaração Universal dos Direitos Humanos (1948), o Pacto Internacional dos Direitos Civis e Políticos (1966), o Pacto Internacional dos Direitos Econômicos, Sociais e Culturais (1966), a Declaração Americana de Direitos e Obrigações do Homem (1948), a Carta Interamericana de Garantias Sociais (1948), a Carta da Organização dos Estados Americanos (OEA) (1948) —, a Convenção Americana de Direitos Humanos sobre Direitos Econômicos, Sociais e Culturais (1988);

Considerando que diferentes fóruns internacionais, entre os quais a Cúpula de Copenhague (1995), têm enfatizado a necessidade de se instituir mecanismos de acompanhamento e avaliação dos componentes sociais da mundialização da economia, a fim de assegurar a harmonia entre progresso econômico e bem-estar social;

Considerando que a adesão dos Estados-partes aos princípios da democracia política e do Estado de Direito e do respeito irrestrito aos direitos civis e políticos da pessoa humana constitui base irrenunciável do projeto de integração;

Considerando que a integração envolve aspectos e efeitos sociais cujo reconhecimento implica a necessidade de prever, analisar e solucionar os diferentes problemas gerados, neste âmbito, por essa mesma integração;

Considerando que os Ministros do Trabalho do Mercosul têm manifestado, em suas reuniões, que a integração regional não pode confinar-se à esfera comercial e econômica, mas deve abranger a temática social, tanto no que diz respeito à adequação dos marcos regulatórios trabalhistas às novas realidades configuradas por essa mesma integração e pelo processo de globalização da economia, quanto ao reconhecimento de um patamar mínimo de direitos dos trabalhadores no âmbito do Mercosul, correspondente às convenções fundamentais da OIT;

Considerando a decisão dos Estados-partes de consubstanciar em um instrumento comum os progressos já alcançados na dimensão social do processo de integração e alicerçar os avanços futuros e constantes no campo social, sobretudo mediante a ratificação e cumprimento das principais convenções da OIT;

ADOTAM OS SEGUINTES PRINCÍPIOS E DIREITOS NA ÁREA DO TRABALHO, QUE PASSAM A CONSTITUIR A "DECLARAÇÃO SOCIOLABORAL DO MERCOSUL", SEM PREJUÍZO DE OUTROS QUE A PRÁTICA NACIONAL OU INTERNACIONAL DOS ESTADOS-PARTES TENHA INSTAURADO OU VENHA A INSTAURAR:

DIREITOS INDIVIDUAIS

Não discriminação

Art. 1º Todo trabalhador tem garantida a igualdade efetiva de direitos, tratamento e oportunidades no emprego e ocupação, sem distinção ou exclusão por motivo de raça, origem nacional, cor, sexo ou orientação sexual, idade, credo, opinião política ou sindical, ideologia, posição econômica ou qualquer outra condição social ou familiar, em conformidade com as disposições legais vigentes. Os Estados-partes comprometem-se a garantir a vigência deste princípio de não discriminação. Em particular, comprometem-se a realizar ações destinadas a eliminar a discriminação no que tange aos grupos em situação desvantajosa no mercado de trabalho.

Promoção da igualdade

Art. 2º As pessoas portadoras de necessidades especiais serão tratadas de forma digna e não discriminatória, favorecendo-se sua inserção social e no mercado de trabalho. Os Estados-partes comprometem-se a adotar medidas efetivas, especialmente no que se refere à educação, formação, readaptação e orientação profissional, à adequação dos ambientes de trabalho e ao acesso aos bens e serviços coletivos, a fim de assegurar que as pessoas portadoras de necessidades especiais tenham a possibilidade de desempenhar uma atividade produtiva.

Art. 3º Os Estados-partes comprometem-se a garantir, mediante a legislação e práticas trabalhistas, a igualdade de tratamento e oportunidades entre mulheres e homens.

Trabalhadores migrantes e fronteiriços

Art. 4º Todo trabalhador migrante, independentemente de sua nacionalidade, tem direito a ajuda, informação, proteção e igualdade de direitos e condições de trabalho reconhecidos aos nacionais do país em que estiver exercendo suas atividades, em conformidade com a legislação profissional de cada país. Os Estados-partes comprometem-se a adotar medidas tendentes ao estabelecimento de normas e procedimentos comuns relativos à circulação dos trabalhadores nas zonas de fronteira e a levar a cabo as ações necessárias para melhorar as oportunidades de emprego e as condições de trabalho e de vida destes trabalhadores.

Eliminação do trabalho forçado

Art. 5º Toda pessoa tem direito ao trabalho livre e a exercer qualquer ofício ou profissão, de acordo com as disposições nacionais vigentes. Os Estados-partes comprometem-se a eliminar toda forma de trabalho ou serviço exigido a um indivíduo sob a ameaça de uma pena qualquer e para o qual dito indivíduo não se ofereça voluntariamente. Ademais, comprometem-se a adotar medidas para garantir a abolição de toda utilização de mão de obra que propicie, autorize ou tolere o trabalho forçado ou obrigatório. De modo especial, suprime-se toda forma de trabalho forçado ou obrigatório que possa utilizar-se como meio de coerção ou de educação política ou como castigo por não ter ou expressar o trabalhador determinadas opiniões políticas, ou por manifestar oposição ideológica à ordem política, social ou econômica estabelecida; como método de mobilização e utilização da mão de obra com fins de fomento econômico; como medida de disciplina no trabalho; como castigo por haver participado em greves; como medida de discriminação racial, social, nacional ou religiosa.

Trabalho infantil e de menores

Art. 6º A idade mínima de admissão ao trabalho será aquela estabelecida conforme as legislações nacionais dos Estados-partes, não podendo ser inferior àquela em que cessa a escolaridade obrigatória. Os Estados-partes comprometem-se a adotar políticas e ações que conduzam à abolição do trabalho infantil e à elevação progressiva da idade mínima para ingressar no mercado de trabalho. O trabalho dos menores será objeto de proteção especial pelos Estados-partes, especialmente no que concerne à idade mínima para o ingresso no mercado de trabalho e a outras medidas que possibilitem seu pleno desenvolvimento físico, intelectual, profissional e moral. A jornada de trabalho para esses menores, limitada conforme as legislações nacionais, não admitirá sua extensão mediante a realização de horas extras nem em horários noturnos. O trabalho dos menores não deverá realizar-se em um ambiente insalubre, perigoso ou imoral, que possa afetar o pleno desenvolvimento de suas faculdades físicas, mentais e morais. A idade de admissão a um trabalho com alguma das características antes assinaladas não poderá ser inferior a 18 anos.

Direitos dos empregadores

Art. 7º O empregador tem o direito de organizar e dirigir econômica e tecnicamente a empresa, em conformidade com as legislações e as práticas nacionais.

DIREITOS COLETIVOS

Liberdade de associação

Art. 8º Todos os empregadores e trabalhadores têm o direito de constituir as organizações que considerem convenientes, assim como de afiliar-se a essas organizações, em conformidade com as legislações nacionais vigentes. Os Estados-partes comprometem-se a assegurar, mediante dispositivos legais, o direito à livre-associação, abstendo-se de qualquer ingerência na criação e gestão das organizações constituídas, além de reconhecer sua legitimidade na representação e na defesa dos interesses de seus Membros.

Liberdade sindical

Art. 9º Os trabalhadores deverão gozar de adequada proteção contra todo ato de discriminação tendente a menoscabar a liberdade sindical com relação a seu emprego. Deverá garantir-se: a liberdade de filiação, de não filiação e desfiliação, sem que isto comprometa o ingresso em um emprego ou sua continuidade no mesmo; evitar demissões ou prejuízos a um trabalhador por causa de sua filiação sindical ou de sua participação em atividades sindicais; o direito de ser representado sindicalmente, de acordo com a legislação, acordos e convenções coletivos de trabalho em vigor nos Estados-partes.

Negociação coletiva

Art. 10. Os empregadores ou suas organizações e as organizações ou representações de trabalhadores têm direito de negociar e celebrar convenções e acordos coletivos para regular as condições de trabalho, em conformidade com as legislações e práticas nacionais.

Greve

Art. 11. Todos os trabalhadores e as organizações sindicais têm garantido o exercício do direito de greve, conforme as disposições nacionais vigentes. Os mecanismos de prevenção ou solução de conflitos ou a regulação deste direito não poderão impedir seu exercício ou desvirtuar sua finalidade.

Promoção e desenvolvimento de procedimentos preventivos e de autocomposição de conflitos

Art. 12. Os Estados-partes comprometem-se a propiciar e desenvolver formas preventivas e alternativas de autocomposição dos conflitos individuais e coletivos de trabalho, fomentando a utilização de procedimentos independentes e imparciais de solução de controvérsias.

Diálogo social

Art. 13. Os Estados-partes comprometem-se a fomentar o diálogo social nos âmbitos nacional e regional, instituindo mecanismos efetivos de consulta permanente entre representantes dos governos, dos empregadores e dos trabalhadores, a fim de garantir, mediante o consenso social, condições favoráveis ao crescimento econômico sustentável e com justiça social da região e a melhoria das condições de vida de seus povos.

OUTROS DIREITOS

Fomento do emprego

Art. 14. Os Estados-partes comprometem-se a promover o crescimento econômico, a ampliação dos mercados interno e regional e a executar políticas ativas referentes ao fomento e criação do emprego, de modo a elevar o nível de vida e corrigir os desequilíbrios sociais e regionais.

Proteção dos desempregados

Art. 15. Os Estados-partes comprometem-se a instituir, manter e melhorar mecanismos de proteção contra o desemprego, compatíveis com as legislações e as condições internas de cada país, a fim de garantir a subsistência dos trabalhadores afetados pela desocupação involuntária e ao mesmo tempo facilitar o acesso a serviços de recolocação e a programas de requalificação profissional que facilitem seu retorno a uma atividade produtiva.

Formação profissional e desenvolvimento de recursos humanos

Art. 16. Todo trabalhador tem direito à orientação, à formação e à capacitação profissional. Os Estados-partes comprometem-se a instituir, com as entidades envolvidas que voluntariamente assim o desejem, serviços e programas de formação ou orientação profissional contínua e permanente, de maneira a permitir aos trabalhadores obter as qualificações exigidas para o desempenho de uma atividade produtiva, aperfeiçoar e reciclar os conhecimentos e habilidades, considerando fundamentalmente as modificações resultantes do progresso técnico. Os Estados-partes obrigam-se ademais a adotar medidas destinadas a promover a articulação entre os programas e serviços de orientação e formação profissional, por um lado, e os serviços públicos de emprego e de proteção dos desempregados, por outro, com o objetivo de melhorar as condições de inserção laboral dos trabalhadores. Os Estados-partes comprometem-se a garantir a efetiva informação sobre os mercados de trabalho e sua difusão tanto a nível nacional como regional.

Saúde e segurança no trabalho

Art. 17. Todo trabalhador tem o direito de exercer suas atividades em um ambiente de trabalho sadio e seguro, que preserve sua saúde física e mental e estimule seu desenvolvimento e desempenho profissional. Os Estados-partes comprometem-se a formular, aplicar e atualizar em forma permanente e em cooperação com as organizações de empregadores e de trabalhadores, políticas e programas em matéria de saúde e segurança dos trabalhadores e do meio ambiente de trabalho, a fim de prevenir os acidentes de trabalho e as enfermidades profissionais, promovendo condições ambientais propícias para o desenvolvimento das atividades dos trabalhadores.

Inspeção do trabalho

Art. 18. Todo trabalhador tem direito a uma proteção adequada no que se refere às condições e ao ambiente de trabalho. Os Estados-partes comprometem-se a instituir e a manter serviços de inspeção do trabalho, com o propósito de controlar em todo o seu território o cumprimento das disposições normativas que dizem respeito à proteção dos trabalhadores e às condições de segurança e saúde no trabalho.

Seguridade social

Art. 19. Os trabalhadores do MERCOSUL têm direito à seguridade social, nos níveis e condições previstos nas respectivas legislações nacionais. Os Estados-partes comprometem-se a garantir uma rede mínima de amparo social que proteja seus habitantes frente à contingência de riscos sociais, enfermidades, velhice, invalidez e morte, buscando coordenar as políticas na área social, de forma a suprimir eventuais discriminações derivadas da origem nacional dos beneficiários.

APLICAÇÃO E SEGUIMENTO

Art. 20. Os Estados-partes comprometem-se a respeitar os direitos fundamentais inscritos nesta Declaração e a promover sua aplicação em conformidade com a legislação e as práticas nacionais e as convenções e acordos coletivos. Para tanto, recomendam instituir, como parte integrante desta Declaração, uma Comissão Sociolaboral, órgão tripartite, auxiliar do Grupo Mercado Comum, que terá caráter promocional e não sancionador, dotado de instâncias nacionais e regionais, com o objetivo de fomentar e acompanhar a aplicação do instrumento. A Comissão Sociolaboral Regional manifestar-se-á por consenso dos três setores, e terá as seguintes atribuições e responsabilidades: examinar, comentar e encaminhar as memórias preparadas pelos Estados-partes, decorrentes dos compromissos desta Declaração; formular planos, programas de ação e recomendações tendentes a fomentar a aplicação e o cumprimento da Declaração; examinar observações e consultas sobre dificuldades e incorreções na aplicação e cumprimento dos dispositivos contidos na Declaração; examinar dúvidas sobre a aplicação dos termos da Declaração e propor esclarecimentos; elaborar análises e relatórios sobre a aplicação e o cumprimento da Declaração; examinar e apresentar as propostas de modificação do texto da Declaração e lhes dar o encaminhamento pertinente.

As formas e mecanismos de encaminhamento dos assuntos acima listados serão definidos pelo regulamento interno da Comissão Sociolaboral Regional.

Art. 21. A Comissão Sociolaboral Regional deverá reunir-se ao menos uma vez ao ano para analisar as memórias oferecidas pelos Estados-partes e preparar relatório a ser elevado ao Grupo Mercado Comum.

Art. 22. A Comissão Sociolaboral Regional redigirá, por consenso e no prazo de seis meses, a contar da data de sua instituição, seu próprio regulamento interno e o das comissões nacionais, devendo submetê-los ao Grupo Mercado Comum para aprovação.

Art. 23. Os Estados-partes deverão elaborar, por intermédio de seus Ministérios do Trabalho e em consulta às organizações mais representativas de empregadores e de trabalhadores, memórias anuais, contendo: o relato das alterações ocorridas na legislação ou na prática nacional relacionadas à implementação dos enunciados desta Declaração; e o relato dos avanços realizados na promoção desta Declaração e das dificuldades enfrentadas em sua aplicação.

Art. 24. Os Estados-partes concordam que esta Declaração, tendo em vista seu caráter dinâmico e o avanço do processo de integração subregional, será objeto de revisão, decorridos dois anos de sua adoção, com base na experiência acumulada no curso de sua aplicação ou nas propostas e subsídios formulados pela Comissão Sociolaboral ou por outros agentes.

Art. 25. Os Estados-partes ressaltam que esta Declaração e seu mecanismo de seguimento não poderão ser invocados nem utilizados para outros fins que os neles previstos, vedada, em particular, sua aplicação a questões comerciais, econômicas e financeiras. Feita na Cidade do Rio de Janeiro, aos dez de dezembro de mil novecentos e noventa e oito, nas versões espanhola e portuguesa, de igual teor.

6.2. União Europeia – UE

A União Europeia (UE), anteriormente designada Comunidade Econômica Europeia (CEE), é uma organização internacional constituída atualmente por 28 Estados-membros (**Alemanha, Áustria, Bélgica, Bulgária, Chipre, Croácia, Dinamarca, Eslováquia, Eslovênia, Espanha, Estônia, Finlândia, França, Grécia, Hungria, Irlanda, Itália, Letônia, Lituânia, Luxemburgo, Malta, Países Baixos, Polônia, Portugal, República Checa, Romênia, Suécia e Reino Unido**), estabelecida com este nome pelo Tratado da União Europeia (normalmente conhecido como Tratado de Maastricht) em 1992, mas muitos aspectos desta União já existindo desde a década de 1950. A União tem sedes em Bruxelas, Luxemburgo e Estrasburgo.[188]

A União Europeia tem muitas facetas, e as mais importantes são o mercado único europeu (ou seja, uma união aduaneira), uma moeda única (adotada por 18 dos 28 Estados-membros: **1. Alemanha, 2. Áustria, 3. Bélgica, 4. Eslovênia, 5. Estônia, 6. Espanha, 7. Eslováquia, 8. Finlândia, 9. França, 10. Grécia, 11. Irlanda, 12. Itália, 13. Letônia, 14. Luxemburgo, 15. Países Baixos, 16. Portugal, 17. Chipre e 18. Malta**. Os dois últimos adotaram a moeda em janeiro de 2008) e políticas agrícola, de pescas, comercial e de transportes comuns. A União Europeia desenvolve também várias iniciativas para a coordenação das atividades judiciais e de defesa dos Estados-membros.

Outro item de destaque da União Europeia trata-se da ajuda humanitária, pois atua em estreita colaboração com organizações internacionais como a ONU, a OMC, a NATO, a Organização para a Segurança e Cooperação na Europa (OSCE), o Conselho da Europa e organizações regionais da África, da América, da Ásia e do Pacífico.

Nesse sentido, os Estados-membros apoiam firmemente os objetivos de desenvolvimento do milênio adotados pelas Nações Unidas em setembro de 2000, dentre os quais destacamos:

- erradicar a pobreza extrema e a fome;
- instituir o acesso universal ao ensino primário;
- promover a igualdade entre os sexos e a emancipação das mulheres;
- reduzir a mortalidade infantil;
- melhorar a saúde materna;
- combater a Aids, malária e outras doenças;
- garantir a sustentabilidade ambiental;
- instaurar uma parceria mundial para o desenvolvimento.

O Tratado de Paris, assinado em 1951, estabelecendo a Comunidade Europeia do Carvão e do Aço (CECA), e o Tratado de Roma, assinado em 1957, instituindo a Comunidade Econômica Europeia (CEE) e a Comunidade Europeia da Energia Atômica (CEEA), ou Euratom, foram assinados por seis membros fundadores: Alemanha, Bélgica, França, Itália, Luxemburgo e Países Baixos. Depois disto, a UE levou a cabo cinco alargamentos sucessivos: em 1973: Dinamarca, Irlanda e Reino Unido; em 1981 Grécia; em 1986: Espanha e Portugal; em 1995: Áustria, Finlândia e Suécia; e em 1º de maio de 2004: República Checa, Chipre, Eslováquia, Eslovênia, Estônia, Hungria, Letônia, Lituânia, Malta e Polônia.

Em 1972 e 1994 a Noruega assinou também tratados de adesão à União Europeia, mas nas duas ocasiões, mediante referendos, a população norueguesa rejeitou sua adesão.

---

(188) A União Europeia é mais que uma Confederação de Estados, porém não é um Estado federal. Entendemos ser algo inteiramente novo e historicamente único. O seu sistema político tem evoluído constantemente nos últimos 50 anos e tem por base uma série de Tratados. Nos termos desses tratados, os Estados-membros da União delegam parte de sua soberania nacional em instituições comuns, que representam tanto interesses nacionais como comunitários. **As principais instituições são: o Conselho da União Europeia – que representa os Estados-membros; o Parlamento Europeu que representa os cidadãos e a Comissão Europeia – um órgão politicamente independente que representa o interesse geral dos europeus.**

Bulgária e Romênia aderiram em 1º.1.2007; a Croácia aderiu em 1º.7.2013.

Há quatro países candidatos oficiais à adesão ao bloco europeu: a Islândia, Macedônia, Montenegro e Turquia. Albânia, Bósnia e Herzegovina e Sérvia são oficialmente reconhecidos como potenciais candidatos.

O **Tratado de Lisboa** (inicialmente conhecido como o *Tratado Reformador*) é um **tratado assinado** pelos **Estados--membros da União Europeia** (UE) em **2007**, e que reformou o funcionamento da União em **1º de dezembro de 2009**, quando entrou em vigor. Ele emenda o **Tratado da União Europeia** (TUE, *Maastricht*; 1992) e o Tratado que estabelece a Comunidade Europeia (TCE, *Roma*; 1957). Teve como finalidade substituir a Constituição Europeia de 2004. Nesse processo, o TCE foi renomeado para **Tratado sobre o Funcionamento da União Europeia** (TFUE). O Tratado de Lisboa conferiu à União Europeia personalidade jurídica própria para firmar acordos internacionais de nível comunitário.

6.2.1. Estrutura institucional da União Europeia

A União Europeia, a partir do Tratado do Lisboa, dispõe de um quadro institucional que visa promover os seus valores, prosseguir os seus objetivos, servir os seus interesses, os dos seus cidadãos e os dos Estados-membros, bem como assegurar a coerência, a eficácia e a continuidade das suas políticas e das suas ações.

As principais instituições da União Europeia são:

1. o **Parlamento Europeu**;

2. o **Conselho Europeu**;

3. o **Conselho da União Europeia** (Conselho de Ministros);

4. a **Comissão Europeia** (designada "Comissão");

5. o **Tribunal de Justiça da União Europeia**;

6. o **Banco Central Europeu**;

7. o **Tribunal de Contas**.

Outros organismos:

1. **Comitê das regiões**;

2. **Conselho Econômico e Social Europeu**;

3. **Banco Europeu de Investimento**.

Cada instituição atua dentro dos limites das atribuições que lhe são conferidas pelos Tratados, de acordo com os procedimentos, condições e finalidades que estes estabelecem. As instituições mantêm entre si uma cooperação leal.

As disposições relativas ao Banco Central Europeu e ao Tribunal de Contas, bem como as disposições pormenorizadas sobre as outras instituições, constam no **Tratado sobre o Funcionamento da União Europeia** (antigo **Tratado que estabelece a Comunidade Europeia**).

O Parlamento Europeu, o Conselho e a Comissão são assistidos por um Comitê Econômico e Social e por um Comitê das Regiões, que exercem funções consultivas.

Parlamento Europeu — o Parlamento Europeu exerce, juntamente com o Conselho, a função legislativa e a função orçamental. O Parlamento Europeu exerce funções de controle político e funções consultivas em conformidade com as condições estabelecidas nos Tratados. Compete-lhe eleger o Presidente da Comissão.

O Parlamento Europeu é o único órgão da União Europeia que resulta de eleições diretas. Os 736 (**2009 a 2014**) deputados que nele têm assento são representantes dos cidadãos, escolhidos de cinco em cinco anos pelos eleitores de todos os 28 Estados-membros da União Europeia. A representação dos cidadãos é degressivamente proporcional, com um limiar mínimo de seis membros por Estado-membro. A nenhum Estado-membro podem ser atribuídos mais do que noventa e seis lugares.

O Parlamento Europeu tem três locais de trabalho: Bruxelas (Bélgica), Luxemburgo e Estrasburgo (França).

Os membros do Parlamento Europeu são eleitos, por sufrágio universal direto, livre e secreto, para um mandato de cinco anos. E, elege entre os seus membros o seu Presidente e a sua Mesa.

O Parlamento tem três funções principais:[189]

1. **Adotar os atos legislativos europeus** — conjuntamente com o Conselho em numerosos domínios. O fato de o Parlamento Europeu ser um órgão diretamente eleito pelos cidadãos garante a legitimidade democrática da legislação europeia.

2. O Parlamento exerce um **controle democrático** das outras instituições da UE, especialmente da Comissão. Tem poderes para aprovar ou rejeitar as nomeações dos membros da Comissão, e tem o direito de adotar uma moção de censura de toda a Comissão.

3. **O poder orçamental:** o Parlamento partilha com o Conselho a autoridade sobre o orçamento da UE, o que significa que pode influenciar as despesas da União. No final do processo orçamental, incumbe-lhe adotar ou rejeitar a totalidade do orçamento.

Conselho Europeu — O Conselho Europeu adota por unanimidade, por iniciativa do Parlamento Europeu e com a aprovação deste, uma decisão que determine a composição do Parlamento Europeu, na observância dos princípios referidos neste capítulo.

O Conselho Europeu dá à União os impulsos necessários ao seu desenvolvimento e define as orientações e prioridades políticas gerais da União. O Conselho Europeu não exerce função legislativa. É composto pelos Chefes de Estado ou de Governo dos Estados-membros, bem como pelo seu Presidente e pelo Presidente da Comissão. O Alto Representante da União para os Negócios Estrangeiros e a Política de Segurança participa nos seus trabalhos.

• O Conselho Europeu elege o seu Presidente por maioria qualificada, por um mandato de dois anos e meio, renovável uma vez. Em caso de impedimento ou de falta grave, o Conselho Europeu pode pôr termo ao seu mandato, de acordo com o mesmo procedimento. O Presidente não pode exercer qualquer mandato nacional.

O Conselho Europeu é constituído pelos principais representantes políticos eleitos dos Estados-membros, ou seja, primeiros ministros e presidentes com poderes executivos.

Conselho — O Conselho exerce, juntamente com o Parlamento Europeu, a função legislativa e a função orçamental. O Conselho exerce funções de definição das políticas e de coordenação em conformidade com as condições estabelecidas nos Tratados. É composto por um representante de cada Estado-membro ao nível ministerial, com poderes para vincular o Governo do respectivo Estado-membro e exercer o direito de voto. Nestes termos, é constituído por 28 Ministros que representam os governos dos Estados-membros.

Comissão — A Comissão das Comunidades Europeias é oficialmente renomeada pelo Tratado de Lisboa para **Comissão Europeia**.

A Comissão promove o interesse geral da União e toma as iniciativas adequadas para esse efeito. A Comissão vela pela aplicação dos Tratados, bem como das medidas adotadas pelas instituições por força destes. Controla a aplicação do direito da União, sob a fiscalização do Tribunal de Justiça da União Europeia. Ela executa o orçamento e gere os programas. Exerce funções[190] de coordenação, de execução e de gestão em conformidade com as condições estabelecidas nos Tratados. Com exceção da política externa e de segurança comum e dos restantes casos previstos nos Tratados, a Comissão assegura a representação externa da União. Toma a iniciativa da programação anual e plurianual da União com vista à obtenção de acordos interinstitucionais.

É a única instituição da UE com competências gerais para apresentar propostas legislativas.

O mandato dos membros da Comissão é de cinco anos.

Tribunal de Justiça da União Europeia – O Tratado de Lisboa altera o nome do Tribunal de Justiça das Comunidades Europeias, para Tribunal de Justiça da União Europeia.

O Tribunal de Justiça da União Europeia inclui o Tribunal de Justiça, o Tribunal-geral e tribunais especializados. Ele garante o respeito do direito na interpretação e aplicação dos Tratados.

---

(189) Disponível em: <http://europa.eu/institutions/inst/parliament/index_pt.htm> Acesso em: 9 maio 2010.

(190) A *Comissão Europeia* tem quatro funções principais:
    1) apresentar propostas legislativas ao Parlamento e ao Conselho;
    2) gerir e executar as políticas e o orçamento da União Europeia;
    3) garantir o cumprimento da legislação da União Europeia (em articulação com o Tribunal de Justiça); e
    4) representar a União Europeia a nível internacional.

Banco Central Europeu — O Banco Central Europeu torna-se uma instituição oficial pelo Tratado de Lisboa.

Tribunal de Contas — Controla a legalidade e a regularidade da gestão do orçamento da União Europeia.

6.2.2. Os princípios fundamentais da União Europeia

Consoante ensinamentos de Klaus-Dieter BORCHARDT[191] (2000), a construção de uma Europa unida assenta em princípios fundamentais que os Estados-membros reconhecem e cuja concretização cabe aos órgãos executivos da CE. Entre esses princípios fundamentais destacam-se a realização de uma **paz duradoura**, a **unidade**, a **igualdade**, a **liberdade**, a **segurança** e a **solidariedade**. A UE reconhece explicitamente no respeito da liberdade, da democracia e do Estado de Direito valores que são comuns a todos os Estados-membros (n. 1 do art. 6º do Tratado UE). Esses princípios, aliados à proteção das liberdades e dos direitos fundamentais, foram reforçados pelo Tratado UE, que, pela primeira vez, prevê medidas em caso de violação dos princípios fundamentais da União (arts. 7º e 8º do Tratado UE). Em termos concretos, isso significa que se o Conselho da UE, que reúne chefes de Estado e de Governo, sob proposta de um terço dos Estados-membros ou da Comissão, e após parecer favorável do Parlamento Europeu, verificar a existência de uma violação grave e persistente dos princípios da União, pode decidir, por maioria qualificada, suspender alguns dos direitos decorrentes dos Tratados UE e CE ao Estado-membro em causa, incluindo o direito de voto de seu representante no Conselho. Ao fazê-lo, o Conselho terá em conta as eventuais consequências dessa suspensão nos direitos e obrigações das pessoas singulares e coletivas. O Estado-membro em questão continuará, de qualquer modo, vinculado às obrigações que lhe incumbem por força dos Tratados UE e CE.

Klaus-Dieter BORCHARDT[192] (2000), no livro *O ABC do Direito Comunitário*, apresenta estrutura, como a seguir, da UE.

6.2.3. A estrutura da União Europeia: O Modelo dos Três Pilares

União Europeia

Primeiro pilar: Comunidades Europeias	Segundo pilar: Política Externa e de Segurança Comum	Terceiro pilar: Cooperação em matéria de Justiça e Assuntos Internos
CE • União aduaneira e mercado interno • Política agrícola • Políticas estruturais • Política comercial **Regulamentação nova ou alterada:** • Cidadania da União • Educação e cultura • Redes transeuropeias • Defesa do consumidor • Saúde • Investigação e ambiente • Política social • Política de asilo • Fronteiras externas • Política de imigração **CEEA** **CECA**	**Política externa:** • Cooperação, posições e ações comuns • Manutenção da paz • Direitos humanos • Democracia • Ajuda a países terceiros **Política de segurança:** • Com o apoio da UEO: questões relativas à segurança da UE • Desarmamento • Aspectos econômicos do armamento • A longo prazo: quadro de segurança europeu	• Cooperação judicial em matéria cível e penal • Cooperação policial • Combate ao racismo e à xenofobia • Combate à droga e ao tráfico de armas • Combate ao crime organizado • Combate ao terrorismo • Combate aos crimes contra crianças e ao tráfico de seres humanos

---

(191) BORCHARDT, Klaus-Dieter. *O ABC do Direito Comunitário*. 5. ed. Coleção Documentação Europeia. Luxemburgo: Serviço das Publicações Oficiais das Comunidades Europeias, 2000, p. 11.

(192) *Ibidem*, p. 19.

As atividades da União Europeia estão agrupadas em torno de três pilares, sendo que o primeiro deles cobre vasto leque de políticas comunitárias, como a agricultura, meio ambiente, transporte, energia, pesquisa e desenvolvimento, englobando aquisições comunitárias contidas nos Tratados de Paris e de Roma, modificados pelo Ato Único Europeu e pelo Tratado sobre a União Europeia; o **Segundo Pilar** compreende políticas estrangeiras e de segurança comum e, finalmente, o **Terceiro Pilar** abrange a cooperação no domínio da Justiça e das relações interiores, ou seja, cooperação policial e judiciária.

A estrutura em pilares foi desenvolvida na Documentação Europeia *O ABC do Direito Comunitário*, de autoria de Klaus-Dieter BORCHARDT[193] (2000), a saber:

6.2.3.1. O primeiro pilar: as três Comunidades Europeias

O primeiro pilar é composto pelas três comunidades europeias (C(E)E, CEEA, CECA), reforçadas e alargadas com a União Econômica e Monetária. Com a criação da UE, a "Comunidade Econômica Europeia" tornou-se "Comunidade Europeia". O Tratado CEE passou a designar-se Tratado CE. Essa modificação reflete a evolução qualitativa da CEE, que passou de uma comunidade puramente econômica para uma união política. Essa nova designação não põe em causa a existência das três comunidades (CECA, CEEA, CE) já que não engendra qualquer alteração formal das mesmas. A criação da UE levou à alteração da designação de algumas instituições comunitárias. A partir de 8 de novembro de 1993 o Conselho das Comunidades Europeias passou a se chamar Conselho da União Europeia; a "Comissão das Comunidades Europeias" passou a ser a Comissão Europeia; em 17 de janeiro de 1994 o "Tribunal de Contas" passou a designar-se Tribunal de Contas Europeu. Os atos promulgados pelas diversas instituições permanecem no entanto vinculados à Comunidade correspondente.

O primeiro pilar consubstancia a forma mais avançada da construção comunitária. No âmbito da CE, as instituições podem promulgar, nos domínios da respectiva competência, legislação diretamente aplicável nos Estados-membros e que prima sobre o direito nacional. No cerne da CE está o mercado interno com as suas liberdades fundamentais (livre-circulação de mercadorias e de trabalhadores, liberdade de estabelecimento, livre-prestação de serviços e livre-circulação de capitais e pagamentos) e regras de concorrência próprias. As políticas comunitárias abrangem domínios tão vastos como os assuntos econômicos e monetários (no centro dos quais está o Euro, a moeda única europeia), a agricultura, a política de vistos, asilo e imigração, os transportes, a fiscalidade, o emprego, as trocas comerciais, os assuntos sociais, a educação, a juventude, a cultura, a defesa do consumidor, a saúde, as redes transeuropeias, a indústria, a coesão econômica e social, a investigação e a tecnologia, o ambiente e a ajuda ao desenvolvimento.

6.2.3.2. O segundo pilar: cooperação no domínio da Política Externa e de Segurança Comum

Até à entrada em vigor do Tratado UE, a concertação política entre os Estados-membros da CE era inscrita no âmbito da Cooperação Política Europeia (CPE), lançada em 1970 e posteriormente reforçada e alargada com o Ato Único Europeu de 1986-1987. Tratava-se de um processo de consultas regulares dos ministros dos negócios estrangeiros e de contatos permanentes a este nível, com o objetivo de melhorar a troca de informações e a concertação entre os Estados-membros sobre questões importantes de política externa, sintonizar posições e, sempre que possível, desencadear ações conjuntas. No entanto, todas as decisões deviam ser tomadas por unanimidade, e as questões de segurança permaneciam circunscritas aos aspectos econômicos e políticos. As crises políticas dos últimos anos (guerra do Golfo, guerra civil na Iugoslávia, desmoronamento da União Soviética) revelaram claramente as insuficiências deste instrumento de política externa, incapaz de conferir à União Europeia um papel de relevo, consoante com o seu estatuto de maior potência comercial do mundo, sobre questões essenciais da política mundial. No Tratado que institui a União Europeia, os chefes de Estado e de Governo dos Estados-membros decidiram definir progressivamente os contornos de uma Política Externa e de Segurança Comum apostada nos seguintes objetivos:

• a salvaguarda dos valores comuns, dos interesses fundamentais, da independência e da integridade da União;

• reforço da segurança da União, sob todas as formas;

• a manutenção da paz e o reforço da segurança internacional, de acordo com os princípios da Carta das Nações Unidas e de harmonia com os princípios e os objetivos da Ata Final de Helsinque (1975) e da Carta de Paris (1990) que, em 1994, levaram à criação da Organização para a Segurança e a Cooperação na Europa (OSCE);

---

(193) BORCHARDT, Klaus-Dieter. *O ABC do Direito Comunitário*. 5. ed. Coleção Documentação Europeia. Luxemburgo: Serviço das Publicações Oficiais das Comunidades Europeias, 2000, p. 18-22.

- promoção da cooperação internacional;
- reforço da democracia e do Estado de direito, bem como respeito dos direitos humanos e das liberdades fundamentais.

Uma vez que a União Europeia não é uma estrutura estadual "acabada", esses objetivos só podem ser atingidos progressivamente. A política externa e, sobretudo, a política de segurança contam-se desde sempre entre os domínios relativamente aos quais os Estados-membros não querem abrir mão da própria soberania. É difícil definir interesses comuns nesta área, já que, na UE, só a França e o Reino Unido possuem armas nucleares. Um outro problema reside no fato de nem todos os Estados-membros da União Europeia fazerem parte da NATO (Áustria, Finlândia, Irlanda e Suécia) e da UEO (Dinamarca, Grécia e Irlanda). Atualmente, as decisões em matéria de Política Externa e de Segurança Comum são tomadas essencialmente no âmbito da cooperação entre Estados. Foram, entretanto, criados vários instrumentos de ação, devidamente consagrados no Tratado de Amsterdã e que deram contornos jurídicos claros à cooperação entre Estados. Assim, no âmbito dos segundo e terceiro pilares tomam-se decisões de princípio, definem-se posições comuns, lançam-se medidas e ações conjuntas e adotam-se decisões-quadro. Entre todos esses mecanismos de decisão, o que mais se aproxima de uma diretiva comunitária é a decisão-quadro, embora, à semelhança do que acontece com outros instrumentos de ação da UE, não seja diretamente aplicável nos Estados-membros. Essas medidas e decisões não podem ser objeto de interposição de ações no TJCE.

6.2.3.3. O terceiro pilar: cooperação policial e judiciária

A cooperação policial e judiciária visa, mediante ações comuns no domínio da *prevenção e do combate à criminalidade* (nomeadamente o terrorismo, o tráfico de seres humanos, o comércio ilícito de droga e de armas, a corrupção e a fraude, o *racismo* e a *xenofobia*), facultar a todos os cidadãos um espaço de liberdade e de justiça (arts. 29º e 30º do Tratado UE). As primeiras medidas promissoras nesse domínio foram já tomadas com a diretiva sobre combate ao branqueamento de capitais e à criação de um serviço europeu de polícia (Europol), cuja atividade teve início em 1998.

A cooperação judiciária visa antes de mais nada simplificar e acelerar a cooperação no que respeita à tramitação dos processos e à execução das decisões, facilitar os processos de extradição entre os Estados-membros, instaurar regras mínimas relativas aos elementos constitutivos das infrações penais e às sanções aplicáveis nos domínios da criminalidade organizada, do terrorismo e do tráfico de drogas (arts. 31º e 32º do Tratado UE).

Nesse domínio, como em matéria de Política Externa e de Segurança Comum, a cooperação assenta essencialmente numa colaboração entre Estados que não se enquadra no âmbito dos processos de decisão comunitários.

A atual União Europeia fundamenta-se juridicamente em quatro Tratados fundadores: O Tratado da União Europeia e os três Tratados que anteriormente haviam instituído as três diferentes Comunidades.

- 1. Em Paris, a 18 de abril de 1951, foi assinado o TRATADO QUE INSTITUI A COMUNIDADE EUROPEIA DO CARVÃO E DO AÇO (habitualmente designado por CECA). O Tratado de Paris caducou em 23 de julho de 2002, dado que havia sido assinado por um período de 50 anos.

- 2. Em Roma, a 25 de março de 1957, foram assinados o TRATADO QUE INSTITUI A COMUNIDADE ECONÔMICA EUROPEIA (habitualmente designado por CEE ou por Tratado de Roma); e

- 3. O TRATADO QUE INSTITUI A COMUNIDADE EUROPEIA DA ENERGIA ATÔMICA (habitualmente designado por Tratado EURATOM).

- 4. Em Maastricht, a 7 de fevereiro de 1992, foi assinado o TRATADO QUE INSTITUI A **UNIÃO EUROPEIA** (habitualmente designado por Tratado de Maastricht ou por Tratado da União Europeia (TUE).[194]

O Tratado da União Europeia (TUE) criou uma nova entidade — a União Europeia —, que se funda nas Comunidades anteriormente existentes e que se mantém. No âmbito da União, o TUE contém disposições relativas à Política Externa e Segurança Comum (PESC), e à cooperação nos domínios da Justiça e Assuntos Internos (JAI). Além disso, o TUE introduziu alterações na redação dos Tratados CECA, CEEA e, especialmente, do Tratado CEE. A anterior Comunidade Econômica Europeia (CEE) passou a ser denominada Comunidade Europeia (CE).

---

(194) Incluímos o Ato Único Europeu de 1986, o Tratado de Amsterdã de 1997 e o Tratado de Nice de 2001.

Foram assinados outros tratados que resultaram em algumas reformas nos tratados fundadores e que provocaram alterações em nível institucional.

- O Tratado de Fusão que estabelece um Conselho único e uma Comissão única foi assinado em Bruxelas a 8 de abril de 1965.
- O Ato Único Europeu (AUE) foi assinado em Luxemburgo, em 1986.
- O Tratado de Amsterdã, assinado em 2 de outubro de 1997, prevê alterações aos Tratados da UE e CE.
- O Tratado de Nice foi assinado em 26 de fevereiro de 2001.

Em síntese, as atividades da União Europeia estão agrupadas em torno de **três pilares**. O **Primeiro Pilar** cobre vasto leque de políticas comunitárias, como a agricultura, transporte, meio ambiente, energia, pesquisa e desenvolvimento, e engloba aquisições comunitárias contidas nos Tratados de Paris e de Roma, modificadas pelo Ato Único Europeu e Tratado sobre a União Europeia; o **Segundo Pilar** compreende políticas estrangeiras e de segurança comum; e, finalmente, o **Terceiro Pilar** abrange a cooperação do domínio da Justiça e das relações interiores (BARROS[195], 2013).

6.2.3.4. Fusão dos pilares da União Europeia

Podemos dizer que os três pilares da União Europeia foram os elementos que constituíram a arquitetura institucional da UE desde o Tratado de *Maastricht*,[196] também conhecido como **Tratado da União Europeia** (TUE) que foi assinado a **7 de fevereiro de 1992** na cidade holandesa de *Maastricht*, até o seu desaparecimento com o **Tratado de Lisboa**, de 13 de dezembro de 2007, com vigência a partir de 1º de dezembro de 2009.

A ideia principal para a abolição da estrutura em pilares, e substituí-los com uma concentração numa pessoa jurídica de Direito Internacional (**estabelecimento de personalidade jurídica única para a União**) para a UE foi implementada no Tratado de Lisboa que alterou o TUE:

Art. 47º

A União tem personalidade jurídica.

Assim, no Tratado de Lisboa, de 2007, com vigência a partir de 1º de dezembro de 2009, foi estruturada a repartição de competências em diversas áreas políticas entre os 27 Estados-membros e a União, agora, pessoa jurídica de direito internacional, nas seguintes categorias, conforme quadro ao lado:

Logo, em síntese, a repartição das competências entre a União Europeia e os seus 28 Estados-membros permite distinguir três categorias de competências diferentes:

Competências concorrentes ou **partilhadas** (caso mais frequente).

Competências comunitárias **exclusivas** (os Estados-membros renunciaram de forma irrevogável a qualquer possibilidade de ação).

Competências comunitárias ou domínios **de apoio** (a Comunidade tem como única missão coordenar e incentivar a ação dos Estados-membros).

Competência exclusiva	Competência partilhada	Competência apoiada
A UE tem competência exclusiva para formular diretrizes e celebrar acordos internacionais quando está contemplada num ato legislativo da União.	Os Estados-Membros não podem exercer competência em áreas onde a União tem.	A União Europeia pode tomar medidas para apoiar, coordenar ou completar a ação dos Estados-Membros.
• A união aduaneira • O estabelecimento de regras de concorrência necessárias ao funcionamento do mercado interno • A política monetária dos Estados-Membros cuja moeda seja o euro • A conservação dos recursos biológicos do mar no âmbito da Política Comum das Pescas • A política comercial política	• O mercado interno • A política social para os aspectos definidos no presente Tratado • Economia, coesão social e territorial • A agricultura e pescas, com exceção da conservação dos recursos biológicos marinhos • Ambiente • A protecção dos consumidores • Transportes • Trans-European Networks • Energia • O espaço de liberdade, segurança e justiça • Normas comuns de segurança para a saúde pública, nos aspectos definidos no presente Tratado	• A proteção e a melhoria da saúde humana • Indústria • Cultura • Turismo • Educação, juventude, desporto e formação profissional • A proteção civil (prevenção de desastres) • A cooperação administrativa

Fonte: <http://pt.wikipedia.org/wiki/Tratado_de_Lisboa_(2007)> Acesso em: 14 dez. 2009.

---

(195) BARROS, Alice Monteiro de. *Curso de Direito do Trabalho*. 9. ed. São Paulo: LTr, 2013. p. 1051.
(196) Introduzida pelo Tratado de Maastricht.

6.2.4. Tribunal de Justiça da União Europeia[197]

O Tribunal de Justiça das Comunidades Europeias, também denominado por "O Tribunal", foi criado em 1952 pelo Tratado de Paris (que instituiu a Comunidade Europeia do Carvão e do Aço — CECA) e está sediado em Luxemburgo. É composto por um juiz de cada Estado-membro, ou seja, conta atualmente com 28 (vinte e oito) juízes, representando os respectivos sistemas jurídicos. É assistido por 8 (oito) Advogados-gerais, aos quais incumbe apresentar, publicamente e com imparcialidade, conclusões fundamentadas nos processos submetidos ao Tribunal.[198]

---

(197) Art. 19º do Tratado da União Europeia (Consolidado)

1. O Tribunal de Justiça da União Europeia inclui o Tribunal de Justiça, o Tribunal-geral e tribunais especializados. O Tribunal de Justiça da União Europeia garante o respeito do direito na interpretação e aplicação dos Tratados.

Os Estados-membros estabelecem as vias de recurso necessárias para assegurar uma tutela jurisdicional efetiva nos domínios abrangidos pelo direito da União.

2. O Tribunal de Justiça é composto de um juiz por cada Estado-membro. O Tribunal de Justiça é assistido por advogados-gerais.

O Tribunal-geral é composto de, pelo menos, um juiz por cada Estado-membro.

Os juízes e os advogados-gerais do Tribunal de Justiça e os juízes do Tribunal-geral são escolhidos de entre personalidades que ofereçam todas as garantias de independência e reúnam as condições estabelecidas nos arts. 253º e 254º do Tratado sobre o Funcionamento da União Europeia. São nomeados de comum acordo pelos Governos dos Estados-membros, por seis anos. Os juízes e os advogados--gerais cujo mandato tenha chegado a seu termo podem ser de novo nomeados.

3. O Tribunal de Justiça da União Europeia decide, nos termos do disposto nos Tratados:

a) Sobre os recursos interpostos por um Estado-membro, por uma instituição ou por pessoas singulares ou coletivas;

b) A título prejudicial, a pedido dos órgãos jurisdicionais nacionais, sobre a interpretação do direito da União ou sobre a validade dos atos adoptados pelas instituições;

c) Nos demais casos previstos pelos Tratados.

(198) O TRIBUNAL DE JUSTIÇA DA UNIÃO EUROPEIA

Art. 251º (ex-art. 221º TCE)

O Tribunal de Justiça reúne-se em secções ou em grande secção, em conformidade com as regras previstas para o efeito no Estatuto do Tribunal de Justiça da União Europeia.

Nos casos previstos no Estatuto, o Tribunal de Justiça pode também reunir em tribunal pleno.

Art. 252º (ex-art. 222º TCE)

O Tribunal de Justiça é assistido por oito advogados-gerais. Se o Tribunal de Justiça lho solicitar, o Conselho, deliberando por unanimidade, pode aumentar o número de advogados-gerais.

Ao advogado-geral cabe apresentar publicamente, com toda a imparcialidade e independência, conclusões fundamentadas sobre as causas que, nos termos do Estatuto do Tribunal de Justiça da União Europeia, requeiram a sua intervenção.

Art. 253º (ex-art. 223º TCE)

Os juízes e os advogados-gerais do Tribunal de Justiça, escolhidos de entre personalidades que ofereçam todas as garantias de independência e reúnam as condições exigidas, nos respectivos países, para o exercício das mais altas funções jurisdicionais ou que sejam jurisconsultos de reconhecida competência são nomeados de comum acordo, por seis anos, pelos Governos dos Estados-membros, após consulta ao comité previsto no art. 255º.

De três em três anos, proceder-se-á à substituição parcial dos juízes e dos advogados-gerais, nas condições previstas no Estatuto do Tribunal de Justiça da União Europeia.

Os juízes designam de entre si, por um período de três anos, o Presidente do Tribunal de Justiça, que pode ser reeleito.

Os juízes e os advogados-gerais cessantes podem ser nomeados de novo.

O Tribunal de Justiça nomeia o seu secretário e estabelece o respectivo estatuto.

O Tribunal de Justiça estabelece o seu regulamento de processo. Esse regulamento é submetido à aprovação do Conselho.

Art. 254º (ex-art. 224º TCE)

O número de juízes do Tribunal-geral é fixado pelo Estatuto do Tribunal de Justiça da União Europeia. O Estatuto pode prever que o Tribunal-geral seja assistido por advogados-gerais.

Os membros do Tribunal-geral serão escolhidos de entre pessoas que ofereçam todas as garantias de independência e possuam a capacidade requerida para o exercício de altas funções jurisdicionais; são nomeados de comum acordo, por seis anos, pelos Governos dos Estados-membros, após consulta ao comité previsto no art. 255º. De três em três anos, proceder-se-á à sua substituição parcial. Os membros cessantes podem ser nomeados de novo.

Os juízes designam de entre si, por um período de três anos, o Presidente do Tribunal-geral, que pode ser reeleito.

O Tribunal-geral nomeia o seu secretário e estabelece o respectivo estatuto.

O Tribunal-geral estabelece o seu regulamento de processo, de comum acordo com o Tribunal de Justiça. Esse regulamento é submetido à aprovação do Conselho.

Salvo disposição em contrário do Estatuto do Tribunal de Justiça da União Europeia, são aplicáveis ao Tribunal-geral as disposições dos Tratados relativas ao Tribunal de Justiça.

Os juízes do Tribunal de Justiça elegem entre si o *Presidente do Tribunal* por um período de três anos, renovável. O presidente dirige os trabalhos e os serviços do Tribunal e preside, nas maiores formações de julgamento, às audiências e deliberações.

Os *advogados gerais* assistem o Tribunal. Cabe-lhes apresentar publicamente, com toda a imparcialidade e independência, pareceres jurídicos, que são chamados de "conclusões", nos processos para os quais tenham sido nomeados.

O *secretário* é o secretário-geral da instituição, cujos serviços dirige, sob a autoridade do presidente do Tribunal.

O Tribunal de Justiça pode funcionar em Tribunal Pleno, em Grande Seção (13 juízes) ou em seções de cinco ou de três juízes. Ao Tribunal Pleno compete apreciar situações particulares previstas pelo Estatuto do Tribunal de Justiça (quando deve declarar a demissão do Provedor de Justiça europeu, ordenar a demissão compulsiva de um comissário europeu que tenha deixado de cumprir os deveres que lhe incumbem...) e quando considerar que uma causa reveste excepcional importância. Reúne-se em Grande Seção sempre que um Estado-membro ou uma instituição que seja parte na instância o solicite, bem como em processos particularmente complexos ou importantes. Os outros processos são apreciados em seções de cinco ou de três juízes. Os presidentes das seções de cinco juízes são eleitos por três anos, os das seções de três juízes por um ano.[199]

Tem como missão precípua[200] garantir a interpretação e aplicação uniforme da legislação da UE (União Europeia) em todos os Estados-membros, para que a lei seja a mesma para todos. Garante também que os Estados-membros e as demais instituições da UE cumpram a legislação.

O Tratado de Lisboa altera o nome do Tribunal de Justiça das Comunidades Europeias para **Tribunal de Justiça da União Europeia.**

O Tribunal de Justiça da União Europeia não deve ser confundido com o Tribunal Europeu dos Direitos Humanos, pois, enquanto o Tribunal de Justiça da União Europeia é uma das sete Instituições da União Europeia, o Tribunal Europeu dos Direitos Humanos não faz parte da União Europeia. Tem sede em **Luxemburgo**, ao contrário da maior parte das demais instituições da UE, que se sediam ou em **Bruxelas** ou em **Estrasburgo**.

O Tribunal de Justiça da União Europeia[201] inclui o **Tribunal de Justiça**, o **Tribunal-geral** e **tribunais especializados.**[202] O Tribunal de Justiça da União Europeia garante o respeito do direito na interpretação e aplicação dos Tratados[203].

---

(199) Disponível em: <http://curia.europa.eu/pt/instit/presentationfr/index_cje.htm> Acesso em: 30 dez. 2008.

(200) A sua missão é garantir a interpretação e aplicação uniformes da legislação da UE (tecnicamente conhecida por "Direito Comunitário") em todos os Estados-membros. Por outras palavras, garantir que a legislação seja idêntica para todas as partes e em todas as circunstâncias. O Tribunal é competente para se pronunciar sobre os litígios entre os Estados-membros, as instituições da UE, bem como as pessoas singulares e coletivas. Disponível em: <http://europa.eu.int/institutions/court/index_pt.htm>. Acesso em: 19 mar. 2006.

(201) **Artigo I-29º Tribunal de Justiça da União Europeia**

1. O Tribunal de Justiça da União Europeia inclui o Tribunal de Justiça, o Tribunal-geral e tribunais especializados. O Tribunal de Justiça da União Europeia garante o respeito do direito na interpretação e aplicação da Constituição.

Os Estados-membros estabelecem as vias de recurso necessárias para assegurar uma tutela jurisdicional efectiva nos domínios abrangidos pelo direito da União.

2. O Tribunal de Justiça é composto de um juiz por cada Estado-membro. O Tribunal de Justiça é assistido por advogados-gerais.

O Tribunal-geral é composto de, pelo menos, um juiz por cada Estado-membro.

Os juízes e os advogados-gerais do Tribunal de Justiça e os juízes do Tribunal-geral são escolhidos de entre personalidades que ofereçam todas as garantias de independência e reúnam as condições estabelecidas nos arts. III-355º e III-356º São nomeados de comum acordo pelos Governos dos Estados-membros, por seis anos. Os juízes e os advogados-gerais cujo mandato tenha chegado a seu termo podem ser de novo nomeados.

3. O Tribunal de Justiça da União Europeia decide, nos termos do disposto na Parte III:

a) Sobre os recursos interpostos por um Estado-membro, por uma instituição ou por pessoas singulares ou colectivas;

b) A título prejudicial, a pedido dos órgãos jurisdicionais nacionais, sobre a interpretação do direito da União ou sobre a validade dos atos adoptados pelas instituições;

c) Nos demais casos previstos pela Constituição.

(202) Todo o sistema jurisdicional da União, a partir do Tratado de Lisboa, adota o nome de Tribunal de Justiça da União Europeia, e é composto por três jurisdições: **o Tribunal de Justiça, o Tribunal-geral e o Tribunal da Função Pública** (tribunal especializado).

(203) O Tribunal de Justiça da União Europeia, com sede no Luxemburgo, é composto por três jurisdições: o **Tribunal de Justiça**, o **Tribunal--geral** (criado em 1988) e o **Tribunal da Função Pública** (criado em 2004).

No que diz respeito à criação de **tribunais especializados**, embora o Tratado de Lisboa de 2007 retome as disposições existentes, prevê, no entanto, certas alterações quanto às modalidades da sua criação, isto é, de futuro são criados segundo o processo legislativo ordinário (ou seja, em codecisão por maioria qualificada) e não por unanimidade, como anteriormente.

Os Estados-membros estabelecem as vias de recurso necessárias para assegurar uma tutela jurisdicional efetiva nos domínios abrangidos pelo direito da União.

O Tribunal de Justiça é composto de um juiz por cada Estado-membro e é assistido por advogados-gerais.

Os juízes e os advogados-gerais do Tribunal de Justiça e os juízes do Tribunal-geral são escolhidos entre personalidades que ofereçam todas as garantias de independência e reúnam as condições estabelecidas nos arts. 223º e 224º do Tratado sobre o Funcionamento da União Europeia. São nomeados de comum acordo pelos Governos dos Estados-membros, para mandato de seis anos. Os juízes e os advogados-gerais cujo mandato tenha chegado a seu termo podem ser de novo nomeados.

O **Tribunal de Justiça da União Europeia** decide, nos termos do disposto nos Tratados:

a) Sobre os recursos interpostos por um Estado-membro, por uma instituição ou por pessoas singulares ou coletivas;

b) A título prejudicial, a pedido dos órgãos jurisdicionais nacionais, sobre a interpretação do direito da União ou sobre a validade dos atos adotados pelas instituições;

c) Nos demais casos previstos pelos Tratados.

Registra-se que o Tribunal é competente para se pronunciar sobre litígios entre os Estados-membros, as instituições da UE, bem como as demais pessoas singulares e coletivas.

Conforme disposições constantes do livro *Como Funciona a União Europeia: Guia das instituições da União Europeia* (2006), o Tribunal se pronuncia sobre os processos que são submetidos à sua apreciação. Os cinco tipos de processos mais comuns são os seguintes:

1. reenvio prejudicial;

2. ação por incumprimento;[204]

3. recurso de anulação;

4. ação por omissão;

5. ação de indenização.

1. O processo de reenvio prejudicial ou pedido de decisão prejudicial.

Os tribunais nacionais de cada Estado-membro são responsáveis pelo respeito do direito comunitário nesse país. Existe, no entanto, um risco de que os tribunais de alguns países interpretem o direito da UE de forma divergente.

Para que tal não aconteça, existe o "processo de reenvio prejudicial". Assim, os tribunais nacionais, caso tenham uma dúvida quanto à interpretação ou à validade de uma disposição do direito da UE, podem e, por vezes, devem solicitar ao Tribunal de Justiça que se pronuncie. A opinião do Tribunal é dada sob a forma de "decisão a título prejudicial".

2. Ação por incumprimento

A Comissão pode intentar esse tipo de ação se considerar que um Estado-membro não cumpriu qualquer das obrigações que lhe incumbem por força do Direito Comunitário. Qualquer Estado-membro pode intentar uma ação por incumprimento.

Em ambos os casos, o Tribunal investiga as alegações apresentadas e emite um acórdão. Se o Tribunal declarar verificado que o referido Estado-membro não cumpriu a obrigação em causa, este deve tomar as medidas necessárias para retificar a situação.

---

(204) Descumprimento.

3. Recurso de anulação

Se um Estado-membro, o Conselho, a Comissão ou (em certas circunstâncias) o Parlamento considerar que uma disposição legislativa da UE é ilegal, pode solicitar sua anulação ao Tribunal.

Os particulares podem também interpor "recursos de anulação", se considerarem que uma determinada disposição legislativa os afeta diretamente e de forma negativa como indivíduos.

Se o Tribunal verificar que a disposição impugnada não havia sido corretamente adotada ou não se baseava corretamente nos Tratados, pode declará-la nula.

4. Ação por omissão

O Tratado estabelece que o Parlamento Europeu, o Conselho e a Comissão devem tomar determinadas circunstâncias. Se não o fizerem, os Estados-membros, as outras instituições comunitárias e, em certos casos, os particulares ou as empresas, podem recorrer ao Tribunal para que se registre oficialmente essa omissão.

5. Ação de indenização

Qualquer pessoa ou empresa que tenha sofrido danos causados por uma ação ou inação da Comunidade ou do pessoal comunitário pode intentar uma ação para obter reparação no Tribunal de Primeira Instância.

Pode também:

• Reapreciação

As decisões do Tribunal-geral sobre os recursos interpostos das decisões do Tribunal da Função Pública da União Europeia podem ser reapreciadas a título excepcional pelo Tribunal de Justiça, nas condições previstas no Protocolo relativo ao Estatuto do Tribunal de Justiça da União Europeia.

6.2.4.1. Tribunal-geral

O Tribunal de Primeira Instância, que começou a funcionar em 1989, é um órgão autônomo, embora não se constitua uma nova instituição comunitária, teve a sua denominação alterada para **Tribunal-geral** pelo Tratado de Lisboa de 2007.

O Tribunal-geral é composto por, pelo menos, um juiz por Estado-membro (28 em 2013). Os juízes são nomeados de comum acordo pelos governos dos Estados-membros, após consulta de um comitê encarregado de dar parecer sobre a adequação dos candidatos. Os seus mandatos são de seis anos, renováveis. Designam, entre si, por um período de três anos, o presidente do Tribunal. Nomeiam um secretário para um mandato de seis anos.

O Tribunal-geral é competente para conhecer:

• das ações e recursos interpostos pelas pessoas singulares ou coletivas contra os atos das instituições **e dos órgãos e organismos da União Europeia** (de que sejam destinatárias ou que lhes digam direta e individualmente respeito), **bem como contra os atos regulamentares (que lhes digam diretamente respeito e não necessitem de medidas de execução)** ou **ainda** contra uma abstenção dessas instituições, **órgãos e organismos**. Trata-se, por exemplo, do recurso interposto por uma empresa contra uma decisão da Comissão que lhe aplica uma coima;

• dos recursos interpostos pelos Estados-membros contra a Comissão;

• dos recursos interpostos pelos Estados-membros contra o Conselho em relação aos atos adotados no domínio dos **auxílios de Estado, às medidas de defesa comercial** (*dumping*) e aos atos por meio dos quais o Conselho exerce competências de execução;

• das ações destinadas a obter o ressarcimento dos danos causados pelas instituições da União Europeia ou pelos seus agentes;

• das ações emergentes de contratos celebrados pelas **União Europeia**, que prevejam expressamente a competência do Tribunal de Primeira Instância;

• dos recursos em matéria de marcas comunitárias;

• dos recursos, limitados às questões de direito, contra as decisões do Tribunal da Função Pública da União Europeia;

• dos recursos interpostos contra as decisões do Instituto Comunitário das Variedades Vegetais e da Agência Europeia das Substâncias Químicas.

As decisões proferidas pelo Tribunal-geral podem, no prazo de dois meses, ser objeto de recurso para o Tribunal de Justiça, limitado às questões de direito.

Não existem advogados-gerais permanentes adstritos ao Tribunal-geral (ao contrário do Tribunal de Justiça Europeu, que tem 9 advogados-gerais). Contudo, a tarefa de um advogado geral pode ser realizada em um número limitado de casos por um juiz nomeado para o fazer. Na prática, isso tem sido feito só muito esporadicamente.

6.2.4.2. Tribunal da Função Pública da União Europeia

Em 2 de novembro de 2004, o Conselho aprovou uma decisão que institui o Tribunal da Função Pública da União Europeia.[205] Esse novo órgão jurisdicional especializado, composto por sete juízes, vai conhecer, em primeira instância, disputas envolvendo o funcionalismo público europeu. As suas decisões serão sujeitas a um direito de recurso perante o Tribunal-geral sobre questões de direito. As decisões proferidas pelo Tribunal-geral nessa área podem ser excepcionalmente sujeitas à fiscalização do Tribunal de Justiça. O Tribunal da Função Pública da União Europeia foi devidamente constituído em lei a 2 de dezembro de 2005.

O Tribunal da Função Pública da União Europeia é composto por sete juízes nomeados pelo Conselho, para um período de seis anos renovável, após convite para a apresentação de candidaturas e parecer de um comitê composto por sete personalidades escolhidas entre antigos membros do Tribunal de Justiça e do Tribunal-geral e juristas de reconhecida competência.[206]

Ao nomear os juízes, o Conselho deve garantir que a composição do Tribunal seja equilibrada e assente na mais ampla base geográfica possível de cidadãos dos Estados-membros e dos regimes jurídicos nacionais representados.

O Tribunal é, no âmbito da instituição jurisdicional comunitária, a jurisdição especializada no domínio do contencioso da função pública da União Europeia, competência anteriormente exercida pelo Tribunal de Justiça e, a partir da sua criação em 1989, pelo Tribunal de Primeira Instância, hoje denominado Tribunal-geral pelo Tratado de Lisboa.

É competente para conhecer, em primeira instância, dos litígios entre as Comunidades e os seus agentes, por força do disposto no art. 270º TFUE. Esses litígios têm por objeto não só questões relativas às relações laborais propriamente ditas (remuneração, evolução da carreira, recrutamento, medidas disciplinares etc.), mas igualmente ao regime de segurança social (doença, reforma, invalidez, acidentes de trabalho, abonos de família etc.).

As decisões proferidas pelo Tribunal podem, no prazo de dois meses, ser objeto de recurso, limitado às questões de direito, para o Tribunal-geral.

6.2.5. Livre-circulação de trabalhadores na União Europeia

A livre-circulação dos trabalhadores na União Europeia vem contemplada no art. 45 do Tratado sobre funcionamento da União Europeia e foi desenvolvida no direito derivado, nomeadamente no Regulamento n. 1.612/68 relativo à livre-circulação dos trabalhadores na Comunidade e na Directiva 2004/38/CE sobre o direito de residência.

Art. 45º

(ex-art. 39º TCE)

1. A livre-circulação dos trabalhadores fica assegurada na União.

2. A livre-circulação dos trabalhadores implica a abolição de toda e qualquer discriminação em razão da nacionalidade, entre os trabalhadores dos Estados-membros, no que diz respeito ao emprego, à remuneração e demais condições de trabalho.

3. A livre-circulação dos trabalhadores compreende, sem prejuízo das limitações justificadas por razões de ordem pública, segurança pública e saúde pública, o direito de:

a) Responder a ofertas de emprego efetivamente feitas;

b) Deslocar-se livremente, para o efeito, no território dos Estados-membros;

---

(205) O Tribunal da Função Pública da União Europeia foi criado pela Decisão do Conselho n. 2004/752/CE, Euratom, de 2 de novembro de 2004 (JO L n. 333, p. 7), enquanto primeira das "câmaras jurisdicionais", como foram previstas pelo art. 225-A do Tratado CE, na versão resultante do Tratado de Nice.

(206) Disponível em: <http://curia.europa.eu/jcms/jcms/T5_5230/> Acesso em: 10 maio 2010.

c) Residir num dos Estados-membros a fim de nele exercer uma atividade laboral, em conformidade com as disposições legislativas, regulamentares e administrativas que regem o emprego dos trabalhadores nacionais;

d) Permanecer no território de um Estado-membro depois de nele ter exercido uma atividade laboral, nas condições que serão objeto de regulamentos a estabelecer pela Comissão.

4. O disposto no presente artigo não é aplicável aos empregos na administração pública.

A proibição de qualquer discriminação com base na nacionalidade, também está consignada no art. 16-D do Tratado de Lisboa (art. 18 do TFEU), reforça, igualmente, os direitos dos trabalhadores migrantes na UE.

O n. 3 do art. 141 do Tratado da Comunidade Europeia, destaca **o princípio da igualdade de oportunidades e da igualdade de tratamento entre homens e mulheres em matéria de emprego e de trabalho, incluindo o princípio da igualdade de remuneração por trabalho igual ou de valor igual.**

6.2.6. Euro

O **euro(€)** é a **moeda oficial** de 18 dos 28 **Estados-membros da União Europeia**. O euro existe na forma de notas e moedas desde **1º de janeiro de 2002**, e, como **moeda escritural**, desde 1º de janeiro de **1999**.

O banco que controla as emissões do euro e executa a política cambial da União Europeia é o **Banco Central Europeu**, órgão integrante da estrutura da União Europeia, com sede em *Frankfurt am Main*, na Alemanha.

Onze Estados-membros (**Alemanha, Áustria, Bélgica, Espanha, Finlândia, França, Irlanda, Itália, Luxemburgo, Países Baixos e Portugal**) adotaram o euro em 1999, conforme art. 1º do Regulamento CE n. 984/98 do Conselho, de 3 de maio de 1998, relativo à introdução do Euro; foram seguidos pela **Grécia**, em 2001, a **Eslovênia**, em 2007, bem como **Chipre e Malta**, em 2008 e a **Eslováquia**, em 2009. A **Estônia** em 1º de janeiro de 2011 e, por último, a **Letônia** adotou a moeda única, em 1º de janeiro de 2014. Esses países formam a Zona do Euro.

Atualmente, a **Zona Euro** é composta pelos seguintes Estados-membros da União Europeia, que adotaram a moeda comum: **Alemanha, Áustria, Bélgica, Chipre, Eslováquia, Eslovénia, Espanha, Estônia, Finlândia, França, Grécia, Irlanda, Itália, Letônia, Luxemburgo, Malta, Países Baixos e Portugal.**

Os Estados-membros que não participam na Zona do Euro[207] conduzem uma política monetária autônoma e participam no Sistema Europeu dos Bancos Centrais (SEBC) com certas restrições. Os bancos centrais devem ser independentes e eleger a estabilidade dos preços como principal objetivo. Afinal, a política de câmbio é considerada como uma questão de interesse comum por todos os Estados-membros, que devem poder participar no mecanismo de taxa de câmbio que for implementado.

São objetivos da moeda única — Euro:[208]

• estabilidade econômica e financeira;

• impulsionar o crescimento econômico;

• complementar a criação do mercado único, potenciando o seu funcionamento;

• aumentar o nível de integração econômica e europeia;

• fortalecer o papel da economia europeia no contexto da economia internacional.

O Tratado que institui a Comunidade Europeia (Tratado CE), hoje, União Europeia, define os critérios que cada Estado-membro da União Europeia tem de cumprir antes de passar à Terceira Fase da União Econômica e Monetária – UEM (**Critérios de convergência**).

• O Estado-membro não deve ser objeto de uma decisão do Conselho que declare verificada a existência de um déficit excessivo.

---

(207) Todos os Estados-membros da União Europeia, exceto a Dinamarca, o Reino Unido e a Suécia), são obrigados a adotar o euro como a sua única moeda corrente assim que atingirem um critério vigente determinado pela própria UE. Entre os critérios estão dois anos de participação no Mecanismo Europeu de Taxas de Câmbio (MTC II) e a manutenção da taxa de inflação dentro dos padrões da (EU). Disponível em: <http://wapedia.mobi:80/pt/Alargamento_da_área_do_Euro> Acesso em: 17 ago. 2010.

(208) Disponível em: <http://www.eurocid.pt/pls/wsd/wsdwcot0.detalhe?p_cot_id=4758&p_est_id=10710> Acesso em: 17 ago. 2010.

• Deve existir um grau sustentável de estabilidade de preços e, no ano que antecede a análise, a taxa média de inflação não deve exceder, no máximo em mais de 1½ pontos percentuais, à verificada nos três Estados-membros com melhores resultados em termos de estabilidade de preços.

• A taxa de juro nominal a longo prazo registrada não deve exceder, no máximo em mais de 2 pontos percentuais, a verificada nos três Estados-membros com melhores resultados em termos de estabilidade de preços.

• As margens de flutuação normais previstas no mecanismo de taxas de câmbio devem ser respeitadas, sem tensões graves, durante, pelo menos, os últimos dois anos anteriores à análise.

• Cada Estado-membro deve assegurar a compatibilidade da respectiva legislação nacional, incluindo os estatutos do seu banco central nacional, com os arts. 108º e 109º do Tratado CE e com os Estatutos do Sistema Europeu de Bancos Centrais e do BCE. Essa obrigação, que se aplica aos Estados-membros que se beneficiam de uma derrogação, é igualmente referida como "convergência legal". Disponível em: <http://www.ecb.europa.eu/ecb/educational/facts/euint/html/ei_005.pt.html> Acesso em: 17 ago. 2010.

Capítulo 7

Atividades do Estrangeiro no Brasil – Limitações Constitucionais

O reconhecimento de direitos do estrangeiro decorre de duas circunstâncias – a personalidade humana, com os direitos que lhes são inerentes e que nenhum Estado pode ignorar, e a situação do Estado como membro da comunidade internacional, com deveres de interdependência e solidariedade entre as nações, impostos por essa situação (SANT'ANNA, 1995).

Assim, de acordo com essa afirmativa, o Estado deve regular a condição dos estrangeiros, sem distinção de nacionalidade,[209] protegendo-os em suas pessoas e bens, nos termos regulados pelo Direito Internacional mínimo.

Logo, não é permitido ao estrangeiro com visto de turista, de trânsito ou temporário de estudante, o exercício de atividade remunerada, enquanto o portador do visto temporário de correspondente de empresa de comunicação não pode ser remunerado por fonte brasileira.[210]

Excepcionalmente, faculta-se (art. 21)[211] ao natural de país limítrofe domiciliado em cidade contígua ao território nacional estudar e trabalhar nos municípios fronteiriços, permitindo-se a entrada mediante simples prova da identidade. É vedado, contudo, o estabelecimento como firma individual e o exercício de cargos de gestão de sociedade comercial ou civil.

O titular de visto permanente que tenha sido admitido para atividade profissional certa e em determinada região não poderá alterar essas condições, salvo com autorização prévia do Ministério da Justiça, ouvido o Ministério do Trabalho e Emprego.

São atividades expressamente vedadas ao estrangeiro: ser responsável, orientador intelectual ou administrativo de navios nacionais, empresas de jornalismo, televisão e radiodifusão; ser corretor de navios, de fundos públicos, leiloeiro e despachante aduaneiro; participar da administração de sindicato, associação profissional ou entidade fiscalizadora de profissão regulamentada; ser prático de portos. Somente a primeira restrição se aplica aos portugueses.

Nesse sentido, a Carta Constitucional brasileira de 1988 prescreve, em seu art. 5º, *caput*, que todos são iguais perante a lei, sem distinção de qualquer natureza, garantindo-se aos brasileiros e aos estrangeiros residentes no país a inviolabilidade do direito à vida, à liberdade, à igualdade, à segurança e à propriedade.

No campo das Limitações Constitucionais, o § 3º do art. 12 estabelece:

São privativos de brasileiro nato os cargos:

I. de Presidente e Vice-Presidente da República;

II. de Presidente da Câmara dos Deputados;

III. de Presidente do Senado Federal;

IV. de Ministro do Supremo Tribunal Federal;

---

(209) Lei n. 6.815, de 19 de agosto de 1980 – Estatuto do Estrangeiro, cuja leitura sugerimos seja minuciosa.

(210) SÉ, Jairo Sento. *O Estrangeiro e o Direito do Trabalho*. Disponível em: <http://www.direitoufba.net/mensagem/jairosentose/dt-trabalhodoestrangeiro.doc> Acesso em: 22 jan. 2009.

(211) Art. 21. Ao natural de país limítrofe, domiciliado em cidade contígua ao território nacional, respeitados os interesses da segurança nacional, poder-se-á permitir a entrada nos municípios fronteiriços a seu respectivo país, desde que apresente prova de identidade.
§ 1º Ao estrangeiro, referido neste artigo, que pretenda exercer atividade remunerada ou frequentar estabelecimento de ensino naqueles municípios, será fornecido documento especial que o identifique e caracterize a sua condição, e, ainda, Carteira de Trabalho e Previdência Social, quando for o caso.
§ 2º Os documentos referidos no parágrafo anterior não conferem o direito de residência no Brasil, nem autorizam o afastamento dos limites territoriais daqueles municípios.

V. de carreira diplomática;

VI. de oficial das Forças Armadas;

VII. de Ministro de Estado de Defesa.

No art. 5º da Constituição de 1988 já se encontra distinção entre estrangeiro e brasileiro, e, neste último grupo, entre os natos e os naturalizados. O inciso LI veda a extradição do brasileiro, salvo o naturalizado, excepcionalmente em caso de crime comum praticado antes da naturalização ou envolvimento em tráfico de drogas.

No art. 14, § 2º, veda-se o alistamento como eleitor de estrangeiros, bem como sua elegibilidade, nos termos do art. 14, § 3º, inciso I. Originalmente, o art. 37[212] da Constituição Federal de 1988 vedava o acesso do estrangeiro ao serviço público, o que foi alterado pela EC n. 19/1998.

O art. 176 da Carta Magna só permite a atuação na área de recursos minerais por brasileiros ou empresa constituída sob nossas leis e com sede e administração no país (anteriormente, também, o capital tinha que ser nacional).

Art. 176. As jazidas, em lavra ou não, e demais recursos minerais e os potenciais de energia hidráulica constituem propriedade distinta da do solo, para efeito de exploração ou aproveitamento, e pertencem à União, garantida ao concessionário a propriedade do produto da lavra.

§ 1º **A pesquisa e a lavra de recursos minerais e o aproveitamento dos potenciais** a que se refere o *caput* deste artigo **somente poderão ser efetuados mediante autorização ou concessão da União, no interesse nacional, por brasileiros ou empresa constituída sob as leis brasileiras** e que tenha sua sede e administração no País, na forma da lei, que estabelecerá as condições específicas quando essas atividades se desenvolverem em faixa de fronteira ou terras indígenas.

A Consolidação das Leis do Trabalho (CLT) dispõe, no Título III, Capítulo II, sobre a Nacionalização do Trabalho.

Integrado pelos arts. 352 a 371 da CLT, o capítulo em referência contém uma série de regras visando à proteção do trabalhador brasileiro. Entre suas disposições mais relevantes se encontram a exigência de que 2/3 dos empregados sejam nacionais e a manutenção de outras restrições relativas ao exercício de determinadas profissões que tenham sofrido regulação específica.

Cabe ainda destacar que o art. 358 estabelece os parâmetros para a equiparação salarial entre brasileiro e estrangeiro. Distinguem-se os critérios dos reservados aos trabalhadores em geral (art. 461 da CLT), por não se exigir identidade de funções, apenas similaridade (*função análoga*), e por ser mais flexível o critério temporal. Enquanto ordinariamente a diferença de tempo de serviço não pode superar dois anos, na comparação entre brasileiro e estrangeiro não cabe equiparação se este contar mais de dois anos de serviço e o brasileiro menos de dois.[213]

Existem também alguns contratos especiais para estrangeiros, a saber:

• Para os professores, a diferenciação se encontra nos §§ 1º e 2º do art. 317 da CLT. Enquanto para os nacionais se exige, visando o registro no Ministério da Educação, "atestado, firmado por pessoa idônea, de que não responde

---

(212) Art. 37. I. (original)

"os cargos, empregos e funções públicas são acessíveis aos brasileiros que preencham os requisitos estabelecidos em lei."

Art. 37. I. (alteração após Emenda Constitucional n. 19/1998)

"os cargos, empregos e funções públicas são acessíveis aos brasileiros que preencham os requisitos estabelecidos em lei, **assim como aos estrangeiros, na forma da lei**". (grifo nosso).

(213) De forma apropriada, justifica Andréa Presas ROCHA (2009), que:

Equiparação por analogia é aquela inserida no preceptivo do art. 358 da CLT, e refere-se às situações em que se confrontam trabalhadores brasileiros com estrangeiros, exercentes de funções análogas. Há, portanto, dissenção doutrinária acerca da constitucionalidade de tal dispositivo.

Entendem alguns que o art. 358 da CLT, não foi recepcionado pela Constituição Federal, em face do disposto no *caput* do seu art. 5º: "Todos são iguais perante a lei, sem distinção de qualquer natureza, garantindo-se aos brasileiros e aos estrangeiros residentes no País, a inviolabilidade do direito à vida, à liberdade, à igualdade, à segurança e à propriedade, nos termos seguintes:". Alegam que as únicas restrições que vigoram em relação aos estrangeiros são aquelas previstas na própria Constituição, constantes dos art. 37, I, 176, § 1º, e 178, II, sendo que toda e qualquer distinção desbordante dos limites constitucionais, a exemplo dos arts. 352, 354 e 358, da CLT, estão revogadas (não recepcionadas). Nesse sentido, Sergio Pinto MARTINS, Valentin CARRION e Mauricio Godinho DELGADO.

Por outro lado, há aqueles que defendem a constitucionalidade do cânone em questão argumentando que o escopo da norma do art. 358 reside no intuito de proteger o empregado nacional, e não de discriminar o estrangeiro, ou seja, a norma em exame não traz prejuízo ao direito do estrangeiro, mas apenas aumenta o direito do empregado brasileiro.

a processo nem sofreu condenação por crime de natureza infamante", os estrangeiros devem apresentar atestado de bons antecedentes emitido pela autoridade policial.[214]

• A profissão de químico só é permitida aos estrangeiros, de acordo com o § 4º do art. 325 da CLT, quando o diploma for obtido em escola nacional ou, caso contrário, havendo reciprocidade para reconhecimento dos diplomas obtidos no exterior, restrição que não se aplica aos brasileiros. É obrigatória ao brasileiro naturalizado, ainda, a prévia prestação do serviço militar no Brasil. O número de químicos estrangeiros não poderá ser superior a 1/3 do quadro.

• A legislação (Lei n. 7.183/1984) atribui privativamente a brasileiros a profissão de aeronauta, ressalvando os casos previstos no Código Brasileiro do Ar (hoje substituído pelo Código Brasileiro de Aeronáutica — Lei n. 7.565/86), que são (arts. 156 a 158 deste último) o exercício de função não remunerada (por exemplo, pelo proprietário) a bordo de aeronave de serviço aéreo privado; comissários no serviço aéreo internacional em número que não exceda 1/3 dos que estiverem a bordo, a menos que haja acordo bilateral de reciprocidade; em caráter provisório, por no máximo seis meses, instrutores, quando não houver tripulantes brasileiros qualificados.

---

(214) Tais parágrafos não foram revogados pela Lei n. 7.855, de 24 de outubro de 1989.

CAPÍTULO 8

Competência Interna e Internacional

O crescimento das relações internacionais entre os indivíduos, entre estes e outros Estados ou entre Estados traz a esse título grande importância para o aplicador do direito.

O poder do Estado é uno e indivisível, porém se manifesta por meio de três funções específicas: a função legislativa, a função executiva e a função jurisdicional. Todavia, a jurisdição é um atributo da soberania, de onde conclui-se que todo juiz competente possui jurisdição. Entretanto, nem sempre quem possui jurisdição possui competência.

Competência em sentido abstrato	Competência em sentido concreto
É o conjunto de atividades jurisdicionais atribuído a um órgão ou a um conjunto de órgãos, pela Constituição do Estado e pelas normas infraconstitucionais	É a relação de adequação legítima entre o órgão jurisdicional representado pelo magistrado (juiz ou tribunal) e a atividade por ele realizada.

O estudo da competência inicia-se, em regra, com a verificação desse instituto no âmbito internacional, na tentativa de, diante de todos os órgãos jurisdicionais do planeta (Função Judiciária de cada Estado soberano), apurar se a competência para processamento da causa é do Poder Judiciário brasileiro — Competência Interna — ou se pode ser exercida por órgão de outro Estado — Competência Internacional.

A jurisdição é, outrossim, fruto da soberania do Estado e, por consequência natural, deve ser exercida dentro do seu território (elemento fixo). Entretanto, a necessidade de convivência harmônica entre os Estados, independentes e soberanos (elemento subjetivo ou de concreção), fez nascer regras que levam um Estado a acatar, dentro de certos limites estabelecidos em Tratados Internacionais, as decisões proferidas por juízes ou tribunais de outros Estados. Diante dessa premissa, o legislador brasileiro definiu casos em que a competência é exclusiva do Poder Judiciário (art. 89 do CPC) e casos em que a competência é concorrente, sendo que a decisão proferida no estrangeiro pode vir a gerar efeitos dentro do território brasileiro, após ser homologada pelo STJ (arts. 88, 90 e 483 do CPC).

A regra de competência no ordenamento brasileiro é fixada por exclusão. De início, devemos verificar se a ação será julgada por autoridade judiciária brasileira, analisando os arts. 88 e 89 da Lei dos Ritos Processuais. Na primeira situação estamos diante da denominada Competência Concorrente, ou seja, a ação pode ser proposta no território brasileiro ou perante autoridade judiciária estrangeira quando:

I. o réu, qualquer que seja a sua nacionalidade, estiver domiciliado no Brasil;

II. no Brasil tiver de ser cumprida a obrigação;

III. a ação se originar de fato ocorrido ou de fato praticado no Brasil.

Na hipótese do art. 89 do Código de Processo Civil encontramo-nos diante da denominada Competência Exclusiva, conforme nos referimos acima, cabendo apenas à autoridade judiciária brasileira julgar as demandas quando se referirem a bens imóveis situados no Brasil, ou para proceder a inventário e partilha de bens, situados no Brasil, ainda que o autor da herança seja estrangeiro e tenha residido fora do território nacional.

Art. 89. Compete à autoridade judiciária brasileira, com exclusão de qualquer outra:

I – conhecer de ações relativas a imóveis situados no Brasil;

II – proceder a inventário e partilha de bens, situados no Brasil, ainda que o autor da herança seja estrangeiro e tenha residido fora do território nacional.

Para o professor Misael MONTENEGRO FILHO[215] (2009), diante da hipótese de competência concorrente, o fato de a ação ter sido ajuizada perante autoridade judiciária estrangeira, ainda que idêntica à ação proposta perante autoridade brasileira, não induz litispendência.

> Art. 90, CPC – A ação intentada perante tribunal estrangeiro não induz litispendência, nem obsta a que a autoridade judiciária brasileira conheça da mesma causa e das que lhe são conexas.

Entretanto, conforme Rodrigo KLIPPEL[216] (2007), deve-se esclarecer que a regra do art. 90 do Código de Processo Civil não é absoluta, visto que o Brasil é signatário do chamado Código de Bustamante[217], que é uma Convenção de Direito Internacional privado que consigna, em seu art. 394, norma oposta à do art. 90 do CPC. *Verbis*:

> Art. 394. A litispendência, por motivo de pleito em outro Estado contratante, poderá ser alegada em matéria cível, quando a sentença, proferida por um deles, deva produzir no outro os efeitos da coisa julgada.

São signatários do Código de Bustamante (Convenção de Direito Internacional Privado de Havana, de 1928) os seguintes Estados: Uruguai, Panamá, Equador, México, El Salvador, Guatemala, Nicarágua, Bolívia, Venezuela, Colômbia, Honduras, Costa Rica, Chile, Brasil, Argentina, Paraguai, Haiti, República Dominicana, Estados Unidos da América e Cuba. Diante do exposto no art. 394, havendo duas demandas idênticas, uma no Brasil e outra em qualquer desses signatários, deve ocorrer a extinção de uma delas.

Só terá a sentença estrangeira valia em nosso território no instante em que ela for homologada pelo Superior Tribunal de Justiça (STJ), conforme alínea "i" do inciso I do art. 105 da Constituição Federal de 1988, modificado em face da Emenda Constitucional n. 45/2004,[218] de 8 de dezembro de 2004. Depois de homologada, anotamos que a sentença estrangeira deve ser obrigatoriamente executada pela Justiça Federal, sendo hipótese de competência absoluta, inderrogável pela vontade das partes.

> Art. 109, CF – Aos juízes federais compete processar e julgar:
>
> (...)
>
> X – os crimes de ingresso ou permanência irregular de estrangeiro, a execução de carta rogatória, após o *exequatur*, e de sentença estrangeira, após a homologação, as causas referentes à nacionalidade, inclusive a respectiva opção, e à naturalização; (grifamos).

Todavia, devemos ficar atentos a que o Superior Tribunal de Justiça (STJ) está impedido de homologar sentenças proferidas por órgãos estrangeiros quando a matéria estiver inclusa naquelas em que o legislador brasileiro reserva para si a competência interna exclusiva.

Nesse aspecto não há litispendência nem faz coisa julgada a sentença estrangeira, em território brasileiro, que não tenha sido ainda homologada pelo STJ.

8.1. Aplicação da Lei Trabalhista Estrangeira e Homologação de Sentença Estrangeira

SANT'ANNA[219] (1995) relata que até fins do século XIX o direito estrangeiro era considerado matéria de fato, e sua prova representava uma obrigação imprescindível de iniciativa da parte interessada, sob pena de não ser reconhecido pelo juiz do foro o seu direito. Porém, já no século XX as normas de Direito Internacional passaram a ter um grau de positividade. Dessa forma o direito estrangeiro é aplicado de forma direta e indireta, em razão do fato de a lei estrangeira ser equiparada à lei nacional, conforme prescreve nossa Lei de Introdução ao Código Civil.

> Art. 14. Não conhecendo a lei estrangeira, poderá o juiz exigir de quem a invoca prova do texto e da vigência.

Leciona DALLEGRAVE NETO[220] (2014) que para se chegar à lei que será aplicada ao caso concreto deve-se saber qual elemento de conexão irá prevalecer. Por elemento de conexão se entende o critério jurídico utilizado para delimitar a lei incidente nos casos de conflito. Tal "*punto de collegamento*", expressão utilizada pelos italianos, varia de

---

(215) MONTENEGRO FILHO, Misael. *Processo Civil para Concursos*. 6. ed. Rio de Janeiro: Forense, São Paulo: Método, 2009. p. 73.

(216) KLIPPEL, Rodrigo. *Teoria Geral do Processo Civil*. Niterói: Impetus, 2007.

(217) O Código de Bustamante ingressou no ordenamento jurídico nacional por meio do Decreto n. 18.871, de 13 de agosto de 1929.

(218) A EC n. 45/2004 transferiu a competência para a homologação da sentença estrangeira e a concessão de *exequatur* do Supremo Tribunal Federal (STF) para o Superior Tribunal de Justiça (STJ).

(219) SANT'ANNA, Valéria Maria. *Direito Internacional:* para Concurso de Juiz do Trabalho. 2. ed. Bauru: Edipro, 1995. p. 27.

(220) DALLEGRAVE NETO, José Affonso. *Contrato Internacional de Trabalho*. Artigo disponível em: <http://www.trt9.jus.br/apej/artigos_doutrina_jadn_03.asp> Acesso em: 21 abr. 2014.

acordo com o sistema jurídico de cada país. Dentro do próprio Direito Interno, o elemento de conexão também varia conforme a matéria: se sobre direito real, obrigacional, contratual trabalhista, capacidade etc. Para o autor, no Brasil são duas as legislações que disciplinam a matéria: a LINDB — Lei de Introdução às Normas do Direito Brasileiro, Decreto-lei n. 4.657/42 — e o Código de Bustamante, ratificado pelo Brasil e promulgado por meio do Decreto n. 18.871/29. A primeira traz os elementos de conexão que variam conforme a matéria subjacente, podendo, assim, ser classificados:

a) Domicílio — é o ponto de coligação do direito das pessoas, conforme dispõe o art. 7º da LINDB — "A Lei do país em que for domiciliada a pessoa determina as regras sobre o começo e o fim da personalidade, o nome, a capacidade e os direitos de família".

b) *"Lex Rei Sitae"* — para os direitos reais prevalece o lugar onde se encontra a coisa. Exegese do art. 8º da LINDB: "para qualificar os bens e regular as relações a eles concernentes, aplicar-se-á a lei do país em que estiverem situados".

Assevera Carla Noura TEIXEIRA[221] (2007) que determina ser aplicável a lei do lugar onde está situada uma coisa. O objeto de conexão, neste caso, é o regime jurídico legal dos bens. Assim, designa o direito aplicável quanto à aquisição, à posse, aos direitos reais etc., de tais bens.

c) *Lex Loci Regit Actum*[222] — nos termos do *caput* do art. 9º da LINDB, "Para qualificar e reger as obrigações, aplicar-se-á a lei do país em que se constituírem".

Na aplicação direta, o processo terá a devida tramitação perante o juiz do foro, devendo este identificar o elemento de conexão, conforme elencamos acima, para consequentemente saber qual lei deve ser aplicada ao caso em exame, ou seja, a lei nacional ou estrangeira.

Porém, quanto ao processo a ser observado, é sempre o da *lex fori*, ou seja, as regras processuais da lei nacional — o princípio da *lex loci executiones*. Nosso entendimento é que aqui o princípio de *locus regit actum*, portanto, não é aplicado aos atos judiciais, **pois cada Estado tem as suas próprias leis processuais e delas não se afasta.** Assim, as leis estrangeiras são aplicadas quanto à substância, mas nunca quanto à forma.

Conforme expusemos acima, o referido art. 9º da Lei de Introdução às Normas do Direito Brasileiro constitui regra para as obrigações em geral. Todavia, quando a obrigação for de índole trabalhista, o elemento de conexão será o do local da execução do contrato. Neste sentido é o Código de Bustamante, cujo art. 198[223] dispõe expressamente que o contrato de trabalho seja regido pela lei do local da prestação do serviço. Todavia, o entendimento recente majoritariamente recomenda aplicar o Princípio da Norma mais Favorável ao obreiro.

Ainda conforme DALLEGRAVE NETO[224] (2014), verificamos que embora não se deva confundir competência da lei e competência jurisdicional, "no campo do Direito do Trabalho, no entanto, em razão mesmo de sua aplicação territorial, as duas competências praticamente se confundem, uma decorrente da outra". Daí o art. 651 da Consolidação das Leis do Trabalho dispor:

> A competência das Varas do Trabalho é determinada pela localidade onde o empregado, reclamante ou reclamado, prestar serviços ao empregador, ainda que tenha sido contratado noutro local ou no estrangeiro.[225]

A matéria se encontrava pacificada na jurisprudência, por meio da Súmula n. 207 do TST:

> 207 Conflitos de leis trabalhistas no espaço. Princípio da lex loci executionis — A relação jurídica trabalhista é regida pelas leis vigentes no país da prestação de serviço e não por aquelas do local da contratação (Res. n. 13/1985 DJ 11.7.1985) Referência: Lei de Introdução ao Código Civil — Decreto n. 4.657/1942, arts. 9º e 17. Código de Bustamante, art. 198, c/c Decreto n. 18.874/1929.

---

(221) TEIXEIRA, Carla Noura. *Direito Internacional:* Público, Privado e dos Direitos Humanos. São Paulo: Saraiva, 2007. p. 122.

(222) *Lex loci regit actum:* Os atos que foram objeto de uma relação jurídica de direito devem ser regidos pela lei do Estado onde foram praticados.

(223) Art. 198. Também é territorial a legislação sobre acidentes de trabalho e proteção social do trabalhador.

(224) DALLEGRAVE NETO, José Affonso. *Contrato Internacional de Trabalho.* Artigo disponível em: <http://www.trt9.jus.br/apej/artigos_doutrina_jadn_03.asp> Acesso em: 21 abr. 2014.

(225) É o que preconiza Carlos Henrique Bezerra LEITE (2007) no seguinte postulado — Outras exceções à regra geral da competência territorial estão previstas no § 2º do art. 651 da CLT, segundo o qual a competência territorial das Varas do Trabalho estende-se às lides ocorridas em agência ou filial no estrangeiro, desde que o empregado seja brasileiro e não haja convenção internacional dispondo em contrário. Para ele, trata-se da *lex loci executionis*, isto é, a competência territorial das Varas do Trabalho é mantida em função do local da prestação do serviço quando for parte na ação trabalhista empregado brasileiro e desde que não haja tratado internacional ratificado pelo Brasil dispondo de maneira diversa.

EMENTA: TRABALHO NO EXTERIOR. LEGISLAÇÃO APLICÁVEL. Ao trabalho realizado no exterior aplica-se o direito material do local da prestação de serviços, em homenagem ao princípio da territorialidade, conforme determina o art. 198 da Convenção de Direito Internacional Privado (Código de Bustamante), promulgada pelo Decreto n. 18.871/1929 e a Súmula n. 207 do TST. Assim, em razão da existência de norma legal que consagra a aplicação do direito material do local da execução do trabalho, não existe lacuna normativa que autorize a aplicação analógica da Lei n. 7.064/82, por ser norma especial, destinada a regular os contratos de trabalhadores transferidos para o exterior de "empresas prestadoras de serviços de engenharia, inclusive consultoria, projetos e obras, montagens, gerenciamento e congêneres", não podendo ser estendida indiscriminadamente às empresas de outros segmentos de atividade. Recurso Ordinário. Julgamento: 18.9.2008, relator: Adalberto Martins, revisor: Davi Furtado Meirelles. Acórdão n.: 20080831553. Processo n.: 02258-2003-060-02-00-4. Ano: 2007. Turma: 12ª. Publicação: 26.9.2008.

O Tribunal Superior do Trabalho editou a Súmula n. 207, em 1985, orientação que consagrava o princípio "*lex loci execucionis*", ou seja, a lei que rege um contrato de trabalho é aquela do local da prestação do serviço e não a do local da contratação (**Princípio de Territorialidade**).

Contudo, diante das alterações jurídicas e discussões que já vinham acontecendo no meio trabalhista e principalmente nas decisões da Justiça do Trabalho de primeira e segunda instâncias e do crescente cenário de internacionalização do mercado de trabalho brasileiro, em 16.4.2012, a referida Súmula foi cancelada. Isso quer dizer que, gradualmente, o **Princípio da Territorialidade** foi sendo substituído pela **aplicação da norma mais favorável ao trabalhador** (Princípio da Proteção), fonte basilar do Direito do Trabalho, impondo ao operador do direito, na pluralidade de normas, aplicar no caso concreto em apreço aquela que mais favorece o trabalhador, independentemente da escala hierárquica da norma jurídica[226].

Na aplicação indireta a sentença é proferida por juiz estrangeiro e seus efeitos serão produzidos no Brasil, ou seja, apenas a execução será no Brasil.

Antes, porém, deverá ser homologada, pelo Superior Tribunal de Justiça (STJ), nos termos do inciso I, alínea "*i*",[227] do art. 105 da Constituição Federal de 1988 (alínea acrescentada pela Emenda Constitucional n. 45/2004, de 8.12.2004).

Os requisitos para a homologação de sentença estrangeira no Brasil estão enumerados na Lei de Introdução ao Código Civil, no art. 15 e são, *in verbis*:

a) haver sido proferida por juiz (*rectius*, juízo) competente;

b) terem sido as partes citadas ou haver-se legalmente verificado a revelia;

c) ter passado em julgado e estar revestida das formalidades necessárias para a execução no lugar em que foi proferida;

d) estar traduzida por intérprete autorizado;

e) ter sido homologada pelo Supremo Tribunal Federal.[228]

Parágrafo único. Não dependem de homologação as sentenças meramente declaratórias do estado das pessoas.

Os requisitos a serem cumpridos encontram-se regulamentados no art. 5º da Resolução n. 9, de 4 de maio de 2005, do Superior Tribunal de Justiça. *Verbis*:

Art. 5º Constituem requisitos indispensáveis à homologação de sentença estrangeira:

I. haver sido proferida por autoridade competente;

II. terem sido as partes citadas ou haver-se legalmente verificado a revelia;

III. ter transitado em julgado; e

IV. estar autenticada pelo cônsul brasileiro e acompanhada de tradução por tradutor oficial ou juramentado no Brasil.[229]

---

(226) TOLENTINO, Daniel; SANTOS, Veridiana Toczeki. *O trabalho marítimo ante o cancelamento da Súmula n. 207 do TST*. Disponível em: <http://portogente.com.br/portopedia/o-trabalho-maritimo-ante-o-cancelamento-da-sumula-207-do-tst-78502>.

(227) Art. 105 – Compete ao Superior Tribunal de Justiça:

I – processar e julgar, originariamente:

(...)

i – a homologação de sentenças estrangeiras e a concessão de "*exequatur*" às cartas rogatórias.

(...)

(228) STJ, após Emenda Constitucional n. 45 de 8.12.2004.

(229) Para que o STJ proceda à análise da sentença estrangeira é necessário comprovar sua autenticidade. O documento deve estar visado (Certidão Consular comprobatória de trânsito em julgado da sentença estrangeira), contendo a chancela do consulado brasileiro do local de origem da sentença a ser homologada.

Conforme Nádia de ARAÚJO[230] (2004), a sentença proferida por tribunal estrangeiro só terá eficácia no Brasil depois de homologada. O alcance do art. 483 do CPC foi alvo de polêmica, por conta da anterior determinação do parágrafo único[231] da LINDB, que não exigia a homologação das sentenças declaratórias de mero estado. Entretanto, com a modificação do CPC, a regra se aplica a todas as decisões estrangeiras, em face de seu caráter imperativo. O STF decidiu nesse sentido, aludindo à imprescindibilidade de homologação de todas as sentenças estrangeiras, por conta da modificação sofrida pela LINDB com a norma cogente do CPC de 1973.

Para LEITE[232] (2012), impende ressaltar, porém, que, em razão do art. 114, I, da CF, com redação dada pela Emenda Constitucional n. 45/2004, a Justiça do Trabalho passou a ser competente também para processar e julgar as ações oriundas da relação de trabalho autônomo, eventual, avulso, estagiário, cooperado etc., em função do que, em tais casos, parece-nos que não há incompatibilidade ou impedimento para que os sujeitos de tais relações de trabalho possam, com base no princípio da liberdade contratual, estipular cláusula dispondo sobre foro de eleição.

Por derradeiro, disponibilizamos a Portaria n. 21/2006, que dispõe sobre a contratação, por empresa estrangeira, de brasileiro para trabalhar no exterior. *In verbis*:

8.1.1. Contratação de Brasileiro para o Exterior

GABINETE DO MINISTRO

PORTARIA N. 21, DE 9 DE MARÇO DE 2006

Dispõe sobre a contratação, por empresa estrangeira, de brasileiro para trabalhar no exterior.

O MINISTRO DE ESTADO DO TRABALHO E EMPREGO, no uso das atribuições que lhe são conferidas pelo art. 87, parágrafo único, inciso II da Constituição, e tendo em vista o disposto no art. 12 da Lei n. 7.064, de 6 de dezembro de 1982 e no art. 6º do Decreto n. 89.339, de 31 de janeiro de 1984, resolve:

Art. 1º A contratação, por empresa estrangeira, de brasileiro para trabalhar no exterior, dependerá de autorização deste Ministério do Trabalho e Emprego.

Parágrafo único. Fica delegada competência ao titular da Coordenação-Geral de Imigração deste Ministério para autorizar a contratação, por empresa estrangeira, de brasileiro para trabalhar no exterior.

Art. 2º O pedido de autorização deverá ser formulado pela empresa interessada à Coordenação-Geral de Imigração, em língua portuguesa, e instruído com os seguintes documentos:

I – comprovação de sua existência jurídica, segundo as leis do país no qual é sediada, consularizada e traduzida para a língua portuguesa, por tradutor oficial juramentado;

II – comprovação de participação acionária em empresa brasileira de, no mínimo, cinco por cento do seu capital social integralizado;

III – constituição de procurador no Brasil, com poderes especiais de representação, inclusive o de receber citação; e

IV – contrato individual de trabalho, em língua portuguesa, contemplando os preceitos da Lei n. 7.064, de 1982.

Parágrafo único. A empresa brasileira de que trata o inciso II deste art. responderá solidariamente com a empresa estrangeira pelos encargos e obrigações decorrentes da contratação do trabalhador.

Art. 3º A autorização para contratação, por empresa estrangeira, de que trata esta Portaria terá validade de até três anos.

Parágrafo único. Nos casos em que for ajustada permanência do trabalhador no exterior por período superior a três anos ou nos casos de renovação do contrato de trabalho, a empresa estrangeira deverá requerer a prorrogação da autorização, juntando:

I – os documentos elencados no art. 2º desta Portaria devidamente atualizados;

II – a comprovação da concessão dos benefícios de que tratam os arts. 21 e 22 da Lei n. 7.064, de 1982; e

III – a comprovação do gozo de férias anuais, no Brasil, do empregado e de seus dependentes, com despesas de viagens pagas pela empresa estrangeira.

Art. 4º Esta Portaria entra em vigor na data de sua publicação.

Art. 5º Revoga-se a Portaria n. 3.256, de 17 de agosto de 1989, deste Ministério.

LUIZ MARINHO

---

(230) ARAÚJO, Nadia de. *Direito Internacional Privado:* Teoria e Prática Brasileira. 2. ed. Rio de Janeiro: Renovar, 2004.
(231) Não dependem de homologação as sentenças meramente declaratórias do estado das pessoas.
(232) BEZERRA LEITE, Carlos Henrique. *Curso de Direito Processual do Trabalho.* 10. ed. São Paulo: LTr, 2012. p. 184.

8.1.2. Autorização de Trabalho e Visto a Estrangeiro

Existem diferentes categorias de vistos definidos pela legislação brasileira (art. 4º da Lei n. 6.815, de 19 de agosto de 1980), cuja aplicabilidade depende do motivo e da situação específica da viagem para o Brasil. O trabalho de estrangeiros no país é realizado mediante do Visto Temporário.

Art. 4º Ao estrangeiro que pretenda entrar no território nacional poderá ser concedido visto:

I – de trânsito;

II – de turista;

III – temporário;

IV – permanente;

V – de cortesia;

VI – oficial; e

VII – diplomático.

Os estrangeiros que estão no Brasil a trabalho normalmente precisam de um "visto de trabalho", conhecido tradicionalmente como visto temporário tipo V ou VITEM V (Lei n. 6.815, art. 13º V).[233] Importante esclarecer que o Ministério das Relações Exteriores (MRE) é o órgão emissor dos Vistos de Trabalho e isto ocorre na repartição consular no exterior. A solicitação do "visto de trabalho" é feita ao Ministério do Trabalho e Emprego (MTE) no Brasil. Após análise, o MTE concede ou não uma Autorização de Trabalho. Se o parecer do MTE é positivo, o MRE, então, emitirá o "Visto de Trabalho" que será retirado no exterior. O "visto de trabalho" nada mais é que uma etiqueta emitida pelo MRE para ser colada ao passaporte do estrangeiro. A prorrogação dos vistos é feita pelo Ministério da Justiça (MJ), por intermédio da Polícia Federal (PF).[234]

A maior parte dos estrangeiros que trabalham em nosso país (retirando os embarcados, os artistas e os atletas) estão no Brasil com Vistos Temporários em razão de duas situações:

1. Especialistas com vínculo empregatício (Resolução Normativa — RN n. 80/08 do CNIg);

2. Por contrato de assistência técnica/cooperação técnica/transferência de tecnologia, sem vínculo empregatício no Brasil, mas sim com uma empresa no exterior (respaldados pela Resolução Normativa — RN n. 61/04 do CNIg, alterada pela RN n. 73/07).

As infrações habituais se dão na RN n. 61/04. Esta norma permite trabalho sem CTPS e estabelece três situações distintas:

1. Situação de Emergência: visto concedido pelo MRE no exterior sem análise do MTE por 30 dias improrrogáveis (art. 7º);

2. Assistência Técnica breve: autorização de trabalho concedido pelo MTE por prazo máximo de 90 dias (art. 6º);

3. Assistência Técnica prolongada: autorização de trabalho concedido pelo MTE por prazo máximo de 1 ano (art. 1º). Essa modalidade exige Transferência de Tecnologia por meio de Plano de Treinamento detalhado.

---

(233) Art. 13. O visto temporário poderá ser concedido ao estrangeiro que pretenda vir ao Brasil:

I - em viagem cultural ou em missão de estudos;

II - em viagem de negócios;

III - na condição de artista ou desportista;

IV - na condição de estudante;

V - na condição de cientista, professor, técnico ou profissional de outra categoria, sob regime de contrato ou a serviço do Governo brasileiro;

VI - na condição de correspondente de jornal, revista, rádio, televisão ou agência noticiosa estrangeira.

VII - na condição de ministro de confissão religiosa ou membro de instituto de vida consagrada e de congregação ou ordem religiosa.

(234) MAGRO, José Emílio. *Autorização de Trabalho e Visto a Estrangeiro*. In: Palestra proferida em 10.12.2009 na Superintendência Regional do Trabalho e Emprego no Estado do Espírito Santo.

8.2. Imunidade de jurisdição trabalhista

O Estado, no âmbito internacional, é soberano e exerce a sua jurisdição sobre todas as pessoas e coisas que estão no seu elemento físico (território). A jurisdição é exercida pelos juízes em todo o território nacional conforme dispuserem as suas normas. No sistema legal alienígena, jurisdição refere-se à autoridade do Estado, logo, o Estado, como sujeito de Direito Internacional, goza de Imunidade quanto ao exercício do direito jurisdicional de um outro Estado.

Imunidade de **cognição**

Imunidade de **jurisdição**

Imunidade de **execução**

A imunidade de jurisdição do Estado, conforme Hee Moon JO[235] (2001), refere-se à isenção da jurisdição judiciária e executória pelo Estado, no seu território, sobre o Estado estrangeiro e a sua propriedade, com base na igualdade de soberania. Ainda para o autor, a imunidade de jurisdição judiciária implica a imunidade de execução de sentença judiciária.

De acordo com o professor Marco Antônio Ribeiro TURA[236] (2014):

> O problema da imunidade de jurisdição das pessoas jurídicas de Direito Público externo, quando envolvidas em conflitos derivados de relações de trabalho, tem sido enfrentado há tempos pelo Poder Judiciário brasileiro. As posições variaram com o passar dos anos. Sinteticamente podem-se traçar três momentos bem marcados nesse desenvolvimento da jurisprudência, tendo em vista as dimensões mais destacadas da tutela jurisdicional: a cognição e a execução. Em um primeiro momento, anterior à Constituição de 1988, a jurisprudência afirma a imunidade absoluta das pessoas jurídicas de Direito Público externo, seja para os processos de cognição, seja para os processos de execução. Em um segundo momento, logo após a promulgação da Constituição de 1988 e até muito recentemente, a jurisprudência começa a negar a imunidade absoluta das pessoas jurídicas de Direito Público externo quanto aos processos de cognição, mas afirma, ainda, a imunidade absoluta quanto aos processos de execução. Em um terceiro momento, em que estamos a viver, a jurisprudência se lança na negação da imunidade absoluta, seja para os processos de cognição, seja para os processos de execução.

Entende o autor acima que antes da promulgação da Constituição vigente, em 5 de outubro de 1988, os juízes e tribunais trabalhistas e federais durante bom tempo debateram de quem seria a competência para conhecer causas de natureza trabalhista envolvendo pessoas jurídicas de direito público externo. Fixada a competência dos juízes federais, por força de súmula do antigo Tribunal Federal de Recursos (Súmula n. 83, do Tribunal Federal de Recursos, de 10 de junho de 1981, publicada no *Diário da Justiça* de 17 de junho de 1981), a segunda questão debatida foi a do alcance da jurisdição brasileira. Dominava o entendimento de que a imunidade de jurisdição das pessoas jurídicas de direito público externo, notadamente dos Estados estrangeiros, era absoluta e alcançava tanto os processos de cognição quanto os processos de execução.

Para ele, no Tribunal Superior do Trabalho as decisões levantadas, ao menos até 1984, reconheciam, implícita ou explicitamente, a imunidade de jurisdição. De 1992 em diante as decisões são no sentido de negar a imunidade de jurisdição cognitiva. Soterrando a jurisprudência do antigo Tribunal Federal de Recursos, que veio a suceder a jurisprudência do Superior Tribunal de Justiça é no sentido de fixar a competência dos juízes e tribunais trabalhistas e em favor da jurisdição brasileira sobre as pessoas jurídicas de direito público externo que estejam envolvidas em conflitos derivados de relações fundadas em matéria trabalhista. No Supremo Tribunal Federal a questão foi pacificada quando, em 30 de abril de 2002, os Ministros da Segunda Turma proferiram decisão, nos autos do Agravo Regimental em Recurso Extraordinário n. 222.368-4/PE, acompanhando, por unanimidade, relatório do Ministro Celso de Mello. Nos termos desta decisão do Supremo, as pessoas jurídicas de direito público externo estão sujeitas à jurisdição brasileira em causas trabalhistas e, assim, aos juízes e tribunais trabalhistas brasileiros, desde, pelo menos, a promulgação da atual Constituição, em 5 de outubro de 1988. Trata-se de submissão à jurisdição cognitiva. Quanto à jurisdição executiva, persiste a imunidade, salvo havendo renúncia ou, mesmo sem ela, havendo, no Brasil, bens da pessoa jurídica de Direito

---

(235) JO, Hee Moon. *Direito Internacional Privado*. São Paulo: LTr, 2001.

(236) TURA, Marco Antônio Ribeiro. *Imunidade, Jurisdição e Relação de Trabalho na Constituição de 1988*. Disponível em: <http://www.redalyc.org/articulo.oa?id=88501106> Acesso em: 22 abr. 2014.

Público externo que não estejam afetados às suas atividades essenciais, assim entendidas as atividades exercidas com fundamento em atos de império.

Na lição de Carlos Roberto HUSEK[237] (2007), a teoria moderna admite que o direito à imunidade de jurisdição não é absoluto (Teoria de Imunidade Relativa). Em relação a tal matéria o autor apresenta as seguintes perspectivas:

a) se o Estado estrangeiro não se opuser à jurisdição interna de outro Estado, o processo transcorrerá normalmente até sentença.

b) se o Estado estrangeiro alegar a imunidade de jurisdição, surgirá daí um novo conflito, entre Estado e o Estado da jurisdição. Tal incidente processual deve ser solucionado à luz do Direito Internacional Público, que tem por regra básica, consuetudinária, a imunidade de jurisdição.

c) não pode o juiz em ação promovida em face de um Estado estrangeiro, de plano, indeferir a citação do referido Estado, porque este pode renunciar a tal imunidade. Portanto, a citação é sempre necessária, conforme art. 213 do CPC.

Por fim, o *caput* e inciso I do art. 114 da Carta Constitucional de 1988, alterado pela Emenda Constitucional n. 45/2004 dispõe que:

Compete à Justiça do Trabalho processar e julgar:

I – as ações oriundas da relação de trabalho, abrangidos os entes de direito público externo e da administração pública direta e indireta da União, dos Estados, do Distrito Federal e dos Municípios.

Percebe-se que a Carta Política de 1988 (art. 114, I) preceitua que compete à Justiça laboral brasileira processar e julgar as ações oriundas da relação, abrangidos os entes de direito externo público.

O novo Código Civil de 2002 define de forma clara os entes de direito público externo, *verbis*:

Art. 42. São pessoas jurídicas de direito público externo os Estados estrangeiros e todas as pessoas que forem regidas pelo direito internacional público.

Do exposto, com suporte em Carlos Henrique BEZERRA LEITE[238] (2012), podemos dizer que, como o inciso I do art. 114 da CF diz respeito à regra de competência, e não de jurisdição, tem-se entendido que somente na fase de conhecimento é que não há lugar para a imunidade de jurisdição em se tratando de matéria trabalhista na qual o ente de direito público externo figura como sujeito passivo da obrigação correspondente.

Para o ilustre magistrado capixaba, a imunidade de jurisdição, segundo o entendimento que tem prevalecido, não permite a expropriação dos bens do ente de direito público externo, salvo se este, por tratado ou *sponte sua*, renunciar expressamente à imunidade de execução.

No mesmo sentido, diz Renato SARAIVA[239] (2007), que permanece o entendimento da Suprema Corte de que o ente de direito público externo possui "imunidade de execução", ou seja, embora tenha a Justiça Laboral competência para processar e julgar demanda envolvendo ente estrangeiro, não possui competência para executar seus julgados, devendo socorrer-se aos apelos diplomáticos, mediante a denominada carta rogatória.

8.3. Aplicação da lei processual penal no espaço

Nos termos do art. 1º do Código de Processo Penal — CPP:

O processo penal reger-se-á, em todo o território brasileiro, por este Código, ressalvados:

I. os tratados, as convenções e regras de direito internacional;

II. as prerrogativas constitucionais do Presidente da República, dos ministros de Estado, nos crimes conexos com os do Presidente da República, e dos ministros do Supremo Tribunal Federal, nos crimes de responsabilidade (arts. 86 da CF e Lei n. 1.079/50);

III. os processos da competência da Justiça Militar;

IV. os processos da competência do tribunal especial;

V. os processos por crimes de imprensa.

---

(237) HUSEK, Carlos Roberto. *Curso de Direito Internacional Público*. 7. ed. São Paulo: LTr, 2007.

(238) BEZERRA LEITE, Carlos Henrique. *Curso de Direito Processual do Trabalho*. 10. ed. São Paulo: LTr, 2012. p. 270-271.

(239) SARAIVA, Renato. *Curso de Direito Processual do Trabalho*. 4. ed. São Paulo: Método, 2007. p. 77.

Parágrafo único – Aplicar-se-á, entretanto, este Código aos processos referidos ns. IV e V, quando as leis especiais que os regulam não dispuserem de modo diverso.

Consoante ensinamentos de Rodrigo Arnoni SCALQUETTE [240](2007), o princípio da territorialidade previsto no art. 1º do CPP assegura que o processo penal será regido pelas normas do Código de Processo Penal em todo o território brasileiro, assegurando, dessa forma, a soberania nacional. Todavia, existem ressalvas, as quais estão previstas nos incisos do referido artigo, que podem ser entendidas como exceções à regra da territorialidade.

Há algumas exceções ao princípio da territorialidade, que possibilitam a aplicação da lei processual penal brasileira fora do território nacional (Denilson Feitoza PACHECO[241], 2008):

a) em território *nullius*, ou seja, onde não há soberania de qualquer país, como nas águas internacionais e no espaço cósmico;

b) em território estrangeiro, com autorização do respectivo Estado;

c) em território ocupado, em caso de guerra.

Para Luiz Carlos Bivar CORRÊA JR.[242] (2006), no que se refere à aplicação da lei processual penal no espaço vale o Princípio da Territorialidade Absoluta, ou seja, a lei processual penal nacional se aplica exclusivamente aos processos e aos julgamentos ocorridos no território brasileiro. Como se pode perceber, a regra não é a mesma da lei penal, pois para esta vale o Princípio da Territorialidade Relativa ou Mitigada, sendo possível sua aplicação, em alguns casos, aos crimes ocorridos fora do território brasileiro.

Art. 7º, CP – Ficam sujeitos à lei brasileira, embora cometidos no estrangeiro:

I – os crimes:

a) contra a vida ou a liberdade do Presidente da República;

b) contra o patrimônio ou a fé pública da União, do Distrito Federal, de Estado, de Território, de Município, de empresa pública, sociedade de economia mista, autarquia ou fundação instituída pelo Poder Público;

c) contra a administração pública, por quem está a seu serviço;

d) de genocídio, quando o agente for brasileiro ou domiciliado no Brasil.

II – os crimes:

a) que, por tratado ou convenção, o Brasil se obrigou a reprimir;

b) praticados por brasileiro;

c) praticados em aeronaves ou embarcações brasileiras, mercantes ou de propriedade privada, quando em território estrangeiro e aí não sejam julgados.

§ 1º Nos casos do inciso I, o agente é punido segundo a lei brasileira, ainda que absolvido ou condenado no estrangeiro.

§ 2º Nos casos do inciso II, a aplicação da lei brasileira depende do concurso das seguintes condições:

a) entrar o agente no território nacional;

b) ser o fato punível também no país em que foi praticado;

c) estar o crime incluído entre aqueles pelos quais a lei brasileira autoriza a extradição;

d) não ter sido o agente absolvido no estrangeiro ou não ter aí cumprido a pena;

e) *não ter sido o agente perdoado no estrangeiro ou, por outro motivo, não estar extinta a punibilidade, segundo a lei mais favorável.*

§ 3º A lei brasileira aplica-se também ao crime cometido por estrangeiro contra brasileiro fora do Brasil, se, reunidas as condições previstas no parágrafo anterior:

a) não foi pedida ou foi negada a extradição;

b) houve requisição do Ministro da Justiça.

Portanto, deve ser destacado que as ressalvas no art. 1º do CPP não representam, como pode parecer, exceções à territorialidade da lei processual penal brasileira, mas apenas hipóteses em que não se aplicaria o CPP brasileiro, e sim outras leis processuais nacionais (leis extravagantes).

---

(240) SCALQUETTE, Rodrigo Arnoni. *Direito Processual Penal*. 2. ed. São Paulo: DPJ, 2007. p. 29.
(241) PACHECO, Denilson Feitoza. *Direito Processual Penal, Teoria, Crítica e Práxis*. 5. ed. Niterói: Impetus, 2008.
(242) CORRÊA JR., Luiz Carlos Bivar. *Direito Processual Penal*. Brasília: Vestcon, 2006.

CAPÍTULO 9

Tratados Internacionais – Vigência e Aplicação

Inicialmente, cabe dizer que Tratado é um termo genérico, que tem como espécies as Convenções, os Estatutos, os Pactos, os Acordos, os Protocolos, assim, a existência de um vocábulo que englobe todos os atos internacionais, facilita o estudo de seu caráter.[243]

Tratado é o instrumento básico e preponderante utilizado pelo Direito Internacional Público para a consecução das suas finalidades (Arnaldo SÜSSEKIND[244], 2000).

Diz Carlos Roberto HUSEK[245] (2007) que Tratado é o acordo formal concluído entre os sujeitos de Direito Internacional Público, destinado a produzir efeitos jurídicos na órbita internacional.

A Carta Política de 1988 determina:

Art. 49. É da competência exclusiva do Congresso Nacional:

I. Resolver definitivamente sobre tratados, acordos ou atos internacionais que acarretem encargos ou compromissos gravosos ao patrimônio nacional;

Art. 52. Compete privativamente ao Senado Federal:

(...)

V. Autorizar operações externas de natureza financeira de interesse da União, dos Estados, do Distrito Federal, dos Territórios e dos Municípios;

(...)

VIII. Dispor sobre limites e condições para a concessão de garantia da União em operações de crédito externo e interno;

Art. 84. Compete privativamente ao Presidente da República:

(...)

VIII. Celebrar tratados, convenções e atos internacionais sujeitos a referendo do Congresso Nacional.

O **Tratado** vem definido no art. 2º, n. I, alínea "a", da Convenção de Viena, de 1969:[246]

Acordo internacional celebrado por escrito entre Estados e regulado pelo Direito Internacional, constante de um instrumento único ou em dois ou mais instrumentos conexos, e qualquer que seja a sua denominação particular.

Já a Convenção de Viena sobre o Direito dos Tratados entre Estados e Organizações Internacionais ou entre Organizações Internacionais de 1986 diz, em seu art. 2º, I, que:

a) Por **Tratado** entende-se um acordo internacional regido pelo direito internacional e celebrado por escrito:

I – Entre um ou vários Estados e uma ou várias organizações internacionais, ou

II – Entre organizações internacionais, quer esse acordo conste de um instrumento único ou de dois ou mais instrumentos conexos e qualquer que seja a sua denominação particular.

Para Jorge MIRANDA[247] (2009), *por **tratado ou convenção internacional** entende-se um acordo de vontades entre sujeitos de Direito Internacional, constitutivo de direitos e deveres ou de outros efeitos nas relações entre eles; ou, de outra*

---

(243) Leciona REZEK *apud* Sérgio Pinto MARTINS (2006, p. 203) que em português são usadas as expressões acordo, arranjo, ata, ato, carta, código, compromisso, constituição, contrato, convenção, convênio, estatuto, memorando, pacto, protocolo e regulamento.

(244) SÜSSEKIND, Arnaldo. *Direito Internacional do Trabalho*. 3. ed. São Paulo: LTr, 2000.

(245) HUSEK, Carlos Roberto. *Curso de Direito Internacional Público*. 7. ed. São Paulo: LTr, 2007. p. 65.

(246) O Brasil ratificou (com ressalvas para os arts. 25 e 66) a Convenção, em 25 de setembro de 2009, e promulgou-a pelo **Decreto n. 7.030, de 14 de dezembro de 2009.**

(247) MIRANDA, Jorge. *Curso de Direito Internacional Público*: uma visão Sistemática do Direito Internacional dos nossos dias. Rio de Janeiro: Forense, 2009. p. 57-58.

perspectiva, um acordo de vontades, regido pelo Direito Internacional, entre sujeitos de Direito Internacional; ou, ainda, um acordo de vontades entre sujeitos de Direito Internacional, agindo enquanto tais, de que derivam efeitos jurídico-internacionais ou jurídico-internacionalmente relevantes.

Para o autor, o conceito envolve, pois:

a) um acordo de vontades;

b) a necessidade de as partes serem todas sujeitos de Direito Internacional e de agirem nessa qualidade;

c) a regulamentação pelo Direito Internacional;

d) a produção de efeitos com relevância nas relações internacionais — sejam estritos efeitos nessas relações, sejam efeitos nas ordens internas das partes.

A comissão de Direito Internacional das Nações Unidas menciona que há uma grande variedade de denominações para os acordos internacionais — **tratado, convenção, protocolo, carta, pacto, estatuto** etc. –, concluindo-se que o uso do vocábulo "Tratado" ocorre no sentido genérico, para abranger toda classe de acordos no âmbito internacional estipulados por escrito e aceito pela maioria dos juristas. Lembre-se que a ONU, quase sempre, e a OIT, sempre, atribuem o nome de Convenção aos tratados multilaterais adotados por suas assembleias ou conferências; outras vezes se utiliza a palavra "Pacto" (Pacto Internacional dos Direitos Civis e Políticos; Pacto Internacional dos Direitos Econômicos, Sociais e Culturais); já o estatuto-base das Nações Unidas recebe a denominação "Carta"; o da Organização Internacional do Trabalho, "Constituição"; o da Corte Internacional de Justiça, "Estatuto".

De acordo com Celso D. de Albuquerque MELLO[248] (2000), algumas observações podem ser formuladas sobre os tratados, é que eles são ao mesmo tempo ato jurídico e norma. Ele é ato jurídico vez que resulta de manifestação de vontade. Mas é também o seu resultado, a norma. Não se pode dissociar o ato e a norma, mas eles devem ser distinguidos.

Leciona SCHMIDT e FREITAS[249] (2004) que os tratados, elaborados na forma escrita, podem ser celebrados tanto entre Estados quanto entre organismos internacionais.

Registra Aguinaldo ALLEMAR[250] (2004) que na sociedade interna a maioria das relações jurídicas são reguladas por um contrato, verbal ou escrito, que define seu âmbito, finalidade, modo de execução e consequências. No plano internacional, também as relações, na sua maioria, são regidas por uma espécie de contrato entre pessoas de Direito Internacional Público. O que ocorre é que, neste caso, o ajuste de vontades recebe, geralmente, o nome de *Tratado Internacional*. É esse instrumento que definirá as partes envolvidas, o âmbito de aplicação de suas normas, a finalidade das partes, enfim, tudo que seja necessário para o bom e fiel cumprimento da vontade das partes.

A classificação dos tratados, em relação aos sujeitos que figuram ou podem figurar como partes nos tratados é:

a) **Fechados**, quando não permitem a adesão de outros sujeitos, restringindo-se, de forma exclusiva, aos contratantes ou pactuantes;

b) **Abertos à adesão de outros Estados**, que não só aos contratantes originais, nos termos das limitações de origem geográfica, econômica, cultural etc., decorrentes do próprio texto; a adesão dos Estados-membros do organismo internacional em cujo âmbito foi adotado o instrumento, ou, ainda, à adesão de qualquer Estado.

Normalmente, um Tratado Internacional é composto de três partes distintas: **Preâmbulo, Dispositivo e Anexos**.

No **Preâmbulo** encontram-se as partes pactuantes, as causas que levaram à sua realização e suas finalidades. São utilizadas expressões como: Considerando..., Tendo em vista..., Reconhecendo..., Esperando..., Desejando..., Constatando..., Afirmando... etc.

O **Dispositivo** é a parte jurídica propriamente dita do tratado. Neste espaço as partes estabelecem os direitos e obrigações, as formas de execução e conclusão do pactuado, a forma de solução de divergências e as penalidades em caso de inadimplemento.

---

(248) MELLO, Celso D. de Albuquerque. *Direito Constitucional Internacional*: uma introdução. 2. ed. São Paulo: Renovar, 2000. p. 203.

(249) SCHMIDT, Caroline Assunta; FREITAS, Mariana Almeida Passos de. *Tratados Internacionais de Direito Ambiental - Textos Essenciais Ratificados pelo Brasil*. Curitiba: Juruá, 2004. p. 17.

(250) ALLEMAR, Aguinaldo. *Direito Internacional*. Curitiba: Juruá, 2004. p. 19.

Os **Anexos** são formados por peças apensadas à parte Dispositiva, compostas por gráficos, mapas, estatísticas, relatórios etc.

Todavia, por serem os tratados, as convenções, os acordos e os ajustes complementares documentos formais, por escrito e com teor definido, eles obedecem, tradicionalmente, ao seguinte padrão:

a. **Título**: indica o tema a ser acordado.

b. **Preâmbulo**: indica as Partes Contratantes, ou seja, os Governos ou as Organizações Internacionais.

c. **Considerando**: indica a motivação que leva à celebração do ato internacional. Em se tratando de acordo complementar, o acordo básico deve ser aqui mencionado.

d. **Articulado**: indica a parte principal, na qual se acham registradas, sob forma de artigos numerados, as cláusulas operativas do instrumento firmado.

e. **Fecho**: especifica o local, a data da celebração do ato, o idioma em que se acha redigido e o número de exemplares originais. Tratando-se de idiomas menos usuais, a prática brasileira tem sido a de negociar um terceiro texto, em inglês, francês ou espanhol, para dirimir futuras dúvidas de interpretação.

f. **Assinatura**: pelo Presidente da República, pelo Ministro de Estado das Relações Exteriores ou por outra autoridade, desde que munida de plenos poderes específicos.

g. Para evitar questões de precedência na assinatura dos atos internacionais bilaterais, adota-se o sistema de inversões ou alternâncias, que consiste em cada Parte ocupar o primeiro lugar no exemplar que ficará em seu poder. Os atos multilaterais seguem, habitualmente, a ordem alfabética dos nomes dos países, que se altera em função do idioma em que está redigido.

h. **Selo de lacre com as armas das Partes Contratantes.**

Analisaremos, em breves notas, as mais importantes fases de conclusão dos tratados e suas consequências para a ordem jurídica do Estado apresentadas por SAMPAIO e SOUZA[251] (2014), constantes do livro *Direitos Humanos*.

9.1. Negociação e assinatura

A negociação é a fase de discussão ao fim da qual é elaborado o texto do tratado. A seguir, é o texto assinado pelo representante plenipotenciário de cada Estado. Em princípio, o valor desta assinatura é *ad referendum*, conforme termos da Convenção de Viena, ou seja, precisa ser corroborada pelo Estado. Todavia, dada a celeridade com que as relações internacionais têm se desenvolvido e a primazia face ao Legislativo que o Poder Executivo tem atingido em muitos países, é atualmente admitido que o Estado se obrigue mediante a simples assinatura de seu representante plenipotenciário, quando os Estados contratantes assim acordem, quando esta prerrogativa constar dos plenos poderes concedidos a seu representante, ou se tal hipótese restar acordada durante a fase de negociação.

Assim, entende o professor REZEK que a interpretação da Carta Constitucional de 1988 permite que o Poder Executivo celebre alguns acordos, dispensando a apreciação congressual. São duas as hipóteses:

1. o acordo executivo como subproduto de um tratado vigente, pois, neste caso, entende-se que a aprovação do Congresso sofreu uma antecipação no tempo. Neste sentido, os acordos de detalhamento, especificação e suplementação previstos no texto original.

2. o acordo executivo como expressão de diplomacia ordinária, uma vez que é da competência privativa do Presidente manter relações com os Estados estrangeiros (art. 84,[252] VIII, da CRFB/88). Assim, pode o Poder Executivo, sem a aprovação do Legislativo, decidir sobre intercâmbio consular, a atuação dos representantes do Estado nas organizações internacionais, a aceitação ou recusa de convites para entendimentos visando à preparação de tratados.

---

(251) SAMPAIO, Patrícia Regina Pinheiro; SOUZA, Carlos Affonso Pereira de. *Conflito entre Tratados e Leis*. Disponível em: <http://pesquisas-diritointernacl.blogspot.com.br/2008/07/conflito-entre-tratados-e-leis.html> Acesso em: 22 abr. 2014.

(252) Art. 84. Compete privativamente ao Presidente da República:
(....)
VIII – Celebrar tratados, convenções e atos internacionais, sujeitos a referendo do Congresso Nacional.

A ratificação torna-se a fase mais importante do processo de conclusão dos tratados, porque é a troca ou o depósito dos instrumentos de ratificação que torna o tratado obrigatório. Assim, é o que estabelece a Convenção Panamericana sobre Tratados de Havana, de 1928:

> Art. 5º Os tratados não são obrigatórios senão depois de ratificados pelos Estados contratantes, ainda que esta cláusula não conste nos plenos poderes dos negociadores, nem figure no próprio tratado.

9.2. Ratificação

A ratificação[253] é o ato pelo qual um Estado informa aos demais sua aprovação ao projeto de tratado concluído por seus plenipotenciários, o que torna sua observância para aquele Estado obrigatória perante a comunidade internacional. O poder competente para a ratificação é fixado pelo Direito Constitucional de cada Estado, sendo um ato do Poder Executivo, ainda que este não possa prescindir da aprovação do Legislativo.

Ao pensar na Ratificação ou Adesão a um Tratado, deve-se ter em mente o respeito à soberania dos Estados, em virtude da qual a vinculação a este depende da manifestação da sua vontade, o que por si só constitui um dos princípios fundamentais do Direito Internacional Público.

Conforme João Hermes Pereira de ARAÚJO, citado por MELLO[254] (2000), Ratificação é o ato pelo qual a autoridade nacional competente informa às autoridades correspondentes dos Estados cujos plenipotenciários concluíram, com os seus, um projeto de tratado, a aprovação que dá a este projeto e que o faz doravante um tratado obrigatório para o Estado que esta autoridade encarna nas relações internacionais.

A Convenção de Viena sobre o Direito dos Tratados prescreve em seu art. 2º, alínea "b", que:

> b) "ratificação", "aceitação", "aprovação" e "adesão" significam, conforme o caso, o ato internacional assim denominado pelo qual um Estado estabelece no plano internacional seu consentimento em obrigar-se por um tratado;

Não há prazo para os Estados procederem à ratificação, exceto quando for estabelecido durante a negociação. Por outro lado, a não ratificação não enseja qualquer responsabilização jurídica do Estado, embora possa dar ensejo a retaliações de caráter político. Os tratados que a exigem só passam a ser obrigatórios quando da troca ou depósito dos instrumentos de ratificação, sendo tal procedimento imprescindível inclusive nos tratados de adesão.

No Brasil, a ratificação dos tratados que acarretam encargos ou compromissos gravosos ao patrimônio nacional depende da aprovação do Congresso Nacional (art. 49,[255] I, da CRFB/88), destacando-se os acordos sobre a dívida externa, que jamais poderão revestir-se da forma de acordo executivo. Dependerão, ainda, da autorização do Senado Federal,[256] as operações externas de natureza financeira de Estados, Municípios e do Distrito Federal (art. 52, V, da CRFB/88). A aprovação do Congresso Nacional é expressa mediante promulgação de um decreto legislativo, ao passo que os tratados submetidos apenas ao Senado Federal são aprovados por meio de resoluções.

A competência para a aprovação de operações externas de natureza financeira foi uma inovação da Constituição Federal de 1988, proposta em virtude do surpreendente endividamento externo do país, dívida contraída ao longo de vários anos e sem o conhecimento e controle do Congresso Nacional. Assim, tal procedimento acontecerá nas situações em que o "Acordo" internacional não se constituir em Tratado e sim em mero Contrato de natureza financeira.

Não obstante a aprovação congressual, ao Presidente da República cabe a última palavra quanto à celebração de tratados, podendo este se opor à ratificação. O inverso, porém, é inadmissível: rejeitado o projeto do tratado pelo Congresso, não pode o Presidente ratificá-lo, donde se conclui ser a aprovação pelo Congresso Nacional requisito para a validade da ratificação, com a qual não se confunde. A partir da ratificação, o acordo entra em vigor na ordem internacional.

---

(253) A ratificação é o ato pelo qual uma pessoa de Direito Internacional Público manifesta, no plano internacional, sua intenção de se vincular definitivamente a um tratado internacional (ALLEMAR, 2004, p. 20).

(254) MELLO, Celso D. Albuquerque. *Direito Constitucional Internacional:* uma introdução. 2. ed. Rio de Janeiro: Renovar, 2000.

(255) Art. 49. É da competência exclusiva do Congresso Nacional:
I – resolver definitivamente sobre tratados, acordos ou atos internacionais que acarretem encargos ou compromissos gravosos ao patrimônio nacional.

(256) Art. 52 da CF – Compete privativamente ao Senado Federal:
(...)
V – autorizar operações externas de natureza financeira, de interesse da União, dos Estados, do Distrito Federal, dos Territórios e dos Municípios;

9.3. Promulgação e publicação

Essas fases sucedem a ratificação, sendo ato jurídico interno, que torna o tratado válido e executável dentro dos limites territoriais do Estado. Sua importância reside em que os tratados não são normas de Direito Interno, sendo a partir de sua promulgação, por meio de decreto do Presidente da República, que estes passam a integrar o ordenamento jurídico interno.

Uma vez promulgado o texto do decreto, constando a íntegra do tratado em anexo, este é publicado no Diário Oficial da União. A publicação é imprescindível para que o tratado seja aplicado internamente, por dar ciência à população de sua existência, mas cumpre ressaltar que sua observância pelo Estado no plano internacional independe desta.

Os tratados são, portanto, fonte de direito, entendidos como lei *lato sensu* (assim como decretos, portarias e todas as normas positivas de elaboração, distintas das leis em sentido estrito). Ao aplicarem-se os tratados, está se aplicando norma de Direito Internacional que o Brasil, após seguidos todos os trâmites de elaboração, se obrigou a respeitar. De forma alguma podem os tratados ser analisados como norma de Direito Interno.

Esclarecemos, entretanto, que a aplicação do tratado enquanto norma de Direito Internacional em nada diminui sua força cogente ou sua eficácia para a população brasileira, a qual tem o dever de respeitá-lo desde a data de sua publicação. Essa conclusão é obtida de uma interpretação sistemática da Constituição. Se a Lei Maior declara ser da competência do Supremo Tribunal Federal julgar, em Recurso Extraordinário, todas as causas decididas em única ou última instância, quando a decisão recorrida declarar a inconstitucionalidade de tratado (art. 102, III, "b", da CRFB/88), está implicitamente reconhecendo o dever de os tribunais nacionais aplicarem os tratados, independentemente da existência de lei que disponha sobre a matéria neles contida e, por conseguinte, a obrigação de todos os respeitarem.

No mesmo sentido, o art. 105, III, da Constituição, ao estabelecer que ao Superior Tribunal de Justiça cabe apreciar os recursos quando a decisão de primeira ou única instância houver contrariado tratado ou negado-lhe vigência, está corroborando a tese de que os tratados são válidos internamente, independentemente de sua transcrição em lei nacional.

9.4. Vigência

A vigência de um tratado no âmbito internacional constitui pressuposto essencial para que o instrumento ratificado possa ter eficácia jurídica em relação ao Estado que o ratificou. Neste sentido, estabelece o art. 24 da Convenção de Viena sobre o Direito dos Tratados:

1. Um tratado entra em vigor na forma e na data previstas no tratado ou acordadas pelas partes.

2. Na ausência de tal disposição ou acordo, um tratado entra em vigor tão logo o consentimento em obrigar-se por um tratado seja manifestado por todos os Estados negociadores.

3. Quando o consentimento de um Estado em obrigar-se por um tratado for manifestado depois de sua entrada em vigor, o tratado, salvo disposição em contrário, entrará em vigor em relação ao Estado nessa data.

4. As disposições de um tratado relativas à autenticação de um texto, à manifestação do consentimento dos Estados em se obrigarem pelo tratado, à maneira ou à data de sua entrada em vigor, às reservas, às funções do depositário e aos outros assuntos que surgem necessariamente antes da entrada em vigor do tratado, são aplicadas desde a adoção do texto.

9.5. Denúncia

A Convenção de Viena sobre o Direito dos Tratados, de 1969, prescreve, no seu art. 56, que só é admissível a denúncia se o tratado prevê a sua formulação, que pode ser explícita ou implícita:

Denúncia ou Retirada de um Tratado que não contém disposições sobre Extinção, Denúncia ou Retirada

1. Um tratado que não contém disposição relativa à sua extinção, e não prevê denúncia ou retirada, é insuscetível de denúncia ou retirada, a menos:

a) que se estabeleça terem as partes admitido a possibilidade da denúncia ou retirada; ou

b) que o direito de denúncia ou retirada possa ser deduzido da natureza do tratado.

2. Uma parte deve notificar, com pelo menos doze meses de antecedência, sua intenção de denunciar ou de se retirar de um tratado, de conformidade com o § 1º.

9.5.1. Conflito entre as Normas Internacionais de Direitos Humanos e a Constituição Brasileira

Os tratados internacionais de direitos humanos têm como fonte um campo do Direito extremamente recente, denominado Direito Internacional dos Direitos Humanos, que é o direito pós-guerra, nascido como resposta às atrocidades e aos horrores cometidos pelo nazismo. O Direito Internacional dos Direitos Humanos surge, assim, em meados do século XX, em decorrência da 2ª Guerra Mundial, e seu desenvolvimento pode ser atribuído às monstruosas violações de direitos humanos da era Hitler e à crença de que parte dessas violações poderia ser prevenida se um efetivo sistema de proteção internacional de direitos humanos existisse (Flávia PIOVESAN[257], 2012).

Conforme Marcelo NOVELINO[258] (2011), o Supremo Tribunal Federal adotava o entendimento de que todo e qualquer tratado internacional, independentemente de seu conteúdo, tinha o *status* de lei ordinária (CF, art. 102, III, "*b*").

No entanto, consolidava-se a tese defendida, no Estado brasileiro, por Celso LAFER, Antônio Augusto Cançado TRINDADE e pela professora Flávia PIOVESAN, de que os **tratados internacionais de Direitos Humanos teriam a mesma hierarquia das normas constitucionais**, por força do disposto no § 2º, art. 5º da Carta Política de 1988 (NOVELINO, 2011).

A Emenda Constitucional n. 45, de 8 de dezembro de 2004, na tentativa de pôr fim à controvérsia, acrescentou um terceiro parágrafo ao art. 5º. Tal dispositivo estabelece que se o tratado ou convenção sobre direitos humanos for aprovado pelo Congresso Nacional com o mesmo procedimento previsto para as emendas, serão equivalentes a elas.

A partir de então os tratados internacionais, via de regra, possuem *status* de uma lei ordinária e se situam no nível intermediário, ao lado dos atos normativos primários. Já os tratados e convenções internacionais sobre direitos humanos, se aprovados em cada Casa do Congresso Nacional, em dois turnos, por três quintos dos votos dos respectivos membros, serão equivalentes a emendas constitucionais.

Questão que merece tratamento especial diz respeito aos tratados de direitos humanos já vigentes no ordenamento pátrio anteriormente à Emenda Constitucional n. 45/2004.

O professor Doutor Luiz Flávio GOMES[259] (2009) demonstra com clareza o atual *status* legal desses tratados, vejamos:

> No histórico julgamento do dia 03.12.08, preponderou no STF (Pleno) o voto do Min. Gilmar Mendes (cinco votos a quatro). Ganhou a tese da **supralegalidade dos tratados**. Restou afastada a tese do Min. Celso de Mello (que reconhecia valor constitucional a tais tratados).
>
> Os tratados de direitos que vierem a ser incorporados no Brasil podem ter valor constitucional, se seguirem o § 3º, do art. 5º, da CF, inserido pela Emenda Constitucional n. 45/2004, que diz: "Os tratados e convenções internacionais sobre direitos humanos que forem aprovados, em cada Casa do Congresso Nacional, em dois turnos, por três quintos dos votos dos respectivos membros, serão equivalentes às emendas constitucionais".
>
> **Os tratados já vigentes no Brasil possuem valor supralegal**: tese do Min. Gilmar Mendes (RE n. 466.343-SP), que foi reiterada no HC n. 90.172-SP, Segunda Turma, votação unânime, j. 5.6.2007 e ratificada no histórico julgamento do dia 3.12.2008.
>
> O Direito Constitucional, depois de 1988, conta com relações diferenciadas frente ao Direito Internacional dos Direitos Humanos. A visão da supralegalidade deste último encontra amparo em vários dispositivos constitucionais (CF, art. 4º, art. 5º, § 2º, e §§ 3º e 4º do mesmo art. 5º).
>
> A tese da constitucionalidade dos tratados emana de um consolidado entendimento doutrinário (Sylvia Steiner, *A convenção americana*. São Paulo: RT, 2000, Antonio Cançado Trindade, Flávia Piovesan, (...) Ada Pellegrini Grinover, Luiz Flávio Gomes etc.), que já conta com várias décadas de existência no nosso país. Em consonância com essa linha de pensamento há, inclusive, algumas decisões do STF (RE n. 80.004, HCs ns. 72.131 e 82.424, rel. Min. Carlos Velloso), mas é certo que essa tese nunca foi (antes de 2006) majoritária na nossa Suprema Corte de Justiça. Ganhou reforço com a posição do Min. Celso de Mello (HC n. 87.585-TO), mas acabou sendo minoritária (no julgamento histórico do dia 3.12.2008).

---

(257) PIOVESAN, Flávia. *Direitos Humanos e o Direito Constitucional Internacional*. 13. ed. São Paulo: Saraiva, 2012. p. 99.

(258) NOVELINO, Marcelo. *Direito Constitucional*. 5. ed. Rio de Janeiro: Forense, São Paulo: Método, 2011. p. 418.

(259) GOMES, Luiz Flávio. Valor dos direitos humanos no sistema jurídico brasileiro. *Jus Navigandi*, Teresina, ano 13, n. 2016, 7 jan. 2009. Disponível em: <http://jus2.uol.com.br/doutrina/texto.asp?id=12176>. Acesso em: 29 jan. 2009.

De tudo que se pode inferir do julgamento do STF conclui-se o seguinte: os tratados de direitos humanos acham-se formal e hierarquicamente acima do Direito ordinário. Essa premissa (no plano formal) nos parece muito acertada.

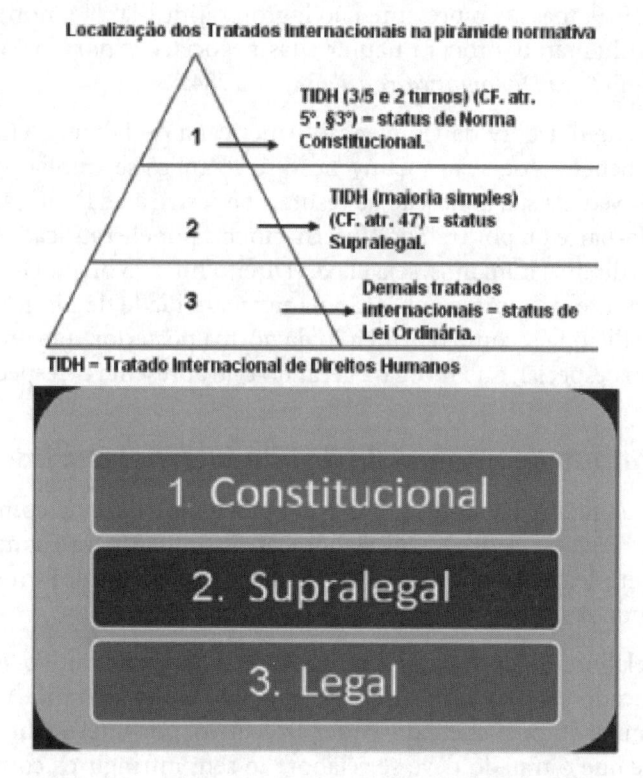

Localização dos Tratados Internacionais na pirâmide normativa

1 → TIDH (3/5 e 2 turnos) (CF. atr. 5º, §3º) = status de Norma Constitucional.

2 → TIDH (maioria simples) (CF. atr. 47) = status Supralegal.

3 → Demais tratados internacionais = status de Lei Ordinária.

TIDH = Tratado Internacional de Direitos Humanos

1. Constitucional
2. Supralegal
3. Legal

OBS.: Nos termos do art. 382 do Decreto n. 3.048, de 06 de maio de 1999 (Regulamento da Previdência Social):

Os tratados, convenções e outros acordos internacionais de que Estado estrangeiro ou organismo internacional e o Brasil sejam partes, e que versem sobre matéria previdenciária, serão interpretados como lei especial.

Fundamento Jurídico: art. 98, CTN:

Os tratados e as convenções internacionais revogam ou modificam a legislação tributária interna, e serão observados pela que lhes sobrevenha.

O Estatuto da Corte Internacional de Justiça, em seu art. 38, estabelece as fontes de Direito Internacional.

Art. 38.

1. A Corte, cuja função é decidir de acordo com o Direito Internacional as controvérsias que lhe forem submetidas, aplicará:

a) as **convenções internacionais**, quer gerais, quer especiais, que estabeleçam regras expressamente reconhecidas pelos Estados litigantes;

b) o **costume internacional**, como prova de uma prática geral, aceita como sendo o direito;

c) os **princípios gerais de direito** reconhecidos pelas nações civilizadas;

d) sob ressalva da disposição ao art. 59, as decisões **judiciárias e a doutrina** dos publicistas mais qualificados das diferentes nações, como meio auxiliar para a determinação das regras de direito.

2. A presente disposição não prejudicará a faculdade da Corte de decidir uma questão *ex aequo et bono*, se as partes com isso concordarem *(grifo nosso)*.

Nomeadamente, são fontes de Direito Internacional as convenções, os costumes, os princípios gerais de Direito, as decisões das cortes internacionais, a doutrina e a equidade. Estas apresentam-se autônomas, não sendo possível, portanto, elencá-las em níveis hierárquicos.

Para Patrícia Regina Pinheiro SAMPAIO e Carlos Affonso PEREIRA DE SOUSA[260] (2005), para a aplicabilidade dos tratados no território nacional é necessário saber se todos os trâmites foram corretamente obedecidos, o que requer a análise das fases do processo de conclusão dos tratados, constantes da Convenção de Viena sobre o Direito dos Tratados. O Brasil assinou-a em 23.5.1969, mas até o presente não logrou ratificá-la[261], motivo por que esta não é obrigatória para o Estado. Entretanto, o Itamaraty procura pautar suas negociações por ela, constando essa recomendação do *Manual de Procedimentos — Prática Diplomática Brasileira*, de 1984.

Cabe, ainda, registrar que o art. 29 da Convenção Americana de Direitos Humanos consagra o princípio da prevalência da norma mais benéfica, ou seja, a Convenção só se aplica se ampliar, fortalecer e aprimorar o grau de proteção de direitos, ficando vedada sua aplicação se resultar na restrição e limitação do exercício dos previstos pela ordem jurídica de um Estado-parte ou por tratados internacionais por ele ratificados. A primazia é sempre da norma mais benéfica e protetiva aos direitos humanos, seja ela do Direito Interno ou do Direito Internacional. Este princípio há de prevalecer e orientar a interpretação e aplicação da normatividade de direitos humanos, ficando afastados os princípios interpretativos tradicionais, como o princípio da norma posterior, que revoga a anterior com ela incompatível, ou o princípio da norma especial, que revoga a geral no que apresenta de especial. (Dinaura Godinho Pimentel GOMES[262], 2004).

9.5.2. Conflito entre tratado de normas de direito interno: teorias

Primeiramente, cabe distinguir tratado de lei. O tratado não se confunde com a lei — é um ponto pacífico na doutrina e na jurisprudência. Têm eles processos de elaboração distintos e, para a conclusão do primeiro, indispensável se torna a vontade concordante de, pelo menos, um outro Estado. A lei emana de fonte interna, dos Poderes Legislativos e Executivos — a lei no sentido restrito.

Ao contrário da lei, a elaboração do tratado tem início pelo Poder Executivo. Após negociação e assinatura por este, o tratado deve ser aprovado pelo Poder Legislativo, podendo então ser ratificado pelo Presidente da República. Após sua conclusão, é promulgado pelo chefe do Poder Executivo, por intermédio de decreto publicado no *Diário Oficial da União*. Ressalte-se que o tratado deve ser elaborado sem infringir os comandos constitucionais. Uma vez publicado, deve ser observado pelos particulares e aplicado pelos Tribunais.

Todavia, se o tratado foi elaborado respeitando os procedimentos constitucionais, demonstrando aquiescência dos Poderes da República, não há como questionar sua validade.

No entanto, em caso de violação da norma constitucional, o conflito será solucionado pelo Supremo Tribunal Federal, conforme dispõe o art. 102, III, da Constituição da República Federativa do Brasil de 1988:

Art. 102. Compete ao Supremo Tribunal Federal, precipuamente, a guarda da Constituição, cabendo-lhe:

III – julgar, mediante recurso extraordinário, as causas decididas em única ou última instância, quando a decisão recorrida:

a) contrariar dispositivo desta Constituição;

b) declarar a inconstitucionalidade de tratado ou lei federal;

c) (...)

Em suma, o tratado internacional, regularmente concluído, é uma fonte de direito, expressamente previsto na Constituição, produzido com a colaboração externa, ao lado de outras, emanadas, apenas, de órgãos internos.

Como vimos acima, os tratados internacionais são acordos formais concluídos entre dois ou mais sujeitos de Direito Internacional, destinado a produzir efeitos jurídicos.

Os tratados devem ser executados de boa-fé, assegurado o respeito ao princípio *pacta sunt servanda*[263]. Os signatários podem ser Estados e organizações internacionais. Pode ser bilateral (tratado-contrato) ou multilateral (tratado-lei ou tratado normativo).

---

(260) Disponível em: <http://webcache.googleusercontent.com/search?q=cache:8rZGd0Sag2YJ:pesquisasdiritointernacl.blogspot.com/2008/07/conflito-entre-tratados-e-leis.html+&cd=2&hl=pt-BR&ct=clnk&gl=br> Acesso em: 23 abr. 2014.

(261) Foi Promulgada pelo Governo Brasil por meio do Decreto n. 7.030, de 14 de dezembro de 2009.

(262) GOMES, Dinaura Godinho Pimentel. Os Direitos Sociais no âmbito do Sistema Internacional de Normas de Proteção dos Direitos Humanos e seu impacto no Direito Brasileiro: Problemas e Perspectivas. In: *Revista Trabalhista*, V. IX, Rio de Janeiro, Forense, 2004.

(263) *Pacta sunt servanda* é um brocardo latino que significa "os pactos devem ser respeitados" ou mesmo "os acordos devem ser cumpridos".

A Convenção de Viena[264] (1969), em seu art. 27, afirma que:

> Uma parte não pode invocar as disposições de seu direito interno para justificar o descumprimento de um tratado. — Segurança Jurídica

O conflito entre Tratado e Norma de Direito Interno traduz-se em tema polêmico e atual e nos remeterá à opção do Judiciário brasileiro em face dos conflitos entre Tratados internacionais e leis internas.

Na tentativa de equacionar essas várias possibilidades, surgiram duas correntes doutrinárias que tratam da matéria: a Teoria Dualista e a Teoria Monista.

• **Teoria Dualista** — para esta corrente, o Direito Internacional e o Direito Interno são duas ordens distintas. Ambas jamais se interconectam, não havendo, portanto, possibilidade de conflitos entre elas. Para que uma norma internacional passe a valer no plano interno, ela deve ser incorporada ao Direito Interno do Estado. Não há aplicação automática, por exemplo, de um tratado internacional; é necessário que ele, pelos meios adequados, passe a integrar o ordenamento jurídico interno do Estado. Essa teoria considera a norma internacional e a norma interna independentes entre si, autônomas, não se tocando jamais, sendo, portanto, necessário haver um procedimento legislativo complexo que possa autorizar a norma internacional a vigorar no ordenamento jurídico interno.

• **Teoria Monista** — nesta teoria a ordem jurídica internacional e a ordem jurídica interna fazem parte de um único sistema, caracterizado pela ideia de subordinação, em razão do qual as normas jurídicas se acham vinculadas entre si, numa espécie de hierarquia, sendo possível o conflito entre as duas ordens (interna e internacional), caso em que se terá, necessariamente, que optar pela prevalência de uma ou de outra. Sustenta a unidade da ordem jurídica, razão pela qual a norma internacional é imediatamente aplicável no ordenamento interno, obedecida a primazia do Direito Interno sobre o Direito Internacional. Considera a superioridade do DI sobre o Direito Interno (KELSEN).

Conforme lição de Aguinaldo ALLEMAR[265] (2004), a **Teoria Monista** se divide em **Monista Internacionalista** e **Monista Nacionalista**.

A tese defendida pelos monistas encontra pilar fundamental na teoria do Direito Positivo, muito embora alguns pensadores embasem suas premissas no Direito Natural. De acordo com as lições do monismo, a ciência jurídica tem como objeto determinado elemento axiomático (norma, natureza, justiça, razão etc.), e deste cerne decorreria todo o seu conteúdo.

Pela **Teoria Monista Internacionalista** prevalece o Direito Internacional sobre o Direito Interno, e o conflito, uma vez instalado, deverá ser resolvido com a prevalência da norma internacional. É a teoria adotada pelos tratados internacionais:

• **Convenção de Viena – art. 27.**

Direito Interno e Observância de Tratados:

> Uma parte não pode invocar as disposições de seu Direito Interno para justificar o inadimplemento de um tratado.

• **Convenção de Havana – art. 11.**

Meios de Manifestar Consentimento em Obrigar-se por um Tratado

O consentimento de um Estado em obrigar-se por um tratado pode manifestar-se pela assinatura, troca dos instrumentos constitutivos do tratado, ratificação, aceitação, aprovação ou adesão, ou por quaisquer outros meios, se assim acordado.

A **Teoria Monista Nacionalista** atribuiu à Constituição Federal a discricionariedade sobre a hierarquia das normas internacionais. É calcada no dogma constitucional, que determina que, em caso de conflito entre uma norma interna e uma norma internacional, deverá prevalecer o Direito Interno do Estado.

Nosso país adotou a Teoria Monista Nacionalista, pois, no Brasil, o ordenamento esposou posicionamento típico do monismo com prevalência da norma interna, no qual a Constituição pátria é a norma fundamental e deverá se impor a qualquer outra, inclusive à internacional. Não suficiente, em caso de se flagrar conflito entre a lei ordinária interna e a norma internacional, prevalecerá aquela favorecida pelos critérios de especialidade e cronologia.

---

(264) O Brasil ratificou (com ressalvas para os arts. 25 e 66) a Convenção em 25 de setembro de 2009 e promulgou-a pelo **Decreto n. 7.030, de 14 de dezembro de 2009.**

(265) ALLEMAR, Aguinaldo. *Direito Internacional*. Curitiba: Juruá, 2004. p. 25.

Francisco REZEK[266] (2005) afirma nortear-se o Judiciário brasileiro pela ideia do "**monismo nacionalista**", segundo o qual é no texto da Constituição que se deve buscar o "exato grau de prestígio a ser atribuído às normas internacionais escritas e costumeiras."

Nesse sentido, O STF, ao julgar a aplicabilidade de tratados celebrados pelo Brasil no âmbito do Mercosul, decidiu pela inconstitucionalidade da recepção plena e automática das normas de Direito Internacional, mesmo daquelas que, elaboradas no contexto da integração regional, representam a expressão de um Direito Comunitário. Segundo o entendimento exposto na decisão, é necessário que a norma internacional seja transposta para a ordem jurídica nacional de acordo com os instrumentos constitucionais que consagram a sua recepção, ou seja, a observância do monismo nacionalista.

9.6. Denominações ou terminologias

Destaca o art. 2º, item 1, da Convenção de Viena de 1969 que, compreende-se no vocábulo "Tratado" um acordo regido pelo direito internacional, qualquer que seja a denominação. Nesse aspecto, a palavra tratado seria a designação genérica, na qual estão abrangidas as expressões: "convenção", "convênio", "protocolo", "compromisso" etc.

Assim, percebe-se que é variada a denominação dada aos atos internacionais, tema que sofreu considerável evolução através dos tempos. Embora a denominação escolhida não influencie o caráter do instrumento, ditada pelo arbítrio das partes, pode-se estabelecer certa diferenciação na prática diplomática, decorrente do conteúdo do ato, e não de sua forma. As denominações mais comuns são "tratado", "acordo", "convenção", "protocolo" e "memorando de entendimento". Nesse sentido, pode-se dizer que, qualquer que seja a sua denominação, o ato internacional deve ser formal, com teor definido, por escrito, regido pelo Direito Internacional e que as partes contratantes são necessariamente pessoas jurídicas de Direito Internacional Público. Vejamos:[267]

DENOMINAÇÕES	
TRATADO	A expressão "Tratado" foi escolhida pela Convenção de Viena sobre o Direito dos Tratados de 1969, como termo para designar, genericamente, um acordo internacional. Denomina-se tratado o ato bilateral ou multilateral ao qual se deseja atribuir especial relevância política. Nessa categoria se destacam, por exemplo, os tratados de paz e amizade, o Tratado da Bacia do Prata, o Tratado de Cooperação Amazônica, o Tratado de Assunção, que criou o Mercosul, o Tratado de Proibição Completa dos Testes Nucleares.
CONVENÇÃO	Num nível similar de formalidade, costuma ser empregado o termo "Convenção" para designar atos multilaterais, oriundos de conferências internacionais e que versem assunto de interesse geral como, por exemplo, as convenções de Viena sobre relações diplomáticas, relações consulares e direito dos tratados; as convenções sobre aviação civil, sobre segurança no mar, sobre questões trabalhistas. É um tipo de instrumento internacional destinado em geral a estabelecer normas para o comportamento dos Estados em uma gama cada vez mais ampla de setores. No entanto, existem algumas, poucas é verdade, convenções bilaterais, como a convenção destinada a evitar a dupla tributação e prevenir a evasão fiscal celebrada com a Argentina (1980) e a Convenção sobre Assistência Judiciária Gratuita celebrada com a Bélgica (1955).
ACORDO	O Brasil tem feito amplo uso desse termo em suas negociações bilaterais de natureza política, econômica, comercial, cultural, científica e técnica. Acordo é expressão de uso livre e de alta incidência na prática internacional, embora alguns juristas entendam por acordo os atos internacionais com reduzido número de participantes e importância relativa. No entanto, um dos mais notórios e importantes tratados multilaterais foi assim denominado: Acordo Geral de Tarifas e Comércio (GATT).
	O acordo toma o nome de Ajuste ou Acordo Complementar quando o ato dá execução a outro, anterior, devidamente concluído. Em geral, são colocados ao abrigo de um acordo-quadro ou acordo-básico, dedicados a grandes áreas de cooperação (comércio e finanças, cooperação técnica, científica e tecnológica, cooperação cultural e educacional). Esses acordos criam o arcabouço institucional que orientará a execução da cooperação.
	Acordos podem ser firmados, ainda, entre um país e uma organização internacional, a exemplo dos acordos operacionais para a execução de programas de cooperação e os acordos de sede.
AJUSTE OU ACORDO COMPLEMENTAR	É o ato que dá execução a outro, anterior, devidamente concluído e em vigor, ou que detalha áreas de entendimento específicas, abrangidas por aquele ato. Por esse motivo, são usualmente colocados ao abrigo de um acordo-quadro ou acordo básico.

---

(266) REZEK, José Francisco. *Direito internacional público*: curso elementar. 10. ed. rev. e atual. São Paulo: Saraiva, 2005. p. 5.

(267) Disponível em: <http://www2.mre.gov.br/dai/003.html>

DENOMINAÇÕES	
PROTOCOLO	Protocolo é um termo que tem sido usado nas mais diversas acepções, tanto para acordos bilaterais quanto para multilaterais. Aparece designando acordos menos formais que os tratados, ou acordos complementares ou interpretativos de tratados ou convenções anteriores. É utilizado ainda para designar a ata final de uma conferência internacional. Tem sido usado, na prática diplomática brasileira, muitas vezes sob a forma de "protocolo de intenções", para sinalizar um início de compromisso.
MEMO-RANDO DE ENTENDI-MENTO	Designação comum para atos redigidos de forma simplificada, destinados a registrar princípios gerais que orientarão as relações entre as Partes, seja nos planos político, econômico, cultural ou em outros. O memorando de entendimento é semelhante ao acordo, com exceção do articulado, que deve ser substituído por parágrafos numerados com algarismos arábicos. Seu fecho é simplificado. Na medida em que não crie compromissos gravosos para a União, pode normalmente entrar em vigor na data da assinatura.
CONVÊNIO	O termo convênio, embora de uso frequente e tradicional, padece do inconveniente do uso que dele faz o Direito Interno. Seu uso está relacionado a matérias sobre cooperação multilateral de natureza econômica, comercial, cultural, jurídica, científica e técnica, como o Convênio Internacional do Café; o Convênio de Integração Cinematográfica Ibero-Americana; o Convênio Interamericano sobre Permissão Internacional de Radioamador. Também se denominam "convênios" acertos bilaterais, como o Convênio de Cooperação Educativa, celebrado com a Argentina (1997); o Convênio para a Preservação, Conservação e Fiscalização de Recursos Naturais nas Áreas de Fronteira, celebrado com a Bolívia (1980); o Convênio Complementar de Cooperação Econômica no Campo do Carvão, celebrado com a França (1981).
ACORDO POR TROCA DE NOTAS	Emprega-se a troca de notas diplomáticas, em princípio, para assuntos de natureza administrativa, bem como para alterar ou interpretar cláusulas de atos já concluídos. Não obstante, o escopo desse acordos vem sendo ampliado. Seu conteúdo estará sujeito à aprovação do Congresso Nacional sempre que incorrer nos casos previstos pelo art. 49, inciso I, da Constituição. Quanto à forma, as notas podem ser: a) idênticas (com pequenos ajustes de redação), com o mesmo teor e data; b) uma primeira nota, de proposta, e outra, de resposta e aceitação, que pode ter a mesma data ou data posterior.
CARTA, CONSTI-TUIÇÃO OU ESTATUTO	Designa tratados hierarquicamente superiores, os quais dispõem sobre a criação de entidades internacionais, como, por exemplo, a Carta das Nações Unidas (ONU), Carta dos Estados Americanos, Regulamento de um órgão internacional. Constituição da OIT, Estatuto do Tribunal Internacional de Justiça.
CONCORDA-TA	Trata-se de tratado celebrado entre um Estado e o Vaticano, com a finalidade de conceder privilégio aos cidadãos católicos. É o tratado celebrado entre um Estado e a Santa Sé, como a Concordata de Bolonha.
PACTO	Pacto de Direitos Econômicos, Sociais e Culturais; Pacto de Direitos Civis e Políticos.

9.6.1. Terminologias perante o direito brasileiro

Perante o ordenamento jurídico brasileiro a terminologia dos tratados é bastante oscilante. Vejamos:

Tratados – art. 5º, §§ 2º e 3º, art. 49, I, art. 84, VIII, art. 102, III, alínea "*b*", art. 105, III, alínea "*a*", e art. 109, III e V, da CF.

Art. 5º.

§ 2º Os direitos e garantias expressos nesta Constituição não excluem outros decorrentes do regime e dos princípios por ela adotados, ou dos **tratados internacionais** em que a República Federativa do Brasil seja parte.

§ 3º Os **tratados** e convenções internacionais sobre direitos humanos que forem aprovados, em cada Casa do Congresso Nacional, em dois turnos, por três quintos dos votos dos respectivos membros, serão equivalentes às emendas constitucionais.

Art. 49. É da competência exclusiva do Congresso Nacional:

I – resolver definitivamente sobre **tratados**, acordos ou atos internacionais que acarretem encargos ou compromissos gravosos ao patrimônio nacional;

Art. 84. Compete privativamente ao Presidente da República:

VIII – celebrar **tratados**, convenções e atos internacionais, sujeitos a referendo do Congresso Nacional;

Art. 102. Compete ao Supremo Tribunal Federal, precipuamente, a guarda da Constituição, cabendo-lhe:

III – julgar, mediante recurso extraordinário, as causas decididas em única ou última instância, quando a decisão recorrida:

b) declarar a inconstitucionalidade de **tratado** ou lei federal;

Art. 105. Compete ao Superior Tribunal de Justiça:

III – julgar, em recurso especial, as causas decididas, em única ou última instância, pelos Tribunais Regionais Federais ou pelos tribunais dos Estados, do Distrito Federal e Territórios, quando a decisão recorrida:

a) contrariar **tratado** ou lei federal, ou negar-lhes vigência;

Convenções – Art. 5º, § 3º, art. 84, VIII, e art. 109, V, da CF.

Art. 109. Aos juízes federais compete processar e julgar:

V – os crimes previstos em tratado ou **convenção internacional**, quando, iniciada a execução no País, o resultado tenha ou devesse ter ocorrido no estrangeiro, ou reciprocamente;

Acordos – art. 49, I, e art. 178 da CF.

Art. 178. A lei disporá sobre a ordenação dos transportes aéreo, aquático e terrestre, devendo, quanto à ordenação do transporte internacional, observar os **acordos** firmados pela União, atendido o princípio da reciprocidade.

Ato Internacional – art. 84, VIII, da CF.

Art. 84. Compete privativamente ao Presidente da República:

VIII – celebrar tratados, convenções e **atos internacionais**, sujeitos a referendo do Congresso Nacional.

Capítulo 10
Normas Internacionais de Proteção da Criança e do Adolescente

Enquanto a Organização Internacional do Trabalho se preocupou, desde sua criação, com o tema relacionado aos Direitos da Criança, a comunidade internacional demorou muito para elaborar um vigoroso sistema de proteção, bem como um estatuto jurídico internacional da criança. Nesse diapasão, só em 1989 a Assembleia das Nações Unidas adotou o primeiro texto com força de lei, que consagra a criança como um sujeito de direito na ordem global dos Direitos Humanos.

A Convenção sobre os Direitos da Criança[268] (1989), composta por 54 artigos, divididos em três partes e precedida de um preâmbulo, estabelece o conceito de criança e prescreve parâmetros de orientação e atuação política de seus Estados-membros para a consecução dos princípios nela consignados, visando ao desenvolvimento individual e social saudável da infância, tendo em vista ser esta período basilar da formação do caráter e da personalidade humana.

Em seu art. 1º a Convenção estabelece o **conceito de criança como sendo o ser humano menor de 18 anos de idade**, ressalvando aos Estados-membros a possibilidade de estabelecerem, por meio de lei, limites menores para a maioridade. **No Direito brasileiro a maioridade civil e penal é atingida ao 18 anos de idade (art. 228 CF)**. Sem embargo, a cidadania poderá ser exercida a partir dos 16 anos, com o direito facultativo ao voto, sendo este obrigatório a partir dos 18 anos. Por sua vez, o Estatuto da Criança e do Adolescente divide a infância em duas fases, considerando criança a pessoa de até 12 anos de idade incompletos e adolescente aquela entre 12 e 18 anos de idade.

A proteção contra a exploração econômica e contra o desempenho de qualquer trabalho perigoso, que possa interferir na educação da criança ou prejudique sua saúde e seu desenvolvimento físico, mental, espiritual, moral ou social, está prevista no art. 32 da Convenção, cabendo aos Estados-membros a adoção de medidas nesse sentido, estabelecendo uma idade ou idades mínimas para admissão em empregos e regulamentação apropriada relativa a horários e condições de trabalho.

Art. 32

1. Os Estados-partes reconhecem o direito da criança de estar protegida contra a exploração econômica e contra o desempenho de qualquer trabalho que possa ser perigoso ou interferir em sua educação, ou que seja nocivo para sua saúde ou para seu desenvolvimento físico, mental, espiritual, moral ou social.

2. Os Estados-partes adotarão medidas legislativas, administrativas, sociais e educacionais com vistas a assegurar a aplicação do presente artigo. Com tal propósito, e levando em consideração as disposições pertinentes de outros instrumentos internacionais, os Estados-partes, deverão, em particular:

a) estabelecer uma idade ou **idades mínimas** para a admissão em empregos;

b) estabelecer regulamentação apropriada relativa **a horários e condições de emprego**;

c) **estabelecer penalidades ou outras sanções apropriadas a fim de assegurar o cumprimento efetivo do presente artigo.**

A Convenção, em seu preâmbulo, faz expressa menção a instrumentos internacionais que consolidaram a doutrina que reconhece a necessidade de proporcionar à criança uma proteção especial (a Declaração de Genebra, de 1924, sobre os Direitos da Criança; a Declaração dos Direitos da Criança adotada pela Assembleia-Geral em 20 de novembro de 1959; a Declaração Universal dos Direitos Humanos; o Pacto Internacional de Direitos Civis e Políticos, em particular nos arts. 23 e 24; o Pacto Internacional de Direitos Econômicos, Sociais e Culturais, em particular no art. 10; e os estatutos e instrumentos pertinentes das Agências Especializadas e das organizações internacionais que se interessam pelo bem-estar da criança).

Conforme já foi dito, a enorme gama de direitos reconhecidos pela Convenção, no seu conjunto, cria um sistema segundo o qual não existe efetiva proteção sem que se garanta, não um direito específico, mas todos os direitos correlatos.

---

(268) O Governo brasileiro promulgou a Convenção dos Direitos da Criança de 1989, por meio do Decreto n. 99.710, de 21 de novembro de 1990.

Por isso a Convenção não menciona em seus dispositivos o termo *proteção integral da criança*, mas estabelece efetiva proteção quanto ao direito à vida e ao desenvolvimento (art. 6º); à nacionalidade e à filiação (art. 7º); à não discriminação por motivos raciais, sociais, sexuais etc. (art. 2º); à vida familiar (arts. 8º, 20 e 21); à locomoção (art. 10); à própria manifestação em juízo e a um procedimento judiciário especial, fundado no devido processo legal, no contraditório e na ampla defesa (arts. 12 e 40); às liberdades de expressão, pensamento e associação (arts. 13, 14 e 15); à intimidade (art. 16); à religião (art. 30); ao lazer (art. 31); à saúde (art. 24); à previdência social (art. 26); à educação (arts. 28 e 29). Ademais, expressamente determina ser obrigação dos Estados-membros a proteção da criança contra as drogas (art. 33), o tráfico ilícito de crianças (art. 35) e todas as formar de exploração, sejam econômicas, trabalhistas, sexuais, militares etc. (arts. 32, 34, 36, 37 e 38).

Todos esse dispositivos demonstram a proteção integral à criança, sobretudo porque orientados no sentido, sempre, de buscar o interesse maior da própria criança.

O art. 27 da Convenção pode ser trazido, então, como um resumo de tais dispositivos e de tal orientação, ao afirmar que toda criança tem direito *a um nível de vida adequado ao seu desenvolvimento físico, mental, espiritual, moral e social.*[269]

Outrossim, nos termos do art. 10.3 do Pacto dos Direitos Econômicos, Sociais e Culturais de 1966:

Art. 10. Os Estados-partes no presente Pacto reconhecem que:

(...)

3. Deve-se adotar medidas especiais de proteção e assistência em prol de todas as crianças e adolescentes, sem distinção alguma por motivo de filiação ou qualquer outra condição. Deve-se proteger as crianças e adolescentes contra a exploração econômica e social. O emprego de crianças e adolescentes, em trabalho que lhes seja nocivo à moral e à saúde, ou que lhes faça correr perigo de vida, ou ainda que lhes venha prejudicar o desenvolvimento normal, será punido por lei. Os Estados devem também estabelecer limites de idade, sob os quais fique proibido e punido por lei o emprego assalariado da mão de obra infantil.

A Convenção n. 138 sobre idade mínima de admissão ao emprego, adotada pela OIT em 1973, tem como objetivo central estabelecer patamares mínimos de idade para admissão ao emprego e ao trabalho como forma de prevenir e eliminar o trabalho infantil. Ela integra, atualmente, o conjunto das oito convenções da OIT identificadas como fundamentais para a promoção dos Direitos Humanos no trabalho e, no plano nacional, sua ratificação constava como uma das metas do Programa Nacional de Direitos Humanos, tal como estabelecido em 1996, promulgada pelo Decreto n. 4.134/2002 e aprovada pelo Decreto Legislativo n. 179/1999.

O art. 1º da Convenção 138 incute a ideia de que a norma internacional prioriza o "desenvolvimento físico e mental do adolescente". Parece assim se nortear, até quando dispõe exceção à regra da idade mínima para admissão no emprego como sendo a da "conclusão da escolaridade obrigatória ou, em qualquer hipótese, não inferior a quinze anos" (art. 2º, 3º parágrafo). A respeito dos países subdesenvolvidos ou em desenvolvimento, o § 4º do mesmo art. 2º reza que:

O País-membro, cuja economia e condições do ensino não estiverem suficientemente desenvolvidas, poderá, após consulta às organizações de empregadores e de trabalhadores concernentes, se as houver, definir, inicialmente, uma idade mínima de quatorze anos" (MONTENEGRO NETO, Francisco[270], 2014).

Por sua vez, o propalado § 3º do art. 5º da Convenção n. 138 determina que:

Os dispositivos desta Convenção serão aplicáveis, no mínimo, a: mineração e pedreira; indústria manufatureira; construção; eletricidade, água e gás; serviços sanitários; transporte, armazenamento e comunicações; **plantações e outros empreendimentos agrícolas de fins comerciais, excluindo, porém, propriedades familiares e de pequeno porte que produzam para o consumo local e não empreguem regularmente mão de obra remunerada**" (MONTENEGRO NETO, Francisco, 2014).

A Convenção n. 182, sobre a proibição das piores formas de trabalho infantil da OIT, foi adotada em 1º de junho de 1999, durante a Conferência Internacional do Trabalho, em Genebra, por unanimidade, sem votos contrários ou

---

(269) SOUZA, Sérgio Augusto G. Pereira de. A Declaração dos Direitos da Criança e a Convenção Sobre os Direitos da Criança. Direitos humanos a proteger em um mundo em guerra. Teresina: *Jus Navigandi*, ano 6, n. 53, jan. 2002. Disponível em: <http://jus2.uol.com.br/doutrina/texto.asp?id=2568> Acesso em: 3 fev. 2008.

(270) MONTENEGRO NETO, Francisco. A OIT e a idade mínima de admissão ao emprego: até onde vai a preocupação com o menor? *Jus Navigandi*, Teresina, ano 11, n. 961, 19 fev. 2006. Disponível em: <http://jus.com.br/artigos/7997> Acesso em: 22 abr. 2014.

abstenções por parte das delegações de governo, do setor patronal e dos trabalhadores que integram a organização tripartite promulgada pelo Decreto n. 3.597/2000 e aprovada pelo Decreto Legislativo n. 178/1999.

A nova Convenção tem como objetivo a adoção, pelos Estados ratificantes, de conjunto de medidas abrangentes, que incluem a elaboração e implementação de programas nacionais de ação, com vistas à eliminação das piores formas de trabalho infantil, definidas como: trabalho escravo e práticas análogas; prostituição e participação na produção de pornografia; participação em atividades ilícitas, como o tráfico de entorpecentes, e outros tipos de trabalho suscetíveis de prejudicar a saúde, a segurança ou a moral das crianças. Para seus efeitos, a nova Convenção designa o termo criança como toda pessoa menor de dezoito anos.

10.1. Convenção n. 138 da OIT – Sobre a idade mínima de admissão ao emprego

O Congresso Nacional aprovou a Convenção n. 138 e a Recomendação n. 146 por meio do Decreto-Legislativo n. 179, de 14.12.1999. O Decreto n. 4.134, de 15.02.2002, publicado no *Diário Oficial da União* de 15.2.2002, promulgou a Convenção, que passou a vigorar, a partir de 28.6.2002, no ordenamento jurídico brasileiro.

CONVENÇÃO SOBRE IDADE MÍNIMA DE ADMISSÃO AO EMPREGO

A Conferência Geral da Organização Internacional do Trabalho:

Convocada em Genebra pelo Conselho de Administração da Repartição Internacional do Trabalho e reunida em 6 de junho de 1973, em sua quinquagésima oitava reunião;

Tendo decidido adotar diversas propostas relativas à idade mínima para admissão a emprego, tema que constitui o quarto ponto da agenda da reunião;

Considerando os dispositivos das seguintes Convenções:

Convenção sobre a idade mínima (indústria), de 1919;

Convenção sobre a idade mínima (trabalho marítimo), de 1920;

Convenção sobre a idade mínima (agricultura), de 1921;

Convenção sobre a idade mínima (estivadores e foguistas), de 1921;

Convenção sobre a idade mínima (emprego não industrial), de 1932;

Convenção (revista) sobre a idade mínima (trabalho marítimo), de 1936;

Convenção (revista) sobre a idade mínima (indústria), de 1937;

Convenção (revista) sobre a idade mínima (emprego não industrial), de 1937;

Convenção sobre a idade mínima (pescadores), de 1959, e a

Convenção sobre a idade mínima (trabalho subterrâneo), de 1965;

Considerando ter chegado o momento de adotar um instrumento geral sobre a matéria, que substitua gradualmente os atuais instrumentos, aplicáveis a limitados setores econômicos, com vistas à total abolição do trabalho infantil;

Tendo determinado que essas propostas tomem a forma de uma convenção internacional, adota, no dia vinte e seis de junho de mil novecentos e setenta e três, a seguinte Convenção, que pode ser citada como a Convenção sobre a Idade Mínima, de 1973:

Art. 1º

Todo País-membro em que vigore esta Convenção compromete-se a seguir uma política nacional que assegure a efetiva abolição do trabalho infantil e eleve progressivamente a idade mínima de admissão a emprego ou a trabalho a um nível adequado ao pleno desenvolvimento físico e mental do adolescente.

Art. 2º

1. Todo Membro que ratificar esta Convenção especificará, em declaração anexa à ratificação, uma idade mínima para admissão a emprego ou trabalho em seu território e nos meios de transporte registrados em seu território; ressalvado o disposto nos arts. 4º e 8º desta Convenção, nenhuma pessoa com idade inferior a essa idade será admitida a emprego ou trabalho em qualquer ocupação.

2. Todo País-membro que ratificar esta Convenção poderá notificar ao Diretor-Geral da Repartição Internacional do Trabalho, por declarações subsequentes, que estabelece uma idade mínima superior à anteriormente definida.

3. A idade mínima fixada nos termos do § 1º deste artigo não será inferior à idade de conclusão da escolaridade obrigatória ou, em qualquer hipótese, não inferior a quinze anos.

4. Não obstante o disposto no § 3º deste artigo, o País-membro, cuja economia e condições do ensino não estiverem suficientemente desenvolvidas, poderá, após consulta às organizações de empregadores e de trabalhadores concernentes, se as houver, definir, inicialmente, uma idade mínima de quatorze anos.

5. Todo País-membro que definir uma idade mínima de quatorze anos, de conformidade com o disposto no parágrafo anterior, incluirá em seus relatórios a serem apresentados sobre a aplicação desta Convenção, nos termos do art. 22 da Constituição da Organização Internacional do Trabalho, declaração:

a) de que subsistem os motivos dessa providência ou

b) de que renuncia ao direito de se valer da disposição em questão a partir de uma determinada data.

Art. 3º

1. Não será inferior a dezoito anos a idade mínima para a admissão a qualquer tipo de emprego ou trabalho que, por sua natureza ou circunstâncias em que for executado, possa prejudicar a saúde, a segurança e a moral do adolescente.

2. Serão definidos por lei ou regulamentos nacionais ou pela autoridade competente, após consulta às organizações de empregadores e de trabalhadores concernentes, se as houver, as categorias de emprego ou trabalho às quais se aplica o § 1º deste artigo.

3. Não obstante o disposto no § 1º deste artigo, a lei ou regulamentos nacionais ou a autoridade competente poderá, após consultar as organizações de empregadores e de trabalhadores concernentes, se as houver, autorizar emprego ou trabalho a partir da idade de dezesseis anos, desde que estejam plenamente protegidas a saúde, a segurança e a moral dos adolescentes envolvidos e lhes seja proporcionada instrução ou treinamento adequado e específico no setor da atividade pertinente.

Art. 4º

1. A autoridade competente, após consulta às organizações de empregadores e de trabalhadores concernentes, se as houver, poderá, na medida do necessário, excluir da aplicação desta Convenção um limitado número de categorias de emprego ou trabalho a respeito das quais se levantarem reais e especiais problemas de aplicação.

2. Todo País-membro que ratificar esta Convenção arrolará em seu primeiro relatório sobre sua aplicação, a ser submetido nos termos do art. 22 da Constituição da Organização Internacional do Trabalho, todas as categorias que possam ter sido excluídas de conformidade com o § 1º deste artigo, dando as razões dessa exclusão, e indicará, nos relatórios subsequentes, a situação de sua lei e prática com referência às categorias excluídas e a medida em que foi dado ou se pretende dar efeito à Convenção com relação a essas categorias.

3. Não será excluído do alcance da Convenção, de conformidade com este artigo, emprego ou trabalho protegido pelo art. 3º desta Convenção.

Art. 5º

1. O País-membro cuja economia e condições administrativas não estiverem suficientemente desenvolvidas poderá, após consulta às organizações de empregadores e de trabalhadores, se as houver, limitar inicialmente o alcance de aplicação desta Convenção.

2. Todo País-membro que se servir do disposto no § 1º deste artigo especificará, em declaração anexa à sua ratificação, os setores de atividade econômica ou tipos de empreendimentos aos quais aplicará os dispositivos da Convenção.

3. Os dispositivos desta Convenção serão aplicáveis, no mínimo, a: mineração e pedreira; indústria manufatureira; construção; eletricidade, água e gás; serviços sanitários; transporte, armazenamento e comunicações; plantações e outros empreendimentos agrícolas de fins comerciais, excluindo, porém, propriedades familiares e de pequeno porte que produzam para o consumo local e não empreguem regularmente mão de obra remunerada.

4. Todo País-membro que tiver limitado o alcance de aplicação desta Convenção, nos termos deste artigo:

a) indicará em seus relatórios, nos termos do art. 22 da Constituição da Organização Internacional do Trabalho, a situação geral com relação ao emprego ou trabalho de adolescentes e crianças nos setores de atividade excluídos do alcance de aplicação desta Convenção e todo progresso que tenha sido feito no sentido de uma aplicação mais ampla de seus dispositivos;

b) poderá, em qualquer tempo, estender formalmente o alcance de aplicação com uma declaração encaminhada ao Diretor-Geral da Repartição Internacional do Trabalho.

Art. 6º

Esta Convenção não se aplicará a trabalho feito por crianças e adolescentes em escolas de educação vocacional ou técnica ou em outras instituições de treinamento em geral ou a trabalho feito por pessoas de no mínimo quatorze anos de idade em empresas em que esse trabalho for executado dentro das condições prescritas pela autoridade competente, após consulta com as organizações de empregadores e de trabalhadores concernentes, onde as houver, e constituir parte integrante de:

a) curso de educação ou treinamento pelo qual é principal responsável uma escola ou instituição de treinamento;

b) programa de treinamento principalmente ou inteiramente executado em uma empresa, que tenha sido aprovado pela autoridade competente, ou

c) programa de orientação vocacional para facilitar a escolha de uma profissão ou de um tipo de treinamento.

Art. 7º

1. As leis ou regulamentos nacionais poderão permitir o emprego ou trabalho a pessoas entre treze e quinze anos em serviços leves que:

a) não prejudiquem sua saúde ou desenvolvimento, e

b) não prejudiquem sua frequência escolar, sua participação em programas de orientação vocacional ou de treinamento aprovados pela autoridade competente ou sua capacidade de se beneficiar da instrução recebida.

2. As leis ou regulamentos nacionais poderão também permitir o emprego ou trabalho a pessoas com, no mínimo, quinze anos de idade e que não tenham ainda concluído a escolarização obrigatória em trabalho que preencher os requisitos estabelecidos nas alíneas "a" e "b" do § 1º deste.

3. A autoridade competente definirá as atividades em que o emprego ou trabalho poderá ser permitido nos termos dos parágrafos 1º e 2º deste artigo e estabelecerá o número de horas e as condições em que esse emprego ou trabalho pode ser desempenhado.

4. Não obstante o disposto nos §§ 1º e 2º deste artigo, o País-membro que se tiver servido das disposições do § 4º do art. 2º poderá, enquanto continuar assim procedendo, substituir as idades de treze e quinze anos pelas idades de doze e quatorze anos e a idade de quinze anos pela idade de quatorze anos dos respectivos §§ 1º e 2º deste artigo.

Art. 8º

1. A autoridade competente, após consulta às organizações de empregadores e de trabalhadores concernentes, se as houver, poderá, mediante licenças concedidas em casos individuais, permitir exceções para a proibição de emprego ou trabalho provida no art. 2º desta Convenção, para finalidades como a participação em representações artísticas.

2. Licenças dessa natureza limitarão o número de horas de duração do emprego ou trabalho e estabelecerão as condições em que é permitido.

Art. 9º

1. A autoridade competente tomará todas as medidas necessárias, inclusive a instituição de sanções apropriadas, para garantir a efetiva vigência dos dispositivos desta Convenção.

2. As leis ou regulamentos nacionais ou a autoridade competente designarão as pessoas responsáveis pelo cumprimento dos dispositivos que colocam em vigor a Convenção.

3. As leis ou regulamentos nacionais ou a autoridade competente prescreverão os registros ou outros documentos que devem ser mantidos e postos à disposição pelo empregador; os quais conterão nome, idade ou data de nascimento, devidamente autenticados sempre que possível, das pessoas que empregam ou que trabalham para ele e tenham menos de dezoito anos de idade.

Art. 10

1. Esta Convenção revê, nos termos estabelecidos neste art., a Convenção sobre a Idade Mínima (Indústria), de 1919; a Convenção sobre a Idade Mínima (Marítimos), de 1920; a Convenção sobre a Idade Mínima (Agricultura), de 1921; a Convenção sobre a Idade Mínima (Estivadores e Foguistas), de 1921; a Convenção sobre a Idade Mínima (Emprego não Industrial), de 1932; a Convenção (revista) sobre a Idade Mínima (Marítimos), de 1936; a Convenção (revista) sobre a Idade Mínima (Indústria), de 1937; a Convenção (revista) sobre a Idade Mínima (Emprego não Industrial), de 1937; a Convenção sobre a Idade Mínima (Pescadores), de 1959 e a Convenção sobre a Idade Mínima (Trabalho Subterrâneo), de 1965.

2. A entrada em vigor desta Convenção não priva de ratificações ulteriores as seguintes convenções: Convenção (revista) sobre a Idade Mínima (Marítimos), de 1936; a Convenção (revista) sobre a Idade Mínima (Indústria) de 1937; a Convenção (revista) sobre a Idade Mínima (Emprego não Industrial), de 1937; a Convenção sobre a Idade Mínima (Pescadores), de 1959 e a Convenção sobre a Idade Mínima (Trabalho Subterrâneo), de 1965.

3. A Convenção sobre a Idade Mínima (Indústria), de 1919; a Convenção (revista), sobre a Idade Mínima (Marítimos), de 1920; a Convenção sobre a Idade Mínima, (Agricultura), de 1921 e a Convenção sobre a Idade Mínima (Estivadores e Foguistas), de 1921, não estarão mais sujeitas a ratificações ulteriores quando todos os seus participantes assim estiverem de acordo pela ratificação desta Convenção ou por declaração enviada ao Diretor-Geral da Repartição Internacional do Trabalho.

4. Quando as obrigações desta Convenção forem aceitas:

a) por um País-membro que faça parte da Convenção (revista) sobre a Idade Mínima (Indústria), de 1937, e que tenha fixado uma idade mínima de admissão ao emprego não inferior a quinze anos, nos termos do art. 2º desta Convenção, isso implicará *ipso jure* a denúncia imediata daquela Convenção;

b) com referência ao emprego não industrial, conforme definido na Convenção sobre Idade Mínima (Emprego não Industrial), de 1932, por um País-membro que faça parte dessa Convenção, isso implicará *ipso jure* a denúncia imediata da referida Convenção;

c) com referência ao emprego não industrial, conforme definido na Convenção (revista) sobre a Idade Mínima (Emprego não Industrial), de 1937, por um País-membro que faça parte dessa Convenção e for fixada uma idade mínima de não menos de quinze anos nos termos do art. 2º desta Convenção, isso implicará *ipso jure* a denúncia imediata daquela Convenção;

d) com referência ao emprego marítimo, por um País-membro que faça parte da Convenção (revista) sobre a Idade Mínima (Marítimos), de 1936, e for fixada uma idade mínima de não menos de quinze anos, nos termos do art. 2º desta Convenção, ou País-membro definir que o art. 3º desta Convenção aplica-se ao emprego marítimo, isso implicará *ipso jure* a denúncia imediata daquela Convenção;

e) com referência ao emprego em pesca marítima, por um País-membro que faça parte da Convenção sobre a Idade Mínima (Pescadores), de 1959 e for especificada uma idade mínima de não menos de quinze anos, nos termos do art. 2º desta Convenção, ou o País-membro especificar que o art. 3º desta Convenção aplica-se ao emprego em pesca marítima, isso implicará *ipso jure* a denúncia imediata daquela Convenção;

f) por um País-membro que for parte da Convenção sobre a Idade Mínima (Trabalho Subterrâneo), de 1965, e for especificada uma idade mínima de não menos de quinze anos, nos termos do art. 2º desta Convenção, ou o País-membro estabelecer que essa idade aplica-se a emprego subterrâneo em minas, por força do art. 3º desta Convenção, isso implicará *ipso jure* a denúncia imediata daquela Convenção, a partir do momento em que esta Convenção entrar em vigor.

5. A aceitação das obrigações desta Convenção:

a) implicará a denúncia da Convenção sobre a idade mínima (Indústria), de 1919, de conformidade com seu art. 12;

b) com referência à agricultura, implicará a denúncia da Convenção sobre a idade mínima (Indústria), de 1919, de conformidade com seu art. 12;

c) com referência ao emprego marítimo, implicará a denúncia da Convenção sobre a idade mínima (Marítimos), de 1920, de conformidade com seu art. 10, e da Convenção sobre a idade mínima (Estivadores e Foguistas), de 1921, de conformidade com seu art. 12, a partir do momento em que esta Convenção entrar em vigor.

Art. 11

As ratificações formais desta Convenção serão comunicadas, para registro, ao Diretor-Geral da Repartição Internacional do Trabalho.

Art. 12

1. Esta Convenção obrigará unicamente os Países-membros da Organização Internacional do Trabalho cujas ratificações tiverem sido registradas pelo Diretor-Geral.

2. Esta Convenção entrará em vigor doze meses após a data de registro, pelo Diretor-Geral, das ratificações de dois Países-membros.

3. A partir de então, esta Convenção entrará em vigor, para todo País-membro, doze meses depois do registro de sua ratificação.

Art. 13

1. O País-membro que ratificar esta Convenção poderá denunciá-la ao final de um período de dez anos, a contar da data de sua entrada em vigor, mediante comunicação ao Diretor-Geral da Repartição Internacional do Trabalho, para registro. A denúncia não terá efeito antes de se completar um ano a contar da data de seu registro.

2. Todo País-membro que ratificar esta Convenção e que, no prazo de um ano após expirado o período de dez anos referido no parágrafo anterior, não tiver exercido o direito de denúncia previsto neste artigo, ficará obrigado a um novo período de dez anos e, daí por diante, poderá denunciar esta Convenção ao final de cada período de dez anos, nos termos deste artigo.

Art. 14

1. O Diretor-Geral da Repartição Internacional do Trabalho dará ciência a todos os Países-membros da Organização do registro de todas as ratificações e denúncias que lhe forem comunicadas pelos Países-membros da Organização.

2. Ao notificar os Países-membros da Organização sobre o registro da segunda ratificação que lhe tiver sido comunicada, o Diretor--Geral lhes chamará a atenção para a data em que a Convenção entrará em vigor.

Art. 15

O Diretor-Geral da Repartição Internacional do Trabalho comunicará ao Secretário-geral das Nações Unidas, para registro, nos termos do art. 102 da Carta das Nações Unidas, informações pormenorizadas sobre todas as ratificações e atos de denúncia por ele registrado, conforme o disposto nos arts. anteriores.

Art. 16

O Conselho de Administração da Repartição do Trabalho apresentará à Conferência-geral, quando considerar necessário, relatório sobre o desempenho desta Convenção e examinará a conveniência de incluir na pauta da Conferência a questão de sua revisão total ou parcial.

Art. 17

1. No caso de adotar a Conferência uma nova convenção que reveja total ou parcialmente esta Convenção, a menos que a nova convenção disponha de outro modo,

a) A ratificação, por um País-membro, da nova convenção revisora implicará, *ipso jure*, a partir do momento em que entrar em vigor a convenção revisora, a denúncia imediata desta Convenção, não obstante os dispositivos do art. 13;

b) Esta Convenção deixará de estar sujeita à ratificação pelos Países-membros a partir da data de entrada em vigor da convenção revisora;

c) Esta Convenção continuará a vigorar, na sua forma e conteúdo, nos Países-membros que a ratificaram, mas não ratificarem a convenção revisora.

Art. 18

As versões em inglês e francês do texto desta Convenção são igualmente autênticas.

10.2. Recomendação 146 sobre a idade mínima para admissão no emprego da OIT.

A Conferência-geral da Organização Internacional do Trabalho:

Convocada em Genebra pelo Conselho de Administração da Repartição Internacional do Trabalho e reunida em 6 de junho de 1973, em sua quinquagésima oitava reunião;

Ciente de que a efetiva eliminação do trabalho infantil e a progressiva elevação da idade mínima para admissão a emprego constituem apenas um aspecto da proteção e do progresso de crianças e adolescentes;

Considerando o interesse de todo o sistema das Nações Unidas por essa proteção e esse progresso;

Tendo adotado a Convenção sobre a idade mínima, de 1973;

Desejosa de melhor definir alguns elementos de políticas do interesse de Organização Internacional do Trabalho;

Tendo decidido adotar algumas propostas relativas à idade mínima para admissão a emprego, tema que constitui o quarto ponto da agenda da reunião;

Tendo decidido que essas propostas tomem a forma de uma recomendação suplementar a Convenção sobre a idade mínima, de 1973, adota no vigésimo sexto dia de junho de mil novecentos e setenta e três, a seguinte recomendação, que pode ser citada como a recomendação sobre a idade mínima, de 1973:

I – Política Nacional

1 – Para assegurar o sucesso da política nacional definida no art. 1º da Convenção sobre a idade mínima, de 1973, alta prioridade deveria ser conferida a identificação e atendimento das necessidades de crianças e adolescentes em políticas e em programas nacionais de desenvolvimento, e a progressiva extensão de medidas coordenadas necessárias para criar as melhores condições possíveis para o desenvolvimento físico e mental de crianças e adolescentes.

2 – Nesse contexto, especial atenção deveria ser dispensada às seguintes áreas de planejamento e de políticas:

a) O firme compromisso nacional com o pleno emprego, nos termos da Convenção e da Recomendação sobre a Política de Emprego, de 1964, e a tomada de medidas destinadas a promover o desenvolvimento voltado para o emprego, tanto nas zonas rurais como nas urbanas;

b) A progressiva extensão de outras medidas econômicas e sociais destinadas a atenuar a pobreza onde quer que exista e a assegurar às famílias padrões de vida e de renda tais que tornem desnecessário o recurso à atividade econômica de crianças;

c) O desenvolvimento e a progressiva extensão, sem qualquer discriminação, de medidas de seguridade social e de bem-estar familiar destinadas a garantir a manutenção da criança, inclusive de salários-família;

d) O desenvolvimento e a progressiva extensão de meios adequados de ensino e de orientação vocacional e treinamento apropriados, em sua forma e conteúdo, para as necessidades das crianças e adolescentes concernentes;

e) O desenvolvimento e a progressiva extensão de meios apropriados à proteção e ao bem-estar de crianças e adolescentes, inclusive de adolescentes empregados, e à promoção do seu desenvolvimento.

3 – Deveriam ser objeto de especial atenção as necessidades de crianças e adolescentes sem famílias, ou que não vivam com suas próprias famílias, ou de crianças e adolescentes que vivem e viajam com suas famílias. As medidas tomadas nesse sentido deveriam incluir a concessão de bolsas de estudo e treinamento.

4 – Deveria ser obrigatória e efetivamente assegurada a frequência escolar integral ou a participação em programas aprovados de orientação profissional ou de treinamento, pelo menos até a idade mínima especificada para admissão a emprego, conforme disposto no art. 2º da Convenção sobre a Idade Mínima, de 1973.

5 – (1) Atenção deveria ser dispensada a medidas tais como treinamento preparatório, isento de riscos, para tipos de emprego ou trabalho nos quais a idade mínima prescrita, nos termos do art. 3º da Convenção sobre a Idade Mínima, de 1973, seja superior à idade em que cessa a escolarização obrigatória integral.

(2) Medidas análogas deveriam ser consideradas quando as exigências profissionais de uma determinada ocupação incluem uma idade mínima para admissão superior à idade em que termina a escolarização obrigatória integral.

II – Idade Mínima

6 – A idade mínima definida deveria ser igual para todos os setores de uma atividade econômica.

7 – (1) Os Países-membros deveriam ter como objetivo a elevação progressiva, para dezesseis anos, da idade mínima, para admissão a emprego ou trabalho, especificada em cumprimento do art. 2º da Convenção sobre a Idade Mínima, de 1973.

(2) Onde a idade mínima para emprego ou trabalho coberto pelo art. 2º da Convenção sobre a Idade Mínima, de 1973, estiver abaixo de 15 anos, urgentes providências deveriam ser tomadas para elevá-las a esse nível.

8 – Onde não for imediatamente viável definir uma idade mínima para todo emprego na agricultura e em atividades correlatas nas áreas rurais, uma idade mínima deveria ser definida no mínimo para emprego em plantações e em outros empreendimentos agrícolas referidos no art. 5º, § 32, da Convenção sobre a Idade Mínima, de 1973.

III – Emprego ou trabalho perigoso

9 – Onde a idade mínima para admissão a tipos de emprego ou de trabalho que possam comprometer a saúde, a segurança e a moral de adolescentes estiver ainda abaixo de dezoito anos, providências imediatas deveriam ser tomadas para elevá-la a esse nível.

10 – (1) Na definição dos tipos de emprego ou de trabalho a que se refere o art. 39 da Convenção sobre a Idade Mínima, de 1973, deveriam ser levadas em conta as pertinentes normas internacionais de trabalho, como as que dizem respeito a substâncias, agentes ou processos perigosos (inclusive radiações ionizantes), levantamento de cargas pesadas e trabalho subterrâneo.

(2) Deveria ser reexaminada periodicamente, em particular à luz dos progressos científicos e tecnológicos, e revista, se necessário, a lista dos tipos de emprego ou de trabalho em questão.

11 – Onde não foi imediatamente definida, nos termos do art. 5º da Convenção sobre a Idade Mínima, de 1973, uma idade mínima para certos setores da atividade econômica ou para certos tipos de empreendimentos, dispositivos adequados sobre a idade mínima deveriam ser aplicáveis, nesse particular, a tipos de emprego ou trabalho que ofereçam riscos para adolescentes.

IV – Condições do emprego

12 – (1) Medidas deveriam ser tomadas para assegurar que as condições em que estão empregados ou trabalham crianças e adolescentes com menos de dezoito anos de idade alcancem padrões satisfatórios e neles sejam mantidas. Essas condições deveriam estar sob rigoroso controle.

(2) Medidas também deveriam ser tomadas para proteger e fiscalizar as condições em que crianças e adolescentes recebem orientação profissional ou treinamento dentro de empresas, instituições de treinamento e escolas de ensino profissional ou técnico, e para estabelecer padrões para sua proteção e desenvolvimento.

13 – (1) Com relação à aplicação do parágrafo anterior e em cumprimento do art. 7º, § 32, da Convenção sobre a Idade Mínima, de 1973, especial atenção deveria ser dispensada:

a) ao provimento de uma justa remuneração, e sua proteção, tendo em vista o princípio de salário igual para trabalho igual;

b) rigorosa limitação das horas diárias e semanais de trabalho, e a proibição de horas extras, do modo a deixar tempo suficiente para a educação e treinamento (inclusive tempo necessário para os deveres de casa), para o repouso durante o dia e para atividade de lazer;

c) a conclusão, sem possibilidade de exceção, salvo situação de real emergência, de um período consecutivo mínimo de doze horas de repouso noturno, e de costumeiros dias de repouso semanal;

d) concessão de férias anuais remuneradas de pelo menos quatro semanas e, em qualquer hipótese, não mais curtas do que as concedidas a adultos;

e) a proteção por regimes de seguridade social, inclusive regimes de prestação em caso de acidentes de trabalho e de doenças de trabalho, assistência médica e prestação de auxílio-doença, quaisquer que sejam as condições de emprego ou de trabalho;

f) manutenção de padrões satisfatórios de segurança e de saúde e instrução e supervisão apropriadas.

(2) O inciso (1) deste parágrafo aplica-se a marinheiros adolescentes, na medida em que não se encontram protegidos em relação a questões tratadas pelas convenções ou recomendações internacionais do trabalho concernentes especificamente ao emprego marítimo.

V – Aplicação

14 – (1) As medidas para garantir a efetiva aplicação da Convenção sobre a Idade Mínima, de 1973, e desta Recomendação deveriam incluir:

a) o fortalecimento, na medida em que for necessário, da fiscalização do trabalho e de serviços correlatos, como, por exemplo, o treinamento especial de fiscais para detectar e corrigir abusos no emprego ou trabalho de crianças e adolescentes;

b) o fortalecimento de serviços destinados a melhoria e a fiscalização do treinamento dentro das empresas.

(2) Deveria ser ressaltado o papel que pode ser desempenhado por fiscais no suprimento de informações e assessoramento sobre os meios eficazes de aplicar dispositivos pertinentes, bem como na efetiva execução de tais dispositivos.

(3) A fiscalização do trabalho e a fiscalização do treinamento em empresas deveriam ser estreitamente coordenadas com vistas a assegurar a maior eficiência econômica e, de um modo geral, os serviços de administração do trabalho deveriam funcionar em estreita colaboração com os serviços responsáveis pela educação, treinamento, bem-estar e orientação de crianças e adolescentes.

15 – Atenção especial deveria ser dispensada:

a) à aplicação dos dispositivos relativos aos tipos perigosos de emprego ou trabalho, e

b) à prevenção do emprego ou trabalho de crianças e adolescentes durante as horas de aula, enquanto for obrigatório a educação ou o treinamento.

16 – Deveriam ser tomadas as seguintes medidas para facilitar a verificação de idades:

a) as autoridades públicas deveriam manter um eficiente sistema de registros de nascimento, que inclua a emissão de certidões de nascimento;

b) os empregadores deveriam ser obrigados a manter, e pôr à disposição da autoridade competente, registros ou outros documentos indicando os nomes e idades ou datas de nascimento, devidamente autenticados se possível, não só de crianças e adolescentes por eles empregados, mas também daqueles que recebem orientação ou treinamento em suas empresas;

c) crianças e adolescentes que trabalhem nas ruas, em estabelecimento ao ar livre, em lugares públicos, ou exerçam ocupações ambulantes ou em outras circunstâncias que tornem impraticável a verificação de registros de empregadores, deveriam portar licenças ou outros documentos que atestem que eles preenchem as condições necessárias para o trabalho em questão.

10.2. Convenção n. 182 da OIT – Sobre a proibição das piores formas de trabalho infantil e a ação imediata para a sua eliminação

O Decreto-Legislativo n. 178, de 14.12.1999, aprovou os textos da Convenção n. 182 e da Recomendação n. 190, Sobre a Proibição das Piores Formas de Trabalho Infantil e Ação Imediata para sua Eliminação concluídas em Genebra, em 17 de junho de 1999. Tais instrumentos normativos ingressaram no ordenamento jurídico brasileiro após a edição do Decreto Presidencial n. 3.597, de 12 de setembro de 2000.

CONVENÇÃO N. 182

Convenção sobre a Proibição das Piores Formas de Trabalho Infantil e a Ação Imediata para a sua Eliminação

A Conferência Geral da Organização Internacional do Trabalho:

Convocada em Genebra pelo Conselho de Administração da Repartição Internacional do Trabalho e reunida naquela cidade em 1º de junho de 1999 em sua octogésima sétima reunião;

CONSIDERANDO a necessidade de adotar novos instrumentos para a proibição e eliminação das piores formas de trabalho infantil, principal prioridade da ação nacional e internacional, incluídas a cooperação e a assistência internacionais, como complemento da Convenção e Recomendação sobre a idade mínima de admissão ao emprego, de 1973, que continuam sendo instrumentos fundamentais sobre o trabalho infantil;

CONSIDERANDO que a eliminação efetiva das piores formas de trabalho infantil requer uma ação imediata e abrangente que leve em conta a importância da educação básica gratuita e a necessidade de liberar de todas essas formas de trabalho as crianças afetadas e assegurar a sua reabilitação e sua inserção social ao mesmo tempo em que são atendidas as necessidades de suas famílias;

RECORDANDO a Resolução sobre a eliminação do trabalho infantil, adotada pela Conferência Internacional do Trabalho em sua 83ª reunião, celebrada em 1996;

RECONHECENDO que o trabalho infantil é em grande parte causado pela pobreza e que a solução no longo prazo está no crescimento econômico sustentado conducente ao progresso social, em particular à mitigação da pobreza e à educação universal;

RECORDANDO a Convenção sobre Direitos da Criança adotada pela Assembleia Geral das Nações Unidas em 20 de novembro de 1989;

RECORDANDO a Declaração da OIT relativa aos princípios e direitos fundamentais no trabalho e seu seguimento, adotada pela Conferência Internacional do Trabalho em sua 86ª reunião, celebrada em 1998;

RECORDANDO que algumas das piores formas de trabalho infantil são objeto de outros instrumentos internacionais, em particular a Convenção sobre o trabalho forçado, 1930, e a Convenção suplementar das Nações Unidas sobre a abolição da escravidão, o tráfico de escravos e as instituições e práticas análogas à escravidão, 1956;

TENDO decidido adotar diversas propostas relativas ao trabalho infantil, questão que constitui o quarto ponto da agenda da reunião, e

TENDO determinado que essas propostas tomem a forma de uma convenção internacional,

ADOTA, com data de dezessete de junho de mil novecentos e noventa e nove, a seguinte Convenção, que poderá ser citada como Convenção Sobre as Piores Formas de Trabalho Infantil, 1999:

Art. 1º

Todo Membro que ratifica a presente Convenção deverá adotar medidas imediatas e eficazes para assegurar a proibição e eliminação das piores formas de trabalho infantil, em caráter de urgência.

Art. 2º

Para efeitos da presente Convenção, o termo "criança" designa toda pessoa menor de 18 anos.

Art. 3º

Para efeitos da presente Convenção, a expressão "as piores formas de trabalho infantil" abrange:

a) todas as formas de escravidão ou práticas análogas à escravidão, tais como a venda e tráfico de crianças, a servidão por dívidas e a condição de servo, e o trabalho forçado ou obrigatório, inclusive o recrutamento forçado ou obrigatório de crianças para serem utilizadas em conflitos armados;

b) a utilização, o recrutamento ou a oferta de crianças para a prostituição, a produção de pornografia ou atuações pornográficas;

c) a utilização, recrutamento ou a oferta de crianças para a realização de atividades ilícitas, em particular a produção e o tráfico de entorpecentes, tais com definidos nos tratados internacionais pertinentes; e,

d) o trabalho que, por sua natureza ou pelas condições em que é realizado, é suscetível de prejudicar a saúde, a segurança ou a moral das crianças.

Art. 4º

1. Os tipos de trabalhos a que se refere o art. 3º, "d", deverão ser determinados pela legislação nacional ou pela autoridade competente, após consulta às organizações de empregadores e de trabalhadores interessadas e levando em consideração as normas internacionais na matéria, em particular os §§ 3º e 4º da Recomendação sobre as piores formas de trabalho infantil, 1999.

2. A autoridade competente, após consulta às organizações de empregados e de trabalhadores interessadas, deverá localizar os tipos de trabalho determinados conforme o § 1º deste artigo.

3. A lista dos tipos de trabalho determinados conforme o § 1º deste art. deverá ser examinada periodicamente e, caso necessário, revista, em consulta às organizações de empregados e de trabalhadores interessadas.

Art. 5º

1. Todo Membro, após consulta às organizações de empregadores e de trabalhadores, deverá estabelecer ou designar mecanismos apropriados para monitorar a aplicação dos dispositivos que colocam em vigor a presente Convenção.

Art. 6º

1. Todo membro deverá elaborar e implementar programas de ação para eliminar, como medida prioritária, as piores formas de trabalho infantil.

2. Esses programas de ação deverão ser elaborados e implementados em consulta com as instituições governamentais competentes e as organizações de empregadores e de trabalhadores, levando em consideração as opiniões de outros grupos interessados, caso apropriado.

Art. 7º

1. Todo Membro deverá adotar todas as medidas necessárias para garantir a aplicação efetiva e o cumprimento dos dispositivos que colocam em vigor a presente Convenção, inclusive o estabelecimento e a aplicação de sanções penais ou outras sanções, conforme o caso.

2. Todo Membro deverá adotar, levando em consideração a importância para a eliminação de trabalho infantil, medidas eficazes e em prazo determinado, com o fim de:

a) impedir a ocupação de crianças nas piores formas de trabalho infantil;

b) prestar a assistência direta necessária e adequada para retirar as crianças das piores formas de trabalho infantil e assegurar sua reabilitação e inserção social;

c) assegurar o acesso ao ensino básico gratuito e, quando for possível e adequado, à formação profissional a todas as crianças que tenham sido retiradas das piores formas de trabalho infantil;

d) identificar as crianças que estejam particularmente expostas a riscos e entrar em contato direto com elas; e,

e) levar em consideração a situação particular das meninas.

3. Todo Membro deverá designar a autoridade competente encarregada da aplicação dos dispositivos que colocam em vigor a presente Convenção.

Art. 8º

Os Membros deverão tomar medidas apropriadas para apoiar-se reciprocamente na aplicação dos dispositivos da presente Convenção por meio de uma cooperação e/ou assistência internacionais intensificadas, as quais venham a incluir o apoio ao desenvolvimento social e econômico, aos programas de erradicação da pobreza e à educação universal.

Art. 9º

As ratificações formais da presente Convenção serão comunicadas, para registro, ao Diretor-Geral da Repartição Internacional do Trabalho.

Art. 10

1. Esta Convenção obrigará unicamente aqueles Membros da Organização Internacional do Trabalho cujas ratificações tenham sido registradas pelo Diretor-Geral da Repartição Internacional do Trabalho.

2. Entrará em vigor 12 (doze) meses depois da data em que as ratificações de 2 (dois) dos Membros tenham sido registradas pelo Direto-Geral.

3. A partir desse momento, esta Convenção entrará em vigor, para cada Membro, 12 (doze) meses apos a data em que tenha sido registrada sua ratificação.

Art. 11

1. Todo Membro que tenha ratificado esta Convenção poderá denunciá-la ao expirar um período de dez anos, a partir da data em que tenha entrado em vigor, mediante ata comunicada, para registro, ao Diretor-Geral da Repartição Internacional do Trabalho. A denúncia não surtirá efeito até 1 (um) ano após a data em que tenha sido registrada.

2. Todo Membro que tenha ratificado esta Convenção e que, no prazo de um ano após a expiração do período de dez anos mencionados no parágrafo precedente, não faça uso do direito de denúncia previsto neste art. ficará obrigado durante um novo período de dez anos, podendo, sucessivamente, denunciar esta Convenção ao expirar cada período de dez anos, nas condições previstas neste artigo.

Art. 12

1. O Diretor-Geral da Repartição Internacional do Trabalho notificará todos os membros da Organização Internacional do Trabalho do registro de todas as ratificações e atas de denúncia que lhe forem comunicadas pelos Membros da Organização.

2. Ao notificar os Membros da Organização do registro da segunda ratificação que lhe tenha sido comunicada, o Diretor-Geral informará os Membros da Organização sobre a data de entrada em vigor da presente Convenção.

Art. 13

O Diretor-Geral da Repartição Internacional do Trabalho apresentará ao Secretário-Geral das Nações Unidas, para efeitos de registro e em conformidade com o art. 102 da Carta das Nações Unidas, informação completa sobre todas as ratificações e atas de denúncia que tenha registrado de acordo com os artigos precedentes.

Art. 14

Sempre que julgar necessário, o Conselho de Administração da Repartição Internacional do Trabalho apresentará à Conferência--Geral um relatório sobre a aplicação da Convenção e examinará a conveniência de incluir na agenda da Conferência a questão de sua revisão total ou parcial.

Art. 15

1. Caso a Conferência adote uma nova Convenção que revise, total ou parcialmente, a presente, e a menos que a nova Convenção contenha dispositivos em contrário:

a) a ratificação, por um Membro, da nova Convenção revisora implicará *ipso jure* a denúncia imediata desta Convenção, não obstante os dispositivos contidos no art. 11, desde que a nova Convenção revisora tenha entrado em vigor;

b) a partir da data em que entrar em vigor a nova Convenção revisora, a presente Convenção cessará de estar aberta à ratificação pelos Membros.

2. Esta Convenção continuará em vigor em qualquer hipótese, em sua forma e conteúdo atuais, para os Membros que a tenham ratificado, mas não tenham ratificado a Convenção revisora.

Art. 16

As versões inglesa e francesa do texto desta Convenção são igualmente autênticas.

10.2.1. Recomendação n. 190 – Sobre as piores formas de trabalho infantil da OIT.

A Conferência-Geral da Organização Internacional do Trabalho:

Convocada em Genebra pelo Conselho do Administração da Repartição Internacional do Trabalho e reunida naquela cidade em 1º de junho de 1999, em sua octogésima sétima reunião:

Tendo adotado a Convenção sobre as piores formas de trabalho infantil, 1999;

Tendo decidido adotar diversas propostas relativas ao trabalho infantil, questão que constitui o quarto ponto da agenda da reunião, e

Tendo determinado que essas propostas tomem a forma de uma recomendação que complemente a Convenção sobre as piores formas de trabalho infantil, 1999;

Adota, nesta data de dezessete de junho de mil novecentos e noventa e nove, a seguinte Recomendação, que poderá ser citada como a Recomendação sobre as Piores Formas do Trabalho Infantil, 1999.

1 – Os dispositivos da presente Recomendação complementam as da Convenção Sobre as Piores Formas de Trabalho Infantil, 1999 (doravante denominada "a Convenção"), e deveriam ser aplicados em conjunto com os mesmos.

I – Programas de Ação

1 – Os programas de ação mencionados no art. 6º da Convenção deveriam ser elaborados e implementados em caráter de urgência, em consulta com as instituições governamentais competentes e as organizações de empregadores e de trabalhadores, levando em consideração as opiniões das crianças diretamente afetadas pelas piores formas de trabalho infantil, de suas famílias e, caso apropriado, de outros grupos interessados comprometidos com os objetivos da Convenção e da presente Recomendação. Os objetivos dos tais programas deveriam ser, entre outros:

a) identificar e denunciar as piores formas do trabalho infantil:

b) impedir a ocupação de crianças nas piores formas de trabalho infantil ou retirá-las dessas formas de trabalho, protegê-las de represálias e garantir sua reabilitação e inserção social através de medidas que atendam as suas necessidades educacionais, físicas e psicológicas;

c) dispensar especial atenção:

I) às crianças mais jovens;

II) às meninas;

III) ao problema do trabalho oculto, no qual as meninas estão particularmente expostas a riscos; e,

IV) a outros grupos de crianças que sejam especialmente vulneráveis ou tenham necessidades particulares;

d) identificar as comunidades nas quais as crianças estejam especialmente expostas a riscos, entrar em contato direto e trabalhar com elas, e

e) informar, sensibilizar e mobilizar a opinião pública e os grupos interessados, inclusive as crianças e suas famílias.

II – Trabalho Perigoso

1 – Ao determinar e localizar onde se praticam os tipos de trabalho a que se refere o art. 3º, "d" da Convenção, deveriam ser levadas em consideração, entre outras coisas:

a) os trabalhos em que a criança fica exposta a abusos de ordem física, psicológica ou sexual;

b) os trabalhos subterrâneos, debaixo d'água, em alturas perigosas ou em locais confinados;

c) os trabalhos que se realizam com máquinas, equipamentos e ferramentas perigosas, ou que impliquem a manipulação ou transporte manual de cargas pesadas;

d) os trabalhos realizados em um meio insalubre, no qual as crianças ficam expostas, por exemplo, a substâncias, agentes ou processos perigosos ou à temperatura, níveis de ruído ou de vibrações prejudiciais à saúde; e

e) os trabalhos que sejam executados em condições especialmente difíceis, como os horários prolongados ou noturnos, ou trabalhos que retenham injustificadamente a criança em locais do empregador.

4 – No que concerne aos tipos de trabalho a que se faz referência no art. 3º, "d" da Convenção e no § 3º da presente Recomendação, a legislação nacional ou a autoridade competente, após consultas às organizações de empregadores e de trabalhadores interessadas, poderá autorizar o emprego ou trabalho a partir da idade de 16 anos, desde que fiquem plenamente garantidas a saúde, a segurança das crianças e que estas tenham recebido instrução ou formação profissional adequada e específica na área da atividade correspondente.

III – Aplicação

5.1 – Deveriam ser compilados e mantidos atualizados dados estatísticos e informações pormenorizadas sobre a natureza e extensão do trabalho infantil, de modo a servir de base para o estabelecimento das prioridades da ação nacional dirigida à eliminação do trabalho infantil, em particular a proibição e a eliminação de suas piores formas, em caráter de urgência.

5.2 – Na medida do possível, essas informações e esses dados estatísticos deveriam incluir dados desagregados por sexo, faixa etária, ocupação, setor de atividade econômica, situação no emprego, frequência escolar e localização geográfica. Deveria ser levada em consideração a importância de um sistema eficaz de registros de nascimento, que compreenda a expedição de certidões de nascimento.

5.3 – Deveriam ser compilados e mantidos atualizados os dados pertinentes em matéria de violação das normas jurídicas nacionais sobre a proibição e a eliminação das piores formas de trabalho infantil.

6 – A compilação e o processamento das informações e dos dados a que se refere o § 5 anterior deveriam ser realizados com o devido respeito ao direito à privacidade.

7 – As informações compiladas conforme o disposto no § 5 anterior deveriam ser comunicadas periodicamente à Repartição Internacional do Trabalho.

8 – Os Membros, após consultas às organizações de empregadores e de trabalhadores, deveriam estabelecer ou designar mecanismos nacionais apropriados para monitorar a aplicação das normas jurídicas nacionais sobre a proibição e a eliminação das piores formas de trabalho infantil.

9 – Os Membros deveriam assegurar que as autoridades competentes incumbidas da aplicação das normas jurídicas nacionais sobre a proibição e eliminação das piores formas de trabalho infantil colaborem entre si e coordenem suas atividades.

10 – A Legislação nacional ou a autoridade competente deveria determinar a quem será atribuída a responsabilidade em caso de descumprimento das normas jurídicas nacionais sobre a proibição e eliminação das piores formas de trabalho infantil.

11 – Os Membros deveriam colaborar, na medida em que for compatível com a legislação nacional, com os esforços internacionais tendentes à proibição e eliminação das piores formas de trabalho infantil, em caráter de urgência, mediante:

a) a compilação e o intercâmbio de informações relativas a atos delituosos, incluídos aqueles que envolvam redes internacionais;

b) a investigação e a instauração de inquérito contra aqueles que estiverem envolvidos na venda e tráfico de crianças ou na utilização, recrutamento ou oferta de crianças para a realização de atividades ilícitas, prostituição, produção de pornografia ou atuações pornográficas; e,

c) o registro dos autores de tais delitos.

12 – Os Membros deveriam adotar dispositivos com o fim de considerar atos delituosos as piores formas de trabalho infantil que são indicadas a seguir:

a) todas as formas de escravidão ou as práticas análogas à escravidão, como a venda e o tráfico de crianças, a servidão por dívidas e a condição de servo, e o trabalho forçado ou obrigatório, inclusive o recrutamento forçado ou obrigatório de crianças para serem utilizadas em conflitos armados;

b) a utilização, recrutamento ou oferta de crianças para a prostituição, a produção de pornografia ou atuações pornográficas; e,

c) a utilização, recrutamento ou oferta de crianças para a realização de atividades ilícitas, em particular para a produção e tráfico de entorpecentes, tais como definidos nos tratados internacionais pertinentes, ou para a realização de atividades que impliquem o porte ou o uso ilegais de armas de fogo ou outras armas.

13 – Os Membros deveriam assegurar que sejam impostas sanções, inclusive de caráter penal, quando proceda, em caso de violação das normas jurídicas nacionais sobre a proibição e a eliminação de qualquer dos tipos de trabalho a que se refere o art. 3º, "d" da Convenção.

14 – Quando apropriado, os membros também deveriam estabelecer em caráter de urgência outras medidas penais, civis ou administrativas para garantir a aplicação efetiva das normas jurídicas nacionais sobre a proibição e eliminação das piores formas do trabalho infantil, tais como a supervisão especial das empresas que tiverem utilizado as piores formas de trabalho infantil e, nos casos de violação reiterada, a revogação temporária ou permanente das licenças para operar.

15 – Dentre outras medidas voltadas para a proibição e eliminação das piores formas de trabalho infantil, poderiam ser incluídas as seguintes:

a) informar, sensibilizar e mobilizar o público em geral e, em particular, os dirigentes políticos nacionais e locais, os parlamentares e as autoridades judiciárias;

b) tornar partícipes e treinar as organizações de empregadores e trabalhadores e as organizações da sociedade civil;

c) dar formação adequada aos funcionários públicos competentes, em particular aos fiscais e aos funcionários encarregados do cumprimento da lei, bem como a outros profissionais pertinentes;

d) permitir a todo Membro que processe em seu território seus nacionais por infringir sua legislação nacional sobre a proibição e eliminação imediata das piores formas do trabalho infantil, ainda que estas infrações tenham sido cometidas fora de seu território;

e) simplificar os procedimentos judiciais e administrativos e assegurar que sejam adequados e rápidos;

f) estimular o desenvolvimento de políticas empresariais que visem à promoção dos fins da Convenção;

g) registrar e difundir as melhores práticas em matéria de eliminação do trabalho infantil;

h) difundir, nos idiomas e dialetos correspondentes, as normas jurídicas ou de outro tipo sobre o trabalho infantil;

i) prever procedimentos especiais para queixas, adotar medidas para proteger da discriminação e de represálias aqueles que denunciem legitimamente toda violação dos dispositivos da Convenção, criar serviços telefônicos de assistência e estabelecer centros de contato ou designar mediadores;

j) adotar medidas apropriadas para melhorar a infraestrutura educativa e a capacitação de professores que atendam às necessidades dos meninos e das meninas, e

k) na medida do possível levar em conta, nos programas de ação nacionais, a necessidade de:

I) promover o emprego e a capacitação profissional dos pais e adultos das famílias das crianças que trabalham nas condições definidas na Convenção, e

II) sensibilizar os pais sobre o problema das crianças que trabalham nessas condições.

16 – Uma cooperação e/ou assistência internacional maior entre os Membros destinada a proibir e eliminar efetivamente as piores formas de trabalho infantil deveria complementar os esforços nacionais e poderia, segundo proceda, desenvolver-se e implementar-se em consulta com as organizações de empregadores e de trabalhadores. Essa cooperação e/ou assistência internacional deveria incluir:

a) a mobilização de recursos para os programas nacionais ou internacionais;

b) a assistência jurídica mútua;

c) a assistência técnica, inclusive o intercâmbio de informações, e

d) o apoio ao desenvolvimento econômico e social, aos programas de erradicação da pobreza e a educação universal.

10.3. Convenção sobre os direitos da criança e do adolescente – 1989

Convenção sobre os Direitos da Criança

Adotada pela Resolução n. L. 44 (XLIV) da Assembleia Geral das Nações Unidas, em 20 de novembro de 1989, e ratificada pelo Brasil e promulgada pelo Decreto n. 99.710, de 21 de novembro de 1990.

Preâmbulo

Os Estados-partes na presente Convenção

Considerando que, em conformidade com os princípios proclamados na Carta das Nações Unidas, o reconhecimento da dignidade inerente e dos direitos iguais e inalienáveis de todos os membros da família humana constitui o fundamento da liberdade, da justiça e da paz no mundo;

Tendo presente que os povos das Nações Unidas reafirmaram na Carta sua fé nos direitos humanos fundamentais e na dignidade e no valor da pessoa humana e resolveram promover o progresso social e a elevação do padrão de vida em maior liberdade;

Reconhecendo que as Nações Unidas proclamaram e acordaram na Declaração Universal dos Direitos Humanos e nos Pactos Internacionais de Direitos Humanos que toda pessoa humana possui todos os direitos e liberdades nele enunciados, sem distinção de qualquer tipo, tais como raça, cor, sexo, língua, religião, opinião política ou outra, de origem nacional ou social, posição econômica, nascimento ou outra condição;

Recordando que na Declaração Universal dos Direitos Humanos as Nações Unidas proclamaram que a infância tem direito a cuidados e assistência especiais;

Convencidos de que a família, unidade fundamental da sociedade e meio natural para o crescimento e bem-estar de todos os seus membros e, em particular das crianças, deve receber a proteção e assistência necessárias para que possa assumir plenamente suas responsabilidades na comunidade;

Reconhecendo que a criança, para o desenvolvimento pleno e harmonioso de sua personalidade, deve crescer em um ambiente familiar, em clima de felicidade, amor e compreensão;

Considerando que cabe preparar plenamente a criança para viver uma vida individual na sociedade e ser educada no espírito dos ideais proclamados na Carta das Nações Unidas e, em particular, em um espírito de paz, dignidade, tolerância, liberdade, igualdade e solidariedade;

Tendo em mente que a necessidade de proporcionar proteção especial à criança foi afirmada na Declaração de Genebra sobre os Direitos da Criança de 1924 e na Declaração sobre os Direitos da Criança, adotada pela Assembleia Geral em 20 de novembro de 1959, e reconhecida na Declaração Universal dos Direitos Humanos, no Pacto Internacional de Direitos Civis e Políticos (particularmente nos arts. 23 e 24), no Pacto Internacional de Direitos Econômicos, Sociais e Culturais (particularmente no art. 10) e nos estatutos e instrumentos relevantes das agências especializadas e organizações internacionais que se dedicam ao bem-estar da criança;

Tendo em mente que, como indicado na Declaração sobre os Direitos da Criança, a criança, em razão de sua falta de maturidade física e mental, necessita proteção e cuidados especiais, incluindo proteção jurídica apropriada antes e depois do nascimento;

Relembrando as disposições da Declaração sobre os Princípios Sociais e Jurídicos Relativos à Proteção e ao Bem-Estar da Criança, com especial referência à adoção e à colocação em lares de adoção em âmbito nacional e internacional (Resolução da Assembleia Geral n. 41/85, de 3 de dezembro de 1986), as Regras-Padrão Mínimas para a Administração da Justiça Juvenil das Nações Unidas ("As Regras de Pequim") e a Declaração sobre a Proteção da Mulher e da Criança em Situações de Emergência e de Conflito Armado;

Reconhecendo que em todos os países do mundo há crianças que vivem em condições excepcionalmente difíceis, que tais crianças necessitam considerações especiais;

Levando em devida conta a importância das tradições e dos valores culturais de cada povo para a proteção e o desenvolvimento harmonioso da criança;

Reconhecendo a importância da cooperação internacional para a melhoria das condições de vida das crianças em todos os países, em particular nos países em desenvolvimento;

Acordam o seguinte:

PARTE I

Art. 1º

Para os efeitos da presente Convenção, entende-se por criança todo ser humano menor de 18 anos de idade, salvo se, em conformidade com a lei aplicável à criança, a maioridade seja alcançada antes.

Art. 2º

1. Os Estados-partes respeitarão os direitos previstos nesta Convenção e os assegurarão a toda criança sujeita à sua jurisdição, sem discriminação de qualquer tipo, independentemente de raça, cor, sexo, língua, religião, opinião política ou outra, origem nacional, étnica ou social, posição econômica, impedimentos físicos, nascimento ou qualquer outra condição da criança, de seus pais ou de seus representantes legais.

2. Os Estados-partes tomarão todas as medidas apropriadas para assegurar que a criança seja protegida contra todas as formas de discriminação ou punição baseadas na condição, nas atividades, opiniões ou crenças, de seus pais, representantes legais ou familiares.

Art. 3º

1. Em todas as medidas relativas às crianças, tomadas por instituições de bem-estar social, públicas ou privadas, tribunais, autoridades administrativas ou órgãos legislativos, terão consideração primordial os interesses superiores da criança.

2. Os Estados-partes se comprometem a assegurar à criança a proteção e os cuidados necessários ao seu bem-estar, tendo em conta os direitos e deveres dos pais, dos tutores ou de outras pessoas legalmente responsáveis por ela e, para este propósito, tomarão todas as medidas legislativas e administrativas apropriadas.

3. Os Estados-partes assegurarão que as instituições, serviços e instalações responsáveis pelos cuidados ou proteção das crianças conformar-se-ão com os padrões estabelecidos pelas autoridades competentes, particularmente no tocante à segurança e à saúde das crianças, ao número e à competência de seu pessoal, e à existência de supervisão adequadas.

Art. 4º

Os Estados-partes tomarão todas as medidas apropriadas, administrativas, legislativas e outras, para a implementação dos direitos reconhecidos nesta Convenção. Com relação aos direitos econômicos, sociais e culturais, os Estados-partes tomarão tais medidas no alcance máximo de seus recursos disponíveis e, quando necessário, no âmbito da cooperação internacional.

Art. 5º

Os Estados-partes respeitarão as responsabilidades, os direitos e os deveres dos pais ou, conforme o caso, dos familiares ou da comunidade, conforme os costumes locais, dos tutores ou de outras pessoas legalmente responsáveis pela criança, de orientar e instruir apropriadamente a criança de modo consistente com a evolução de sua capacidade, no exercício dos direitos reconhecidos na presente Convenção.

Art. 6º

1. Os Estados-partes reconhecem que toda criança tem o direito inerente à vida.

2. Os Estados-partes assegurarão ao máximo a sobrevivência e o desenvolvimento da criança.

Art. 7º

1. A criança será registrada imediatamente após o seu nascimento e terá, desde o seu nascimento, direito a um nome, a uma nacionalidade e, na medida do possível, direito de conhecer seus pais e ser cuidada por eles.

2. Os Estados-partes assegurarão a implementação desses direitos, de acordo com suas leis nacionais e suas obrigações sob os instrumentos internacionais pertinentes, em particular se a criança se tornar apátrida.

Art. 8º

1. Os Estados-partes se comprometem a respeitar o direito da criança de preservar sua identidade, inclusive a nacionalidade, o nome e as relações familiares, de acordo com a lei, sem interferências ilícitas.

2. No caso de uma criança se vir ilegalmente privada de algum ou de todos os elementos constitutivos de sua identidade, os Estados-partes fornecer-lhe-ão assistência e proteção apropriadas, de modo que sua identidade seja prontamente restabelecida.

Art. 9º

1. Os Estados-partes deverão zelar para que a criança não seja separada dos pais contra a vontade dos mesmos, exceto quando, sujeita à revisão judicial, as autoridades competentes determinarem, em conformidade com a lei e os procedimentos legais cabíveis, que tal separação é necessária ao interesse maior da criança. Tal determinação pode ser necessária em casos específicos, por exemplo, nos casos em que a criança sofre maus-tratos ou descuido por parte de seus pais ou quando estes vivem separados e uma decisão deve ser tomada a respeito do local da residência da criança.

2. Caso seja adotado qualquer procedimento em conformidade com o estipulado no § 1º do presente artigo, todas as partes interessadas terão a oportunidade de participar e de manifestar suas opiniões.

3. Os Estados-partes respeitarão o direito da criança que esteja separada de um ou de ambos os pais de manter regularmente relações pessoais e contato direto com ambos, a menos que isso seja contrário ao interesse maior da criança.

4. Quando essa separação ocorrer em virtude de uma medida adotada por um Estado-parte, tal como detenção, prisão, exílio, deportação ou morte (inclusive falecimento decorrente de qualquer causa enquanto a pessoa estiver sob a custódia do Estado) de um dos pais da criança, ou de ambos, ou da própria criança, o Estado-parte, quando solicitado, proporcionará aos pais, à criança ou, se for o caso, a outro familiar, informações básicas a respeito do paradeiro do familiar ou familiares ausentes, a não ser que tal procedimento seja prejudicial ao bem-estar da criança. Os Estados-partes se certificarão, além disso, de que a apresentação de tal petição não acarrete, por si só, consequências adversas para a pessoa ou pessoas interessadas.

Art. 10

1. Em conformidade com a obrigação dos Estados-partes sob o art. 9º, § 1º, os pedidos de uma criança ou de seus pais para entrar ou sair de um Estado-parte, no propósito de reunificação familiar, serão considerados pelos Estados-partes de modo positivo, humanitário e rápido. Os Estados-partes assegurarão ademais que a apresentação de tal pedido não acarrete quaisquer consequências adversas para os solicitantes ou para seus familiares.

2. A criança cujos pais residam em diferentes Estados-partes terá o direito de manter regularmente, salvo em circunstâncias excepcionais, relações pessoais e contatos diretos com ambos. Para este fim e de acordo com a obrigação dos Estados-partes sob o art. 9º, § 2º, os Estados-partes respeitarão o direito da criança e de seus pais de deixarem qualquer país, incluindo o próprio, e de ingressar no seu próprio país. O direito de sair de qualquer país só poderá ser objeto de restrições previstas em lei e que forem necessárias para proteger a segurança nacional, a ordem pública (*ordre public*), a saúde ou moral públicas ou os direitos e liberdades de outrem, e forem consistentes com os demais direitos reconhecidos na presente Convenção.

Art. 11

1. Os Estados-partes tomarão medidas para combater a transferência ilícita de crianças para o exterior e a retenção ilícita das mesmas no exterior.

2. Para esse fim, os Estados-partes promoverão a conclusão de acordos bilaterais ou multilaterais ou a adesão a acordos já existentes.

Art. 12

1. Os Estados-partes assegurarão à criança, que for capaz de formar seus próprios pontos de vista, o direito de exprimir suas opiniões livremente sobre todas as matérias atinentes à criança, levando-se devidamente em conta essas opiniões em função da idade e maturidade da criança.

2. Para esse fim, à criança será, em particular, dada a oportunidade de ser ouvida em qualquer procedimento judicial ou administrativo que lhe diga respeito, diretamente ou através de um representante ou órgão apropriado, em conformidade com as regras processuais do direito nacional.

Art. 13

1. A criança terá o direito à liberdade de expressão; este direito incluirá a liberdade de buscar, receber e transmitir informações e ideias de todos os tipos, independentemente de fronteiras, de forma oral, escrita ou impressa, por meio das artes ou por qualquer outro meio da escolha da criança.

2. O exercício desse direito poderá sujeitar-se a certas restrições, que serão somente as previstas em lei e consideradas necessárias:

ao respeito dos direitos e da reputação de outrem;

à proteção da segurança nacional ou da ordem pública (*order public*), ou da saúde e moral públicas.

Art. 14

1. Os Estados-partes respeitarão o direito da criança à liberdade de pensamento, de consciência e de crença.

2. Os Estados-partes respeitarão os direitos e deveres dos pais e, quando for o caso, dos representantes legais, de orientar a criança no exercício do seu direito de modo consistente com a evolução de sua capacidade.

3. A liberdade de professar sua religião ou crenças sujeitar-se-á somente às limitações prescritas em lei e que forem necessárias para proteger a segurança, a ordem, a moral, a saúde públicas, ou os direitos e liberdades fundamentais de outrem.

Art. 15

1. Os Estados-partes reconhecem os direitos da criança à liberdade de associação e à liberdade de reunião pacífica.

2. Nenhuma restrição poderá ser imposta ao exercício desses direitos, a não ser as que, em conformidade com a lei, forem necessárias em uma sociedade democrática, nos interesses da segurança nacional ou pública, ordem pública (*order public*), da proteção da saúde ou moral públicas, ou da proteção dos direitos e liberdades de outrem.

Art. 16

1. Nenhuma criança será sujeita à interferência arbitrária ou ilícita em sua privacidade, família, lar ou correspondência, nem a atentados ilícitos à sua honra e reputação.

2. A criança tem direito à proteção da lei contra essas interferências ou atentados.

Art. 17

Os Estados-partes reconhecem a importante função exercida pelos meios de comunicação de massa e assegurarão que a criança tenha acesso às informações e dados de diversas fontes nacionais e internacionais, especialmente os voltados à promoção de seu bem-estar social, espiritual e moral e saúde física e mental. Para este fim, os Estados-partes:

encorajarão os meios de comunicação a difundir informações e dados de benefício social e cultural à criança e em conformidade com o espírito do art. 29;

promoverão a cooperação internacional na produção, intercâmbio e na difusão de tais informações e dados de diversas fontes culturais, nacionais e internacionais;

encorajarão a produção e difusão de livros para criança;

incentivarão os órgãos de comunicação a ter particularmente em conta as necessidades linguísticas da criança que pertencer a uma minoria ou que for indígena;

promoverão o desenvolvimento de diretrizes apropriadas à proteção da criança contra informações e dados prejudiciais ao seu bem-estar, levando em conta as disposições dos arts. 13 e 18.

Art. 18

1. Os Estados-partes envidarão os maiores esforços para assegurar o reconhecimento do princípio de que ambos os pais têm responsabilidades comuns na educação e desenvolvimento da criança. Os pais e, quando for o caso, os representantes legais têm a responsabilidade primordial pela educação e pelo desenvolvimento da criança. Os interesses superiores da criança constituirão sua preocupação básica.

2. Para o propósito de garantir e promover os direitos estabelecidos nesta Convenção, os Estados-partes prestarão assistência apropriada aos pais e aos representantes legais no exercício das sua funções de educar a criança e assegurarão o desenvolvimento de instituições e serviços para o cuidado das mesmas.

3. Os Estados-partes tomarão todas as medidas apropriadas para assegurar que as crianças cujos pais trabalhem tenham o direito de beneficiar-se de serviços de assistência social e creches a que fazem jus.

Art. 19

1. Os Estados-partes tomarão todas as medidas legislativas, administrativas, sociais e educacionais apropriadas para proteger a criança contra todas as formas de violência física ou mental, abuso ou tratamento negligente, maus-tratos ou exploração, inclusive abuso sexual, enquanto estiver sob a guarda dos pais, do representante legal ou de qualquer outra pessoa responsável por ela.

2. Essas medidas de proteção deverão incluir, quando apropriado, procedimentos eficazes para o estabelecimento de programas sociais que proporcionem uma assistência adequada à criança e às pessoas encarregadas de seu cuidado, assim como outras formas de prevenção e identificação, notificação, transferência a uma instituição, investigação, tratamento e acompanhamento posterior de caso de maus-tratos a crianças acima mencionadas e, quando apropriado, intervenção judiciária.

Art. 20

Toda criança, temporária ou permanentemente privada de seu ambiente familiar, ou cujos interesses exijam que não permaneça nesse meio, terá direito à proteção e assistência especiais do Estado.

2. Os Estados-partes assegurarão, de acordo com suas leis nacionais, cuidados alternativos para essas crianças.

3. Esses cuidados poderão incluir, *inter alia*, a colocação em lares de adoção, a *Kafalah* do direito islâmico, a adoção ou, se necessário, a colocação em instituições adequadas de proteção para as crianças. Ao se considerar soluções, prestar-se-á a devida atenção à conveniência de continuidade de educação da criança, bem como à origem étnica, religiosa, cultural e linguística da criança.

Art. 21

Os Estados-partes que reconhecem ou permitem o sistema de adoção atentarão para o fato de que a consideração primordial seja o interesse maior da criança. Dessa forma, atentarão para que:

a adoção da criança seja autorizada apenas pelas autoridades competentes, as quais determinarão, consoante as leis e os procedimentos cabíveis e com base em todas as informações pertinentes e fidedignas, que a adoção é admissível em vista da situação jurídica da criança com relação a seus pais, parentes e representantes legais e que, caso solicitado, as pessoas interessadas tenham dado, com conhecimento de causa, seu consentimento à adoção, com base no assessoramento que possa ser necessário;

a adoção efetuada em outro país possa ser considerada como outro meio de cuidar da criança, no caso em que a mesma não possa ser colocada em lar de adoção ou entregue a uma família adotiva ou não logre atendimento adequado em seu país de origem;

a criança adotada em outro país goze de salvaguardas e normas equivalentes às existentes em seu país de origem com relação à adoção;

todas as medidas apropriadas sejam adotadas, a fim de garantir que, em caso de adoção em outro país, a colocação não permita benefícios financeiros aos que dela participem;

quando necessário, promovam os objetivos do presente artigo mediante ajustes ou acordos bilaterais ou multilaterais, e envidem esforços, nesse contexto, com vistas a assegurar que a colocação da criança em outro país seja levada a cabo por intermédio das autoridades ou organismos competentes.

Art. 22

1. Os Estados-partes adotarão medidas pertinentes para assegurar que a criança que tente obter a condição de refugiada, ou que seja considerada como refugiada de acordo com o direito e os procedimentos internacionais ou internos aplicáveis, receba, tanto no caso de estar sozinha como acompanhada por seus pais ou por qualquer outra pessoa, a proteção e a assistência humanitária adequadas a fim de que possa usufruir dos direitos enunciados na presente Convenção e em outros instrumentos internacionais de direitos humanos ou de caráter humanitário nos quais os citados Estados sejam partes.

2. Para tanto, os Estados-partes cooperarão, da maneira como julgarem apropriada, com todos os esforços das Nações Unidas e demais organizações intergovernamentais competentes, ou organizações não governamentais que cooperem com as Nações Unidas, no sentido de proteger e ajudar a criança refugiada, e de localizar seus pais ou membros da família, a fim de obter informações necessárias que permitam sua reunião com a família. Quando não for possível localizar nenhum dos pais ou membros da família, será concedida à criança a mesma proteção outorgada a qualquer outra criança privada permanentemente ou temporariamente de seu ambiente familiar, seja qual for o motivo, conforme o estabelecido na presente Convenção.

Art. 23

1. Os Estados-partes reconhecem que a criança portadora de deficiências físicas ou mentais deverá desfrutar de uma vida plena e decente em condições que garantam sua dignidade, favoreçam sua autonomia e facilitem sua participação ativa na comunidade.

2. Os Estados-partes reconhecem o direito da criança deficiente de receber cuidados especiais e, de acordo com os recursos disponíveis e sempre que a criança ou seus responsáveis reunam as condições requeridas, estimularão e assegurarão a prestação de assistência solicitada, que seja adequada ao estado da criança e às circunstâncias de seus pais ou das pessoas encarregadas de seus cuidados.

3. Atendendo às necessidades especiais da criança deficiente, a assistência prestada, conforme disposto no § 2º do presente artigo, será gratuita sempre que possível, levando-se em consideração a situação econômica dos pais ou das pessoas que cuidem da criança, e visará assegurar à criança deficiente o acesso à educação, à capacitação, aos serviços de saúde, aos serviços de reabilitação, à preparação para emprego e às oportunidades de lazer, de maneira que a criança atinja a mais completa integração social possível e o maior desenvolvimento cultural e espiritual.

4. Os Estados-partes promoverão, com espírito de cooperação internacional, um intercâmbio adequado de informações nos campos da assistência médica preventiva e do tratamento médico, psicológico e funcional das crianças deficientes, inclusive a divulgação

de informação a respeito dos métodos de reabilitação e dos serviços de ensino e formação profissional, bem como o acesso a essa informação, a fim de que os Estados-partes possam aprimorar sua capacidade e seus conhecimentos e ampliar sua experiência nesses campos. Nesse sentido, serão levadas especialmente em conta as necessidades dos países em desenvolvimento.

Art. 24

1. Os Estados-partes reconhecem o direito da criança de gozar do melhor padrão possível de saúde e dos serviços destinados ao tratamento das doenças e à recuperação da saúde. Os Estados-partes envidarão esforços no sentido de assegurar que nenhuma criança se veja privada de seu direito de usufruir desses serviços sanitários.

2. Os Estados-partes garantirão a plena aplicação desse direito e, em especial, adotarão as medidas apropriadas com vista a:

— reduzir a mortalidade infantil;

— assegurar a prestação de assistência médica e cuidados sanitários necessários a todas as crianças, dando ênfase aos cuidados básicos de saúde;

— combater as doenças e a desnutrição, dentro do contexto dos cuidados básicos de saúde mediante, *inter alia*, a aplicação de tecnologia disponível e o fornecimento de alimentos nutritivos e de água potável, tendo em vista os perigos e riscos da poluição ambiental;

— assegurar às mães adequada assistência pré-natal e pós-natal;

— assegurar que todos os setores da sociedade e em especial os pais e as crianças, conheçam os princípios básicos de saúde e nutrição das crianças, as vantagens da amamentação, da higiene e do saneamento ambiental e das medidas de prevenção de acidentes, e tenham acesso à educação pertinente e recebam apoio para aplicação desses conhecimentos;

— desenvolver a assistência médica preventiva, a orientação aos pais e a educação e serviços de planejamento familiar.

3. Os Estados-partes adotarão todas as medidas eficazes e adequadas para abolir práticas tradicionais que sejam prejudiciais à saúde da criança.

4. Os Estados-partes se comprometem a promover e incentivar a cooperação internacional com vistas a lograr progressivamente, a plena efetivação do direito reconhecido no presente artigo. Nesse sentido, será dada atenção especial às necessidades dos países em desenvolvimento.

Art. 25

Os Estados-partes reconhecem o direito de uma criança que tenha sido internada em um estabelecimento pelas autoridades competentes para fins de atendimento, proteção ou tratamento de saúde física ou mental, a um exame periódico de avaliação do tratamento ao qual está sendo submetida e de todos os demais aspectos relativos à sua internação.

Art. 26

1. Os Estados-partes reconhecerão a todas as crianças o direito de usufruir da previdência social, inclusive do seguro social, e adotarão as medidas necessárias para lograr a plena consecução desse direito, em conformidade com a legislação nacional.

2. Os benefícios deverão ser concedidos, quando pertinentes, levando-se em consideração os recursos e a situação da criança e das pessoas responsáveis pelo seu sustento, bem como qualquer outra consideração cabível no caso de uma solicitação de benefícios feita pela criança ou em seu nome.

Art. 27

1. Os Estados-partes reconhecem o direito de toda criança a um nível de vida adequado ao seu desenvolvimento físico, mental, espiritual, moral e social.

2. Cabe aos pais, ou a outras pessoas encarregadas, a responsabilidade primordial de proporcionar, de acordo com suas possibilidades e meios financeiros, as condições de vida necessárias ao desenvolvimento da criança.

3. Os Estados-partes, de acordo com as condições nacionais e dentro de suas possibilidades, adotarão medidas apropriadas a fim de ajudar os pais e outras pessoas responsáveis pela criança a tornar efetivo esse direito e, caso necessário, proporcionarão assistência material e programas de apoio, especialmente no que diz respeito à nutrição, ao vestuário e à habitação.

4. Os Estados-partes tomarão todas as medidas adequadas para assegurar o pagamento da pensão alimentícia por parte dos pais ou de outras pessoas financeiramente responsáveis pela criança, quer residam no Estado-parte quer no exterior. Nesse sentido, quando a pessoa que detém a responsabilidade financeira pela criança residir em Estado diferente daquele onde mora a criança, os Estados-partes promoverão a adesão a acordos internacionais ou a conclusão de tais acordos, bem como a adoção de outras medidas apropriadas.

Art. 28

1. Os Estados-partes reconhecem o direito da criança à educação e, a fim de que ela possa exercer progressivamente e em igualdade de condições esse direito, deverão especialmente:

— tornar o ensino primário obrigatório e disponível gratuitamente a todos;

— estimular o desenvolvimento do ensino secundário em suas diferentes formas, inclusive o ensino geral e profissionalizante, tornando-o disponível e acessível a todas as crianças, e adotar medidas apropriadas tais como a implantação do ensino gratuito e a concessão de assistência financeira em caso de necessidade;

— tornar o ensino superior acessível a todos, com base na capacidade e por todos os meios adequados;

— tornar a informação e a orientação educacionais e profissionais disponíveis e acessíveis a todas as crianças;

— adotar medidas para estimular a frequência regular às escolas e a redução do índice de evasão escolar.

2. Os Estados-partes adotarão todas as medidas necessárias para assegurar que a disciplina escolar seja ministrada de maneira compatível com a dignidade humana da criança e em conformidade com a presente Convenção.

3. Os Estados-partes promoverão e estimularão a cooperação internacional em questões relativas à educação, especialmente visando contribuir para eliminação da ignorância e do analfabetismo no mundo e facilitar o acesso aos conhecimentos científicos e técnicos e aos métodos modernos de ensino. A esse respeito, será dada atenção especial às necessidades dos países em desenvolvimento.

Art. 29

1. Os Estados-partes reconhecem que a educação da criança deverá estar orientada no sentido de:

a) desenvolver a personalidade, as aptidões e a capacidade mental e física da criança e todo o seu potencial;

b) imbuir na criança o respeito aos direitos humanos e às liberdades fundamentais, bem como aos princípios consagrados na Carta das Nações Unidas;

c) imbuir na criança o respeito aos seus pais, à sua própria identidade cultural, ao seu idioma e seus valores, aos valores nacionais do país em que reside, aos do eventual país de origem e aos das civilizações diferentes da sua;

d) preparar a criança para assumir uma vida responsável em uma sociedade livre, com espírito de compreensão, paz, tolerância, igualdade de sexos e amizade entre todos os povos, grupos étnicos, nacionais e religiosos e pessoas de origem indígena;

e) imbuir na criança o respeito ao meio ambiente.

2. Nada do disposto no presente artigo ou no art. 28 será interpretado de modo a restringir a liberdade dos indivíduos ou das entidades de criar e dirigir instituições de ensino, desde que sejam respeitados os princípios enunciados no § 1º do presente artigo e que a educação ministrada em tais instituições esteja de acordo com os padrões mínimos estabelecidos pelo Estado.

Art. 30

Nos Estados-partes onde existam minorias étnicas, religiosas ou linguísticas, ou pessoas de origem indígena, não será negado a uma criança que pertença a tais minorias ou que seja indígena o direito de, em comunidade com os demais membros de seu grupo, ter sua própria cultura, professar e praticar sua própria religião ou utilizar seu próprio idioma.

Art. 31

1. Os Estados-partes reconhecem o direito da criança ao descanso e ao lazer, ao divertimento e às atividades recreativas próprias da idade, bem como à livre participação na vida cultural e artística.

2. Os Estados-partes respeitarão e promoverão o direito da criança de participar plenamente da vida cultural e artística e encorajarão a criação de oportunidades adequadas, em condições de igualdade, para que participem da vida cultural, artística, recreativa e de lazer.

Art. 32

1. Os Estados-partes reconhecem o direito da criança de estar protegida contra a exploração econômica e contra o desempenho de qualquer trabalho que possa ser perigoso ou interferir em sua educação, ou seja nocivo para a saúde ou para seu desenvolvimento físico, mental, espiritual, moral ou social.

2. Os Estados-partes adotarão medidas legislativas, administrativas, sociais e educacionais com vistas a assegurar a aplicação do presente artigo. Com tal propósito, e levando em consideração as disposições pertinentes de outros instrumentos internacionais, os Estados-partes deverão em particular:

a) estabelecer uma idade ou idades mínimas para a admissão em empregos;

b) estabelecer regulamentação apropriada relativa a horários e condições de emprego;

c) estabelecer penalidades ou outras sanções apropriadas a fim de assegurar o cumprimento efetivo do presente artigo.

Art. 33

Os Estados-partes adotarão todas as medidas apropriadas inclusive medidas legislativas, administrativas, sociais e educacionais para proteger a criança contra o uso ilícito de drogas e substâncias psicotrópicas descritas nos tratados internacionais pertinentes e para impedir que crianças sejam utilizadas na produção e no tráfico ilícito dessas substâncias.

Art. 34

Os Estados-partes se comprometem a proteger a criança contra todas as formas de exploração e abuso sexual. Nesse sentido, os Estados-partes tomarão, em especial, todas as medidas de caráter nacional, bilateral e muiltilateral que sejam necessárias para impedir:

— o incentivo ou coação para que uma criança se dedique a qualquer atividade sexual ilegal;

— a exploração da criança na prostituição ou outras práticas sexuais ilegais;

— a exploração da criança em espetáculos ou materiais pornográficos.

Art. 35

Os Estados-partes tomarão todas as medidas de caráter nacional, bilateral ou multilateral que sejam necessárias para impedir o sequestro, a venda ou o tráfico de crianças para qualquer fim ou sob qualquer forma.

Art. 36

Os Estados-partes protegerão a criança contra todas as demais formas de exploração que sejam prejudiciais a qualquer aspecto de seu bem-estar.

Art. 37

Os Estados-partes assegurarão que:

— nenhuma criança seja submetida a tortura nem a outros tratamentos ou penas cruéis, desumanos ou degradantes. Não será imposta a pena de morte, nem a prisão perpétua, sem possibilidade de livramento, por delitos cometidos por menores de dezoito anos de idade.

— nenhuma criança seja privada de sua liberdade de forma ilegal ou arbitrária. A detenção, a reclusão ou a prisão de uma criança será efetuada em conformidade com a lei e apenas como último recurso, e durante o mais breve período de tempo que for apropriado.

— toda criança privada da liberdade seja tratada com humildade e o respeito que merece a dignidade inerente à pessoa humana, e levando-se em consideração as necessidades de uma pessoa de sua idade. Em especial, toda criança privada de sua liberdade ficará separada de adultos, a não ser que tal fato seja considerado contrário aos melhores interesses da criança, e terá direito a manter contato com sua família por meio de correspondência ou de visitas, salvo em circunstâncias excepcionais.

— toda criança privada sua liberdade tenha direito a rápido acesso a assistência jurídica e a qualquer outra assistência adequada, bem como direito a impugnar a legalidade da privação de sua liberdade perante um tribunal ou outra autoridade competente, independente e imparcial e a uma rápida decisão a respeito de tal ação.

Art. 38

1. Os Estados-partes se comprometem a respeitar e a fazer com que sejam respeitadas as normas do Direito Internacional Humanitário aplicáveis em casos de conflitos armado, no que digam respeito às crianças.

2. Os Estados-partes adotarão todas as medidas possíveis, a fim de assegurar que todas as pessoas que ainda não tenham completado quinze anos de idade não participem diretamente de hostilidades.

3. Os Estados-partes abster-se-ão de recrutar pessoas que não tenham completado quinze anos de idade para servir em suas Forças Armadas. Caso recrutem pessoas que tenham completado quinze anos mas que tenham menos de dezoito anos, deverão procurar dar prioridade ao de mais idade.

4. Em conformidade com suas obrigações, de acordo com o Direito Internacional Humanitário para proteção da população civil durante os conflitos armados, os Estados-partes adotarão todas as medidas necessárias a fim de assegurar a proteção e o cuidado das crianças afetadas por um conflito armado.

Art. 39

Os Estados-partes adotarão todas as medidas apropriadas para estimular a recuperação física e psicológica e a reintegração social de toda criança vítima de: qualquer forma de abandono, exploração ou abuso; tortura ou outros tratamentos ou penas cruéis, desumanos ou degradantes; ou conflitos armados. Essa recuperação e reintegração serão efetuadas em ambiente que estimule a saúde, o respeito próprio e a dignidade da criança.

Art. 40

1. Os Estados-partes reconhecem o direito de toda criança, de quem se alegue ter infringido as leis penais ou a quem se acuse ou declare culpada de ter infringido as leis penais, de ser tratada de modo a promover e estimular seu sentido de dignidade e de valor, e a fortalecer o respeito da criança pelos direitos humanos e pelas liberdades fundamentais de terceiros, levando em consideração a idade da criança e a importância de se estimular sua reintegração e seu desempenho construtivo na sociedade.

2. Nesse sentido, e de acordo com as disposições pertinentes dos instrumentos internacionais, os Estados assegurarão, em particular:

a) que não se alegue que nenhuma criança tenha infringido as leis penais, nem se acuse ou declare culpada nenhuma criança de ter infringido essas leis, por atos ou omissões que não eram proibidos pela legislação nacional ou pelo direito internacional no momento em que foram cometidos;

b) que toda criança de quem se alegue ter infringido as leis penais ou a quem se acuse de ter infringido essas leis goze, pelo menos, das seguintes garantias:

I) ser considerada inocente, enquanto não for comprovada sua culpa, conforme a lei;

II) ser informada sem demora e diretamente ou, quando for o caso, por intermédio de seus pais ou de seus representantes legais, das acusações que pesam contra ela, e dispor de assistência jurídica ou outro tipo de assistência apropriada para a preparação de sua defesa;

III) ter a causa decidida sem demora por autoridade ou órgão judicial competente, independente e imparcial, em audiência justa conforme a lei, com assistência jurídica ou outra assistência e, a não ser que seja considerado contrário aos melhores interesses da criança, levando em consideração especialmente sua idade e a de seus pais ou representantes legais;

IV) não ser obrigada a testemunhar ou se declarar culpada, e poder interrogar ou fazer com que sejam interrogadas as testemunhas de acusações, bem como poder obter a participação e o interrogatório de testemunhas em sua defesa, em igualdade e condições;

V) se for decidido que infringiu as leis penais, ter essa decisão e qualquer medida imposta em decorrência da mesma submetidas a revisão por autoridade ou órgão judicial competente, independente e imparcial, de acordo com a lei;

VI) contar com a assistência gratuita de um intérprete, caso a criança não compreenda ou fale o idioma utilizado;

VII) ter plenamente respeitada sua vida privada durante todas as fases do processo.

3. Os Estados-partes buscarão promover o estabelecimento de leis, procedimentos, autoridades e instituições específicas para as crianças de quem se alegue ter infringido as leis penais ou que sejam acusadas ou declaradas culpadas de tê-las infringido, e em particular:

— o estabelecimento de uma idade mínima antes da qual se presumirá que a criança não tem capacidade para infringir as leis penais;

— a adoção, sempre que conveniente e desejável, de medidas para tratar dessas crianças sem recorrer a procedimentos judiciais, contanto que sejam respeitados plenamente os direitos humanos e as garantias legais.

4. Diversas medidas, tais como ordens de guarda, orientação e supervisão, aconselhamento, liberdade vigiada, colocação em lares de adoção, programas de educação e formação profissional, bem como outras alternativas à internação em instituições, deverão estar disponíveis para garantir que as crianças sejam tratadas de modo apropriado ao seu bem-estar e de forma proporcional às circunstâncias do delito.

Art. 41

Nada do estipulado na presente Convenção afetará as disposições que sejam mais convenientes para a realização dos direitos da criança e que podem constar:

— das leis de um Estado-parte;

— das normas de Direito Internacional vigente para esse Estado.

PARTE II

Art. 42

Os Estados-partes se comprometem a dar aos adultos e às crianças amplo conhecimento dos princípios e disposições da Convenção, mediante a utilização de meios apropriados e eficazes.

Art. 43

1. A fim de examinar os progressos realizados no cumprimento das obrigações contraídas pelos Estados-partes na presente Convenção, deverá ser constituído um Comitê para os Direitos da Criança, que desempenhará as funções a seguir determinadas.

2. O Comitê estará integrado por dez especialistas de reconhecida integridade moral e competência nas áreas cobertas pela presente Convenção. Os membros do Comitê serão eleitos pelos Estados-partes dentre seus nacionais e exercerão suas funções a título pessoal, tomando-se em devida conta a distribuição geográfica equitativa, bem como os principais sistemas jurídicos.

3. Os membros do Comitê serão escolhidos, em votação secreta, de uma lista de pessoas indicadas pelos Estados-partes. Cada Estado-parte poderá indicar uma pessoa dentre os cidadãos de seu país.

4. A eleição inicial para o Comitê será realizada, no mais tardar, seis meses após a entrada em vigor da presente Convenção e, posteriormente, a cada dois anos. No mínimo quatro meses antes da data marcada para cada eleição, o Secretário-Geral das Nações Unidas enviará uma carta aos Estados-partes, convidando-os a apresentar suas candidaturas em um prazo de dois meses. O Secretário-Geral elaborará posteriormente uma lista da qual farão parte, em ordem alfabética, todos os candidatos indicados e os Estados-partes que os designaram e submeterá a mesma aos Estados-partes na Convenção.

5. As eleições serão realizadas em reuniões dos Estados-partes convocadas pelo Secretário-Geral na sede das Nações Unidas. Nessas reuniões, para as quais o quórum será de dois terços dos Estados-partes, os candidatos eleitos para o Comitê serão aqueles que obtiverem o maior número de votos e a maioria absoluta de votos dos representantes dos Estados-partes presentes e votantes.

6. Os membros do Comitê serão eleitos para um mandato de quatro anos. Poderão ser reeleitos caso sejam apresentadas novamente suas candidaturas. O mandato de cinco anos dos membros eleitos na primeira eleição expirará ao término de dois anos; imediatamente após ter sido realizada a primeira eleição. O Presidente da reunião, na qual a mesma se efetuou, escolherá por sorteio os nomes desses cinco membros.

7. Caso um membro do Comitê venha a falecer ou renuncie ou declare que por qualquer outro motivo não poderá continuar desempenhando suas funções, o Estado-parte que o indicou designará outro especialista, dentre seus cidadãos, para que exerça o mandato até o seu término, sujeito à aprovação do Comitê.

8. O Comitê estabelecerá suas próprias regras de procedimento.

9. O Comitê elegerá a Mesa para um período de dois anos.

10. As reuniões do Comitê serão celebradas normalmente na sede das Nações Unidas ou em qualquer outro lugar que o Comitê julgar conveniente. O Comitê se reunirá normalmente todos os anos. A duração das reuniões do Comitê será determinada e revista, se for o caso, em uma reunião dos Estados-partes na presente Convenção, sujeita à aprovação da Assembleia Geral.

11. O Secretário-Geral das Nações Unidas fornecerá o pessoal e os serviços necessários para o desempenho eficaz das funções do Comitê, de acordo com a presente Convenção.

12. Com a prévia aprovação da Assembleia Geral, os membros do Comitê, estabelecidos de acordo com a presente Convenção, receberão remuneração proveniente dos recursos das Nações Unidas, segundo os termos e condições determinados pela Assembleia.

Art. 44

1. Os Estados-partes se comprometem a apresentar ao Comitê, por intermédio do Secretário-Geral das Nações Unidas, relatórios sobre as medidas que tenham adotado, com vistas a tornar efetivos os direitos reconhecidos na Convenção e sobre os progressos alcançados no desempenho desses direitos:

— dentro de um prazo de dois anos a partir da data em que entrou em vigor para cada Estado-parte a presente Convenção;

— a partir de então, a cada cinco anos.

2. Os relatórios preparados em função do presente artigo deverão indicar as circunstâncias e as dificuldades, caso existam, que afetam o grau de cumprimento das obrigações derivadas da presente Convenção. Deverão também conter informações suficientes para que o Comitê compreenda, com exatidão, a implementação da Convenção no país em questão.

3. Um Estado-parte que tenha apresentado um relatório inicial ao Comitê não precisará repetir, nos relatórios posteriores a serem apresentados conforme o estipulado na alínea "b" do § 1º do presente artigo, a informação básica fornecida anteriormente.

4. O Comitê poderá solicitar aos Estados-partes maiores informações sobre a implementação da Convenção.

5. A cada dois anos, o Comitê submeterá relatórios sobre suas atividades à Assembleia Geral das Nações Unidas, por intermédio do Conselho Econômico e Social.

6. Os Estados-partes tornarão seus relatórios amplamente disponíveis ao público em seus respectivos países.

Art. 45

A fim de incentivar a efetiva implementação da Convenção e estimular a cooperação internacional nas esferas regulamentadas pela Convenção:

a) os organismos especializados, o Fundo das Nações Unidas para a Infância e outros órgãos das Nações Unidas terão o direito de estar representados quando for analisada a implementação das disposições da presente Convenção em matérias correspondentes a seus respectivos mandatos. O Comitê poderá convidar as agências especializadas, o Fundo das Nações Unidas para a Infância e outros órgãos competentes que considere apropriados a fornecerem assessoramento especializado sobre a implementação da Convenção em matérias correspondentes a seus respectivos mandatos. O Comitê poderá convidar as agências especializadas, o Fundo das Nações Unidas para a Infância e outros órgãos das Nações Unidas a apresentarem relatórios sobre a implementação das disposições da presente Convenção compreendidas no âmbito de suas atividades;

b) conforme julgar conveniente, o Comitê transmitirá às agências especializadas, ao Fundo das Nações Unidas para a Infância e a outros órgãos competentes quaisquer relatórios dos Estados-partes que contenham um pedido de assessoramento ou de assistência técnica, ou nos quais se indique essa necessidade juntamente com as observações e sugestões do Comitê, se as houver, sobre esses pedidos ou indicações;

c) o Comitê poderá recomendar à Assembleia Geral que solicite ao Secretário-Geral que efetue, em seu nome, estudos sobre questões concretas relativas aos direitos da criança;

d) o Comitê poderá formular sugestões e recomendações gerais com base nas informações recebidas nos termos dos arts. 44 e 45 da presente Convenção. Essas sugestões e recomendações gerais deverão ser transmitidas aos Estados-partes e encaminhadas à Assembleia Geral, juntamente com os comentários eventualmente apresentados pelos Estados-partes.

PARTE III

Art. 46

A presente Convenção está aberta à assinatura de todos os Estados.

Art. 47

A presente Convenção está sujeita à ratificação. Os instrumentos de ratificação serão depositados junto ao Secretário-Geral das Nações Unidas.

Art. 48

A presente Convenção permanecerá aberta à adesão de qualquer Estado. Os instrumentos de adesão serão depositados junto ao Secretário-Geral das Nações Unidas.

Art. 49

1. A presente Convenção entrará em vigor no trigésimo dia após a data em que tenha sido depositado o vigésimo instrumento de ratificação ou de adesão junto ao Secretário-Geral das Nações Unidas.

2. Para cada Estado que venha a ratificar a Convenção ou a aderir a ela após ter sido depositado o vigésimo instrumento de ratificação ou de adesão, a Convenção entrará em vigor no trigésimo dia após o depósito, por parte do Estado, do instrumento de ratificação ou de adesão.

Art. 50

1. Qualquer Estado-parte poderá propor uma emenda e registrá-la com o Secretário-Geral das Nações Unidas, que comunicará a emenda proposta aos Estados-partes, com a solicitação de que estes o notifiquem caso apóiem a convocação de uma Conferência de Estados-partes com o propósito de analisar as propostas e submetê-las à votação. Se, em um prazo de quatro meses a partir da data dessa notificação, pelo menos um terço dos Estados-partes se declarar favorável a tal Conferência, o Secretário-Geral convocará a Conferência, sob os auspícios das Nações Unidas. Qualquer emenda adotada pela maioria de Estados-partes presentes e votantes na Conferência será submetida pelo Secretário-Geral à Assembleia Geral para sua aprovação.

2. Uma emenda adotada em conformidade com o § 1º do presente artigo entrará em vigor quando aprovada pela Assembleia Geral das Nações Unidas e aceita por uma maioria de dois terços de Estados-partes.

3. Quando uma emenda entrar em vigor, ela será obrigatória para os Estados-partes que a tenham aceito, enquanto os demais permanecerão obrigados pelas disposições da presente Convenção e pelas emendas anteriormente aceitas por eles.

Art. 51

1. O Secretário-Geral das Nações Unidas receberá e comunicará a todos os Estados-partes o texto das reservas feitas pelos Estados no momento da ratificação ou da adesão.

2. Não será permitida qualquer reserva incompatível com o objeto e o propósito da presente Convenção.

3. Quaisquer reservas poderão ser retiradas a qualquer momento, mediante uma notificação nesse sentido, dirigida ao Secretário-Geral das Nações Unidas, que informará a todos os Estados. Essa notificação entrará em vigor a partir da data de recebimento da mesma pelo Secretário-Geral.

Art. 52

Um Estado-parte poderá denunciar a presente Convenção mediante notificação feita por escrito ao Secretário-Geral das Nações Unidas. A denúncia entrará em vigor um ano após a data em que a notificação tenha sido recebida pelo Secretário-Geral.

Art. 53

Designa-se para depositário da presente Convenção o Secretário-Geral das Nações Unidas.

Art. 54

O original da presente Convenção, cujos textos seguem em árabe, chinês, espanhol, francês e russo são igualmente autênticos, será depositado em poder do Secretário-Geral das Nações Unidas.

Em fé do que, os abaixo-assinados, devidamente autorizados por seus respectivos Governos, assinaram a presente Convenção.

CAPÍTULO 11

Internacionalização dos Direitos Humanos

Por natureza, os Direitos Humanos possuem um caráter universal que propicia, de certa forma, a necessidade de um Sistema Internacional de Proteção. Assim, o Direito Internacional dos Direitos Humanos consiste em um sistema de normas, procedimentos e instituições desenvolvidos para implementar essa concepção e promover o respeito dos Direitos Humanos em todos os Estados, no âmbito mundial. Para isso, diversos Tratados, Convenções, Declarações e Recomendações internacionais têm acentuado esta característica especificada de UNIVERSALIDADE.

Ao emergir da Segunda Guerra Mundial, após três lustros de massacres e atrocidades, iniciado com o fortalecimento do totalitarismo estatal dos anos 30, a humanidade compreendeu, mais do que em qualquer outra época da História, o valor supremo da dignidade humana. O sofrimento como matriz da compreensão do mundo e dos homens, segundo a lição luminosa da sabedoria grega, veio aprofundar a afirmação histórica dos direitos humanos. Desse modo, ao final da Segunda Guerra, com a Carta de criação das Nações Unidas, aprovada em São Francisco em 26.06.1945, foi criada uma organização internacional, voltada à permanente ação conjunta dos Estados na defesa da paz mundial, incluída aí a promoção dos direitos humanos e das liberdades públicas (art. 1º), que prometia solenemente a redação e promulgação de uma Declaração que proclamasse os direitos humanos (Sílvia Maria Derbli SCHAFRANSKI[271], 2014).[272]

Entretanto, conforme Fábio Konder COMPARATO[273] (2001), decidiu-se durante a sessão, de 16.02.1946, que a Comissão de Direitos Humanos, a ser criada, deveria desenvolver seus trabalhos em três etapas, sendo que a primeira, compreenderia a elaboração de uma declaração de direitos humanos, e na segunda deveria ser produzido um documento de maior vinculação do que uma simples declaração, e derradeiramente, seria necessária a criação de um aparato adequado para assegurar o respeito a tais direitos em caso de violações.

Relata Sílvia Maria Derbli Schafranski (2014) que o trabalho de redação desenvolveu-se por intermédio da Comissão de Direitos Humanos das Nações Unidas,[274] e dos seus cinquenta e oito Estados-membros, quarenta e oito votaram favoravelmente, não aparecendo nenhum contra e somente oito abstenções, e dois encontravam-se ausentes durante

---

(271) SCHAFRANSKI, Silvia Maria Derbli. *Estado e Soberania*: a internacionalização dos direitos humanos e os reflexos na ordem jurídica brasileira após a Emenda Constitucional n. 45/2004. Disponível em: <http://www.bicen-tede.uepg.br/tde_busca/arquivo.php?codArquivo=291> Acesso em: 24 abr. 2014.

(272) Os movimentos de internacionalização dos direitos globalizaram-se com a 1ª Conferência Mundial de Direitos Humanos, de Teerã (1968). Daí, até a II Conferência Mundial, em Viena (1993), viu-se construir uma cultura universal de observância aos direitos humanos, considerados indivisíveis e inter-relacionados. A Conferência Mundial de Viena, contudo, trouxe, já no final do século XX, outra preocupação: a necessidade de efetivação dos direitos consagrados, e não sua simples positivação e reconhecimento meramente declaratórios. Com efeito, os direitos humanos como tema global não se inseriram na agenda internacional pelo relativismo político, marcante nas relações internacionais. Não se tratou (nem se trata) de uma troca de interesses, mesmo que multilaterais. Tampouco de trocas compensatórias, como se identificam nos tratados sobre desarmamento e não proliferação de armas, ou no controle de armas pelo acesso à tecnologia; ou nos tratados econômico-comerciais, com concessões mútuas, como as de caráter tarifário ou aduaneiro. A origem da evolução, no plano internacional, da proteção aos direitos humanos, assume razões diversas. Provém, sobretudo, de uma elaboração no campo dos valores, derivada da concepção universal de conceber a vida em sociedade, pois diz respeito à questão de legitimidade. Da mesma forma, preocupação com a preservação do meio ambiente, embora tenha trilhado ao longo das últimas décadas caminhos (e discursos de proteção) diversos, também detém sua força ideológica pautada numa questão de legitimidade. (Danielle ANNONI, 2005)

(273) COMPARATTO, Fábio Konder. *A Afirmação Histórica dos Direitos Humanos*. São Paulo: Saraiva, 2001 p. 54.

(274) A ideia de uma comunidade internacional estabelecida a partir de laços de solidariedade e amizade habitou as consciências humanistas ao longo da história. Essa ideia esteve sempre ligada ao sonho de acabar, ou pelo menos limitar, as ocorrências de guerras e as atrocidades cometidas nesses eventos. Não é à toa que os primeiros passos do Direito Internacional se deram a partir do Direito Humanitário, também conhecido como o Direito da Guerra, que busca impor limites às partes envolvidas nos conflitos, resguardando um mínimo de respeito à condição humana. Uma ideia mais bem concebida de Direito Internacional vem se concretizar com a criação de instituições internacionais destinadas a regular a vida em plena vigência da paz entre os países, como a Organização Internacional do Trabalho (OIT), destinada a promover padrões internacionais de condições de trabalho e bem-estar, e a Liga das Nações, criada após a 1ª Guerra Mundial, com o objetivo de promover a cooperação, a paz e a segurança internacional. (LIMA JÚNIOR, 2001)

a votação.⁽²⁷⁵⁾ O ano de 1951 foi marcado pela importante decisão da Assembleia Geral de proceder à elaboração de dois pactos, cujos projetos foram concluídos em 1954 pela Comissão de Direitos Humanos — em que pese a dificuldade presente nessa época, "caracterizada pelos conflitos ideológicos gerados pela guerra fria e também marcada pelo processo incipiente de descolonização, cujos impactos se podiam fazer sentir em seus trabalhos". Enfim, essa etapa somente se concluiu em 1966, com a aprovação dos dois pactos, respectivamente sobre direitos civis e políticos, e outro, sobre direitos econômicos, sociais e culturais, de modo a combinar o discurso "liberal e o discurso social da cidadania", conjugando o "valor da liberdade" ao "valor da igualdade".

> A cidadania é um processo em constante construção, que teve origem, historicamente, com o surgimento dos direitos civis, no decorrer do século XVIII – chamado Século das Luzes –, sob a forma de direitos de liberdade, mais precisamente a liberdade de ir e vir, de pensamento, de religião, de reunião, pessoal e econômica, rompendo-se com o feudalismo medieval na busca da participação na sociedade. A concepção moderna de cidadania surge, então, quando ocorre a ruptura com o *Ancien Régime*, em virtude de ser ela incompatível com os privilégios mantidos pelas classes dominantes, passando o ser humano a deter o *status* de "cidadão" (MAZZUOLI⁽²⁷⁶⁾, 2002).

O conceito de cidadania, para MAZZUOLI⁽²⁷⁷⁾ (2002), entretanto:

> Tem sido frequentemente apresentado de uma forma vaga e imprecisa. Uns a identificam com a perda ou aquisição da nacionalidade; outros, com os direitos políticos de votar e ser votado. No Direito Constitucional, aparece o conceito, comumente relacionado à nacionalidade e aos direitos políticos. Já na Teoria Geral do Estado, aparece ligado ao elemento povo como integrante do conceito de Estado. Dessa forma, fácil perceber que no discurso jurídico dominante a cidadania não apresenta um estatuto próprio, pois, na medida em que se relaciona a estes três elementos (nacionalidade, direitos políticos e povo), apresenta-se como algo ainda indefinido.

Sustenta MAZZUOLI⁽²⁷⁸⁾ (2000):

> Que a famosa *Déclaration des Droits de l'Homme et du Citoyen*,⁽²⁷⁹⁾ de 1789, sob a influência do discurso burguês, cindiu os direitos do "Homem" e do "Cidadão", passando a expressão Direitos do Homem a significar o conjunto dos direitos individuais, levando-se em conta sua visão extremamente individualista, cuja finalidade da sociedade era a de servir aos indivíduos, ao passo que a expressão Direitos do Cidadão significaria o conjunto dos direitos políticos de votar e ser votado, como institutos essenciais à democracia representativa.

Ainda de acordo com MAZZUOLI:

> *A ideia de cidadão como participante da vida* política do país em que reside fica facilmente perceptível pela leitura do *Article VI da Déclaration*, que dispõe:
>
> La loi est l'expression de la volonté générale; tous les citoyens ont droit de concourir personnellement, ou par leurs représentants à sa formation; elle doit être le même pour tous, soit qu'elle protège soit qu'elle punisse.

---

(275) A Declaração Universal de Direitos Humanos de 1948 não constitui, sob o ponto de vista formal, instrumento jurídico vinculante, em termos gerais, embora, no aspecto material, venha sendo utilizada como importante elemento de interpretação dos tratados e convenções internacionais e como fonte de inspiração para a aprovação e interpretação das normas internas dos Estados.

Todavia, os Pactos de 1966 (**Pacto Internacional dos Direitos Civis e Políticos e Pacto Internacional dos Direitos Econômicos, Sociais e Culturais**) buscaram justamente atribuir o caráter cogente ao conteúdo da Declaração que representa para a humanidade uma Carta de Princípios a serem perseguidos pelos Estados-membros da ONU.

(276) MAZZUOLI, Valério de Oliveira. Direitos Humanos, Cidadania e Educação: uma nova concepção introduzida pela Constituição Federal de 1988. In: *Revista Forense*, v. 359, estudos e comentários, jan./fev., 2002.

(277) *Idem*.

(278) MAZZUOLI, Valério de Oliveira. *Direitos Humanos e Cidadania à luz do novo direito internacional*. Disponível em: <http:www.ambito--juridico.com.br> (In: Seminário Virtual Âmbito –jurídico: Temas Atuais do Direito Constitucional). Acesso em: 23 abr. 2000.

(279) A Declaração dos Direitos do Homem e do Cidadão foi aprovada pela Assembleia Constituinte Francesa em 26.8.1789, constituindo-se no documento marcante do Estado Liberal, preocupada que foi em defender o indivíduo e suas liberdades perante o Estado. Teve caráter individualista por consagrar apenas as liberdades dos indivíduos, não mencionando as liberdades de associação e reunião. Em seus 17 artigos proclama principalmente os princípios da Liberdade (individual), da Igualdade (apenas formal, perante a lei), da Legalidade (estrita) e da Propriedade (privada).

Tous les citoyens étant égaux à ses yeux, sont également admissibles à toutes dignités, places et emplois publics, selon leur capacité, et sans autres distinctions que celles de leurs vertus et de leurs talents.[280]

Mais à frente, a Declaração, no seu *Article XIV*, também privilegia *os citoyens*, nestes termos:

Les citoyens ont le droit de constater par eux-mêmes ou par leurs représentants la nécessité de la contribution publique, de la consentir librement, d'en suivre l'emploi et d'en déterminer la quantité, l'assiette, le recouvrement et sa durée.[281]

Na lição lapidar do Professor José Afonso da SILVA[282] (1996) citado por MAZZUOLI,

A ideia de representação, que está na base no conceito de democracia representativa, é que produz a primeira manifestação da cidadania que qualifica os participantes da vida do Estado — o cidadão, indivíduo dotado do direito de votar e ser votado —, oposta à ideia de vassalagem tanto quanto a de soberania aparece em oposição à de suserania. Mas, ainda assim, nos primeiros tempos do Estado Liberal, o discurso jurídico reduzia a cidadania ao conjunto daqueles que adquiriam os direitos políticos. Então, o cidadão era somente aquela pessoa que integrasse o corpo eleitoral. Era uma cidadania "censitária", porque era atributo apenas de quem possuísse certos bens ou rendas.

Os movimentos em favor da proteção dos Direitos do Homem surgiram através dos tempos. Modernamente, as principais iniciativas sobre essas importantes temáticas são tomadas por organizações científicas internacionais, de que são exemplos a própria Declaração de Direitos, os pactos de Direitos Humanos, das Nações Unidas, de Direitos Civis e Políticos, e dos Direitos Econômicos, Sociais e Culturais. Muitos tratados internacionais incorporam preceitos dessas declarações, como a Convenção Europeia para Salvaguarda dos Direitos do Homem e das Liberdades Fundamentais, subscrita em Roma, e a Convenção Americana sobre Direitos Humanos, celebrada em São José da Costa Rica (Pacto de São José) (MAZZUOLI[283], 2000).

Atualmente, no Brasil, já se encontram ratificados e em pleno vigor praticamente todos os tratados internacionais significativos sobre direitos humanos pertencentes ao sistema global, de que são exemplos a Convenção para a Prevenção e a Repressão do Crime de Genocídio (1948), a Convenção Relativa ao Estatuto dos Refugiados (1951), o Protocolo sobre o Estatuto dos Refugiados (1966), o Pacto Internacional sobre Direitos Civis e Políticos (1966), o Protocolo Facultativo Relativo ao Pacto Internacional sobre Direitos Civis e Políticos (1966), o Pacto Internacional dos Direitos Econômicos, Sociais e Culturais (1966), a Convenção Internacional sobre a Eliminação de Todas as Formas de Discriminação Racial (1965), a Convenção sobre a Eliminação de Todas as Formas de Discriminação contra a Mulher (1979), o Protocolo Facultativo à Convenção sobre a Eliminação de Todas as Formas de Discriminação contra a Mulher (1999), a Convenção contra a Tortura e Outros Tratamentos ou Penas Cruéis, Desumanos ou Degradantes (1984), a Convenção sobre os Direitos da Criança (1989) e ainda o Estatuto de Roma do Tribunal Penal Internacional (1998).

Por derradeiro, os Sistemas de Proteção dos Direitos Humanos se desdobram em:

• Sistema Internacional de Proteção — tem alcance universal e possui fundamento jurídico nos acordos internacionais, como a Carta da ONU, a Declaração Universal dos Direitos Humanos de 1948 e outros documentos de conteúdo jurídico específico elaborados na esfera da Organização das Nações Unidas (ONU);

• Direito Internacional Humanitário — com fundamento jurídico nas Convenções de Genebra, tem como objetivo a proteção dos indivíduos em situações de conflitos armados;

• Sistemas Regionais de Proteção — surgidos na América, Europa e África, esses sistemas têm como objetivo garantir um controle mais efetivo dos direitos humanos em nível regional.

---

(280) A lei é a expressão da vontade geral. Todos os cidadãos têm direito a participar pessoalmente, ou por meio de seus representantes, de sua formação. Deve ser a mesma para todos, quer quando protege, quer quando castiga. Todos os cidadãos, sendo iguais diante dela, têm direito a todas as dignidades, cargos e empregos públicos, segundo a sua capacidade e sem outra distinção, a não ser a de suas virtudes e de seus talentos.

(281) Os cidadãos têm direito a comprovar, por si mesmos ou por seus representantes, a necessidade da contribuição pública, a admiti-la livremente, a fiscalizar seu emprego, e a determinar a sua cota, sua base, sua arrecadação e sua duração.

(282) Silva, José Afonso da. *Curso de direito constitucional positivo*. 12. ed. São Paulo: Malheiros, 1996.

(283) MAZZUOLI, Valério de Oliveira. *Direitos Humanos e Cidadania à luz do novo direito internacional*. Disponível em: <http:www.ambito--juridico.com.br> (In: Seminário Virtual Âmbito –jurídico: Temas Atuais do Direito Constitucional). Acesso em: 23 abr. 2000.

11.1. União Europeia e os direitos humanos[284]

A União Europeia promove o respeito pelos direitos humanos no interior e no exterior das suas fronteiras, sobretudo no que respeita aos direitos civis, políticos, econômicos, sociais e culturais. Procura igualmente promover os direitos das mulheres e das crianças, bem como os das minorias e das pessoas deslocadas. A questão dos direitos humanos é contemplada nos acordos comerciais e de cooperação da UE com os seus parceiros, e o respeito por esses direitos constitui uma condição prévia para os países que pretendam aderir à União. Nos últimos anos, a UE tem mantido um diálogo sobre os direitos humanos com países como a China e o Irã, e impôs sanções por violação dos direitos humanos a diversos países, entre os quais a Sérvia, a Birmânia/Myanmar e o Zimbabue.

A UE contribui também para o financiamento de uma série de atividades em prol da defesa dos direitos humanos, tais como a Iniciativa Europeia para a Democracia e os Direitos Humanos, que disponibiliza cerca de 100 milhões de euros por ano para financiar atividades destinadas a:

- reforçar a democracia, a boa governação e o Estado de direito;
- apoiar a abolição da pena de morte no mundo inteiro;
- combater a tortura e a impunidade e apoiar os tribunais internacionais e penais;
- combater o racismo, a xenofobia e a discriminação contra as minorias e as populações indígenas.

Além disso, a UE aplica direitos aduaneiros mais reduzidos às importações provenientes de países que respeitam as condições de trabalho e as normas laborais fundamentais estabelecidas pela Organização Internacional do Trabalho.

Também, a Carta dos Direitos Fundamentais, adotada em 2000, expõe de forma clara os princípios, designadamente de igualdade, não discriminação, solidariedade e justiça, que as instituições da União Europeia e os Estados-membros devem respeitar e promover. No centro dos esforços para fazer da UE um espaço de liberdade, de segurança e de justiça, está o esforço de conciliar o direito a viver em segurança com o respeito pelas liberdades cívicas e de assegurar o reconhecimento transfronteiriço das decisões judiciais em matéria civil e penal.

Em síntese, a UE compromete-se a promover os valores da União Europeia no mundo, contribuindo para:[285]

- a paz e a segurança,
- o desenvolvimento sustentável na Terra,
- a solidariedade e o respeito mútuo entre os povos,
- o comércio livre e justo,
- a erradicação da pobreza,
- **a proteção dos direitos humanos,**
- o respeito e o reforço do Direito Internacional, nomeadamente tal como é definido na Carta das Nações Unidas.

O Tratado de Lisboa assinado em 13 de dezembro de 2007, pelos 27 Estados-membros (hoje 28), reconhece os direitos, as liberdades e os princípios enunciados na Carta dos Direitos Fundamentais e torna a Carta juridicamente vinculativa.

Os Estados-membros assinaram a Carta em 2000. Esta passa a ser agora juridicamente vinculativa. Isso significa que quando a UE propõe e aplica legislação, deve respeitar os direitos enunciados na Carta, e o mesmo devem fazer os Estados-membros quando aplicam a legislação da UE.

---

(284) Fonte: *A Europa em movimento*
Comissão Europeia
Direção-Geral da Imprensa e da Comunicação
Manuscrito concluído em julho de 2004
Arquivo disponível em: <http://europa.eu.int/comm/publications/booklets/move/47/index_pt.htm> Acesso em: 25 maio 2005.
(285) *O seu guia do Tratado de Lisboa*. Disponível em: <http://ec.europa.eu/publications/booklets/others/84/pt.pdf> Acesso em: 3 maio 2010.

Os direitos de que todos devem gozar incluem a proteção dos dados pessoais, o direito de asilo, a igualdade perante a lei e a não discriminação, a igualdade entre homens e mulheres, os direitos da criança e dos idosos e direitos sociais importantes como a proteção contra os despedimentos sem justa causa e o acesso à segurança social e à assistência social.

O Tratado permitirá também a adesão da UE à Convenção Europeia dos Direitos do Homem. A Convenção e o Tribunal Europeu dos Direitos do Homem, que supervisiona a aplicação da Convenção, estão na base da proteção dos direitos humanos na Europa.

O Tratado de Lisboa faz referência à Carta dos Direitos Fundamentais, considerando-a um verdadeiro catálogo dos direitos de que todos os cidadãos da UE devem se beneficiar face às instituições da UE e às disposições vinculativas do Direito europeu. Os seis capítulos da Carta cobrem os seguintes aspectos: **dignidade, liberdade, igualdade, solidariedade,**[286] **cidadania e justiça.** Esses direitos inspiram-se fundamentalmente noutros instrumentos internacionais, como a Convenção Europeia dos Direitos do Homem, dando-lhes expressão jurídica na UE.[287]

---

(286) A cláusula **de solidariedade** (Título VII, Art. 222º) essencialmente codifica juridicamente uma realidade resultante do avançado estádio de interdependência em que já se encontram os Estados-membros da União. Já antes do Tratado de Lisboa entrar em vigor no dia 1º deste mês, seria inconcebível que, no caso de um Estado-membro ser alvo de um *"ataque terrorista"* e/ou *"catástrofe natural ou de origem humana"*, os outros recusassem ajudá-lo. Disponível em: <http://luminaria.blogs.sapo.pt/259029.html> Acesso em: 12 ago. 2010.

(287) Disponível em: <http://europa.eu/lisbon_treaty/faq/index_pt.htm> Acesso em: 12 ago. 2010.

CAPÍTULO 12

Questões sobre Direito Internacional e Comunitário

1. Acerca dos sujeitos de direito internacional, assinale a opção correta (Concurso para Juiz do Trabalho Substituto n. 01/2006, CESPE-UnB).

a) As organizações internacionais são associações voluntárias de sujeitos de direito internacional, constituídas por atos internos de cada sujeito.

b) O agente diplomático é um dos órgãos do Estado para as relações internacionais.

c) A seleção e a nomeação dos agentes diplomáticos são reguladas pelo direito internacional.

d) Os cônsules não podem ser escolhidos entre os nacionais do Estado no qual vão servir.

e) A Convenção de Viena de 1963 dispõe sobre as relações diplomáticas.

2. O STF, ao julgar a aplicabilidade de tratados celebrados pelo Brasil no âmbito do Mercosul, decidiu pela inconstitucionalidade da recepção plena e automática das normas de direito internacional, mesmo daquelas que, elaboradas no contexto da integração regional, representam a expressão de um direito comunitário. Segundo o entendimento exposto na decisão, é necessário que a norma internacional seja transposta para a ordem jurídica nacional de acordo com os instrumentos constitucionais que consagram a sua recepção (Concurso para Juiz do Trabalho Substituto 01/2006, CESPE-UnB).

A decisão do STF acima mencionada consagra o

a) princípio da coordenação.

b) monismo internacionalista.

c) dualismo.

d) monismo nacionalista.

e) preceito da jurisdição una.

3. Acerca das convenções internacionais e da imunidade de jurisdição, assinale a opção correta (Concurso para Juiz do Trabalho Substituto 01/2006, CESPE-UnB).

a) A ratificação de convenção da Organização Internacional do Trabalho (OIT) não importa revogação ou alteração de qualquer lei, sentença, costume ou acordo que garanta aos trabalhadores condições mais favoráveis.

b) Os tratados e convenções internacionais sobre direitos humanos são equivalentes à lei complementar, quando aprovados em cada Casa do Congresso Nacional, em dois turnos, por três quintos dos votos dos respectivos membros.

c) A imunidade dos membros de quadro diplomático alcança as reconvenções apresentadas em ações por eles próprios ajuizadas.

d) Segundo jurisprudência do Tribunal Superior do Trabalho, a imunidade à execução de crédito na justiça do trabalho alcança os bens de missão diplomática, inclusive os bens que não estejam afetos às atividades da missão.

e) O diplomata pode renunciar à imunidade de jurisdição.

4. Julgue os seguintes itens, relativos à concorrência internacional (Concurso para Juiz do Trabalho Substituto 01/2006, CESPE-UnB).

I. São formas de manifestação do denominado *dumping* social o traslado de empresas de um Estado para outro, à procura de menores custos de mão de obra ou de vantagens tributárias, e a estratégia deliberada de fixação de salários baixos para atrair empresas de outros Estados.

II. Selo social é a etiqueta estampada em embalagens de mercadorias destinadas à exportação. Esse selo garante que o produto foi manufaturado em respeito às normas fundamentais das relações de trabalho.

III. A denominada cláusula social procura desvincular os direitos trabalhistas fundamentais dos acordos comerciais celebrados entre Estados.

IV. Carta social é uma declaração solene por meio da qual se reconhecem e se proclamam direitos, identificando-se metas ou objetivos a serem alcançados em relação a aspectos trabalhistas ou sociais.

V. A Carta Social de Turim, de 1961, foi uma tentativa frustrada de adoção das cartas sociais, tendo pouca relevância na história do direito do trabalho na Comunidade Europeia.

Estão certos apenas os itens:

a) I, II e III.
b) I, II e IV.
c) I, III e V.
d) II, IV e V.
e) III, IV e V.

5. Com relação à OIT e a convenções e recomendações internacionais do trabalho, assinale a opção correta (Concurso para Juiz do Trabalho Substituto 01/2006, CESPE-UnB).

a) A OIT foi criada na Conferência de Filadélfia, de 1944.

b) O Conselho de Administração, órgão deliberativo máximo da OIT, tem uma estrutura tripartite, com delegações formadas por representantes do governo, dos trabalhadores e dos empregadores dos Estados-membros.

c) As recomendações são normas da OIT destinadas a constituir regras gerais aos Estados deliberantes que as incluem em sua ordem jurídica interna.

d) A Declaração de Filadélfia, de 1944, enunciou o princípio segundo o qual o trabalho é uma mercadoria.

e) São normas da OIT: convenções, recomendações e resoluções.

6. A respeito do direito comunitário, assinale a opção correta (Concurso para Juiz do Trabalho Substituto 01/2006, CESPE-UnB).

a) O Mercosul foi constituído mediante a celebração do Tratado de Assunção, firmado entre Brasil, Argentina, Uruguai, Paraguai e Chile.

b) A jurisdição internacional do Mercosul abrange as relações jurídicas entre os falidos e seus credores e demais procedimentos análogos.

c) As normas emanadas de tratados, acordos ou protocolos do Mercosul têm caráter obrigatório e devem, quando necessário, ser incorporadas aos ordenamentos jurídicos nacionais mediante os procedimentos previstos pela legislação de cada país.

d) O Acordo de Livre-Comércio da América do Norte (NAFTA) prevê a fixação de tarifa única sobre exportação de bens entre os países signatários, bem como a criação de limitações quantitativas à importação.

e) A União Europeia assegura a livre circulação de mercadorias, serviços e capitais, mas não a de pessoas.

7. Acerca dos organismos do direito comunitário, assinale a opção incorreta (Concurso para Juiz do Trabalho Substituto n. 01/2006, CESPE-UnB).

a) Ao Comitê de Liberdade Sindical da OIT cabe analisar as queixas quanto à aplicação da Convenção 87, acerca da liberdade sindical e da proteção do direito à sindicalização, e à Convenção 98, acerca do direito de sindicalização e de negociação coletiva.

b) São órgãos da União Europeia o Parlamento Europeu, o Conselho da Europa, a Comissão, o Tribunal de Justiça e o Tribunal de Contas.

c) Os tratados, na União Europeia, somente podem ser emendados por decisão unânime dos Estados-membros.

d) O princípio da livre circulação de trabalhadores baseia-se na vedação a discriminações aos profissionais oriundos dos Estados que integram os países comunitários, bem como na preferência, no acesso ao emprego, de trabalhadores da área comunitária em relação a terceiros Estados.

e) A admissibilidade das medidas cautelares no Mercosul será regulada pelas leis e julgada pelos juízes ou pelos tribunais do Estado requerido.

8. Analise as assertivas abaixo (XV Concurso para Procurador do Trabalho):

I. as convenções da Organização Internacional do Trabalho são tratados internacionais abertos para a ratificação dos Estados-membros;

II. as recomendações não necessitam de ratificação, visando, apenas, a orientar as políticas, legislações e práticas nacionais;

III. as convenções internacionais são consideradas fontes normativas heterônomas do direito, desde que seja realizada a ratificação pelo Estado-membro da Organização Internacional do Trabalho;

IV. a recomendação é considerada fonte jurídica material, uma vez que cumpre o importante papel político e cultural de induzir os Estados a aperfeiçoar sua legislação interna na direção traçada por esse documento programático internacional.

De acordo com as assertivas acima, pode-se afirmar que:

a) somente as assertivas I e II estão corretas;

b) somente as assertivas III e IV estão corretas;

c) todas as assertivas estão corretas;

d) todas as assertivas estão incorretas;

e) não respondida.

9. Em relação às normas internacionais de proteção da criança e do adolescente, analise as assertivas abaixo (XV Concurso para Procurador do Trabalho):

I. de acordo com a Convenção n. 138 da Organização Internacional do Trabalho, não será inferior a dezoito anos a idade mínima para admissão a qualquer tipo de emprego ou trabalho que, por sua natureza ou circunstância em que é executado, possa prejudicar a saúde, a segurança e a moral do jovem;

II. a Convenção n. 138 da Organização Internacional do Trabalho estabelece que as leis ou regulamentos nacionais podem permitir o emprego ou trabalho de jovens entre 13 e 15 anos em serviços leves que não prejudiquem sua saúde, desenvolvimento ou frequência escolar, sua participação em programas de orientação profissional ou de formação aprovados pela autoridade competente ou sua capacidade de se beneficiar da instrução recebida;

III. dentre as piores formas de trabalho infantil, previstas na Convenção n. 182 da Organização Internacional do Trabalho, incluem-se todas as formas de escravidão ou práticas análogas à escravidão, utilização, demanda e oferta de criança para fins de prostituição e o recrutamento para a produção e tráfico de drogas;

IV. de acordo com a Convenção n. 182 da Organização Internacional do Trabalho, todo Estado-membro, tendo em vista a importância da educação para a eliminação do trabalho infantil, adotará medidas efetivas, para, num determinado prazo, dispensar a necessária e apropriada assistência direta para retirar crianças das piores formas de trabalho infantil e assegurar sua reabilitação e integração social;

De acordo com as assertivas acima, pode-se afirmar que:

a) todas as assertivas estão corretas;

b) apenas as assertivas I, II e IV estão corretas;

c) apenas as assertivas III e IV estão corretas;

d) todas as assertivas estão incorretas;

e) não respondida.

10. Quanto ao agente diplomático é incorreto afirmar (XI Concurso Público para Juiz do Trabalho Substituto — 13ª Região, Paraíba).

a) Os agentes diplomáticos possuem isenção de todos os impostos e taxas, pessoais ou reais, nacionais, regionais ou municipais.

b) O agente diplomático não está obrigado a prestar depoimento como testemunha.

c) Os agentes diplomáticos são pessoas enviadas pelo chefe de Estado, não se confundindo como um órgão do Estado para as relações internacionais.

d) Corpo Diplomático é expressão empregada para designar o conjunto de agentes diplomáticos, não se incluindo aí o pessoal técnico e administrativo.

e) Os agentes diplomáticos gozam de isenção aduaneira.

11. Não se enquadra nos privilégios das Missões Especiais (XI Concurso Público para Juiz do Trabalho Substituto — 13ª Região, Paraíba):

a) acomodações adequadas;

b) os imóveis da missão gozam de isenção fiscal;

c) liberdade de movimento para realização das funções;

d) inviolabilidade dos imóveis e arquivos;

e) n.d.r.

12. Está incorreta a afirmativa sobre representantes consulares (XI Concurso Público para Juiz do Trabalho Substituto — 13ª Região, Paraíba).

a) Os cônsules têm funções locais, daí existirem em um Estado diversos Consulados.

b) Os consulados, apesar da função local, são dependentes entre si.

c) Os cônsules podem, na ausência de Missão Diplomática, praticar atos diplomáticos.

d) Os cônsules podem ser de duas espécies: os "electi" (honorários) e os "missi" (designados pelo Estado entre os seus nacionais).

e) As relações consulares apresentam independência das relações diplomáticas.

13. Quanto à história da Organização Internacional do Trabalho (OIT), está incorreta (XI Concurso Público para Juiz do Trabalho Substituto — 13ª Região, Paraíba).

a) A ideia de se criar uma proteção internacional do trabalho se manifestou em diversas ocasiões durante o século XIX.

b) Foi Robert Owen que, pela primeira vez em 1818, propôs a proteção internacional do trabalho.

c) A Associação Internacional para a Proteção Legal dos Trabalhadores foi criada em 1901.

d) A OIT foi criada na Parte XIII do Tratado de Versalhes.

e) A OIT, desde sua criação, sem nenhuma ressalva, teve sua sede em Genebra.

14. Não constitui órgão da OIT (XI Concurso Público para Juiz do Trabalho Substituto — 13ª Região, Paraíba):

a) Conselho de Administração;

b) Conselho Econômico;

c) Conferência Internacional do Trabalho;

d) *Bureau* Internacional do Trabalho;

e) n.d.r.

15. Quanto às imunidades de jurisdição dos Estados, é incorreto dizer (XI Concurso Público para Juiz do Trabalho Substituto — 13ª Região, Paraíba).

a) O fundamento das imunidades é geralmente o de facilitar que as pessoas que dela se beneficiem possam bem desempenhar as suas funções.

b) Possuem imunidade as atividades dos Estados relativas aos aspectos comerciais, trabalhistas, bens com fins comerciais e outros.

c) Tem imunidade de jurisdição o Ministro das Relações Exteriores.

d) Tem imunidade de jurisdição os agentes diplomáticos.

e) Tem imunidade de jurisdição os navios e aeronaves públicas.

16. Qual dos requisitos abaixo, no âmbito internacional, não faz parte do governo para que este seja reconhecido na linha de elemento do Estado (XI Concurso Público para Juiz do Trabalho Substituto — 13ª Região, Paraíba).

a) O controle das desigualdades internas, conforme o princípio internacional do respeito à dignidade humana.

b) Aparecimento do novo governo conforme o Direito Internacional.

c) A democracia e eleições livres consagradas nos textos internacionais.

d) A efetividade, que pode ser definida como o controle de fato da administração do Estado, e a aquiescência da população.

e) O cumprimento das obrigações internacionais do Estado.

17. Não é considerado Instituição Comunitária da União Europeia (XI Concurso Público para Juiz do Trabalho Substituto — 13ª Região, Paraíba):

a) Parlamento Europeu;

b) Conselho da União Europeia;

c) Comissão Europeia;

d) Tribunal de Contas da União Europeia;

e) n.d.r.

18. Não é requisito para que o Estado seja reconhecido internacionalmente (XI Concurso Público para Juiz do Trabalho Substituto — 13ª Região, Paraíba):

a) que seu governo seja independente no sentido de não depender de outro governo;

b) que haja delimitação do território desta coletividade estatal;

c) que tenha uma autoridade efetiva sobre seu território;

d) que tenha indicações de participação em Tratados Internacionais;

e) que possua uma autonomia na conduta dos seus negócios exteriores.

19. Quanto às características das Organizações Internacionais é incorreto dizer (XI Concurso Público para Juiz do Trabalho Substituto — 13ª Região, Paraíba):

a) a sua estrutura é formada em geral por um Conselho, uma Assembleia e um Secretariado;

b) as Organizações Internacionais podem ser criadas por tempo determinado e por tempo indeterminado;

c) são os Estados-membros que financiam as Organizações Internacionais, por meio de contribuição, sendo vários os critérios a estabelecer os valores;

d) as finalidades das Organizações Internacionais são predominantemente de ordem científica;

e) n.d.r.

20. Assinale a hipótese incorreta (XII Concurso Público para Juiz do Trabalho Substituto — TRT — 13ª Região).

São privativos de brasileiro nato os cargos:

a) de Presidente e Vice-Presidente da República;

b) de Presidente da Câmara dos Deputados;

c) de Presidente do Senado Federal;

d) de Ministro do Supremo Tribunal Federal;

e) de Governador de Estado e do Distrito Federal.

21. A Convenção n. 182 da OIT para proteção do trabalho infantil (XII Concurso Público para Juiz do Trabalho Substituto — TRT — 13ª Região):

a) dá combate à prostituição e à pornografia infantis;

b) disciplina as atividades lícitas não remuneradas;

c) oferece proteção ao trabalho a pessoas menores de 15 (quinze) anos;

d) aceita o princípio de que nos países pobres o trabalho de menores ajuda na renda familiar;

e) delega as questões de natureza educacional ao âmbito da UNESCO.

22. A liberdade sindical (XII Concurso Público para Juiz do Trabalho Substituto — TRT — 13ª Região):

a) é de competência exclusiva dos Estados;

b) somente pode ser objeto de fiscalização internacional se o Estado for signatário do Tratado de Varsóvia;

c) é regulamentada pela Organização dos Estados Americanos;

d) é acompanhada pelo Comitê de Liberdade Sindical da OIT;

e) é regulamentada pela Recomendação.

23. Em se tratando de membros de Missões Diplomáticas, é correto afirmar que (XII Concurso Público para Juiz do Trabalho Substituto — TRT — 13ª Região):

a) são funcionários que gozam de imunidades absolutas com relação ao Estado acreditado;

b) a residência particular por eles ocupada e sua correspondência pessoal gozam da mesma inviolabilidade;

c) a imunidade é extensiva aos imóveis privados, independentemente de sua localização;

d) a critério do Estado acreditante, mediante consulta ao Senado Federal ou ao Parlamento, a imunidade será reconhecida ou não;

e) tais prerrogativas devem ser previstas no *Agréement*.

24. Assinale a hipótese correta quanto à composição da Conferência Internacional do Trabalho (XII Concurso Público para Juiz do Trabalho Substituto — TRT — 13ª Região):

a) compõe-se de quatro delegados de cada Estado-membro, sendo um designado pelos respectivos Governos, um pela ONU, um pelos empregadores e um pelos empregados;

b) compõe-se de cinco delegados de cada Estado-membro, sendo dois designados pelos respectivos Governos, um pela OIT, um pelos empregadores e um pelos empregados;

c) compõe-se de seis delegados de cada Estado-membro, sendo dois designados pelos respectivos Governos, dois pelos empregadores e dois pelos empregados;

d) compõe-se de quatro delegados, sendo dois designados pelos respectivos Governos, um pelos empregadores e um pelos empregados;

e) compõe-se de três delegados, sendo um designado pelos respectivos Governos, um pelos empregadores e um pelos empregados.

25. Analise as seguintes assertivas, assinalando a alternativa correta (XX Concurso Público para o Cargo de Juiz Substituto do Trabalho — TRT — 9ª Região).

I. Países que, de forma deliberada, com objetivo de aumentar a competitividade de seus produtos no mercado internacional, negligenciam as condições de trabalho, admitindo, por exemplo, longas jornadas, trabalho infantil e baixíssimo padrão remuneratório, praticam o chamado "*dumping* social".

II. A inserção de cláusulas sociais em atos internacionais consiste numa forma de combate ao comércio desleal praticado através da degradação das condições de trabalho.

III. A Declaração da Organização Internacional do Trabalho sobre os Princípios e Direitos Fundamentais do Trabalho, de 1998, contempla permissão à utilização de normas protetivas do trabalhador com a finalidade de proteger o comércio de determinado país.

IV. É competência exclusiva da Organização Mundial do Comércio fiscalizar e regulamentar os padrões básicos de proteção ao trabalhador.

a) apenas as assertivas I e II estão corretas;

b) apenas as assertivas I, II e IV estão corretas;

c) apenas as assertivas II e III estão corretas;

d) apenas as assertivas III e IV estão corretas;

e) todas as assertivas estão corretas.

26. Analise as seguintes assertivas e assinale a alternativa correta (XX Concurso Público para o Cargo de Juiz Substituto do Trabalho — TRT — 9ª Região).

I. No procedimento contencioso da "reclamação" assegurado na constituição da OIT, há legitimação de organização profissional de empregados ou de empregadores, e tem por objeto descumprimento de convenção ratificada.

II. Na estrutura da OIT, é da competência do Conselho de Administração processar e deliberar sobre "reclamações" acerca de não execução satisfatória de uma convenção ratificada pelo Estado-membro denunciado.

III. Deixando um Estado-membro da OIT de submeter uma convenção aprovada pela Conferência deste organismo à autoridade competente interna de seu país, outro Estado-membro, que tenha ratificado a mesma convenção, pode formular "queixa" junto à organização.

IV. Os membros da Comissão de Peritos da OIT são representantes dos governos dos Estados-membros.

a) todas as proposições estão corretas;

b) apenas as proposições I, II e III estão corretas;

c) apenas as proposições II e III estão corretas;

d) apenas a proposição IV está correta;

e) apenas as proposições I e IV estão corretas.

27. Considere as assertivas a seguir em relação ao Mercado Comum do Sul (Mercosul) (XIX Concurso Público para o Cargo de Juiz Substituto do Trabalho — TRT — 9ª Região):

I. Foi criado pelo Tratado de Assunção em 26 de março de 1990, com finalidade nitidamente social.

II. Reúne os Estados de Argentina, Brasil, Paraguai e Uruguai, sendo que o Chile e o Equador assinaram o acordo de associação de livre-comércio em 1996 e 1997, respectivamente, com a ressalva de não participação da união aduaneira.

III. O Protocolo de Ouro Preto dispôs sobre a estrutura orgânica do Mercosul, qual seja: Conselho Mercado Comum e Grupo Mercado Comum e criou os órgãos de Comissão do Comércio, Comissão Parlamentar Conjunta, Foro Consultivo Econômico-Social e uma Secretaria Administrativa.

IV. No Brasil não funciona seção nacional do Foro Econômico-Social do Mercosul.

V. Não existe um Subgrupo Específico para tratar de Assuntos Laborais, Emprego e Seguridade Social.

Marque a alternativa correta:

a) todas as proposições estão corretas;

b) todas as proposições estão incorretas;

c) a única proposição correta é a V;

d) a única proposição correta é a III;

e) somente as proposições I e II são as corretas.

28. Considere as assertivas a seguir sobre a Organização Internacional do Trabalho (OIT) (XIX Concurso Público para o Cargo de Juiz Substituto do Trabalho — TRT — 9ª Região).

I. Foi criada pelo Tratado de Paz, em 1919, como parte da Sociedade das Nações.

II. A estrutura básica compreende três órgãos: Conferência Internacional do Trabalho, Conselho de Administração e Repartição Internacional do Trabalho.

III. Incumbe à Conferência Internacional do Trabalho elaborar e aprovar as normas que constituem a regulamentação internacional do trabalho e das questões que lhe são conexas, dentre outras atribuições.

IV. Possui personalidade jurídica própria, sendo vinculada à Organização das Nações Unidas.

V. A organização em questão possui personalidade jurídica para contratar, comparecer em juízo, mas não possui personalidade para adquirir bens imóveis e deles dispor.

Marque a alternativa correta:

a) as proposições I e IV são as únicas incorretas;

b) a proposição III é a única incorreta;

c) a proposição V é a única incorreta;

d) todas as proposições estão corretas;

e) todas as proposições estão incorretas.

29. Considere as assertivas a seguir quanto aos Estados-membros da Organização Internacional do Trabalho (OIT) (XIX Concurso Público para o Cargo de Juiz Substituto do Trabalho — TRT — 9ª Região).

I. Qualquer Estado que deseje integrar a OIT, basta comunicar ao Diretor-Geral da Organização das Nações Unidas (ONU).

II. Podem compor a OIT todos os Estados que já pertenciam à organização em 01.11.1945.

III. Qualquer Estado, membro das Nações Unidas, que deseje integrar a OIT, basta comunicar ao Diretor-Geral da Repartição Internacional do Trabalho a aceitação formal das obrigações que emanam da Constituição da organização.

IV. Qualquer Estado que deseje integrar a OIT, embora não pertencendo à ONU, deve comunicar ao Diretor-Geral da Repartição Internacional do Trabalho sua formal aceitação das obrigações resultantes da Constituição e tenha sua admissão aprovada por dois terços dos delegados presentes à Conferência, e dois terços dos respectivos delegados governamentais.

V. A qualidade de Estado-membro da organização outorga o direito de participação da Conferência Internacional do Trabalho com dois delegados governamentais, um dos empregadores e um dos trabalhadores.

Marque a alternativa correta:

a) todas as proposições estão corretas;

b) todas as proposições estão incorretas;

c) somente as proposições II, III e IV são as corretas;

d) a proposição I é a única incorreta;

e) a proposição V é a única incorreta.

30. Considere as assertivas a seguir (XIX Concurso Público para o Cargo de Juiz Substituto do Trabalho — TRT — 9ª Região).

I. O direito interno brasileiro determina qual o órgão competente para autorizar a vinculação a um tratado, no Brasil.

II. Segundo o direito brasileiro, compete exclusivamente ao Congresso Nacional resolver definitivamente sobre tratados, acordos ou atos internacionais que acarretem encargos ou compromissos gravosos ao patrimônio nacional.

III. Segundo o direito brasileiro, compete privativamente ao Presidente da República celebrar tratados, convenções e atos internacionais, sujeitos a referendo do Congresso Nacional.

IV. O direito brasileiro, nas suas relações internacionais, rege-se pelo princípio da cooperação entre os povos para o progresso da humanidade, dentre outros.

Assinale a alternativa correta:

a) somente as proposições II e III estão corretas;

b) somente as proposições I e IV estão corretas;

c) somente a proposição IV está correta;

d) todas as proposições estão corretas;

e) todas as proposições estão incorretas.

31. Não é privativo de brasileiro nato o cargo (XVIII Concurso Público para o Cargo de Juiz Substituto do Trabalho — TRT — 9ª Região):

a) de Vice-Presidente da República;

b) de Governador de Estado;

c) de Presidente da Câmara dos Deputados;

d) de oficial das Forças Armadas;

e) da carreira diplomática.

32. Considere as seguintes proposições (XVIII Concurso Público para o Cargo de Juiz Substituto do Trabalho — TRT — 9ª Região).

I. A Conferência Internacional do Trabalho é o órgão supremo da Organização Internacional do Trabalho, responsável pela elaboração da regulamentação internacional do trabalho e dos problemas que lhe são conexos. Para tal fim pode adotar apenas dois tipos de instrumentos, quais sejam, a convenção e a recomendação.

II. Tanto as convenções como as recomendações são objeto de ratificação pelos Estados-membros da Organização Internacional do Trabalho. Uma vez ratificados, devem integrar a respectiva legislação nacional.

III. Desde que já vigore internacionalmente, a convenção obrigará o Estado-membro em relação à Organização Internacional do Trabalho doze meses após a data em que registrar a respectiva ratificação.

Quais estão corretas?

a) Apenas a I;

b) Apenas a II;

c) Apenas a III;

d) Apenas II e III;

e) Todas estão corretas.

33. Considere as seguintes proposições (XVIII Concurso Público para o Cargo de Juiz Substituto do Trabalho — TRT — 9ª Região).

I. Brasil, Argentina, Paraguai, Uruguai e Chile celebraram, em 26 de março de 1991, na cidade de Assunção, o Tratado para a Constituição de um Mercado Comum do Sul.

II. Pode ser membro da Organização Internacional do Trabalho (OIT) qualquer Estado, membro das Nações Unidas, que comunique ao Diretor-geral da Repartição Internacional do Trabalho sua aceitação formal das obrigações contidas na Constituição da OIT.

III. A garantia da imunidade de jurisdição consagrada no Direito Internacional, segundo a atual jurisprudência brasileira, quando se tratar de litígios trabalhistas, é relativa.

IV. No que concerne à norma jurídica a ser aplicada à relação de emprego, o princípio da *lex execucionis*, reconhecido pela Convenção de Direito Internacional Privado de Havana, ratificada pelo Brasil, foi expressamente assimilado pela jurisprudência do Tribunal Superior do Trabalho.

Quais estão corretas?

a) Todas estão corretas.

b) Apenas I, III e IV.

c) Apenas II e III.

d) Apenas II, III e IV.

e) Apenas III e IV.

34. Assinale a alternativa correta (XVII Concurso Público para o Cargo de Juiz Substituto do Trabalho — TRT — 9ª Região).

a) É possível o tratado internacional — porque compromissa o Brasil perante a comunidade internacional — incorporar-se ao Direito positivo interno, ainda que colidindo com o texto constitucional, porque se situam no mesmo nível hierárquico.

b) O tratado revoga as leis que lhe são anteriores, podendo ser revogado pelas posteriores, se estas o fizerem expressamente ou se o denunciarem.

c) A competência para celebrar tratados e convenções internacionais apresenta-se concorrente: do Presidente da República e do Procurador-geral da República.

d) As recomendações adotadas pela Conferência Internacional do Trabalho não criam qualquer obrigação para os Estados-membros da OIT, porque não são suscetíveis de ratificações com a consequente integração das correspondentes disposições no direito positivo.

e) Todas as alternativa estão corretas.

35. Os Tratados ou Convenções Internacionais, uma vez em vigor, têm vigência indeterminada. No entanto, as ratificações dos instrumentos podem, pelos signatários, receber denúncia após que prazo? (XVII Concurso Público para o Cargo de Juiz Substituto do Trabalho — TRT — 9ª Região)

a) um ano;

b) cinco anos;

c) dez anos;

d) três anos;

e) quinze anos.

36. De acordo com a Convenção de Viena sobre o Direito dos Tratados, considera-se representante de um Estado para expressar o consentimento do Estado em obrigar-se por um tratado (XIII Concurso Público para o Cargo de Juiz Substituto do Trabalho — TRT — 23ª Região):

I. somente a pessoa que apresentar documento expedido pela autoridade competente de um Estado e pelo qual é designada para representar o Estado na negociação;

II. determinado agente, implicitamente, quando a prática dos Estados interessados ou outras circunstâncias indicarem que a intenção do Estado era considerar essa pessoa seu representante para esses fins e dispensar os plenos poderes;

III. os Chefes de Estado, os Chefes de Governo e os Ministros das Relações Exteriores, para a realização de todos os atos relativos à conclusão de um tratado, independente da apresentação de plenos poderes;

IV. os representantes acreditados pelos Estados perante uma conferência ou organização internacional ou um de seus órgãos, para a adoção do texto de um tratado em tal conferência, organização ou órgão, independente da apresentação de plenos poderes.

a) todas as opções estão corretas;

b) apenas três opções estão corretas;

c) apenas duas opções estão corretas;

d) apenas uma opção está correta;

e) todas as opções estão incorretas.

37. Dispõe o Tratado que instituiu a Comunidade Europeia: "tendo presentes os Direitos Sociais Fundamentais dos Trabalhadores, a Comunidade tem por objetivos a promoção do emprego e a melhoria das condições de vida e de trabalho, visando proteção social adequada, bem como nível de emprego elevado e duradouro, e a luta contra as exclusões". Esta ação da Comunidade obedece ao princípio (XIII Concurso Público para o Cargo de Juiz Substituto do Trabalho — TRT — 23ª Região):

a) da subsidiariedade, ou seja, a Comunidade apoiará e completará a ação dos Estados-membros;

b) da reserva de competência, ou seja, a comunidade especifica quais são domínios de suas atribuições exclusivas;

c) da solidariedade, ou seja, todos contribuem, criando o Fundo Social Europeu, destinado, inclusive, para reparação de danos aos trabalhadores;

d) da soberania dos Estados-membros quanto às disposições legislativas, regulamentares e administrativas;

e) da exceção, permitindo que o Estado-membro invoque direito interno para afastar a aplicação de normas do Tratado.

38. Considerando as disposições contidas na Convenção n. 138 da OIT, assinale a alternativa incorreta (XIII Concurso Público para o Cargo de Juiz Substituto do Trabalho — TRT — 23ª Região):

a) referida Convenção prega a abolição efetiva do trabalho de crianças e a elevação progressiva da idade mínima de admissão ao emprego ou ao trabalho, não podendo ser inferior a 15 anos, mas ressalva aos Países-membros, cuja economia e condições do ensino não estiverem suficientemente desenvolvidas, a definição de idade mínima de 14 anos;

b) referida Convenção não permite exceções para a proibição de emprego ou trabalho de pessoas com idade inferior à mínima, quando tiver por finalidade a participação em representações artísticas, estabelecendo o prazo de 10 anos para que os Países-membros criem normas que vedem expressamente o trabalho infantil em representações artísticas;

c) as leis ou regulamentos nacionais poderão permitir o emprego ou trabalho a pessoas entre treze e quinze anos em serviços leves, que não prejudiquem sua saúde ou desenvolvimento;

d) a idade mínima a ser fixada por cada País-membro em cumprimento à Convenção n. 138, além de não poder ser inferior a 15 anos, não poderá ser inferior à idade de conclusão da escolaridade compulsória;

e) referida Convenção estabelece 18 anos como idade mínima para admissão a qualquer tipo de emprego ou trabalho que, por sua natureza ou circunstâncias em que for executado, possa prejudicar a saúde, a segurança e a moral do jovem.

39. Nos termos da Convenção n. 182/OIT, a expressão "piores formas de trabalho infantil" abrange (XIII Concurso Público para o Cargo de Juiz Substituto do Trabalho — TRT — 23ª Região):

I. todas as formas de escravidão ou práticas análogas à escravidão, como venda e tráfico de crianças, sujeição por dívida e servidão, trabalho forçado ou compulsório, inclusive o recrutamento forçado ou compulsório de crianças para serem utilizadas em conflitos armados;

II. utilização, procura e oferta de crianças para fins de prostituição, de produção de material pornográfico ou espetáculos pornográficos;

III. utilização, procura e oferta de crianças para atividades ilícitas, particularmente para a produção e tráfico de drogas, conforme definidos nos tratados internacionais pertinentes;

IV. trabalhos que, por sua natureza ou pelas circunstâncias em que são executados, são susceptíveis de prejudicar a saúde, a segurança e a moral da criança.

a) todas as afirmativas estão corretas;

b) somente a afirmativa IV está incorreta;

c) somente as afirmativas III e IV estão corretas;

d) somente a afirmativa III está correta;

e) somente as afirmativas II, III e IV estão corretas.

40. Analise as afirmativas abaixo e indique a alternativa correta:

A Convenção n. 182/OIT, considerando a importância da educação para a eliminação do trabalho infantil, prevê a adoção de medidas efetivas com o fim de (XIII Concurso Público para o Cargo de Juiz Substituto do Trabalho — TRT — 23ª Região):

I. impedir a ocupação de crianças nas piores formas de trabalho infantil;

II. proporcionar a necessária e apropriada assistência direta para retirar as crianças das piores formas de trabalho infantil e assegurar sua reabilitação e integração social;

III. garantir o acesso de toda criança retirada das piores formas de trabalho infantil à educação fundamental gratuita, e, quando possível e conveniente, à formação profissional;

IV. identificar crianças particularmente expostas a riscos e entrar em contato direto com elas;

V. levar em consideração a situação especial das meninas.

a) somente a afirmativa IV está incorreta;

b) somente as afirmativas III e IV estão corretas;

c) somente a afirmativa III está correta;

d) somente as afirmativas II, III e IV estão corretas;

e) todas as afirmativas estão corretas.

41. Sobre o Mercosul, assinale a alternativa correta (XII Concurso Público para o Cargo de Juiz Substituto do Trabalho — TRT — 23ª Região).

a) No sistema do Mercosul as medidas legislativas nascem de iniciativas em cada um dos países, a partir do consenso obtido em organismos de sua composição, diferentemente da Comunidade Europeia onde as medidas são ditadas a todos os países.

b) Pelo complexo sistema de solução de controvérsias do Mercosul é possível aos indivíduos ou pessoas jurídicas de direito privado, apresentarem reclamação contra País-membro diretamente ao Tribunal Permanente de Revisão.

c) Suas fontes jurídicas são disciplinadas pelo Protocolo de Ouro Preto e são constituídas das: Constituições Nacionais dos Estados Soberanos componentes; dos termos do Tratado de Assunção e das Decisões do Conselho do Mercado Comum.

d) As normas emanadas dos órgãos do Mercosul se incorporam automaticamente ao ordenamento jurídico dos Estados-partes, sendo passíveis de aplicação direta.

e) As normas existentes hoje no Mercosul permitem uma integração inclusive sob o ponto de vista do direito do trabalho, sendo possível ao cidadão de um País-membro trabalhar em outro, livre de entraves burocráticos, assegurando-se um patamar mínimo de direitos.

42. Assinale a hipótese correta quanto à composição da Conferência Internacional do Trabalho (XII Concurso Público para o Cargo de Juiz Substituto do Trabalho — TRT — 23ª Região):

a) compõe-se de quatro delegados, sendo dois designados pelos respectivos Governos, um pelos empregadores e um pelos empregados;

b) compõe-se de seis delegados de cada Estado-membro, sendo dois designados pelos respectivos Governos, dois pelos empregadores e dois pelos empregados;

c) compõe-se de quatro delegados de cada Estado-membro, sendo um designado pelos respectivos Governos, um pela ONU, um pelos empregadores e um pelos empregados;

d) compõe-se de cinco delegados de cada Estado-membro, sendo dois designados pelos respectivos Governos, um pela OIT, um pelos empregadores e um pelos empregados;

e) compõe-se de três delegados, sendo um designado pelos respectivos Governos, um pelos empregadores e um pelos empregados.

43. Os tratados e convenções internacionais sobre direitos humanos que forem aprovados, em cada Casa do Congresso Nacional, em dois turnos, por três quintos dos votos dos respectivos membros, serão equivalentes (XII Concurso Público para o Cargo de Juiz Substituto do Trabalho — TRT — 23ª Região):

a) às normas coletivas;

b) às leis complementares;

c) às emendas constitucionais;

d) às leis ordinárias;

e) nenhuma das alternativas acima.

44. Em relação à imunidade do agente diplomático, analise as afirmativas abaixo e assinale a resposta correta (XII Concurso Público para o Cargo de Juiz Substituto do Trabalho — TRT — 23ª Região):

a) a imunidade de jurisdição de um agente diplomático no Estado acreditado prorroga-se por todo o território internacional, inclusive no Estado acreditante;

b) gozará, apenas, da imunidade de jurisdição penal do Estado acreditado;

c) o Estado acreditante não poderá renunciar à imunidade de jurisdição dos seus agentes diplomáticos;

d) o agente diplomático gozará da imunidade de jurisdição penal do Estado acreditado. Gozará, também, da imunidade de jurisdição civil e administrativa, a não ser que se trate de uma ação referente a qualquer profissão liberal ou atividade comercial exercida pelo agente diplomático no Estado acreditado fora de suas funções oficiais;

e) nenhuma das alternativas acima está correta.

45. Em relação à Organização Internacional do Trabalho, analise as afirmativas abaixo e assinale a alternativa incorreta (XII Concurso Público para o Cargo de Juiz Substituto do Trabalho — TRT — 23ª Região):

a) A Conferência Internacional do Trabalho é o órgão supremo da OIT, responsável pela regulamentação internacional do trabalho;

b) As normas elaboradas pela OIT, consubstanciadas nas recomendações e convenções, acabam por se transformar num Código Internacional de Trabalho, à medida que forem ratificadas as convenções e as recomendações transformadas em lei;

c) As convenções não correspondem a leis supranacionais, porque por si só não possuem eficácia jurídica no direito interno dos Estados-membros da OIT;

d) A Convenção 87 da OIT tem por objetivo estimular o livre exercício da associação sindical promovendo a independência dos sindicatos. Já foi ratificada pelo Brasil;

e) Todas as alternativas são verdadeiras.

46. Assinale a alternativa correta (XI Concurso Público para o Cargo de Juiz Substituto do Trabalho — TRT — 23ª Região):

a) a estrutura básica da OIT se constitui apenas dos órgãos: Conferência Internacional do Trabalho e Repartição Internacional do Trabalho;

b) a Conferência Internacional do Trabalho é obrigada a celebrar suas reuniões, pelo menos, duas vezes por ano, incumbindo ao plenário da aludida Conferência constituir em cada reunião as comissões de composições tripartidas;

c) compete à Conferência Internacional do Trabalho, na qualidade de assembleia-geral da OIT, a regulamentação internacional do trabalho e as questões que lhe são conexas, adotando para tal fim como instrumentos apenas as convenções e resoluções;

d) materialmente, a recomendação não se distingue da convenção, configurando, todavia, a distinção no atinente aos efeitos, na medida em que somente as convenções são objeto de ratificação pelos Estados-membros e as recomendações devem tão somente ser submetidas à autoridade competente para legislar sobre a respectiva matéria, a qual poderá, a respeito, tomar a decisão que entender;

e) todas alternativas estão incorretas.

47. Marque a alternativa incorreta (XI Concurso Público para o Cargo de Juiz Substituto do Trabalho — TRT — 23ª Região):

a) o Mercosul trata-se de um instrumento intergovernamental aberto à adesão de outros países, com o objetivo de implementar o mercado comum, em que o Conselho do Mercado Comum (CMC) é o órgão de cúpula e o Grupo Mercado Comum (GMC) é órgão executivo;

b) pode-se afirmar, doutrinariamente, que a imunidade de jurisdição do Estado estrangeiro, no tocante aos litígios trabalhistas, tem caráter relativo quando se tratar de ato de gestão, uma vez que a Constituição Federal do Brasil é taxativa, ao fixar a competência da Justiça do Trabalho para processar e julgar os feitos em que entes de direito público externos figurem como parte;

c) pelo princípio da *lex loci execucionis*, não importa em qual lugar houve a contratação do empregado, mas sim onde se deu a prestação dos serviços, vale dizer, a relação jurídica é regida pelas leis vigentes no país da prestação de serviço e não por aquelas do local da contratação;

d) após ser a Convenção aprovada pela Conferência Internacional do Trabalho, o governo do Estado-membro deve submetê-la, no prazo de 12 meses, ao órgão nacional competente que, no Brasil, é o Congresso Nacional;

e) a ratificação é a maneira de se dar validade ao tratado, mostrando que o governo aprova o pacto, que passa a integrar sua ordem jurídica.

48. Acerca das convenções e recomendações da OIT, é correto afirmar que (XI Concurso Público para o Cargo de Juiz Substituto do Trabalho — TRT — 23ª Região):

a) a vigência internacional de uma convenção começa a correr geralmente a partir de 24 meses;

b) as recomendações e convenções precisam ser aprovadas pela Conferência em duas sessões seguidas, que são realizadas em dois anos seguidos;

c) as convenções correspondem a leis supranacionais, pois a Conferência da OIT tem natureza de um parlamento, com a possibilidade de impor normas aos Estados-membros;

d) na recomendação, embora ocorra número suficiente de adesões para que ela venha a se transformar em convenção, por deliberação do Conselho de Administração, passa a ter validade apenas como sugestão e indicação ao Estado, de modo a orientar o seu direito interno;

e) todas alternativas estão incorretas.

49. Sobre os sujeitos do Direito Internacional, assinale a alternativa correta (Concurso C-316 — Juiz do Trabalho Substituto da 8ª Região).

a) A personalidade jurídica das organizações internacionais é originária.

b) As empresas têm personalidade jurídica de direito internacional.

c) O Estado é sujeito originário de direito internacional público, enquanto as organizações internacionais são uma realidade jurídica criada pelo tratado constitutivo.

d) Os indivíduos podem ser sujeitos de direito público internacional.

e) Somente as empresas binacionais têm personalidade jurídica de direito internacional.

50. Sobre o Direito Comunitário é correto afirmar que (Concurso C-316 — Juiz do Trabalho Substituto da 8ª Região).

a) O Direito Comunitário não é autônomo pois depende do ordenamento jurídico interno dos Estados-membros da Comunidade para sua eficácia, vigência e desenvolvimento.

b) O Direito Comunitário não é necessariamente estruturado através da criação de uma organização institucional supranacional.

c) O Direito Comunitário tem como característica a primazia, porque se sobrepõe aos ordenamentos nacionais, tendo preferência sobre as normas do direito nacional, de maneira que em hipótese de conflito prevalecerão as normas comunitárias.

d) As normas de Direito Comunitário, mesmo as de natureza processual, não são dotadas de eficácia imediata, pois dependem de procedimentos de recepção e incorporação aos ordenamentos nacionais.

e) O Direito Comunitário se integra como um ramo do direito internacional do qual se destaca apenas por constituir normas de integração e não apenas normas de cooperação entre Estados-membros.

51. Assinale a alternativa CORRETA (14º Concurso de Provimento ao Cargo de Procurador do Trabalho, 2007).

a) No Brasil a ratificação da convenção internacional de trabalho se dá por ato do Poder Executivo, cumprindo ao Poder Legislativo requerer junto ao Conselho Administrativo da Organização Internacional do Trabalho o seu respectivo depósito, para que haja, nos doze meses seguintes, a sua promulgação.

b) As convenções internacionais de trabalho ratificadas ficam sujeitas ao chamado controle permanente, pelo qual o Estado infrator pode responder representações formais em duas modalidades distintas: a reclamação, de iniciativa de associação profissional ou econômica; e a queixa, de iniciativa de outro Estado-membro da OIT.

c) São sujeitos das Convenções internacionais de trabalho as organizações sindicais de trabalhadores e de empregadores dos Países-membros da OIT, presentes à Conferência Internacional do Trabalho, que as aprova.

d) No Brasil, de acordo com a sua Constituição, há uma interdependência das ordens jurídicas nacional e internacional, o que implica a incorporação automática do texto das convenções internacionais ratificadas ao ordenamento jurídico pátrio.

e) Não respondida.

52. No que concerne à Convenção n. 182 da OIT, que trata das piores formas de trabalho infantil, assinale a alternativa INCORRETA (14º Concurso de Provimento ao Cargo de Procurador do Trabalho, 2007).

a) Dentre as piores formas de trabalho infantil, a Convenção enumera trabalhos que, por sua natureza ou pelas circunstâncias em que são executados, são susceptíveis de prejudicar a saúde, a segurança e a moral da criança.

b) Os Estados-membros deverão, tendo em vista a importância da educação para a eliminação do trabalho infantil, adotar medidas efetivas para, num determinado prazo, levar em consideração a situação especial das meninas.

c) A instituição de sanções penais depende de prévia consulta a organizações de trabalhadores e empregadores, em cada Estado-membro.

d) Para os efeitos da Convenção n. 182 da OIT, o termo criança aplica-se a toda pessoa menor de 18 (dezoito) anos.

e) Não respondida.

53. Em relação à Convenção n. 138 da OIT, que trata da idade mínima para admissão no emprego, aprecie as seguintes asserções (14º Concurso de Provimento ao Cargo de Procurador do Trabalho, 2007).

I. Não será inferior a 16 (dezesseis) anos a idade mínima para admissão a qualquer tipo de emprego ou trabalho que, por sua natureza ou circunstância em que é executado, possa prejudicar a saúde, a segurança ou a moral do jovem.

II. O Estado-membro que ratifica a Convenção e cuja economia e condições de ensino não estiverem suficientemente desenvolvidas poderá após consulta com organizações de trabalhadores e empregadores interessadas, se as houver, definir, inicialmente, uma idade mínima de 14 (catorze) anos para admissão a emprego ou trabalho em seu território e em meios de transporte registrados em seu território.

III. Uma vez ratificada a Convenção, o Estado-membro fica impedido de promover qualquer tipo de exclusão de aplicação dos seus termos a determinadas categorias de trabalho.

IV. A autoridade competente do Estado-membro, após consultas com as organizações de trabalhadores e de empregadores interessadas, se as houver, poderá, mediante licenças concedidas em casos individuais, permitir exceções à proibição de emprego ou trabalho para fins de participação em representações artísticas.

De acordo com as proposições acima, pode-se afirmar que:

a) todas a alternativas estão corretas;

b) apenas as alternativas II e IV estão corretas;

c) apenas as alternativas I, II e IV estão corretas;

d) todas as alternativas estão erradas;

e) não respondida.

54. Consideradas as afirmações abaixo, marque a letra que contém a resposta correta (III Concurso para Juiz do Trabalho Substituto — TRT 22ª, 2006):

I. Podem trabalhar regularmente no Brasil os estrangeiros amparados em visto temporário.

II. Tratado internacional é o ato bilateral ou multilateral ao qual se deseja atribuir especial relevância política, por exemplo: os tratados de paz, amizade e cooperação. Para vigorar no Brasil, basta o tratado ser aprovação pelo Senado Federal, mediante Decreto Legislativo assinado por seu presidente.

III. A lei material brasileira se aplica, em princípio, ao trabalho subordinado prestado no território nacional, independente da nacionalidade ou do domicílio das partes, o que não impede a aplicação da lei estrangeira, se assim tiver sido acordado ou por força do princípio da autonomia da vontade, quando esta lei garantir condição mais benéfica, inclusive quando se tratar de trabalho prestado a pessoas jurídicas de direito público externo. Trata-se da aplicação da regra "par in parem non habet judicium".

IV. "*Dumping* social" é a venda em um mercado estrangeiro de um produto a preço abaixo de seu valor justo, preço que geralmente se considera menor do que o que se cobra pelo produto dentro do país exportador, ou em sua venda a terceiros países. De modo geral, é reconhecido como uma prática injusta de comércio, passível de prejudicar os fabricantes de produtos similares no país importador. Tal prática busca a competitividade internacional em detrimento dos direitos e garantias dos trabalhadores, mediante a não observância dos padrões trabalhistas internacionalmente reconhecidos, tais os que utilizam o trabalho infantil e o trabalho escravo.

V. A livre-circulação de trabalhadores em um mercado comum significa o deslocamento de um país para outro, sem restrições de trânsito, e, também, a ausência de restrição ao exercício da atividade profissional, sob a proteção das leis do trabalho. Decorre do princípio da não discriminação. O Tratado de Assunção garante, expressamente, a livre circulação de trabalhadores entre os Estados-membros do Mercosul.

a) Somente I e II estão erradas.

b) Somente III está errada.

c) IV está correta.

d) III e IV estão erradas.

e) III, IV e V estão erradas.

55. Em relação às normas emanadas da Organização Internacional do Trabalho (13º Concurso para Provimento de Cargo de Procurador do Trabalho):

I. as convenções universais constituem tratados multilaterais e criam obrigações internacionais a cargo do Estado que as ratifica;

II. por meio das recomendações, os Estados-membros são convidados a adotar medidas ou, ao menos, certos princípios, criando para si a obrigação de natureza formal de submissão da recomendação à autoridade competente;

III. as resoluções não criam obrigações, ainda que de índole formal, para os Estados-membros, destinando-se a convidar organismos internacionais ou governos nacionais a adotarem medidas nelas preconizadas;

IV. à Conferência Internacional do Trabalho, constituída de delegados dos governos, dos trabalhadores e dos empregadores, compete discutir e aprovar o texto das convenções multilaterais.

De acordo com as assertivas acima, pode-se afirmar que:

a) todas as assertivas estão corretas;

b) apenas as assertivas I, III e IV estão corretas;

c) somente as assertivas I e III estão corretas;

d) todas as assertivas estão incorretas;

e) não respondida.

56. Em relação às normas internacionais de proteção da criança e do adolescente (13º Concurso para Provimento de Cargo de Procurador do Trabalho):

I. a Convenção da Organização das Nações Unidas sobre os Direitos da Criança, adotada em 1989, acolhe a concepção do desenvolvimento e proteção integrais da criança, reconhecendo-a como verdadeiro sujeito de direito, a exigir proteção especial e prioridade absoluta;

II. entre as piores formas de trabalho infantil, previstas na Convenção nº 182 da Organização Internacional do Trabalho, incluem-se a escravidão e práticas análogas, o recrutamento para a prostituição e o recrutamento para a produção e tráfico de entorpecentes;

III. a Convenção n. 138 da Organização Internacional do Trabalho, relativa à idade mínima para o trabalho, prevê a idade de 16 (dezesseis) anos para o ingresso no mercado de trabalho;

IV. o sistema jurídico brasileiro, a partir da Constituição Federal de 1988, adotou os princípios que vigoram nos principais tratados internacionais de proteção à criança.

De acordo com as assertivas acima, pode-se afirmar que:

a) todas as assertivas estão corretas;

b) apenas as assertivas I, II e IV estão corretas;

c) apenas as assertivas I e III estão corretas;

d) apenas as assertivas III e IV estão corretas;

e) não respondida.

57. Em relação ao Mercosul, é incorreto afirmar que (13º Concurso para Provimento de cargo de Procurador do Trabalho):

a) o tratado de constituição do Mercado Comum do Sul foi firmado em 1991 pela Argentina, Brasil, Paraguai e Uruguai, mas encontra-se aberto à adesão de outros países;

b) o Mercosul pretende a uniformização dos sistemas jurídicos dos Estados-membros no que tange às relações de trabalho e à seguridade social;

c) o Mercosul tem finalidade preponderantemente econômica;

d) no Mercosul, vigora o sistema arbitral de solução de controvérsias;

e) não respondida.

58. Assinale a alternativa CORRETA (12º Concurso para Provimento de Cargo de Procurador do Trabalho):

I. pelo entendimento uniforme do Tribunal Superior do Trabalho, a relação jurídica de trabalho é regida pelas leis vigentes no país da contratação (*lex loci regit actum*), nos termos do art. 9º da LICC e do Código de Bustamante ratificado pelo Brasil;

II. a empresa responsável pelo contrato de trabalho do empregado transferido para prestar serviços no exterior assegurar-lhe-á, independentemente da observância da legislação do local da execução dos serviços, os direitos elencados na Lei n. 7.064/82 e a aplicação da legislação brasileira que for mais benéfica que lei territorial no conjunto de normas em relação a cada matéria;

III. o Brasil adota o sistema monista, o que vale dizer que os tratados internacionais ratificados adentram no direito interno com força de lei complementar, exceto aqueles que versarem sobre direitos humanos, os quais sempre terão força equivalente à Emenda Constitucional;

IV. eventuais direitos e garantias individuais introduzidos pela ratificação do Pacto de San José da Costa Rica são ineficazes, quando forem embasados por simples normas principiológicas de eficácia retida, previstas na Constituição Federal brasileira.

a) todas as assertivas estão incorretas;

b) apenas as assertivas I e II estão corretas;

c) apenas as assertivas II e III estão corretas;

d) apenas a assertiva II está correta.

e) não respondida.

59. Assinale a alternativa CORRETA (12º Concurso para Provimento de cargo de Procurador do Trabalho):

De acordo com a Constituição da Organização Internacional do Trabalho, aprovada uma convenção em assembleia geral, o Brasil, como Estado-membro, deve apresentá-la ao Congresso Nacional para seu exame e deliberação, aprovando-a ou não no prazo:

a) de 30 dias a contar da data da assembleia geral;

b) máximo de 18 meses, a partir do encerramento da sessão da Conferência;

c) de 06 meses, a contar da publicação da ata da assembleia-geral da OIT que aprovou a convenção;

d) em qualquer prazo, em face do princípio da soberania nacional.

e) não respondida.

60. Consideradas as afirmações abaixo, marque a letra que contém a resposta correta (III Concurso para Juiz do Trabalho Substituto — TRT — 22ª, 2006).

I. Na Convenção sobre os Direitos da Criança, da Organização das Nações Unidas, os Estados-partes reconhecem o direito da criança de estar protegida contra a exploração econômica e contra o desempenho de qualquer trabalho que possa ser perigoso ou interferir em sua educação, ou que seja nocivo para sua saúde ou para seu desenvolvimento físico, mental, espiritual, moral ou social. Também se comprometem à adoção de medidas legislativas, administrativas, sociais e educacionais com vistas a assegurar esse direito, levando em consideração as disposições pertinentes de outros instrumentos internacionais, competindo-lhes, em particular, estabelecer uma idade ou idades mínimas para a admissão em empregos; estabelecer regulamentação apropriada relativa a horários e condições de emprego; e estabelecer penalidades ou outras sanções apropriadas a fim de assegurar o cumprimento efetivo do direito.

II. A Convenção n. 138 da Organização Internacional do Trabalho, sobre idade mínima para admissão a emprego, prevê que esse limite mínimo seja fixado pelos Estados-membros em idade não inferior à da conclusão da escolaridade compulsória, ou, em qualquer hipótese, inferior a quinze anos. Ressalva-se, no entanto, ao Estado-membro cuja economia e condições do ensino não estiverem suficientemente desenvolvidas, após consulta com as organizações de empregadores e de trabalhadores interessadas, se houver, definir, inicialmente, uma idade mínima de quatorze anos.

III. A Recomendação n. 146 da Organização Internacional do Trabalho, sobre idade mínima de admissão a emprego, prevê a adoção de providências para garantir e controlar as condições em que as crianças e os adolescentes recebam orientação profissional e formação nas empresas, nas instituições de formação ou em escolas de ensino profissional ou técnico, e para estabelecer normas para sua proteção e desenvolvimento.

IV. A Convenção n. 182 da Organização Internacional do Trabalho prevê, entre as piores formas de trabalho infantil, que devem ser proibidas e eliminadas para os menores de dezoito anos de idade, expressamente, a utilização, demanda e oferta de crianças para fins de prostituição, produção de material pornográfico e espetáculos pornográficos, bem como para atividades ilícitas, particularmente a produção e tráfico de drogas conforme definidos em tratados internacionais pertinentes; e trabalhos que, por sua natureza ou pelas circunstâncias em que são executados, são suscetíveis de prejudicar a saúde, a segurança e a moral da criança.

V. A Recomendação n. 190 da Organização Internacional do Trabalho alinha, expressamente, entre os casos de trabalho perigoso em que se inserem as piores formas de trabalho infantil: os trabalhos em que a criança ficar exposta a abusos de ordem física, psicológica ou sexual; os trabalhados subterrâneos, debaixo d'água, em alturas perigosas ou em locais confinados; os trabalhos que se realizem com máquinas, equipamentos e ferramentas perigosas, ou que impliquem a manipulação ou transporte manual de cargas pesadas; os trabalhos realizados em um meio insalubre, no qual as crianças estiverem expostas, por exemplo, a substâncias, agentes ou processos perigosos ou a temperaturas, níveis de ruído ou de vibrações prejudiciais à saúde; os trabalhos que sejam executados em condições especialmente difíceis, como os horários prolongados ou noturnos, ou trabalhos que retenham injustificadamente a criança em locais do empregador; e o trabalho infantil doméstico.

a) Todas estão corretas.

b) Somente I está errada.

c) Somente II está errada.

d) Somente III e IV estão erradas.

e) Somente V está errada.

61. Embargos à penhora sobre bem imóvel localizado no Brasil, de propriedade de estrangeiro, responsável, na qualidade de sócio, por dívida trabalhista de empresa multinacional, deverão ser julgados no foro (12º Concurso para Provimento de cargo de Procurador do Trabalho):

a) de eleição;

b) da sede da empresa multinacional;

c) brasileiro onde se processa a execução;

d) da nacionalidade do proprietário.

e) não respondida.

62. Sendo relativa a competência da autoridade brasileira, a ação intentada perante tribunal estrangeiro (Concurso para Juiz Substituto do Tribunal de Justiça — TJ, Alagoas, FCC, 2007):

a) induz litispendência e obsta a que a autoridade judiciária brasileira conheça da mesma causa e das que lhes são conexas;

b) não induz litispendência e nem obsta a que a autoridade judiciária brasileira conheça da mesma causa e das que lhes são conexas, enquanto não homologada a sentença pela justiça brasileira;

c) não induz litispendência e nem obsta a que a autoridade judiciária brasileira conheça da mesma causa e das que lhes são conexas;

d) induz litispendência e obsta a que a autoridade judiciária brasileira conheça da mesma causa, mas não a impede de conhecer das causas que lhe são conexas;

e) não induz litispendência, mas impõe à autoridade brasileira suspender o processo até que a causa seja julgada no estrangeiro, para evitar soluções conflitantes.

63. Sobre o Mercosul marque a alternativa INCORRETA (Concurso para Juiz do Trabalho Substituto, TRT/MA, 2006):

a) Foi criado pelo Tratado de Assunção, em 1991, reunindo Argentina, Brasil, Bolívia e Paraguai.

b) Mercosul significa "Mercado Comum do Sul".

c) O Chile em 1996 assinou o acordo de associação de livre comércio com os países componentes do Mercosul, mas ressalvou que não participaria da união aduaneira.

d) A estrutura orgânica do Mercosul definida no Protocolo de Ouro Preto (1994) é a seguinte: Conselho Mercado Comum; Grupo Mercado Comum; Comissão do Comércio; Comissão Parlamentar Conjunta, Foro Consultivo Econômico-Social e uma Secretaria Administrativa.

e) Nenhuma das alternativas.

64. Assinale a alternativa correta em relação à matéria Imunidade de Jurisdição (Concurso para Juiz do Trabalho Substituto — TRT — 11ª Região, C-072, FCC, 2007).

a) É questão ligada exclusivamente ao direito interno de cada Estado.

b) Tem origem no caráter sagrado dos locais dedicados aos cultos entre os povos.

c) É absoluta e impede a análise das questões de fundo pelo judiciário.

d) A competência originária para o julgamento das questões relativas às imunidades de Estado estrangeiro no Brasil é atribuída ao STJ.

e) A inexistência de contestação da lide pelo governo alienígena impedirá sua apreciação.

65. Assinale a alternativa correta em relação à matéria Mercosul – Mercado Comum do Sul (Concurso para Juiz do Trabalho Substituto — TRT — 11ª Região, C-072, FCC, 2007).

a) O Protocolo de Buenos Aires criou um Tribunal Permanente supranacional com sede em Montevidéu.

b) O Mercosul não tem entre seus propósitos o de regular as relações trabalhistas e previdenciárias.

c) O Acordo Multilateral de Montevidéu regulamentou a seguridade social entre os Países-membros.

d) O Protocolo de Olivos regulamentou a cooperação jurisdicional entre os Países-membros em matéria civil, comercial, trabalhista e administrativa.

e) A arbitragem, dentro do atual quadro institucional, perdeu seu espaço para as soluções judiciais.

66. Assinale a alternativa correta em relação à matéria Organizações Internacionais (Concurso para Juiz do Trabalho Substituto — TRT — 11ª Região, C-072, FCC, 2007).

a) A OMC foi criada com o propósito de garantir a manutenção dos mecanismos de concentração econômica anteriormente existentes.

b) A Assembleia-Geral da ONU tem por função assessorar o Secretário-Geral.

c) O Conselho de Segurança da ONU pode fazer recomendações em matéria de aquisição de autodeterminação.

d) Todos os Estados soberanos atualmente existentes são membros da ONU.

e) As Resoluções do Conselho de Segurança criam obrigações para os Estados-membros.

67. Assinale a alternativa correta em relação à matéria Proteção Internacional do Trabalho (Concurso para Juiz do Trabalho Substituto — TRT — 11ª Região, C-072, FCC, 2007).

a) A Declaração sobre os Princípios e Direitos Fundamentais no Trabalho garante a livre associação e negociação coletiva das condições de trabalho.

b) As normas internacionais admitem que, em circunstâncias especiais, a proibição da discriminação em função do sexo seja temporariamente afastada pelo Estado.

c) Em função da organização das importantes forças políticas representadas, a Declaração da OIT de 1998 não conseguiu incluir qualquer item condenando o trabalho forçado.

d) A Convenção n. 182 da OIT, estabeleceu as condições para o trabalho da mulher.

e) A Declaração sobre os Princípios e Direitos Fundamentais no Trabalho foi adotada em 1998, depois de votada pela Comissão de Peritos.

68. Assinale a alternativa correta em relação à matéria OMC – Organização Mundial do Comércio (Concurso para Juiz do Trabalho Substituto — TRT — 11ª Região, C-072, FCC, 2007).

a) Surgiu em 1947 como desdobramento da OMC — Organização Mundial do Comércio, criada em Havana em 1919.

b) Entre seus propósitos estão o de ser um centro de resolução de litígios entre Estados em matéria comercial.

c) A Conferência das Nações Unidas sobre o Comércio e Emprego resultou na criação da OIT e da OMC.

d) O GATS — Acordo Geral sobre Serviços silencia sobre a livre-circulação de trabalhadores.

e) Ao consagrar a necessidade de regras comerciais livres e transparentes, a OMC não contribuiu para o fortalecimento do papel dos trabalhadores.

69. Sobre a Organização Internacional do Trabalho (OIT), é errado afirmar (Concurso para Juiz do Trabalho Substituto, TRT/MG, 2007):

a) a OIT compõe o sistema das Nações Unidas, apesar de dispor de orçamento e pessoal próprios.

b) a Constituição da OIT, datada de 1919, disciplina temas relacionados à elaboração, adoção, aplicação e controle das Normais Internacionais do Trabalho.

c) entre os objetivos da OIT estão o de controlar a aplicação das Normas Internacionais do Trabalho que visam promover direitos humanos fundamentais, aplicando penalidades pecuniárias, em caso de descumprimento.

d) a Declaração relativa aos Princípios e Direitos Fundamentais no Trabalho afirma que todos os Estados-membros têm o compromisso de efetivar as convenções fundamentais, ainda que não as tenham ratificado.

e) a OIT é fundada em estrutura tripartite, baseada no diálogo social.

70. Sobre a Organização Internacional do Trabalho (OIT), é correto afirmar (Concurso para Juiz do Trabalho Substituto, TRT/MG, 2007):

a) a Conferência Internacional do Trabalho é uma assembleia-geral que se reúne três vezes por ano em Genebra, para tratar de assuntos ligados à admissão de novos Estados-membros, aprovação de Normas Internacionais do Trabalho, discussão sobre grandes orientações, inclusive orçamento.

b) o Conselho de Administração designa o Diretor-Geral, para o mandato anual.

c) em geral, as Convenções, ao contrário das Recomendações, prescindem de ratificação para serem aplicadas pelos Países-membros.

d) as reclamações relativas à inobservância dos princípios de liberdade sindical seguem um procedimento especial ligado ao Comitê de Liberdade Sindical.

e) apesar do vasto programa de cooperação técnica internacional, não existem ainda programas de formação ou de educação sobre as Normas Internacionais do Trabalho.

71. Acerca do trabalho infantil, analise as proposições abaixo e, em seguida, assinale a alternativa correta (Concurso para Juiz do Trabalho Substituto, TRT/MG, 2007):

I. O Brasil ratificou as Convenções ns. 138 e 182 da Organização Internacional do Trabalho, consideradas fundamentais.

II. Segundo a Convenção n. 138 da OIT, a idade mínima geral para a admissão no emprego ou no trabalho é de 15 anos, admitidas exceções para serviços leves ou perigosos.

III. Estão incluídos no campo de aplicação da Convenção n. 138 os aprendizes.

IV. Quando a economia e as condições de ensino de um Estado-membro não estiverem suficientemente desenvolvidas, a Convenção n. 138 permite o trabalho infantil em serviços leves a partir de 12 anos.

V. Entre as piores formas de trabalho infantil, na forma da Convenção n. 182 da OIT, está o trabalho doméstico, ainda que remunerado.

a) se apenas as afirmativas III e IV forem falsas;

b) se apenas as afirmativas IV e II forem falsas;

c) se apenas as afirmativas I e II forem falsas;

d) se apenas as afirmativas III e V forem falsas;

e) se todas as alternativas anteriores forem falsas.

72. Sobre o Mercosul, é incorreto afirmar (Concurso para Juiz do Trabalho Substituto, TRT/MG, 2007):

a) As discussões para a constituição de um mercado econômico regional para a América Latina remontam à Declaração de Iguaçu, firmada em 1985.

b) Os quatro países que assinaram o Tratado de Assunção em 1991 foram Argentina, Brasil, Paraguai e Uruguai. A Venezuela é membro desde 2006, em processo de adesão.

c) Os membros associados são Bolívia, Chile, Peru, Colômbia e Equador. O México é Estado Observador.

d) Em 2002, o Mercosul, Bolívia e Chile estabeleceram um Acordo sobre Residência para nacionais dos seus Estados, sem exigência de outro requisito além da própria nacionalidade.

e) A Declaração Sociolaboral do Mercosul, assinada em 1998, prevê a adoção de princípios de direito individual e coletivo do trabalho, tais como a observância da não discriminação, da promoção da igualdade, da liberdade sindical e da negociação coletiva.

73. Assinale a alternativa correta (Concurso para Juiz do Trabalho Substituto, TRT/MA, 2005):

a) O Tratado Internacional é um acordo formal celebrado por Estados Soberanos, pelas organizações internacionais, pela empresas privadas, pelos beligerantes, pela Santa Sé, além de outros entes internacionais.

b) O Tratado Internacional, no seu processo de conclusão, atravessa apenas pelas seguintes fases: negociação, assinatura, retificação, promulgação e publicação.

c) Compete privativamente ao Senado Federal celebrar tratados, convenções e atos internacionais.

d) São formas de extinção do Tratado Internacional: Execução integral do tratado, Condição Resolutória, Caducidade, Guerra, Denúncia Unilateral, dentre outras.

e) Os direitos e garantias expressos na Constituição Federal excluem outros decorrentes do regime e dos princípios por ela adotados, ou dos tratados internacionais em que a República Federativa do Brasil seja parte.

74. Sobre a Organização Internacional do Trabalho, marque a afirmação verdadeira (Concurso para Juiz do Trabalho Substituto, TRT/MA, 2005).

a) É um órgão supremo, que elabora a regulamentação internacional do trabalho e é composto de quatro órgãos: 1) Conferência Internacional do Trabalho (CIT), 2) Conselho de Administração (CA), 3) Repartição Internacional do Trabalho RIT ou Bureau Internacional do Trabalho (BIT) e 4) Conselho de Segurança e Prevenção do Trabalho (CSPT);

b) Os membros da OIT reúnem-se três vezes por ano no intuito de adotar e resolver as questões atinentes às convenções, recomendações e resoluções internacionais;

c) Dentre as principais Convenções Internacionais ratificadas pelo Brasil, destacam-se: idade mínima dos menores nos trabalhos industriais, férias anuais remuneradas, proteção à maternidade, política de emprego, licença remunerada para estudos e proteção do salário;

d) Possui a recomendação maior hierarquia e eficácia jurídica que a convenção.

e) Nenhuma das alternativas anteriores.

75. Examine as proposições abaixo e responda (Concurso para Juiz do trabalho Substituto, TRT/AC, 2005):

I. Nos moldes da jurisprudência consolidada no âmbito do excelso STF, a imunidade de jurisdição dos Estados Estrangeiros, embora formalmente assegurada pela Convenção de Viena de 1961, vem sendo relativizada e atualmente não mais constitui obstáculo à responsabilização perante a Justiça do Trabalho, já que o ato de contratar empregado é considerado como de mera gestão.

II. A ideia da adoção de uma cláusula social no âmbito da Organização Mundial do Comércio (OMC), defendida, em sua maioria, pelos países em desenvolvimento e subdesenvolvidos e pelas empresas transnacionais dos países desenvolvidos, visa abrandar os efeitos do selvagerismo advindo da alta competitividade do sistema capitalista, inserindo-se em tratados comerciais a imposição de respeito a direitos e condições básicas do trabalhador, evitando a exploração e assegurando uma existência minimamente digna.

III. Perante o direito brasileiro, é necessário que o Congresso Nacional se manifeste a respeito de todo e qualquer tratado, para que possa existir a ratificação, passando, só então, a norma internacional a integrar validamente o direito interno.

IV. A Declaração da OIT sobre os Princípios e Direitos Fundamentais no Trabalho é uma reafirmação universal do compromisso dos Estados-membros e da comunidade internacional em geral de respeitar, promover e aplicar um patamar mínimo de princípios e direitos no trabalho, que estão recolhidos em oito Convenções que cobrem quatro áreas básicas: liberdade sindical e direito à negociação coletiva, erradicação do trabalho infantil, eliminação do trabalho forçado e não discriminação no emprego ou ocupação.

a) há apenas uma proposição verdadeira.

b) há apenas duas proposições verdadeiras.

c) há apenas três proposições verdadeiras.

d) todas as proposições são verdadeiras.

e) todas as proposições são falsas.

76. Examine as proposições abaixo e responda (Concurso para Juiz do trabalho Substituto, TRT/AC, 2005):

I. A OIT é dirigida pelo Conselho de Administração, que se reúne três vezes ao ano em Genebra, sendo este o órgão responsável pela elaboração e controle de execução das políticas e programas da Organização, pela eleição do Diretor-Geral e pela elaboração de uma proposta de programa e orçamento bienal.

II. A Convenção de Viena de 1963 assegura, junto ao Estado receptor, imunidade de jurisdição às repartições consulares e a seus funcionários de carreira, privilégio este que pode ser por eles renunciado, desde que de forma expressa.

III. A tendência brasileira, evidenciada de forma eloquente no Enunciado n. 207 do Tribunal Superior do Trabalho, é no sentido de adotar a *lex loci executionis* como critério de aplicação da lei ao contrato de trabalho executado também em país estrangeiro.

IV. Para os efeitos da Convenção n. 182 da OIT, que trata das piores formas de trabalho infantil, o termo criança aplicar-se-á a toda pessoa menor de 16 anos.

a) há apenas uma proposição verdadeira.

b) há apenas duas proposições verdadeiras.

c) há apenas três proposições verdadeiras.

d) todas as proposições são verdadeiras.

e) todas as proposições são falsas.

77. Com relação à Organização Internacional do Trabalho, assinale a alternativa correta (Concurso para Juiz do Trabalho Substituto — TRT — 12ª, 2006).

a) Ela possui sede em Genebra, na Suíça, e tem como razão de ser a paz universal e a justiça social.

b) Em 1998, deixou de ser um organismo especializado da ONU.

c) O Brasil não participa da OIT, porque tem uma Justiça especializada para questões trabalhistas.

d) Todas as respostas estão corretas.

e) Todas as respostas estão erradas.

78. Com relação aos agentes diplomáticos, assinale a alternativa correta (Concurso para Juiz do Trabalho Substituto — TRT — 12ª, 2006).

a) Os agentes diplomáticos são as pessoas enviadas pelo chefe do Estado para representar este Estado perante um governo estrangeiro.

b) A seleção e nomeação dos agentes diplomáticos é assunto regulamentado pela legislação interna dos Estados.

c) Um Estado pode designar o mesmo agente diplomático perante dois ou mais Estados.

d) Todas as respostas estão corretas.

e) Todas as respostas estão erradas.

79. Assinale a alternativa correta (Concurso para Juiz do Trabalho Substituto — TRT — 12ª, 2006).

a) As organizações internacionais não são sujeito do Direito Internacional Público.

b) O homem, assim como o Estado, é sujeito do Direito Internacional Público.

c) O homem não é pessoa internacional.

d) Todas as respostas estão erradas.

e) Todas as respostas estão corretas.

80. A celebração dos Tratados é competência (Concurso para Juiz do Trabalho Substituto — TRT — 11ª, FCC, 2005):

a) exclusiva do Senado Federal;

b) compartilhada entre o Presidente da República e o Senado;

c) compartilhada entre o Senado e a Câmara;

d) exclusiva do Presidente da República;

e) compartilhada entre o Presidente da República e as duas Casas do Congresso Nacional.

81. As organizações internacionais contemporâneas (Concurso para Juiz do Trabalho Substituto — TRT — 11ª, FCC, 2005):

a) são sujeitos soberanos de Direito Internacional;

b) são sujeitos de Direito Internacional em decorrência das normas da Carta da ONU;

c) são sujeitos de Direito Internacional por terem capacidade jurídica própria;

d) não são sujeitos de Direito Internacional;

e) só adquirem personalidade jurídica depois de homologadas pela Corte Internacional de Justiça.

82. As relações diplomáticas têm por fundamento (Concurso para Juiz do Trabalho Substituto — TRT — 11ª, FCC, 2005):

a) a obrigatoriedade de manutenção do princípio da cortesia internacional;

b) a obrigação estabelecida na Carta da Organização das Nações Unidas;

c) a obrigatoriedade de manutenção de relações econômicas entre Estados;

d) as normas contidas no Estatuto do Fundo Monetário Internacional – FMI;

e) o consentimento mútuo dos Estados.

83. Em relação à OIT é correto afirmar que (Concurso para Juiz do Trabalho Substituto — TRT — 11ª, FCC, 2005):

a) foi criada dentro do Sistema das Nações Unidas, em 1945;

b) a representação tripartite está entre suas peculiaridades;

c) atua exclusivamente através de Recomendações aprovadas pela Conferência Internacional do Trabalho;

d) os Estados-membros devem aprovar os representantes dos órgãos de trabalhadores;

e) o controle da liberdade sindical está fora de suas competências.

84. A liberdade de circulação de trabalhadores, nos processos de integração, (Concurso para Juiz do Trabalho Substituto — TRT — 11ª, FCC, 2005):

a) esta expressamente assegurada no Tratado de Assunção.

b) é consequência da liberdade de circulação de capitais na União Europeia.

c) é consequência direta da liberdade de circulação de bens na União Europeia.

d) exclui o acesso aos benefícios sociais na União Europeia.

e) é uma das bases do processo de integração na União Europeia.

85. As reclamações trabalhistas envolvendo Organizações Internacionais são (Concurso para Juiz do Trabalho Substituto — TRT — 11ª, FCC, 2005):

a) de competência do Superior Tribunal de Justiça;

b) de competência do Tribunal Superior do Trabalho;

c) de competência da Justiça do Trabalho;

d) de competência do Supremo Tribunal Federal;

e) beneficiados por imunidade de jurisdição no Brasil.

86. A Convenção n. 182 da OIT para proteção do trabalho infantil (Concurso para Juiz do Trabalho Substituto — TRT — 11ª, FCC, 2005):

a) coíbe a prostituição e a pornografia infantis;

b) exclui as atividades lícitas não remuneradas;

c) protege o trabalho de pessoas menores de 15 anos;

d) toma por base o princípio de que, nos países pobres, não se pode impedir o trabalho dos menores;

e) não abrange as questões educacionais, de competência da UNESCO.

87. A liberdade sindical (Concurso para Juiz do Trabalho Substituto — TRT — 11ª, FCC, 2005):

a) é de competência exclusiva dos Estados;

b) não pode ser objeto de fiscalização internacional;

c) é regulamentada pela Organização Mundial da Saúde;

d) é acompanhada pelo Comitê de Liberdade Sindical da OIT;

e) é regulamentada pela Recomendação n. 190 da OIT.

88. Com relação aos membros das Missões Diplomáticas é correto afirmar que (Concurso para Juiz do Trabalho Substituto — TRT — 11ª, FCC, 2005):

a) são protegidos por imunidades absolutas com relação à jurisdição do Estado acreditado;

b) sua residência particular e correspondência gozam de inviolabilidade;

c) gozam de imunidade com relação aos imóveis privados;

d) suas imunidades estendem-se à jurisdição do Estado acreditante;

e) suas imunidades não impedem que sejam obrigados a prestar depoimentos como testemunhas.

89. Constitui organização internacional de finalidade social (Concurso para Juiz do Trabalho Substituto — TRT — 11ª, FCC, 2005):

a) Conselho Econômico e Social da ONU;

b) Comitê de Liberdade Sindical;

c) Programa das Nações Unidas para o Desenvolvimento — PNUD;

d) Organização Internacional para a Educação, Ciência e Cultura — UNESCO;

e) Conferência Internacional do Trabalho.

90. Assinale a alternativa correta (Concurso para Juiz do Trabalho Substituto — TRT — 12ª, 2006):

a) população e governo são os únicos elementos do Estado;

b) população e território são os únicos elementos do Estado;

c) governo e território são os únicos elementos do Estado;

d) todas as respostas estão erradas;

e) todas as respostas estão corretas.

91. Assinale a alternativa correta (Concurso para Juiz do Trabalho Substituto — TRT — 12ª, 2006).

a) Só pode existir Missão Especial se houver relações diplomáticas e consulares entre o Estado que nomeia e o que a recebe.

b) A Missão Especial pode ser enviada sem o consentimento do Estado que vai recebê-la.

c) O Estado que recebe a Missão Especial pode declarar que um determinado membro da mesma é *persona non grata*.

d) O Estado que envia a Missão Especial não precisa notificar o Estado que vai recebê-la.

e) Todas as respostas estão erradas.

92. Representação diplomática (Concurso para Juiz Substituto – TRT – 5ª Região, 2001).

I. As isenções tributárias e de serviço são reconhecidas apenas aos chefes de missão diplomática.

II. A sede da missão diplomática goza de inviolabilidade.

III. As imunidades diplomáticas têm por fundamento jurídico a doutrina funcional.

IV. O país acreditante deverá aceitar todos os representantes diplomáticos indicados pelo Estado acreditado.

V. Os agentes diplomáticos não gozam de imunidades de jurisdição penal, somente civil.

Estão corretas SOMENTE as proposições:

a) I e II;

b) I e V;

c) II e III;

d) III e IV;

e) IV e V.

93. De acordo com a Convenção de Viena sobre Direito dos Tratados (Concurso para Juiz Substituto — TRT 5ª Região, 2001).

a) os tratados são exclusivamente os acordos solenes celebrados entre mais de dois Estados.

b) as convenções são apenas os acordos solenes celebrados entre dois Estados.

c) os tratados são acordos gerais destinados a produzir efeitos *erga omnes*.

d) os tratados são acordos que atendem aos seus requisitos formais, independentemente de suas finalidades ou número de partes.

e) acordos de forma simplificada é o nome dado aos tratados celebrados pela ONU.

94. Assinale a alternativa INCORRETA (XV Concurso para Procurador do Trabalho):

a) de acordo com o Protocolo de Ouro Preto o Mercosul não poderá, no uso de suas atribuições, praticar atos necessários à realização de seus objetivos, em especial contratar, adquirir ou alienar bens móveis e imóveis, comparecer em juízo, conservar fundos e fazer transferências;

b) o Tratado de Assunção, seus protocolos e os instrumentos adicionais ou complementares, as decisões do Conselho do Mercado Comum, as Resoluções do Grupo Mercado Comum e as Diretrizes da Comissão de Comércio do Mercosul, adotadas desde a entrada em vigor do Tratado de Assunção, os acordos celebrados no âmbito do Tratado de Assunção e seus protocolos são fontes jurídicas do Mercosul;

c) a personalidade jurídica do Mercosul, de acordo com o Protocolo Adicional ao Tratado de Assunção — Protocolo de Ouro Preto — é de direito internacional;

d) o Mercosul (Mercado Comum do Sul) foi criado pelo Tratado de Assunção de 26 de março de 1991, pela Argentina, Brasil, Paraguai e Uruguai, mas encontra-se aberto à adesão de outros países;

e) não respondida.

95. A celebração de Tratados é competência (Concurso para Juiz Substituto — TRT — 5ª Região, 2001)

a) privativa do Senado Federal.

b) privativa do Presidente da República.

c) compartilhada entre o Senado e a Câmara.

d) compartilhada entre o Presidente da República e o Senado.

e) compartilhada entre o Ministro das Relações Exteriores e o Senado.

96. As organizações internacionais contemporâneas (Concurso para Juiz Substituto — TRT — 5ª Região, 2001)

a) são sujeitos de Direito Internacional em função de sua soberania.

b) não são sujeitos de Direito Internacional.

c) são sujeitos de Direito Internacional por terem sua soberania derivada dos Estados (membros) contra os quais podem opor.

d) são sujeitos de Direito Internacional por terem sido criadas por um tratado entre Estados.

e) não têm soberania, apenas capacidade jurídica.

97. Com relação à atuação das pessoas jurídicas no Brasil (Concurso para Juiz Substituto — TRT — 5ª Região, 2001),

a) as fundações estrangeiras sofrem limitações.

b) a Lei aplicável às pessoas jurídicas privadas é a Lei de Introdução ao Código Civil.

c) a exploração de energia nuclear é exclusiva de sociedades privadas nacionais.

d) a Constituição não faz distinções entre as de direito privado brasileiras e estrangeiras.

e) é livre a aquisição de imóvel rural por pessoa jurídica estrangeira.

98. A alternativa que contém a afirmação correta em relação ao assunto indicado. Nacionalidade (Concurso para Juiz Substituto — TRT — 5ª Região, 2001).

a) Lei ordinária federal poderá determinar as exceções à atuação de estrangeiros naturalizados em nosso país.

b) Não existe a possibilidade de aquisição da dupla cidadania no Brasil.

c) A Constituição outorga tratamento privilegiado aos nacionais de países lusófonos.

d) A idade máxima para opção pela nacionalidade brasileira por filho de brasileiros nascido no exterior é 25 anos.

e) O estrangeiro naturalizado brasileiro poderá exercer presidência da Câmara dos Deputados.

99. A alternativa que contém a afirmação correta em relação ao assunto indicado. Pessoas (Concurso para Juiz Substituto — TRT — 5ª Região, 2001).

a) De acordo com a Lei de Introdução ao Código Civil, o critério da residência se aplicará aos casos de domicílio desconhecido.

b) O domicílio legal é aquele apontado pela vontade das partes.

c) O elemento de conexão predominante para relações jurídicas pessoais é a nacionalidade.

d) A capacidade jurídica do indivíduo é determinada pela sua nacionalidade.

e) A lei da residência do herdeiro determina sua capacidade para suceder.

100. A alternativa que contém a afirmação correta em relação ao assunto indicado. Direito do Mar (Concurso para Juiz Substituto — TRT — 5ª Região, 2001).

a) O mar territorial brasileiro abrange as 12 milhas marítimas da zona contígua e as 24 da zona econômica exclusiva.

b) A plataforma continental compreende o solo, o subsolo e o espaço aéreo sobre o mar sobrejacente a ela.

c) Os direitos de pesca e de passagem inocente no mar territorial só são válidos quando reconhecidos pelo governo brasileiro.

d) O Brasil tem soberania absoluta sobre a zona econômica exclusiva.

e) O Brasil tem poderes de fiscalização sanitária na zona econômica exclusiva.

101. A respeito da Organização Internacional do Trabalho, examine as seguintes afirmações (16º Concurso para provimento de cargo de Procurador do Trabalho):

I. A Constituição da OIT contém normas e princípios aos quais os Estados-membros aderem com obrigatoriedade de observância, mesmo que não tenham ratificado convenções específicas.

II. As convenções são aprovadas por maioria de dois terços dos integrantes da Conferência Internacional do Trabalho, composta por representantes de trabalhadores e empregadores de todos os Estados-membros.

III. O subprincípio da norma mais favorável, integrante do princípio da proteção, está previsto no texto da Constituição da OIT.

IV. A Convenção relativa à proteção do direito de organização e aos processos de fixação das condições de trabalho da função pública preconiza que as organizações de trabalhadores da função pública devem beneficiar-se de uma proteção adequada contra todos os atos de ingerência das autoridades públicas na sua formação, funcionamento e administração.

Agora responda, de acordo com o conteúdo das proposições:

a) apenas as proposições I, II e IV estão corretas;

b) todas as proposições estão corretas;

c) apenas as proposições II e III estão erradas;

d) apenas a proposição II está errada;

e) não respondida.

102. Assinale a alternativa INCORRETA acerca das disposições constitucionais quanto ao estrangeiro no Brasil (16º Concurso para provimento de cargo de Procurador do Trabalho).

a) É facultado às universidades admitir professores, técnicos e cientistas estrangeiros.

b) A lei regulará e limitará a aquisição ou o arrendamento de propriedade rural por pessoa física ou jurídica estrangeira e estabelecerá os casos que dependerão de autorização do Congresso Nacional.

c) Podem alistar-se como eleitores os estrangeiros residentes no país.

d) São brasileiros naturalizados os estrangeiros de qualquer nacionalidade, residentes na República Federativa do Brasil há mais de quinze anos ininterruptos e sem condenação penal, desde que requeiram a nacionalidade brasileira.

e) Não respondida.

103. Assinale a alternativa INCORRETA quanto à Convenção sobre os Direitos da Criança (16º Concurso para provimento de cargo de Procurador do Trabalho).

a) Os Estados-partes devem adotar as medidas necessárias para impedir a exploração de crianças em espetáculos ou materiais pornográficos.

b) Os Estados-partes reconhecem o direito da criança de estar protegida contra a exploração econômica e contra o desempenho de qualquer trabalho que possa ser perigoso ou interferir em sua educação, ou que seja nocivo para sua saúde ou para seu desenvolvimento físico, mental, espiritual, moral ou social.

c) Fica limitada a jornada de trabalho ao mínimo de oito horas diárias, com uma hora de intervalo, salvo legislação nacional mais benéfica.

d) Considera-se como criança todo ser humano com menos de dezoito anos de idade, a não ser que, em conformidade com a lei aplicável à criança, a maioridade seja alcançada antes.

e) Não respondida.

104. Sobre a Organização Mundial do Comércio (OMC), é correto afirmar que (Analista de Comércio Exterior, ESAF, 2002):

a) ela é uma organização internacional vinculada ao sistema das Nações Unidas;

b) se trata de organização não governamental que tem entre suas atribuições prestar assessoria ao Conselho Econômico e Social da Organização das Nações Unidas (ONU) para assuntos de comércio internacional;

c) todos os Países-membros da ONU são, *ipso facto*, membros da OMC;

d) ela não tem personalidade jurídica de direito internacional;

e) qualquer de seus membros poderá dela se retirar, após o transcurso de seis meses da comunicação, para esse fim, endereçada ao Diretor-Geral da Organização.

105. Uma organização internacional apresenta as seguintes características, exceto (Procurador BACEN, 2001):

a) a vontade própria juridicamente distinta da dos seus membros;

b) caráter de permanência;

c) origem convencional;

d) associação constituída exclusivamente de Estados;

e) realização de objetivos comuns a seus membros.

106. Assinale a alternativa INCORRETA (Concurso para Juiz do Trabalho Substituto, TRT 23ª Região, 2008):

a) *dumping* social pode ser entendido como a venda de produtos no mercado internacional a preço "anormal", excessivamente baixo, cuja obtenção somente foi possível em face das condições precárias de trabalho utilizadas em sua fabricação;

b) "cláusula social" é uma prática *antidumping* que objetiva impor sanções aos países que não cumprem os direitos trabalhistas fundamentais;

c) "selo social" é a certificação de que determinados produtos foram produzidos por um país que respeita as normas internacionais do trabalho;

d) a liberdade sindical e o reconhecimento efetivo do direito de negociação coletiva; a eliminação de todas as formas de trabalho forçado ou obrigatório; a abolição efetiva do trabalho infantil; e, a eliminação da discriminação em matéria de emprego e ocupação fazem parte da Declaração da OIT relativa aos princípios e direitos fundamentais no trabalho;

e) todas as alternativas anteriores estão incorretas.

107. Após o cumprimento dos requisitos constitucionais, os tratados internacionais ingressam na ordem jurídica internacional com força de (XVII Concurso para Juiz do Trabalho Substituto, TRT 6ª Região):

a) lei complementar ou emenda constitucional;

b) lei ordinária ou emenda constitucional;

c) lei ordinária ou lei complementar;

d) lei ordinária;

e) lei complementar.

108. Julgue as afirmações abaixo, sobre o Direito Comunitário da União Europeia (XVII Concurso para Juiz do Trabalho Substituto, TRT 6ª Região).

I. Suas normas dispensam incorporação pelos parlamentos nacionais e são desde sempre exigíveis.

II. Suas normas têm prevalência sobre as normas nacionais.

III. Adota o critério de uniformidade de interpretação e aplicação pelo Tratado de Luxemburgo.

IV. É autônomo, no sentido de que não é, exclusivamente, de direito interno nem direito estrangeiro aplicado internamente.

V. Os Estados-membros são obrigados a reparar os prejuízos causados aos particulares pelas violações do Direito Comunitário que lhes sejam imputáveis.

a) Somente uma está correta.

b) Somente duas estão corretas.

c) Somente três estão corretas.

d) Somente quatro estão corretas.

e) Todas estão corretas.

109. Julgue as afirmativas abaixo. São princípios que regem as relações internacionais do Brasil (XVII Concurso para Juiz do Trabalho Substituto, TRT 6ª Região).

I. Prevalência dos direitos humanos e autodeterminação dos povos.

II. Independência nacional e não intervenção.

III. Igualdade entre os Estados, defesa da paz e solução pacífica dos conflitos.

IV. Repúdio ao terrorismo e ao racismo e concessão de asilo político.

V. Integração econômica, política, social e cultural dos povos da América Latina, visando à formação de uma comunidade latino-americana de nações.

a) Somente uma está correta.

b) Somente duas estão corretas.

c) Somente três estão corretas.

d) Somente quatro estão corretas.

e) Todas estão corretas.

110. Sobre o Direito Internacional, analise as assertivas abaixo e marque a opção correta (XVI Concurso para Juiz do Trabalho Substituto, TRT 14ª Região).

I. A Convenção de Viena sobre as Relações Diplomáticas de 1961, assim como a de 1963, sobre Relações Consulares, dispõe sobre a matéria de Relações Trabalhistas entre o Estado acreditante e as pessoas contratadas no território do Estado acreditado, excepcionando as Ações Trabalhistas das regras de imunidade.

II. A imunidade de jurisdição do Estado estrangeiro não está prevista em nenhum dos textos (Convenção de Viena sobre as Relações Diplomáticas de 1961 e Convenção sobre Relações Consulares de 1963). Resulta da regra costumeira do Direito das Gentes.

III. Na interpretação do STF, a imunidade instituída em favor dos Estados estrangeiros, conforme regra do Direito Internacional Público, assume caráter absoluto, abrangendo a imunidade de jurisdição e a imunidade de execução, salvo se houver expressa renúncia à prerrogativa.

IV. Nos termos da Convenção de Viena, se um agente diplomático ou uma pessoa que goza de imunidade de jurisdição inicia uma ação judicial, não lhe será permitido invocar a imunidade de jurisdição no tocante a uma reconvenção diretamente ligada à ação principal.

a) Todas as alternativas estão corretas.

b) Corretas somente as alternativas I e II.

c) Corretas somente as alternativas II e III.

d) Corretas somente as alternativas III e IV.

e) Corretas somente as alternativas II e IV.

111. Analise as assertivas abaixo e marque a opção CORRETA (XVI Concurso para Juiz do Trabalho Substituto, TRT 14ª Região).

I. É de competência exclusiva do Congresso Nacional celebrar tratados, convenções e atos internacionais, sujeitos à aprovação do Presidente da República.

II. No Brasil, a entrada em vigor das Convenções Internacionais se inicia com a sua aprovação por Decreto Legislativo.

III. Para efeito da Convenção n. 182, da OIT, que trata da piores formas de trabalho infantil, o termo "criança" designa toda pessoa menor de 18 anos.

a) Todas estão incorretas.

b) Somente a I está incorreta.

c) Somente a II está incorreta.

d) Somente a III está incorreta.

e) Somente a I e a II estão incorretas.

112. Analise as assertivas abaixo e marque a opção CORRETA (XVI Concurso para Juiz do Trabalho Substituto, TRT 14ª Região)

I. A Convenção n. 87 da Organização Internacional do Trabalho, sobre a Liberdade Sindical e a Proteção do Direito Sindical foi ratificada pelo Brasil em 1990 e entrou em vigor em 1991.

II. O Brasil ratificou, em 1952, a Convenção n. 98, da OIT, que trata da aplicação dos princípios do direito de sindicalização e de negociação coletiva.

III. Segundo a Convenção n. 98, da OIT, os trabalhadores gozarão de adequada proteção contra atos de discriminação com relação a seu emprego.

2. Essa proteção aplicar-se-á especialmente a atos que visem:

a) sujeitar o emprego de um trabalhador à condição de que não se filie a um sindicato ou deixe de ser membro de um sindicato;

b) causar a demissão de um trabalhador ou prejudicá-lo de outra maneira por sua filiação a um sindicato ou por sua participação em atividades sindicais fora das horas de trabalho ou, com o consentimento do empregador, durante o horário de trabalho.

a) Apenas o item I está incorreto.

b) Apenas os itens I e II estão incorretos.

c) Todos os itens estão incorretos.

d) Apenas o item III está incorreto.

e) Apenas o item II está incorreto.

113. A respeito da União Europeia (UE), leia as afirmações abaixo e, em seguida, assinale a alternativa correta (Concurso para Juiz do Trabalho Substituto do TRT da 3ª Região, 2009):

I. Nos Países-membros do Espaço Econômico Europeu (EEE), a livre-circulação de trabalhadores constitui um direito fundamental que permite aos cidadãos de qualquer um desses países trabalhar em outro país EEE nas mesmas condições que os cidadãos desse mesmo Estado-membro. Durante um período transitório máximo de 7 anos após a adesão à UE de 10 Estados-membros, em 1º de maio de 2004 e de 2 Estados-membros em 1º de janeiro de 2007, podem aplicar-se determinadas condições para restringir a livre-circulação de trabalhadores de, para e entre esses Estados-membros. Tais restrições dizem apenas respeito à liberdade de circulação para efeitos de atividade laboral e podem diferir de um Estado-membro para outro.

II. O Tratado de Nice, que alterou o Tratado da União Europeia, foi assinado em 2001 e visou preparar a União Europeia para o alargamento.

III. A Constituição da União Europeia foi ratificada pelos Países-membros e está em vigor desde a assinatura do Tratado que a estabelece, em 2004.

IV. O Tratado de Amsterdam alterou os artigos do Tratado da União Europeia, que, em vez de serem identificados por letras, passaram a ser numerados.

V. Existem, atualmente, 27 Países-membros da União Europeia, mas há outros países candidatos à integração.

a) Somente uma afirmativa está correta.

b) Somente duas afirmativas estão corretas.

c) Somente três afirmativas estão corretas.

d) Somente quatro afirmativas estão corretas.

e) Todas as afirmativas estão corretas.

114. Sobre o Mercosul, leia as afirmações abaixo e, em seguida, assinale a alternativa correta (Concurso para Juiz do Trabalho Substituto do TRT da 3ª Região, 2009):

I. O Mercado Comum do Sul (Mercosul) é um amplo projeto de integração concebido por Argentina, Brasil, Paraguai e Uruguai, fundado em 1991, pelo Tratado de Assunção. Envolve, por enquanto, tão somente dimensões econômicas, tais como a União Aduaneira.

II. Os Estados Associados do Mercosul são Bolívia, Chile, Colômbia, Equador e Peru.

III. Existe previsão para que os representantes do Parlamento do Mercosul passem a ser eleitos por sufrágio universal, direto e secreto.

IV. O Mercado comum estará fundado na reciprocidade de direitos e obrigações entre os Estados-partes.

V. Pela Declaração Sociolaboral, os Estados-partes, inclusive o Brasil, se comprometem a respeitar o princípio da liberdade sindical absoluta, inclusive quanto à livre-formação de sindicatos.

a) Somente uma afirmativa está correta.

b) Somente duas afirmativas estão corretas.

c) Somente três afirmativas estão corretas.

d) Somente quatro afirmativas estão corretas.

e) Todas as afirmativas estão corretas.

115. Sobre a Organização Internacional do Trabalho (OIT), leia as afirmações abaixo e, em seguida, assinale a alternativa correta (Concurso para Juiz do Trabalho Substituto do TRT da 3ª Região, 2009):

I. A OIT foi criada pela Conferência de Paz após a Primeira Guerra Mundial. A sua Constituição integra o Tratado de Versalhes. Em 1944, à luz dos efeitos da Grande Depressão e da Segunda Guerra Mundial, a OIT adotou a Declaração da Filadélfia como anexo da sua Constituição. A Declaração antecipou e serviu de modelo para a Carta das Nações Unidas e para a Declaração Universal dos Direitos Humanos.

II. Em 1998, foi adotada a Declaração da OIT sobre os Princípios e Direitos Fundamentais no Trabalho e seu Seguimento. O documento é uma reafirmação universal da obrigação de respeitar, promover e tornar realidade os princípios refletidos nas Convenções fundamentais da OIT, ainda que não tenham sido ratificados pelos Estados--membros.

III. O Comitê de Liberdade Sindical, criado na década de 1950, se tornou o mais eficiente mecanismo mundial de salvaguarda da liberdade sindical.

IV. A Comissão de Peritos na Aplicação de Convenções e Recomendações é composta de personalidades independentes de diferentes países-membros, nomeadas pelo Conselho de Administração, para um mandato de três anos. Seu papel é o de examinar os relatórios enviados pelos Países-membros a respeito das convenções.

V. As convenções, recomendações, decisões e resoluções internacionais do trabalho são consideradas normas internacionais do trabalho, compondo a atividade normativa da OIT.

a) Somente uma afirmativa está correta.

b) Somente duas afirmativas estão corretas.

c) Somente três afirmativas estão corretas.

d) Somente quatro afirmativas estão corretas.

e) Todas as afirmativas estão corretas.

116. Acerca das Convenções e Recomendações Internacionais do Trabalho, leia as afirmações abaixo e, em seguida, assinale a alternativa correta (Concurso para Juiz do Trabalho Substituto do TRT da 3ª Região, 2009).

I. As convenções constituem tratados multilaterais abertos à ratificação dos Estados-membros da OIT.

II. A vigência internacional da Convenção constitui condição a respeito da qual deve expressamente dispor o próprio diploma aprovado pela Conferência.

III. Para os fins da Convenção sobre as piores formas de trabalho infantil, essa expressão compreende: todas as formas de escravidão ou práticas análogas à escravidão, como venda e tráfico de crianças, sujeição por dívida, servidão, trabalho forçado ou compulsório, inclusive recrutamento forçado ou compulsório de crianças para serem utilizadas em conflitos armados; utilização, demanda e oferta de criança para fins de prostituição, produção de material pornográfico ou espetáculos pornográficos; utilização, demanda e oferta de criança para atividades ilícitas, particularmente para a produção e tráfico de drogas conforme definidos nos tratados internacionais pertinentes;

trabalhos que, por sua natureza ou pelas circunstâncias em que são executados, são susceptíveis de prejudicar a saúde, a segurança e a moral da criança.

IV. Nos termos da Convenção n. 138 da OIT, a idade mínima geral para admissão do trabalho não será inferior à idade de conclusão da escolaridade compulsória ou, em qualquer hipótese, não inferior a 16 anos, não admitidas exceções.

V. São as consideradas fundamentais as convenções acerca dos seguintes temas: trabalho forçado, trabalho infantil, discriminação e liberdade sindical e negociação coletiva.

a) Somente uma afirmativa está correta.

b) Somente duas afirmativas estão corretas.

c) Somente três afirmativas estão corretas.

d) Somente quatro afirmativas estão corretas.

e) Todas as afirmativas estão corretas.

117. Sobre a Organização Internacional do Trabalho, é correto afirmar (VI Concurso para Juiz do Trabalho Substituto do TRT da 21ª Região, 2010):

a) foi criada em consequência da Segunda Grande Guerra Mundial, passando a integrar, como pessoa jurídica de direito internacional, a Liga das Nações;

b) são seus órgãos o Conselho de Administração, a Conferência Internacional do Trabalho, a Corte Internacional do Trabalho e a Repartição Internacional do Trabalho;

c) possui composição tripartite, com representantes dos governos, das organizações de direitos humanos e das associações sindicais;

d) a sua atividade normativa ocorre por meio de convenções internacionais, de recomendações e de pareceres normativos;

e) nenhuma das alternativas está correta.

118. Em relação ao comércio e à concorrência internacional, leia as assertivas abaixo e marque, em seguida, a alternativa correta (VI Concurso para Juiz do Trabalho Substituto do TRT da 21ª Região, 2010):

I. a Organização Mundial do Comércio (OMC) é agência especializada da Organização das Nações Unidas, não detendo personalidade jurídica própria e, em sua função normativa, no plano do comércio internacional, edita normas que visam eliminar as restrições às importações de produtos e assegurar equilíbrio e liberdade às transações empresariais;

II. o *"dumping"* é a temporária e artificial redução de preços para oferta de bens e serviços por preços inferiores àqueles vigentes no mercado, provocando oscilações em detrimento do concorrente e subsequente elevação no exercício de especulação abusiva;

III. considera-se prática de *"dumping* social" a comercialização de produtos com preços mais elevados do que a média, em detrimento dos consumidores, na situação em que o produtor recebe subsídio estatal;

IV. as denominadas "cláusulas sociais" constituem medidas *"antidumping"*, sob a forma de normas inseridas em tratados e convenções internacionais, visando assegurar a livre-circulação de mercadorias e produtos de primeira necessidade em países subdesenvolvidos;

V. o chamado "selo social" corresponde à inclusão, nos produtos, de uma etiqueta indicativa de que o seu produtor atendeu às normas básicas de proteção ambiental estabelecidas pela Organização Mundial do Comércio.

a) apenas a assertiva II está correta;

b) apenas as assertivas I e II estão corretas;

c) apenas as assertivas I e V estão corretas;

d) apenas as assertivas I, IV e V estão corretas;

e) apenas as assertivas III e IV estão corretas.

119. Tratando-se de trabalhador brasileiro que ingressa com ação na Justiça do Trabalho contra Estado estrangeiro, com o qual manteve relação laboral, prestando serviços em sua representação diplomática situada em Brasília, Distrito Federal, é correto afirmar (VI Concurso para Juiz do Trabalho Substituto do TRT da 21ª Região, 2010):

a) em razão de o Estado estrangeiro gozar de imunidade de execução, a Justiça do Trabalho não pode conhecer a ação, se o pedido implicar em condenação ao pagamento de valores;

b) o Estado estrangeiro pode renunciar à imunidade de jurisdição, mas não pode renunciar à imunidade de execução, se o pedido formulado corresponder a condenação ao pagamento de valores;

c) não há imunidade de jurisdição, sendo possível, também, que haja execução da sentença, quando forem encontrados bens de propriedade do Estado estrangeiro que não estejam cobertos pela afetação diplomática;

d) considerando ser relativa a imunidade de execução do Estado estrangeiro, a Justiça do Trabalho é competente para processar e julgar a ação, mas os atos executórios são da competência do Supremo Tribunal Federal;

e) por ser relativa a imunidade de jurisdição do Estado estrangeiro, o Supremo Tribunal Federal, na fase de execução, poderá expedir mandado de penhora, por meio de Carta Rogatória, para bloqueio de dinheiro encontrado em conta bancária mantida em instituição brasileira.

120. Examine as assertivas abaixo e indique, a seguir, a resposta correta (VI Concurso para Juiz do Trabalho Substituto do TRT da 21ª Região, 2010):

I. as normas de um tratado internacional sobre direitos humanos, devidamente incorporado ao direito brasileiro, poderão integrar o elenco das denominadas "cláusulas pétreas" constitucionais;

II. a denúncia é ato unilateral pelo qual o Estado requer a extinção de Convenção ou Tratado Internacional em vigor em vários outros Estados, por força da caducidade das suas normas;

III. os Tratados Internacionais somente podem ser firmados pelos Estados, não se admitindo a participação de outros sujeitos;

IV. os Tratados Internacionais devidamente incorporados ao direito brasileiro submetem-se ao controle abstrato de constitucionalidade, por força da natureza jurídica das suas normas;

V. as convenções internacionais sobre direitos humanos que forem aprovadas apenas por maioria simples em cada casa do Congresso Nacional brasileiro não adquirem vigência normativa própria dos Tratados.

a) apenas as assertivas I, III e IV estão corretas;

b) apenas as assertivas I, III e V estão corretas;

c) apenas as assertivas II e V estão corretas;

d) apenas as assertivas I e IV estão corretas;

e) apenas as assertivas II, III e V estão corretas.

121. Assinale a afirmativa incorreta (Concurso para Juiz do Trabalho Substituto, TRT 1ª região, 2008).

a) Segundo Arnaldo Süssekind, o Direito Internacional do Trabalho tem como fundamentos razões de ordem econômica, de índole social e de caráter técnico.

b) A Organização Internacional do Trabalho foi instituída com o Tratado de Versalhes.

c) A Assembleia Geral das Nações Unidas, em 10.12.1948, aprovou a Declaração de Filadélfia.

d) O Tratado de Versalhes consagrou a legislação de proteção ao trabalhador como novo ramo da ciência jurídica.

e) A Encíclica "De Rerum Novarum", do Papa Leão XIII, de 1891, conclamou todos os povos a adotarem os princípios da Justiça Social.

122. Sobre a Organização Internacional do Trabalho, analise as proposições abaixo e depois assinale a resposta correta (Concurso para Juiz do Trabalho Substituto, TRT 1ª região, 2008).

I. Sua competência em razão da matéria está limitada às condições de trabalho, não alcançando as questões sociais e as econômico-financeiras.

II. A competência em razão da pessoa alcança o ser humano como trabalhador em potencial, homem que trabalha ou em inatividade por contingências biológicas, sociais ou econômicas, como membro da família ou dependente das pessoas mencionadas anteriormente.

III. A competência em razão do lugar é universal, com exclusão dos territórios dos Estados que não a integram como seus membros.

IV. É pessoa jurídica de direito internacional, aplicando-se às suas representações os privilégios e imunidades assegurados às representações das pessoas de direito público externo, aos seus agentes diplomáticos e a certos funcionários de suas missões.

V. É vinculada à ONU como organismo especializado, sendo sua personalidade jurídica daquela dependente.

a) somente as proposições dos itens I, II e III estão corretas;

b) somente as proposições dos itens II e V estão corretas;

c) somente as proposições dos itens III e V estão corretas;

d) somente as proposições dos itens II, III e IV estão corretas;

e) todas as proposições estão corretas.

123. Sobre o MERCOSUL, Mercado Comum do Sul, assinale a resposta incorreta (Concurso para Juiz do Trabalho Substituto, TRT 1ª região, 2008):

a) originou-se do Tratado de Assunção, firmado pela República Federativa do Brasil, República Argentina, República do Paraguai e República da Banda Oriental do Uruguai.

b) o único idioma oficial é o espanhol.

c) sua Secretaria Administrativa fica em Montevidéu.

d) o Estado-parte pode se desvincular do Tratado, devendo comunicar a decisão aos demais Estados-partes de maneira expressa e formal, efetuando no prazo de 60 dias a entrega do documento de denúncia ao Ministério das Relações Exteriores da República do Paraguai, que o distribuirá aos demais Estados-partes.

e) os Poderes Executivos dos Estados-partes manterão seus respectivos Poderes Legislativos informados sobre a evolução do Mercado Comum.

124. Com relação à soberania nacional, perante as comunidades internacionais, é correto dizer (Concurso para Juiz do Trabalho Substituto, TRT 1ª região, 2008):

a) A língua portuguesa é uma das adotadas oficialmente pelo Brasil, que poderá se utilizar de outro idioma nas localidades fronteiriças.

b) Os estrangeiros, residentes no Brasil, podem se alistar como eleitores, com direito a voto e a ser votado, na circunscrição dos municípios onde residem ou mantêm negócio.

c) Nenhum estrangeiro, ainda que naturalizado, será extraditado, em razão de envolvimento em tráfico de drogas, quando houver arrependimento eficaz.

d) A sucessão de bens de estrangeiros situados no País será regulada pela lei brasileira, desde que exista Convenção Internacional a respeito.

e) Aos estrangeiros residentes no País é garantida a inviolabilidade do direito à vida, à liberdade, à segurança e à propriedade, nos limites da Constituição Federal da República Federativa do Brasil.

125. **Considere as proposições a seguir** (XXII Concurso para Juiz do Trabalho Substituto, TRT 9ª Região, 2009):

I. De acordo com a Convenção de Viena sobre Relações Diplomáticas de 1961, a renúncia à imunidade de jurisdição no tocante às ações cíveis ou administrativas implica em renúncia tácita à imunidade quanto às medidas de execução da sentença.

II. No Brasil, os tratados e convenções internacionais sobre direitos humanos que forem aprovados, em cada Casa do Congresso Nacional, em dois turnos, por três quintos dos votos dos respectivos membros, serão equivalentes às emendas constitucionais.

III. Compete privativamente ao Presidente da República do Brasil celebrar tratados, convenções e atos internacionais, sujeitos a referendo do Congresso Nacional.

IV. A delimitação das competências da União Europeia rege-se pelos princípios da subsidiariedade e da proporcionalidade, enquanto o exercício de suas competências rege-se pelo princípio da atribuição.

V. O Tribunal de Justiça da União Europeia, uma das instituições da União Europeia, inclui o Tribunal de Justiça, o Tribunal-geral e Tribunais Especializados.

a) apenas as proposições II e III são corretas

b) apenas as proposições I, II e III são corretas

c) apenas as proposições II, III e V são corretas

d) apenas as proposições I e IV são corretas

e) todas as proposições são corretas

126. **Analise as proposições** (XXII Concurso para Juiz do Trabalho Substituto, TRT 9ª Região, 2009):

I. Diante da ausência de precedentes do STF em sentido contrário, entende-se que a imunidade de jurisdição de Estados soberanos é absoluta, mesmo quando se trate de atos de gestão por estes praticados, como ocorre nas relações de direito do trabalho.

II. São órgãos da OIT a Conferência Internacional do Trabalho, o Conselho de Administração e o *Bureau* Internacional do Trabalho.

III. A Corte Internacional de Justiça é um dos órgãos especiais da Organização das Nações Unidas, ao lado da Assembleia Geral, do Conselho de Segurança, do Conselho Econômico e Social, do Conselho de Tutela e do Secretariado.

IV. Na forma do art. 14 da Convenção de Viena sobre Relações Diplomáticas, os Chefes de Missão dividem-se em duas classes: a) Embaixadores ou Núncios; b) Enviados, Ministros ou Internúncios.

V. Os Chefes da repartição consular se dividem em quatro categorias (cônsules-gerais, cônsules, vice-cônsules e agentes consulares), e são admitidos no exercício de suas funções por uma autorização do Estado receptor denominada "*exequatur*", qualquer que seja a forma dessa autorização.

a) somente as proposições I, IV e V são corretas

b) somente as proposições I e IV são corretas

c) somente as proposições II e III são corretas

d) somente as proposições II, III e V são corretas

e) todas as proposições são corretas

127. **Analise as seguintes proposições** (XXII Concurso para Juiz do Trabalho Substituto, TRT 9ª Região, 2009):

I. De acordo com entendimento sumulado do TST, aplica-se às relações jurídicas de trabalho o princípio *lex loci executionis*.

II. Aplicando-se o entendimento sumulado do TST, o empregado brasileiro, contratado no Brasil, para prestar serviço em França, terá seu contrato de trabalho regido pelos dispositivos mais benéficos ao empregado que forem encontrados tanto na lei francesa como na lei brasileira.

III. Tratado de Maastricht manteve na União Europeia o direito à livre circulação dos trabalhadores com o propósito de abolir toda e qualquer discriminação em razão da nacionalidade, entre os trabalhadores dos Estados-membros, no que diz respeito ao emprego, à remuneração e demais condições de trabalho.

IV. Pelo Tratado da União Europeia, os Estados-membros devem assegurar a aplicação do princípio da igualdade de remuneração entre trabalhadores masculinos e femininos, por trabalho igual ou de valor igual.

V. As Diretivas Comunitárias tem eficácia direta e horizontal nas relações entre particulares, não necessitando qualquer transposição para o direito interno dos Estados-membros.

a) somente as proposições III e IV são corretas

b) somente as proposições I e III são corretas

c) somente as proposições I, III e IV são corretas

d) somente as proposições II e V são corretas

e) todas as proposições são corretas

128. Assinale a alternativa incorreta que afirmar (XXI Concurso para Juiz do Trabalho Substituto, TRT 9ª Região, 2009):

a) Ao estrangeiro não é conferida legitimação ativa para a propositura de ação popular. Tem, entretanto, o estrangeiro legitimidade ativa para ajuizamento de *habeas corpus* e *habeas data*.

b) Podem ocupar o cargo de Ministro do Supremo Tribunal Federal os nascidos no estrangeiro, de pai brasileiro ou mãe brasileira, desde que qualquer deles esteja a serviço da República Federativa do Brasil.

c) A aprovação do tratado internacional por meio de decreto legislativo, devidamente promulgado pelo presidente do Senado Federal e publicado, assegura a incorporação imediata da norma ao direito interno.

d) Os tratados e convenções internacionais sobre direitos humanos que forem aprovados, em cada Casa do Congresso Nacional, em dois turnos, por três quintos dos votos dos respectivos membros, serão equivalentes às emendas constitucionais.

e) Os tratados e convenções internacionais incorporados formalmente ao ordenamento jurídico nacional são passíveis de controle difuso e concentrado de constitucionalidade.

129. Considere as seguintes proposições afirmar (XXI Concurso para Juiz do Trabalho Substituto, TRT 9ª Região, 2009):

I. As Convenções da Organização Internacional do Trabalho ao serem incorporadas formalmente ao ordenamento jurídico nacional qualificam-se, segundo a regra geral, como atos normativos infraconstitucionais, situando-se no mesmo plano de validade e eficácia das normas ordinárias.

II. Segundo a Convenção de Viena sobre Relações Diplomáticas de 1961, o agente diplomático gozará da imunidade de jurisdição penal do Estado acreditado. Gozará também da imunidade de jurisdição civil e administrativa, a não ser que se trate, dentre outras hipóteses expressamente enumeradas na mencionada Convenção, de uma ação referente a qualquer profissão liberal ou atividade comercial exercida pelo agente diplomático no Estado acreditado fora de suas funções oficiais.

III. Os privilégios e imunidades previstos na Convenção de Viena de 1963 sobre Relações Consulares também serão concedidos aos membros da família de funcionário consular honorário e aos membros da família de empregado consular de repartição consular dirigida por funcionário consular honorário.

IV. Segundo o Tratado que instituiu a Comunidade Econômica Europeia, a livre-circulação dos trabalhadores implica a abolição de toda e qualquer discriminação em razão da nacionalidade, entre os trabalhadores dos Estados-membros, no que diz respeito ao emprego, à remuneração e às demais condições de trabalho.

Assinale a alternativa correta:

a) Todas as proposições estão corretas;

b) Apenas as proposições I, II e IV estão corretas;

c) Apenas as proposições II, III e IV estão corretas;

d) Apenas as proposições I e II estão corretas;

e) Apenas as proposições I, III e IV estão corretas.

130. Considere as seguintes proposições afirmar (XXI Concurso para Juiz do Trabalho Substituto, TRT 9ª Região, 2009):

I. De acordo com a Convenção n. 138, da Organização Internacional do Trabalho, ratificada pela Brasil, a idade mínima para admissão ao emprego ou trabalho não pode ser inferior àquela em que cessar a obrigatoriedade escolar, não podendo, em qualquer hipótese, ser inferior a quinze anos.

II. "Os Estados-partes reconhecem o direito da criança de estar protegida contra a exploração econômica e contra o desempenho de qualquer trabalho que possa ser perigoso ou interferir em sua educação, ou seja, nocivo para saúde ou para seu desenvolvimento físico, mental, espiritual, moral ou social." Trata-se a hipótese de previsão constante da Recomendação n. 190 da Organização Internacional do Trabalho — OIT.

III. A Convenção dos Direitos da Criança, adotada pela Assembleia-Geral das Nações Unidas em 20 de novembro de 1989 e ratificada pelo Brasil em 24 de setembro de 1990, serviu de fonte de inspiração ao legislador nacional na elaboração do Estatuto da Criança e do Adolescente (Lei n. 8.069, de 13 de julho de 1990).

IV. O Pacto Internacional sobre os Direitos Econômicos, Sociais e Culturais, embora criado em 16.12.1966, pela Assembleia-Geral das Nações Unidas, só foi ratificado pelo Brasil em 24.01.1992.

Assinale a alternativa correta:

a) Todas as proposições estão corretas;

b) Apenas três proposições estão corretas;

c) Apenas duas proposições estão corretas;

d) Apenas uma proposição está correta;

e) Todas as proposições estão incorretas.

131. Em relação à OIT (Organização Internacional do Trabalho), considere as seguintes proposições afirmar (XXI Concurso para Juiz do Trabalho Substituto, TRT 9ª Região, 2009):

I. As convenções são objeto de ratificação pelos Estados-membros, enquanto as recomendações são meramente indicativas, visando a auxiliar os Estados-membros a formular políticas e legislação sobre a respectiva matéria.

II. As resoluções não impõem qualquer obrigação aos países que integram a OIT.

III. No Brasil, é de competência do Congresso Nacional aprovar, ou não, através de Decreto Legislativo, convenção aprovada pela Assembleia-Geral da OIT.

IV. A Convenção 182 da OIT, que veda e procura eliminar as piores formas de trabalho infantil, não foi ratificada pelo Brasil.

Assinale a alternativa correta:

a) Todas as proposições estão corretas;

b) Apenas as proposições I, III e IV estão corretas;

c) Apenas as proposições I, II e III estão corretas;

d) Apenas a proposição IV está correta;

e) Apenas as proposições II e III estão corretas.

132. Analise as proposições abaixo e indique a alternativa correta (XVI Concurso Público para Provimento do Cargo de Juiz do Trabalho Substituto da 23ª Região, 2010):

I. Dentre os objetivos da Organização Mundial do Comércio está a resolução de problemas comerciais entre os países, administrar acordos comerciais, ser fórum para negociações comerciais, podendo assinar tratados e tem como um dos seus princípios a não discriminação.

II. A cláusula social tem por finalidade resguardar direitos e condições básicas do trabalhador.

III. *Dumping* social é termo utilizado para caracterizar a venda de produtos, no mercado internacional, através de empresas transnacionais coligadas, a um preço inferior ao praticado no mercado interno, mas com a adoção de padrões trabalhistas internacionalmente reconhecidos com o objetivo de dominação do mercado internacional.

a) Todas as proposições estão corretas.

b) A proposição III está correta, e as proposições I e II estão erradas.

c) Todas as proposições estão erradas.

d) A proposição II está correta, e as proposições I e III estão erradas.

e) A proposição I está correta, e as proposições II e III estão erradas.

133. Analise as proposições abaixo e indique a alternativa correta (XVI Concurso Público para Provimento do Cargo de Juiz do Trabalho Substituto da 23ª Região, 2010):

I. O Tratado de Assunção constitui o Mercado Comum do Sul, denominado Mercosul, tendo constituído também o Conselho do Mercado Comum, sendo que o Grupo do Mercado Comum só foi instituído pelo Protocolo de Ouro Preto.

II. A Comissão de Peritos da OIT faz parte do sistema regular de controle para o estudo e aplicação de suas convenções, examina a conformidade da legislação e da aplicação prática dos países em relação às convenções ratificadas.

III. O Comitê de Liberdade Sindical é órgão da OIT, de composição tripartite, com 12 integrantes, sendo 4 representantes para cada grupo: governamental, patronal e laboral, sendo seus componentes nomeados individualmente, sem qualquer vínculo com os países.

a) A proposição II está correta, e as proposições I e III estão erradas.

b) Todas as proposições estão corretas.

c) Somente as proposições I e II estão corretas, e a proposição III está errada.

d) Todas as proposições estão erradas.

e) A proposição I está correta, e as proposições II e III estão erradas.

134. Os blocos econômicos têm desenvolvido políticas de proteção social, com limites determinados pela ingerência das legislações nacionais e pelas divergências de ordenamentos jurídicos remanescentes. A respeito desse assunto, assinale a opção correta (Concurso Público para Provimento do Cargo de Juiz do Trabalho Substituto da 1ª Região, CESPE/UnB, 2010).

a) A Carta de Direitos Fundamentais da União Europeia de 2000 é apenas documento retórico, sem qualquer tutela nos tratados comunitários, especialmente no Tratado de Lisboa.

b) Na União Europeia, o Tratado de Lisboa incorporou formalmente a cláusula da solidariedade, definindo como ela se expressa na vida comunitária.

c) No NAFTA, a livre-circulação de pessoas não é admitida apenas em relação ao México, ocorrendo plenamente entre os Estados Unidos da América e o Canadá.

d) Cabe ao Tribunal Permanente de Revisão do Mercosul, sediado em Assunção, Paraguai, julgar conflitos trabalhistas transfronteiriços.

e) No Mercosul, a livre-circulação de pessoas sofre restrições apenas em relação a países que não são membros plenos.

135. Acerca da personalidade jurídica internacional, essencial para o exercício de direitos e deveres no âmbito do direito internacional público, assinale a opção correta (Concurso Público para Provimento do Cargo de Juiz do Trabalho Substituto da 1ª Região, CESPE/UnB, 2010).

a) Órgãos internacionais, como a Anistia Internacional e o *Greenpeace*, são sujeitos de direito público externo, sem o que não poderiam exercer suas finalidades.

b) O Mercosul, ao contrário da União Europeia, não possui personalidade jurídica de direito internacional.

c) A OIT não possui personalidade jurídica, pois é filiada à Organização das Nações Unidas e por ela representada.

d) O Vaticano, embora seja Estado anômalo, por não possuir território, possui representantes diplomáticos, os quais se denominam núncios apostólicos.

e) O reconhecimento da personalidade jurídica das organizações internacionais não decorre de tratados, mas da jurisprudência internacional, mais especificamente do Caso Bernadotte, julgado pela Corte Internacional de Justiça.

136. Considerando que, na CF, o direito internacional possui importantes referências e que uma série de assuntos de natureza internacional recebe tratamento específico no texto constitucional, assinale a opção correta (Concurso Público para Provimento do Cargo de Juiz do Trabalho Substituto da 1ª Região, CESPE/UnB, 2010).

a) As convenções internacionais sobre direitos humanos que forem aprovadas em dois turnos, nas duas casas do Congresso Nacional, por dois quintos dos votos dos presentes, serão equiparadas a emendas constitucionais.

b) Em nenhuma hipótese será concedida extradição de brasileiro naturalizado devido à prática de crime comum, de opinião ou político.

c) Na tutela dos direitos humanos e das garantias fundamentais, a CF não pode excluir tratados e convenções dos quais o Brasil não faça parte, ainda que não contenham princípios e regimes adotados constitucionalmente.

d) As duas casas do Congresso Nacional devem aprovar a indicação dos chefes de missão diplomática de caráter permanente.

e) Compete à justiça do trabalho processar e julgar ações oriundas das relações de trabalho, abrangidos os entes de direito público externo, que são os Estados estrangeiros e as organizações internacionais governamentais.

137. As missões diplomáticas e as chancelarias são importantes órgãos das relações entre os Estados soberanos. Acerca de agentes diplomáticos, é correto afirmar que (Concurso Público para Provimento do Cargo de Juiz do Trabalho Substituto da 1ª Região, CESPE/UnB, 2010).

a) são designados pelo Estado de envio ou Estado acreditado.

b) possuem imunidades perante a jurisdição local, já que podem ser retirados a qualquer tempo por ato unilateral do Estado acreditado.

c) não podem figurar em processos criminais como réus nas jurisdições locais, embora sejam obrigados a fazê-lo como testemunha.

d) os Estados acreditados têm poder discricionário quanto à aceitação de chefes de missão diplomática, podendo deixar de conceder o *agreement*.

e) núncios apostólicos são agentes diplomáticos atípicos, pois, como sacerdotes, não possuem imunidades previstas na Convenção de Viena de 1961 sobre relações diplomáticas.

138. Acerca da utilização da moeda comum na União Europeia, assinale a opção correta (Concurso Público para Provimento do Cargo de Juiz do Trabalho Substituto da 1ª Região, CESPE/UnB, 2010).

a) A participação na zona do euro conforma obrigação comunitária irrenunciável, à exceção dos recém-admitidos países do leste europeu, que deverão passar por período de convergência macroeconômica.

b) A adesão ao euro não implica renúncia a bancos centrais nacionais nem a possibilidade da prática de política monetária e de utilização do direito tributário como ferramenta de política econômica.

c) As iniciativas políticas unilaterais dos países comunitários da zona euro são limitadas.

d) A zona euro inclui todos os seis países fundadores das comunidades europeias, embrião da atual União Europeia, e outros países posteriormente aderentes, como Irlanda e Grã-Bretanha.

e) A utilização de moeda comum possibilita a litigância em bloco no sistema de solução de controvérsias da Organização Mundial do Comércio.

139. O Direito Internacional dos Direitos Humanos tem o papel de resguardar o valor da dignidade humana concebida como fundamento dos direitos humanos. Os primeiros marcos do processo de internacionalização dos direitos humanos são o Direito Humanitário, a Liga das Nações e a Organização Internacional do Trabalho. Podemos concluir, então, que, no processo de internacionalização dos direitos humanos, NÃO ocorreu a necessidade de (Concurso para Perito Criminal — MG, 2008)

a) permitir o advento dos direitos humanos com questão de legítimo interesse internacional.

b) redefinir o âmbito e o alcance do tradicional conceito de soberania estatal.

c) redefinir o *status* do indivíduo no cenário internacional, tornando-o verdadeiro sujeito de Direito Internacional.

d) aumentar a autonomia aos Estados nacionais para o emprego de violência no âmbito internacional.

140. O Tribunal Penal Internacional — TPI, instituído em 1998, tem competência para julgar, dentre outros, os crimes de genocídio. O Brasil (Concurso Juiz-Auditor Substituto, STM, 2005):

a) submete-se à jurisdição do citado Tribunal.

b) submete-se à jurisdição do citado Tribunal, mas depende de decisão do Supremo Tribunal Federal.

c) a submissão brasileira àquela Corte depende de lei.

d) a submissão brasileira é condicionada a plebiscito.

141. Em que diferem os Direitos Humanos do Direito Internacional Humanitário (Concurso Juiz-Auditor Substituto, STM, 2005)?

a) Os Direitos Humanos aplicam-se apenas em tempo de paz e suas regras ficam derrogadas em tempo de guerra.

b) A paz é a condição primordial para o pleno respeito aos Direitos Humanos, sendo a guerra a negação desses direitos, razão pela qual ficam suspensos durante as hostilidades.

c) O conceito de Direito Internacional Humanitário consiste no conjunto de Direitos Humanos em período de conflito armado.

d) Direitos Humanos aplicam-se exclusivamente a civis e o Direito Internacional Humanitário a militares.

142. A Comissão de Direito Internacional das Nações Unidas estabeleceram, no ano de 1994, as primeiras ideias e princípios daquele que viria a constituir o chamado Estatuto de Roma (que instituiria, mais tarde, o Tribunal — ou Corte Penal Internacional, ou, simplesmente, TPI). Já no ano seguinte, após duas reuniões da Assembleia Geral das Nações Unidas, resolveu-se pela criação de um Comitê preparatório (também chamado de PrepCom) que tinha como objetivo propor um projeto de Estatuto, tendo o mesmo sido apresentado em 1998 e aberto à assinatura em 17 de julho de 1998, ocasião que contou com a assinatura de 120 Estados. Porém, para que o Estatuto entrasse em vigor e o TPI fosse efetivamente criado era necessário que 60 Estados o ratificassem, o que veio a acontecer em 11 de abril de 2002. Em 01 de julho de 2002, o Estatuto de Roma entrou em vigor. Por assim dizer é correto afirmar, quanto ao Estatuto de Roma, que a competência do Tribunal Penal Internacional restringe-se aos crimes mais graves que afetam a comunidade internacional. Assim é correto que o TPI tem competência para julgar os crimes, EXCETO (OAB-MG, 2008):

a) de genocídio.

b) contra a humanidade.

c) de terrorismo.

d) de guerra.

143. Analise as seguintes proposições (VI Concurso para Juiz do Trabalho Substituto do TRT da 16ª Região, 2008):

I. Perante o Direito Internacional são consideradas "coletividades" os Beligerantes, Rebeldes Insurgentes, Santa Sé e o Comitê Internacional da Cruz Vermelha;

II. A OIT foi criada pelo Tratado de Versalhes, em 1919, como parte da Sociedade das Nações.

III. O Secretário-Geral da OIT sempre é escolhido pela Conferência anual, dentre representantes de empregados ou empregadores alternadamente, para mandato de dois anos;

IV. São órgãos internos da OIT, o *Bureau* Internacional (ou Secretariado), Conselho de Administração e a Conferência Internacional do Trabalho;

Agora responda:

a) Todas as afirmações estão corretas;

b) Apenas as afirmações I, II e IV estão corretas;

c) Somente a afirmação III está correta;

d) Somente as afirmações II, III e IV estão corretas;

e) Todas as afirmações estão incorretas.

144. Segundo o então chefe da delegação brasileira, o Tribunal Penal Internacional foi instituído, por iniciativa das Nações Unidas, para preencher "o vazio jurídico decorrente da inexistência de uma instância internacional permanente e independente, com base em um instrumento de escopo universal, capaz de julgar os responsáveis pelos crimes mais graves de interesse internacional". Seu instrumento fundamental foi (Concurso Juiz-Auditor Substituto, STM, 2005):

a) a Convenção de Genebra.

b) a Conferência de Haia.

c) o Tribunal de Nuremberg.

d) o Estatuto de Roma.

145) São definidos e tipificados como sujeitos à jurisdição do Tribunal Penal Internacional (Concurso Juiz-Auditor Substituto, STM, 2005):

a) os delitos de terrorismo, tortura e genocídio.

b) crimes contra a humanidade, crimes de guerra e crimes militares.

c) genocídio, crimes contra a humanidade e crimes de guerra.

d) tráfico de armas, tráfico de entorpecentes e tortura.

146. (Concurso para Defensor Público Substituto do Mato Grosso do Sul, VUNESP, 2008) Com relação ao Tribunal Penal Internacional, é correto afirmar que

a) a competência do Tribunal restringir-se-á ao julgamento dos crimes de genocídio e crimes contra a humanidade.

b) o Tribunal não terá jurisdição sobre pessoas que, à data da alegada prática do crime, não tenham ainda completado 21 anos de idade.

c) os crimes da competência do Tribunal não prescrevem.

d) o Tribunal só terá competência relativamente aos crimes cometidos após 17.07.1998, data da sua criação.

147. Ainda sobre a seletividade discricionária no Direito Internacional dos Direitos Humanos, é CORRETO afirmar (Concurso para Gestor Governamental em Direitos Humanos, FUMARC/SEPLAG-MG, 2008).

a) Não há possibilidade de seletividade apenas quando da aplicação dos direitos individuais e políticos.

b) A assistência integral dos Direitos Humanos deve ser vista como uma tarefa de implementação gradual e seletiva dos direitos.

c) Os Direitos Humanos se impõem de igual modo a todos os países, não sendo possível a eleição de direitos em detrimento de outros.

d) É possível escolher determinados direitos a promover e prorrogar outros, desde que se demonstre o benefício para as gerações futuras.

148. Na hipótese de conflito entre uma norma do direito interno e um dispositivo enunciado em tratado internacional de proteção dos direitos humanos, merece prevalecer a norma (Defensor Público Maranhão, FCC, 2009)

a) mais específica, considerando o princípio de que a norma especial revoga a norma geral em sua especificidade.

b) posterior, considerando o princípio de que a norma posterior revoga norma anterior que lhe foi incompatível.

c) do sistema global, considerando o princípio da primazia do direito internacional.

d) do sistema regional, considerando o princípio da boa-fé nas relações internacionais.

e) mais benéfica à vítima, considerando que os tratados de direitos humanos constituem um parâmetro protetivo mínimo.

149. "A partir da EC n. 45/2004, os tratados internacionais sobre direitos humanos que o Brasil subscreveu, após passarem pela aprovação do Legislativo, têm força de norma constitucional, com aplicação imediata", destacou o ministro Gilson Dipp. "É hora de a própria magistratura, do Ministério Público terem a noção de que as normas emanadas da Corte Interamericana possuem esse cunho constitucional e essa eficácia imediata", continuou o ministro. A EC n. 45/2004 adicionou à CF que os tratados e convenções internacionais sobre direitos humanos que forem aprovados, em cada Casa do Congresso Nacional, em dois turnos, por três quintos dos votos dos respectivos membros, serão equivalentes às emendas constitucionais. Agora o Brasil passa também a se submeter ao Tribunal Penal Internacional, mas com a possibilidade de julgamento de graves violações contra os direitos humanos pela justiça federal (UnB/CESPE – TJRJ, 2008). Internet: www.stj.gov.br (com adaptações).

Com referência ao texto acima, assinale a opção correta.

a) Para que um tratado sobre direitos humanos tenha força de norma constitucional é necessária a sua aprovação em cada Casa do Congresso Nacional, em dois turnos, por três quintos dos votos dos respectivos membros.

b) A submissão do Brasil ao Tribunal Penal Internacional depende da regulamentação por meio de lei complementar.

c) O procurador-geral da República, na hipótese de processo criminal que envolva grave violação de direitos humanos, pode solicitar ao STF o deslocamento da competência para a justiça federal.

d) Uma vez iniciada a ação penal para apuração de grave violação de direitos humanos, não mais cabe o deslocamento da competência para a justiça federal.

e) Decisão do STF que envolva aspecto ligado à violação de direitos humanos é recorrível para o Tribunal Penal Internacional.

150. O Pacto Internacional dos Direitos Econômicos, Sociais e Culturais, adotado pela Assembleia-Geral das Nações Unidas, admite expressamente que sejam impostas restrições legais ao exercício de greve aos (Concurso para Delegado de Polícia — SP 01/97):

a) empregados em geral.

b) profissionais da área de saúde e de transporte.

c) responsáveis por atividades educacionais e agrícolas.

d) membros das Forças Armadas, da Polícia ou da Administração Pública.

Gabarito

01) B	08) C	15) B	22) D	29) D	36) B	43) C	50) C	57) B	64) B
02) D	09) A	16) A	23) B	30) D	37) A	44) D	51) D	58) D	65) C
03) A	10) C	17) E	24) D	31) B	38) B	45) D	52) C	59) B	66) E
04) B	11) E	18) D	25) A	32) C	39) A	46) D	53) B	60) E	67) A
05) E	12) B	19) D	26) B	33) D	40) E	47) D	54) C	61) C	68) B
06) C	13) E	20) E	27) D	34) B	41) A	48) B	55) A	62) B	69) C
07) E	14) B	21) A	28) C	35) C	42) A	49) C	56) B	63) A	70) D

71) D	79) B	87) D	95) B	103) C	111) E	119) C	127) C	135) E	143) B
72) A	80) D	88) B	96) E	104) E	112) A	120) D	128) C	136) E	144) D
73) D	81) C	89) D	97) A	105) D	113) D	121) C	129) B	137) D	145) C
74) C	82) E	90) D	98) C	106) E	114) C	122) D	130) B	138) C	146) C
75) A	83) B	91) C	99) A	107) B	115) D	123) B	131) C	139) D	147) C
76) B	84) E	92) C	100) E	108) E	116) D	124) E	132) D	140) A	148) E
77) A	85) C	93) D	101) D	109) E	117) E	125) C	133) A	141) C	149) A
78) D	86) A	94) A	102) C	110) E	118) A	126) D	134) B	142) C	150) D

Capítulo 13

Anexos: Convenções da Organização Internacional do Trabalho

13.1. Convenções fundamentais da OIT[288]

13.1.1. Convenção (29) sobre o trabalho forçado ou obrigatório[289]

A Conferência Geral da Organização Internacional do Trabalho, Convocada em Genebra pelo Conselho de Administração do Secretariado da Organização Internacional do Trabalho e reunida, em 10 de junho de 1930, em sua Décima Quarta Reunião;

Tendo decidido adotar diversas proposições relativas ao trabalho forçado ou obrigatório, o que constitui a primeira questão da ordem do dia da reunião;

Tendo decidido que essas proposições se revistam da forma de uma convenção internacional, adota, no dia vinte e oito de junho de mil novecentos e trinta, esta Convenção que pode ser citada como a Convenção sobre o Trabalho Forçado, de 1930, a ser ratificada pelos Países-membros da Organização Internacional do Trabalho, conforme as disposições da Constituição da Organização Internacional do Trabalho.

Art. 1º

1. Todo País-membro da Organização Internacional do Trabalho que ratificar esta Convenção compromete-se a abolir a utilização do trabalho forçado ou obrigatório, em todas as suas formas, no mais breve espaço de tempo possível.

2. Com vista a essa abolição total, só se admite o recurso a trabalho forçado ou obrigatório, no período de transição, unicamente para fins públicos e como medida excepcional, nas condições e garantias providas nesta Convenção.

3. Decorridos cinco anos, contados da data de entrada em vigor desta Convenção e por ocasião do relatório ao Conselho de Administração do Secretariado da Organização Internacional do Trabalho, nos termos do art. 31, o mencionado Conselho de Administração examinará a possibilidade de ser extinto, sem novo período de transição o trabalho forçado ou obrigatório em todas as suas formas e deliberará sobre a conveniência de incluir a questão na ordem do dia da Conferência.

Art. 2º

1. Para fins desta Convenção, a expressão "trabalho forçado ou obrigatório" compreenderá todo trabalho ou serviço exigido de uma pessoa sob a ameaça de sanção e para o qual não se tenha oferecido espontaneamente.

2. A expressão "trabalho forçado ou obrigatório" não compreenderá, entretanto, para os fins desta Convenção:

a) qualquer trabalho ou serviço exigido em virtude de leis do serviço militar obrigatório com referência a trabalhos de natureza puramente militar;

b) qualquer trabalho ou serviço que faça parte das obrigações cívicas comuns de cidadãos de um pais soberano;

c) qualquer trabalho ou serviço exigido de uma pessoa em decorrência de condenação judiciária, contanto que o mesmo trabalho ou serviço seja executado sob fiscalização e o controle de uma autoridade pública e que a pessoa não seja contratada por particulares, por empresas ou associações, ou posta à sua disposição;

d) qualquer trabalho ou serviço exigido em situações de emergência, ou seja, em caso de guerra ou de calamidade ou de ameaça de calamidade, como incêndio, inundação, fome, tremor de terra, doenças epidêmicas ou epizoóticas, invasões de animais, insetos ou de pragas vegetais, e em qualquer circunstância, em geral, que ponha em risco a vida ou o bem-estar de toda ou parte da população;

e) pequenos serviços comunitários que, por serem executados por membros da comunidade, no seu interesse direto, podem ser, por isso, considerados como obrigações cívicas comuns de seus membros, desde que esses membros ou seus representantes diretos tenham o direito de ser consultados com referência à necessidade desses serviços.

---

(288) As Convenções ns. 132 e 182 já constam do Capítulo 10 que trata das Normas Internacionais de Proteção da Criança e do Adolescente.

(289) Promulgada pelo Brasil por meio do Decreto n. 41.721, de 25 de junho de 1957.

Art. 3º

Para os fins desta Convenção, o termo "autoridade competente" designará uma autoridade do país metropolitano ou a mais alta autoridade central do território concernente.

Art. 4º

1. A autoridade competente não imporá nem permitirá que se imponha trabalho forçado ou obrigatório em proveito de particulares, empresas ou associações.

2. Onde existir trabalho forçado ou obrigatório, em proveito de particulares, empresas ou associações, na data em que for registrada pelo Diretor-Geral do Secretariado da Organização Internacional do Trabalho a ratificação desta Convenção por um País-membro, esse País-membro abolirá totalmente o trabalho forçado ou obrigatório a partir da data de entrada em vigor desta Convenção em seu território.

Art. 5º

1. Nenhuma concessão feita a particulares, empresas ou associações implicará qualquer forma de trabalho forçado ou obrigatório para a produção ou coleta de produto que esses particulares, empresas ou associações utilizam ou negociam.

2. Onde existirem concessões que contenham disposições que envolvam essa espécie de trabalho forçado ou obrigatório, essas disposições serão rescindidas, tão logo quanto possível, para dar cumprimento ao art. 1º desta Convenção.

Art. 6º

Funcionários da administração, mesmo quando tenham o dever de estimular as populações sob sua responsabilidade a se engajarem em alguma forma de trabalho, não as pressionarão ou a qualquer um de seus membros a trabalhar para particulares, companhias ou associações.

Art. 7º

1. Dirigentes que não exercem funções administrativas não poderão recorrer a trabalhos forçados ou obrigatórios.

2. Dirigentes que exercem funções administrativas podem, com a expressa autorização da autoridade competente, recorrer a trabalho forçado ou obrigatório nos termos do art. 10 desta Convenção.

3. Dirigentes legalmente reconhecidos e que não recebem adequada remuneração sob outras formas podem beneficiar-se de serviços pessoais devidamente regulamentados, desde que sejam tomadas todas as medidas necessárias para prevenir abusos.

Art. 8º

1. Caberá à mais alta autoridade civil do território interessado a responsabilidade por qualquer decisão de recorrer a trabalho forçado ou obrigatório.

2. Essa autoridade poderá, entretanto, delegar competência às mais altas autoridades locais para exigir trabalho forçado ou obrigatório que não implique o afastamento dos trabalhadores do local de sua residência habitual. Essa autoridade poderá também delegar competência às mais altas autoridades locais, por períodos e nas condições estabelecidas no art. 23 desta Convenção, para exigir trabalho forçado ou obrigatório que implique o afastamento do trabalhador do local de sua residência habitual, a fim de facilitar a movimentação de funcionários da administração, em serviço, e transportar provisões do Governo.

Art. 9º

Ressalvado o disposto no art. 10 desta Convenção, toda autoridade competente para exigir trabalho forçado ou obrigatório, antes de se decidir pelo recurso a essa medida, assegurar-se-á de que:

a) o trabalho a ser feito ou o serviço a ser prestado é de interesse real e direto da comunidade convocada para executá-lo ou prestá-lo;

b) o trabalho ou serviço é de necessidade real ou premente;

c) foi impossível conseguir mão de obra voluntária para a execução do trabalho ou para a prestação do serviço com o oferecimento de níveis salariais e condições de trabalho não inferiores aos predominantes na área interessada para trabalho ou serviço semelhante;

d) o trabalho ou serviço não representará um fardo excessivo para a população atual, levando-se em consideração a mão de obra disponível e sua capacidade para se desincumbir da tarefa.

Art. 10

1. Será progressivamente abolido o trabalho forçado ou obrigatório exigido a título de imposto, a que recorre a autoridade administrativa para execução de obras públicas.

2. Entrementes, onde o trabalho forçado ou obrigatório for reclamado a título de imposto ou exigido por autoridades administrativas para a execução de obras públicas, a autoridade interessada assegurar-se-á primeiramente que:

a) o trabalho a ser feito ou o serviço a ser prestado é de interesse real e direto da comunidade convocada para executá-lo ou prestá-lo;

b) o trabalho ou serviço é de necessidade real ou premente;

c) o trabalho ou serviço não representará um fardo excessivo para a população atual, levando-se em consideração a mão de obra disponível e sua capacidade para se desincumbir da tarefa;

d) o trabalho ou serviço não implicará o afastamento do trabalhador do local de sua residência habitual;

e) a execução do trabalho ou a prestação do serviço será conduzida de acordo com as exigências da religião, vida social e da agricultura.

Art. 11

1. Só adultos do sexo masculino fisicamente aptos, cuja idade presumível não seja inferior a dezoito anos nem superior a quarenta e cinco, podem ser convocados para trabalho forçado ou obrigatório. Ressalvadas as categorias de trabalho enumeradas no art. 10 desta Convenção, serão observadas as seguintes limitações e condições:

a) prévio atestado, sempre que possível por médico da administração pública, de que as pessoas envolvidas não sofrem de qualquer doença infectocontagiosa e de que estão fisicamente aptas para o trabalho exigido e para as condições em que será executado;

b) dispensa de professores e alunos de escola primária e de funcionários da administração pública, em todos os seus níveis;

c) manutenção, em cada comunidade, do número de homens adultos fisicamente aptos indispensáveis à vida familiar e social;

d) respeito aos vínculos conjugais e familiares.

2. Para os efeitos a alínea "c" do parágrafo anterior, as normas prescritas no Art. 23 desta Convenção fixarão a proporção de indivíduos fisicamente aptos da população masculina adulta que pode ser convocada, em qualquer tempo, para trabalho forçado ou obrigatório, desde que essa proporção, em nenhuma hipótese, ultrapasse vinte e cinco por cento. Ao fixar essa proporção, a autoridade competente levará em conta a densidade da população, seu desenvolvimento social e físico, a época do ano e o trabalho a ser executado na localidade pelas pessoas concernentes, no seu próprio interesse, e, de um modo geral, levará em consideração as necessidades econômicas e sociais da vida da coletividade envolvida.

Art. 12

1. O período máximo, durante o qual uma pessoa pode ser submetida a trabalho forçado ou obrigatório de qualquer espécie, não ultrapassará 60 dias por período de doze meses, incluídos nesses dias o tempo gasto, de ida e volta, em seus deslocamentos para a execução do trabalho.

2. Toda pessoa submetida a trabalho forçado ou obrigatório receberá certidão que indique os períodos do trabalho que tiver executado.

Art. 13

1. O horário normal de trabalho de toda pessoa submetida a trabalho forçado ou obrigatório será o mesmo adotado para trabalho voluntário, e as horas trabalhadas além do período normal serão remuneradas na mesma base das horas de trabalho voluntário.

2. Será concedido um dia de repouso semanal a toda pessoa submetida a qualquer forma de trabalho forçado ou obrigatório, e esse dia coincidirá, tanto quanto possível, com o dias consagrados pela tradição ou costume nos territórios ou regiões concernentes.

Art. 14

1. Com a exceção do trabalho forçado ou obrigatório a que se refere o Art. 10 desta Convenção, o trabalho forçado ou obrigatório, em todas as suas formas, será remunerado em espécie, em base não inferior à que prevalece para espécies similares de trabalho na região onde a mão de obra é empregada ou na região onde é recrutada, prevalecendo a que for maior.

2. No caso de trabalho imposto por dirigentes no exercício de suas funções administrativas, o pagamento de salários, nas condições estabelecidas no parágrafo anterior, será efetuado o mais breve possível.

3. Os salários serão pagos a cada trabalhador, individualmente, é não ao chefe de seu grupo ou a qualquer outra autoridade.

4. Os dias de viagem, de ida e volta, para a execução do trabalho, serão computados como dias trabalhados para efeito do pagamento de salários.

5. Nada neste Artigo impedirá o fornecimento de refeições regulares como parte do salário; essas refeições serão no mínimo equivalentes em valor ao que corresponderia ao seu pagamento em espécie, mas nenhuma dedução do salário será feita para pagamento de impostos ou de refeições extras, vestuários ou alojamento especiais proporcionados ao trabalhador para mantê-lo em condições adequadas à execução do trabalho nas condições especiais de algum emprego, ou pelo fornecimento de ferramentas.

Art. 15

1. Toda legislação ou regulamento referente a indenização por acidente ou doença resultante do emprego do trabalhador e toda legislação ou regulamento que prevejam indenizações para os dependentes de trabalhadores falecidos ou inválidos, que estejam ou estarão em vigor no território interessado serão igualmente aplicáveis às pessoas submetidas a trabalho forçado ou obrigatório e a trabalhadores voluntários.

2. Incumbirá, em qualquer circunstância, a toda autoridade empregadora de trabalhador em trabalho forçado ou obrigatório, lhe assegurar a subsistência se, por acidente ou doenças resultantes de seu emprego, tomar-se total ou parcialmente incapaz de prover suas necessidades, e tomar providências para assegurar a manutenção de todas as pessoas efetivamente dependentes desse trabalhador no caso de morte ou invalidez resultante do trabalho.

Art. 16

l. As pessoas submetidas a trabalho forçado ou obrigatório não serão transferidas, salvo em caso de real necessidade, para regiões onde a alimentação e o clima forem tão diferentes daqueles a que estão acostumadas a que possam pôr em risco sua saúde.

2. Em nenhum caso será permitida a transferência desses trabalhadores antes de se poder aplicar rigorosamente todas as medidas de higiene e de habitação necessárias para adaptá-los às novas condições e proteger sua saúde.

3. Quando for inevitável a transferência, serão adotadas medidas que assegurem a adaptação progressiva dos trabalhadores às novas condições de alimentação e de clima, sob competente orientação médica.

4. No caso de serem os trabalhadores obrigados a executar trabalho regular com o qual não estão acostumados, medidas serão tomadas para assegurar sua adaptação a essa espécie de trabalho, em particular no tocante a treinamento progressivo, às horas de trabalho, aos intervalos de repouso e à melhoria ou ao aumento da dieta que possa ser necessário.

Art. 17

Antes de autorizar o recurso a trabalho forçado ou obrigatório em obras de construção ou de manutenção que impliquem a permanência do trabalhador nos locais de trabalho por longos períodos, a autoridade competente assegurar-se-á de que:

a) sejam tomadas todas as medidas necessárias para proteger a saúde dos trabalhadores e lhes garantir assistência médica indispensável e, especialmente:

I – sejam os trabalhadores submetidos a exame médico antes de começar o trabalho e a intervalos determinados durante o período de serviço;

II – haja serviço médico adequado, ambulatórios, enfermeiras, hospitais e material necessário para fazer face a todas as necessidades, e

III – sejam satisfatórias as condições de higiene dos locais de trabalho, o suprimento de água potável, de alimentos, combustível, e dos utensílios de cozinha e, se necessário, de alojamento e roupas;

b) sejam tomadas medidas adequadas para assegurar a subsistência das famílias dos trabalhadores, em especial facilitando a remessa, com segurança, de parte do salário para a família, a pedido ou com o consentimento dos trabalhadores;

c) corram por conta e responsabilidade da administração os trajetos de ida e volta dos trabalhadores, para execução do trabalho, facilitando a realização desses trajetos com a plena utilização de todos os meios de transporte disponíveis;

d) corra por conta da administração o repatriamento do trabalhador no caso de enfermidade ou acidente que acarrete sua incapacidade temporária para o trabalho;

e) seja permitido a todo o trabalhador, que assim o desejar, permanecer como trabalhador voluntário no final do período de trabalho forçado ou obrigatório, sem perda do direito ao repatriamento gratuito num período de dois anos.

Art. 18

1. O trabalho forçado ou obrigatório no transporte de pessoas ou mercadorias, tal como o de carregadores e barqueiros, deverá ser suprimido o quanto antes possível e, até que seja suprimido, as autoridades competentes deverão expedir regulamentos que determinem, entre outras medidas, as seguintes:

a) que somente seja utilizado para facilitar a movimentação de funcionários da administração em serviço ou para o transporte de provisões do Governo ou, em caso de urgente necessidade, o transporte de outras pessoas além de funcionários;

b) que os trabalhadores assim empregados tenham atestado médico de aptidão física, onde houver serviço médico disponível, e onde não houver, o empregador seja considerado responsável pelo atestado de aptidão física do trabalhador e de que não sofre de qualquer doença infectocontagiosa;

c) a carga máxima que pode ser transportada por esses trabalhadores;

d) o percurso máximo a ser feito por esses trabalhadores a partir do local de sua residência;

e) o número máximo de dias por mês ou por qualquer outro período durante os quais esses trabalhadores podem ser utilizados, incluídos os dias de viagem de regresso;

f) as pessoas autorizadas a recorrer a essa forma de trabalho forçado ou obrigatório, e os limites da faculdade de exigi-lo.

2. Ao fixar os limites máximos mencionados nas alíneas "c", "d" e "e" do parágrafo anterior, a autoridade competente terá em conta todos os fatores pertinentes, notadamente o desenvolvimento físico da população na qual são recrutados os trabalhadores, a natureza da região através da qual viajarão e as condições climáticas.

3. A autoridade competente providenciará ainda para que o trajeto diário normal desses trabalhadores não exceda distância correspondente à duração média de um dia de trabalho de oito horas, ficando entendido que serão levadas em consideração não só a carga a ser transportada e a distância a ser percorrida, mas também as condições da estrada, a época do ano, os outros fatores pertinentes, e, se exigidas horas extras além de um trajeto diário normal, essas horas serão remuneradas em base superior à das horas normais.

Art. 19

1. A autoridade competente só autorizará o cultivo obrigatório como precaução contra a fome ou a escassez de alimentos e sempre sob a condição de que o alimento ou a produção permanecerá propriedade dos indivíduos ou da comunidade que os produziu.

2. Nada neste artigo será interpretado como derrogatório da obrigação de membros de uma comunidade, onde a produção é organizada em base comunitária, por força da lei ou costume, e onde a produção ou qualquer resultado de sua venda permanece da comunidade, de executar o trabalho exigido pela comunidade por força de lei ou costume.

Art. 20

Leis de sanções coletivas, segundo as quais uma comunidade pode ser punida por crimes cometidos por qualquer de seus membros, não conterão disposições de trabalho forçado ou obrigatório pela comunidade como um dos meios de punição.

Art. 21

O trabalho forçado ou obrigatório não será utilizado para trabalho subterrâneo em minas.

Art. 22

Os relatórios anuais que os Países-membros que ratificam esta Convenção se comprometem a apresentar ao Secretariado da Organização Internacional do Trabalho, sobre as medidas por eles tomadas para aplicar as disposições desta Convenção, conterão as informações mais detalhadas possíveis com referência a cada território envolvido, sobre a incidência de recurso a trabalho forçado ou obrigatório nesse território; os fins para os quais foi empregado; os índices de doenças e de mortalidade; horas de trabalho; sistemas de pagamento dos salários e suas bases, e quaisquer outras informações pertinentes.

Art. 23

1. Para fazer vigorar as disposições desta Convenção, a autoridade competente baixará regulamentação abrangente e precisa para disciplinar o emprego do trabalho forçado ou obrigatório.

2. Esta regulamentação conterá, *inter alia,* normas que permitam a toda pessoa submetida a trabalho forçado ou obrigatório apresentar às autoridades reclamações relativas às suas condições de trabalho e lhe deem a garantia de que serão examinadas e levadas em consideração.

Art. 24

Medidas apropriadas serão tomadas, em todos os casos, para assegurar a rigorosa aplicação dos regulamentos concernentes ao emprego de trabalho forçado ou obrigatório, seja pela extensão ao trabalho forçado ou obrigatório das atribuições de algum organismo de inspeção já existente para a fiscalização do trabalho voluntário, seja por qualquer outro sistema adequado. Outras medidas serão igualmente tomadas no sentido de que esses regulamentos sejam do conhecimento das pessoas submetidas a trabalho forçado ou obrigatório.

Art. 25

A imposição ilegal de trabalho forçado ou obrigatório será passível de sanções penais e todo País-membro que ratificar esta Convenção terá a obrigação de assegurar que as sanções impostas por lei sejam realmente adequadas e rigorosamente cumpridas.

Art. 26

Todo País-membro da Organização Internacional do Trabalho que ratificar esta Convenção compromete-se a aplicá-la nos territórios submetidos à sua soberania, jurisdição, proteção, suserania, tutela ou autoridade, na medida em que tem o direito de aceitar obrigações referentes a questões de jurisdição interna. Se, todavia, o País-membro quiser valer-se das disposições do art. 35 da Constituição da Organização Internacional do Trabalho, acrescerá à sua ratificação declaração que indique:

a) os territórios nos quais pretende aplicar, sem modificações, as disposições desta Convenção;

b) os territórios nos quais pretende aplicar, com modificações, as disposições desta Convenção, juntamente com o detalhamento das ditas modificações;

c) os territórios a respeito dos quais pospõe sua decisão.

2. A dita declaração será considerada parte integrante da ratificação e terá os mesmos efeitos. É facultado a todo País-membro cancelar, no todo ou em parte, por declaração subsequente, quaisquer ressalvas feitas em sua declaração anterior, nos termos das disposições das alíneas "*a*" e "*c*" deste artigo.

Art. 27

As ratificações formais desta Convenção serão comunicadas, para registro, ao Diretor-Geral do Secretariado da Organização Internacional do Trabalho.

Art. 28

1. Esta Convenção obrigará unicamente os Países-membros da Organização Internacional do Trabalho cujas ratificações tiverem sido registradas no Secretariado da Organização Internacional do Trabalho.

2. Esta Convenção entrará em vigor doze meses após a data do registro pelo Diretor-Geral das ratificações dos Países-membros.

3. A partir de então, esta Convenção entrará em vigor, para todo País-membro, doze meses após a data do registro de sua ratificação.

Art. 29

1. O Diretor-Geral do Secretariado da Organização Internacional do Trabalho notificará todos os Países-membros da Organização, tão logo tenham sido registradas as ratificações de dois Países-membros junto ao Secretariado da Organização Internacional do Trabalho. Do mesmo modo lhes dará ciência do registro de ratificações que possam ser comunicadas subsequentemente por outros Países-membros da Organização.

2. Ao notificar os Países-membros da Organização do registro da segunda ratificação que lhe tiver sido comunicada, o Diretor-Geral lhes chamará a atenção para a data na qual esta Convenção entrará em vigor.

Art. 30

1. O País-membro que ratificar esta Convenção poderá denunciá-la ao final de um período de dez anos, a contar da data de sua entrada em vigor, mediante comunicação ao Diretor-Geral do Secretariado da Organização Internacional do Trabalho, para registro. A denúncia não terá efeito antes de se completar um ano a contar da data de seu registro.

2. Todo País-membro que ratificar esta Convenção e que, no prazo de um ano após expirado o período de dez anos referido no parágrafo anterior, não tiver exercido o direito de denúncia provido neste Artigo, ficará obrigado a um novo período de dez anos e, daí em diante, poderá denunciar esta Convenção ao final de cada período de dez anos, nos termos deste artigo.

Art. 31

O Conselho de Administração do Secretariado da Organização Internacional do Trabalho apresentará à Conferência Geral, quando considerar necessário, relatório sobre o desempenho desta Convenção e examinará a conveniência de incluir na ordem do dia da Conferência a questão de sua revisão total ou parcial.

Art. 32

No caso de adotar a Conferência uma nova convenção que reveja total ou parcialmente esta Convenção, a ratificação por um País--membro da nova convenção revista implicará, *ipso jure*, a denúncia desta Convenção sem qualquer exigência de prazo, a partir do momento em que entrar em vigor a nova Convenção revista, não obstante o disposto no Art. 30.

2. A partir da data da entrada em vigor da convenção revista, esta Convenção deixará de estar sujeita a ratificação pelos Países--membros.

3. Esta Convenção continuará, entretanto, em vigor, na sua forma e conteúdo atuais, para os Países-membros que a ratificaram, mas não ratificarem a Convenção revista.

Art. 33

As versões em inglês e francês do texto desta Convenção são igualmente oficiais.

13.1.2. Convenção (105) relativa à abolição do trabalho forçado[290]

A Conferência-Geral da Organização Internacional do Trabalho,

Convocada pelo Conselho de Administração do Secretariado da Organização Internacional do Trabalho e reunida em Genebra, em 5 de junho de 1957, em sua Quadragésima reunião;

Tendo examinado o problema do Trabalho Forçado que constitui a quarta questão da ordem do dia da reunião;

Tendo em vista as disposições da Convenção sobre o Trabalho Forçado, de 1930;

Tendo verificado que a Convenção sobre a Escravidão, de 1926, dispõe que sejam tomadas todas as medidas necessárias para evitar que o trabalho forçado ou obrigatório produza condições análogas à escravidão, e que a Convenção Suplementar Relativa à Abolição da Escravidão, do Tráfico de Escravos e de Instituições e Práticas Análogas à Escravidão, de 1956, visa à total abolição do trabalho forçado e da servidão por dívida;

---

(290) Data de entrada em vigor: 17 de janeiro de 1959. Promulgada no Brasil pelo Decreto n. 58.822, de 14.7.1966.

Tendo verificado que a Convenção sobre a Proteção do Salário, de 1949, determina que o salário será pago regularmente e proíbe sistemas de pagamento que privem o trabalhador da real possibilidade de deixar o emprego;

Tendo resolvido adotar outras proposições relativas à abolição de certas formas de trabalho forçado ou obrigatório que constituem uma violação dos direitos humanos constantes da Carta das Nações Unidas e enunciadas na Declaração Universal dos Direitos Humanos;

Tendo decidido que essas proposições se revistam da forma de uma convenção internacional, adota, no dia vinte e cinco de junho de mil novecentos e cinquenta e sete, esta Convenção que pode ser citada como a Convenção sobre a Abolição do Trabalho Forçado, de 1957.

Art. 1º

Todo País-membro da Organização Internacional do Trabalho que ratificar esta Convenção compromete-se a abolir toda forma de trabalho forçado ou obrigatório e dele não fazer uso:

a) como medida de coerção ou de educação política ou como punição por ter ou expressar opiniões políticas ou pontos de vista ideologicamente opostos ao sistema político, social e econômico vigente;

b) como método de mobilização e de utilização da mão de obra para fins de desenvolvimento econômico;

c) como meio de disciplinar a mão de obra;

d) como punição por participação em greves;

e) como medida de discriminação racial, social, nacional ou religiosa.

Art. 2º

Todo País-membro da Organização Internacional do Trabalho que ratificar esta Convenção compromete-se a adotar medidas para assegurar a imediata e completa abolição do trabalho forçado ou obrigatório, conforme estabelecido no art. 1º desta Convenção.

Art. 3º

As ratificações formais desta Convenção serão comunicadas, para registro, ao Diretor-Geral do Secretariado da Organização Internacional do Trabalho.

Art. 4º

1. Esta Convenção obrigará unicamente os Países-membros da Organização Internacional do Trabalho cujas ratificações tiverem sido registradas pelo Diretor-Geral.

2. Esta Convenção entrará em vigor doze meses após a data de registro, pelo Diretor-Geral, das ratificações de dois Países-membros.

3. A partir de então, esta Convenção entrará em vigor para todo País-membro doze meses após a data do registro de sua ratificação.

Art. 5º

1. Todo País-membro que ratificar esta Convenção poderá denunciá-la ao final de um período de dez anos, a contar da data de sua entrada em vigor, mediante comunicação ao Diretor-Geral do Secretariado da Organização Internacional do Trabalho, para registro. A denúncia não terá efeito antes de se completar um ano a contar da data de seu registro.

2. Todo País-membro que ratificar esta Convenção e que, no prazo de um ano após expirado o período de dez anos referido no parágrafo anterior, não tiver exercido o direito de denúncia provido neste Artigo, ficará obrigado a um novo período de dez anos e, daí em diante, poderá denunciar esta Convenção ao final de cada período de dez anos, nos termos deste artigo.

Art. 6º

1. O Diretor-Geral do Secretariado da Organização Internacional do Trabalho dará ciência a todos os Países-membros da Organização Internacional do Trabalho do registro de todas as ratificações e denúncias que lhe forem comunicadas pelos Países-membros da Organização.

2. Ao notificar os Países-membros da Organização sobre o registro de segunda ratificação que lhe tenha sido comunicada, o Diretor--Geral lhes chamará a atenção para a data na qual entrará em vigor esta Convenção.

Art. 7º

O Diretor-Geral do Secretariado da Organização Internacional do Trabalho comunicará ao Secretário-Geral das Nações Unidas, para registro, de conformidade como art. 102 da Carta das Nações Unidas, informações circunstanciadas sobre as ratificações e atos de denúncia por ele registrados, nos termos do disposto nos artigos anteriores.

Art. 8º

O Conselho de Administração do Secretariado da Organização Internacional do Trabalho apresentará à Conferência-Geral, quando considerar necessário, relatório sobre o desempenho desta Convenção e examinará a conveniência de incluir na pauta da Conferência a questão de sua revisão total ou parcial.

Art. 9º

1. No caso de adotar a Conferência uma nova convenção que reveja total ou parcialmente esta Convenção, a menos que a nova Convenção disponha de outro modo:

a) a ratificação por um País-membro da nova Convenção revista implicará, *ipso* jure, a denúncia imediata desta Convenção, a partir do momento em que a nova Convenção revista entrar em vigor, não obstante as disposições do art. 5º;

b) a partir da data de entrada em vigor da convenção revista, esta Convenção deixará de estar sujeita a ratificação pelos Países-membros.

2. Esta Convenção permanecerá, entretanto, em vigor, na sua forma e conteúdo atuais, para os Países-membros que a ratificaram, mas não ratificarem a convenção revista.

Art. 10

As versões em inglês e francês do texto desta Convenção são igualmente oficiais.

13.1.3. Convenção (87) sobre a liberdade sindical e a proteção do direito sindical[291]

A Conferência Geral da Organização Internacional do Trabalho:

Convocada em São Francisco pelo Conselho de Administração do Secretariado da Organização Internacional do Trabalho e reunida em 17 de junho de 1948, em sua trigésima primeira reunião;

Tendo decidido adotar, na forma de convenção, proposições relativas à liberdade sindical e à proteção do direito sindical, tema que constitui a sétima questão da ordem do dia da reunião;

Considerando que o Preâmbulo à Constituição da Organização Internacional do Trabalho declara que "o reconhecimento do princípio da liberdade sindical constitui um meio de melhorar as condições de trabalho e de promover a paz";

Considerando que a Declaração de Filadélfia reafirma que "a liberdade de expressão e de associação é condição essencial para a continuidade do progresso";

Considerando que a Conferência Internacional do Trabalho, em sua trigésima reunião, adotou, por unanimidade, os princípios em que deve fundamentar-se a regulamentação internacional;

Considerando que a Assembleia Geral das Nações Unidas, em sua segunda reunião, endossou esses princípios e solicitou à Organização Internacional do Trabalho que desse continuidade a seus esforços para tornar possível a adoção de uma ou várias convenções internacionais, adota, no nono dia de julho de mil novecentos e quarenta e oito, a seguinte Convenção que pode ser citada como a Convenção sobre a Liberdade Sindical e a Proteção do Direito Sindical, de 1948:

PARTE 1. LIBERDADE SINDICAL

Art. 1º

Todo País-membro da Organização Internacional do Trabalho, no qual vigore a presente Convenção, compromete-se a tornar efetivas as disposições seguintes.

Art. 2º

Trabalhadores e empregadores, sem distinção de qualquer espécie, terão o direito de constituir, sem prévia autorização, organizações de sua própria escolha e, sob a única condição de observar seus estatutos, a elas se filiarem.

Art. 3º

1. As organizações de trabalhadores e de empregadores terão o direito de elaborar seus estatutos e regimentos, eleger livremente seus representantes, organizar sua administração e atividades e formular seus programas de ação.

2. As autoridades públicas abster-se-ão de qualquer intervenção que possa limitar esse direito ou cercear seu exercício legal.

Art. 4º

As organizações de trabalhadores e de empregadores não estarão sujeitas a dissolução ou suspensão por autoridade administrativa.

Art. 5º

As organizações de trabalhadores e de empregadores terão o direito de constituir federações e confederações, e de a elas se filiarem, e toda organização, federação ou confederação terá o direito de se filiar a organizações internacionais de trabalhadores e de empregadores.

Art. 6º

O disposto nos arts. 2º, 3º e 4º desta Convenção aplica-se a federações e confederações de organizações de trabalhadores e de empregadores.

---

(291) Data da entrada em vigor: 4 de julho de 1950. O Brasil não ratificou a Convenção da OIT n. 87.

Art. 7º

A aquisição de personalidade jurídica por organizações de trabalhadores e de empregadores, federações e confederações não estará sujeita a condições que restrinjam a aplicação do disposto nos arts. 2º, 3º e 4º desta Convenção.

Art. 8º

1. No exercício dos direitos providos nesta Convenção, trabalhadores, empregadores e suas respectivas organizações, da mesma forma que outras pessoas ou coletividades organizadas, deverão observar a legalidade;

2. A legislação nacional não deverá prejudicar nem ser aplicada de modo a prejudicar as garantias previstas nesta Convenção.

Art. 9º

1. A legislação nacional definirá a medida em que se aplicarão às forças armadas e à polícia as garantias providas nesta Convenção.

2. Nos termos do princípio estabelecido no § 8º do art. 19 da Constituição da Organização Internacional do Trabalho, a ratificação desta Convenção por um País-membro não será tida como derrogatória de lei, sentença, costume ou acordo já existentes que outorguem às forças armadas e à polícia qualquer direito garantido por esta Convenção.

Art. 10

Nesta Convenção, o termo "organização" significa toda organização de trabalhadores ou de empregadores que tenha como finalidade a promoção e a defesa dos interesses dos trabalhadores ou dos empregadores.

PARTE II. PROTEÇÃO DO DIREITO SINDICAL

Art. 11

Todo País-membro da Organização Internacional do Trabalho, no qual vigore a presente Convenção, compromete-se a tomar todas as medidas necessárias e apropriadas para assegurar aos trabalhadores e aos empregadores o livre-exercício do direito sindical.

PARTE III. DISPOSIÇÕES GERAIS

Art. 12

1. Com relação aos territórios referidos no Art. 35 da Constituição da Organização Internacional do Trabalho, retificado pelo Instrumento de Emenda da Constituição da Organização Internacional do Trabalho, de 1946, ressalvados os territórios a que se referem os §§ 4º e 5º" do artigo retificado, todo País-membro da Organização que ratificar esta Convenção remeterá ao Diretor--Geral do Secretariado da Organização Internacional do Trabalho, juntamente com o instrumento de ratificação, ou tão logo seja possível, declaração que especifique:

a) os territórios a respeito dos quais se compromete a aplicar, sem modificações, as disposições da Convenção;

b) os territórios a respeito dos quais se compromete a aplicar, com modificações, as disposições da Convenção, detalhando a natureza dessas modificações;

c) os territórios a respeito dos quais considera inaplicável a Convenção e, nesse caso, as razões dessa inaplicabilidade;

d) os territórios a respeito dos quais pospõe sua decisão.

2. Os compromissos a que se referem as alíneas a) e b) do § 1º deste Artigo serão considerados parte integrante da ratificação e produzirão os mesmos efeitos.

3. Todo País-membro, com base nas alíneas a), b) e c) do § 1º deste Artigo, poderá cancelar, em qualquer tempo, no todo ou em parte, mediante nova declaração, quaisquer restrições feitas em sua declaração original.

4. Todo País-membro poderá, em qualquer tempo, enquanto esta Convenção estiver sujeita a denúncia, enviar ao Diretor-Geral declaração que modifique, em qualquer outro sentido, os termos de uma declaração anterior e informe, com o detalhamento possível, sobre a situação atual com referência a esses territórios.

Art. 13

1. Quando o objeto desta Convenção for da competência das autoridades de um território não metropolitano, o País-membro responsável pelas relações internacionais desse território poderá, com a concordância de seu governo, enviar ao Diretor-Geral do Secretariado da Organização Internacional do Trabalho declaração pela qual assume, em nome desse território, as obrigações desta Convenção.

2. Uma declaração, em que se aceitam as obrigações desta Convenção, poderá ser enviada ao Diretor-Geral do Secretariado da Organização Internacional do Trabalho por

a) dois ou mais Países-membros da Organização, com relação a um território que estiver sob sua autoridade conjunta;

b) qualquer autoridade internacional responsável pela administração de um território, em virtude da Carta das Nações Unidas ou de qualquer outra disposição em vigor relativa a esse território.

3. As declarações enviadas ao Diretor-Geral do Secretariado da Organização Internacional do Trabalho indicarão, nos termos dos parágrafos anteriores deste Artigo, se as disposições da Convenção serão aplicadas, sem modificações no território em questão, ou se estarão sujeitas a modificações; quando indicar que as disposições da Convenção serão aplicadas com possíveis modificações, a declaração especificará em que consistem essas modificações.

4. O País-membro ou os Países-membros ou a autoridade internacional concernentes poderão, em qualquer tempo, mediante declaração posterior, renunciar total ou parcialmente ao direito de se valer de modificação indicada em declaração anterior.

5. O País-membro ou os Países-membros ou a autoridade internacional concernentes poderão, enquanto esta Convenção estiver sujeita a denúncia, nos termos do disposto no Art. 16, enviar ao Diretor-Geral do Secretariado da Organização Internacional do Trabalho declaração que modifique, em qualquer sentido, os termos de alguma declaração anterior e informe sobre a situação atual com referência à aplicação da Convenção.

PARTE IV. DISPOSIÇÕES FINAIS

Art. 14

As ratificações formais desta Convenção serão comunicadas, para registro, ao Diretor-Geral do Secretariado da Organização Internacional do Trabalho.

Art. 15

1. Esta Convenção obrigará unicamente os Países-membros da Organização Internacional do Trabalho cujas ratificações tiverem sido registradas pelo Diretor-Geral.

2. Esta Convenção entrará em vigor doze meses após a data de registro, pelo Diretor-Geral, das ratificações de dois Países-membros.

3. A partir de então, esta Convenção entrará em vigor, para todo País-membro, doze meses após a data do registro de sua ratificação.

Art. 16

1. O País-membro que ratificar esta Convenção poderá denunciá-la ao final de um período de dez anos, a contar da data de sua entrada em vigor, mediante comunicação ao Diretor-Geral do Secretariado da Organização Internacional do Trabalho para registro. A denúncia não terá efeito antes de se completar um ano a contar da data de seu registro.

2. Todo País-membro que ratificar esta Convenção e que, no prazo de um ano após expirado o período de dez anos referido no parágrafo anterior, não tiver exercido o direito de denúncia provido neste Artigo, ficará obrigado a um novo período de dez anos e, daí por diante, poderá denunciar esta Convenção ao final de cada período de dez anos, nos termos deste Artigo.

Art. 17

1. O Diretor-Geral do Secretariado da Organização Internacional do Trabalho dará ciência a todos os Países-membros da Organização do registro de todas as ratificações, declarações e denúncias que lhe forem comunicadas pelos Países-membros da Organização.

2. Ao notificar os Países-membros da Organização sobre o registro da segunda ratificação que lhe tiver sido comunicada, o Diretor--Geral lhes chamará a atenção para a data em que a Convenção entrará em vigor.

Art. 18

O Diretor-Geral do Secretariado da Organização Internacional do Trabalho comunicará ao Secretário-Geral das Nações Unidas, para registro, nos termos do art. 102 da Carta das Nações Unidas, informações circunstanciadas sobre todas as ratificações, declarações e atos de denúncia por ele registrados, conforme o disposto nos artigos anteriores.

Art. 19

O Conselho de Administração do Secretariado da Organização Internacional do Trabalho apresentará à Conferência Geral, quando considerar necessário, relatório sobre o desempenho desta Convenção e examinará a conveniência de incluir na pauta da Conferência a questão de sua revisão total ou parcial.

Art. 20

l. No caso de adotar a Conferência uma nova convenção que reveja total ou parcialmente esta Convenção, a menos que a nova convenção disponha de outro modo:

a) a ratificação, por um País-membro, da nova convenção revista implicará, *ipso jure*, a partir do momento em que entrar em vigor a convenção revista, a denúncia imediata desta Convenção, não obstante as disposições do art. 16 desta Convenção;

b) esta Convenção deixará de estar sujeita a ratificação pelos Países-membros a partir da data de entrada em vigor da convenção revista.

2. Esta Convenção continuará a vigorar, na sua forma e conteúdo, nos Países-membros que a ratificaram, mas não ratificarem a convenção revista.

Art. 21

As versões em inglês e francês do texto desta Convenção são igualmente oficiais.

13.1.4. Convenção (98) sobre a aplicação dos princípios do direito de sindicalização e de negociação coletiva[292]

A Conferência Geral da Organização Internacional do Trabalho:

Convocada em Genebra pelo Conselho de Administração do Secretariado da Organização Internacional do Trabalho e reunida em 08 de junho de 1949, em sua trigésima segunda reunião;

Tendo decidido adotar algumas propostas relativas à aplicação dos princípios do direito de organização e de negociação coletiva, tema que constitui a quarta questão da ordem do dia da reunião;

Após decidir que essas proposições se revistam da forma de uma convenção internacional, adota, no primeiro dia de julho de mil novecentos e quarenta e nove, a seguinte Convenção que pode ser citada como a Convenção sobre o Direito de Sindicalização e de Negociação Coletiva, de 1949:

Art. 1º

1. Os trabalhadores gozarão de adequada proteção contra atos de discriminação com relação a seu emprego.

2. Essa proteção aplicar-se-á especialmente a atos que visem:

a) sujeitar o emprego de um trabalhador à condição de que não se filie a um sindicato ou deixe de ser membro de um sindicato;

b) causar a demissão de um trabalhador ou prejudicá-lo de outra maneira por sua filiação a um sindicato ou por sua participação em atividades sindicais fora das horas de trabalho ou, com o consentimento do empregador, durante o horário de trabalho.

Art. 2º

1. As organizações de trabalhadores e de empregadores gozarão de adequada proteção contra atos de ingerência de umas nas outras, ou por agentes ou membros de umas nas outras, na sua constituição, funcionamento e administração.

2. Serão principalmente considerados atos de ingerência, nos termos deste Artigo, promover a constituição de organizações de trabalhadores dominadas por organizações de empregadores ou manter organizações de trabalhadores com recursos financeiros ou de outra espécie, com o objetivo de sujeitar essas organizações ao controle de empregadores ou de organizações de empregadores.

Art. 3º

Mecanismos apropriados às condições nacionais serão criados, se necessário, para assegurar o respeito do direito de sindicalização definido nos artigos anteriores.

Art. 4º

Medidas apropriadas às condições nacionais serão tomadas, se necessário, para estimular e promover o pleno desenvolvimento e utilização de mecanismos de negociação voluntária entre empregadores ou organizações de empregadores e organizações de trabalhadores, com o objetivo de regular, mediante acordos coletivos, termos e condições de emprego.

Art. 5º

1. A legislação nacional definirá a medida em que se aplicarão às forças armadas e à polícia as garantias providas nesta Convenção.

2. Nos termos dos princípios estabelecidos no § 8º do Art. 19 da Constituição da Organização Internacional do Trabalho, a ratificação desta Convenção por um País-membro não será tida como derrogatória de lei, sentença, costume ou acordo já existentes que outorguem às forças armadas e à polícia qualquer direito garantido por esta Convenção.

Art. 6º

Esta Convenção não trata da situação de funcionários públicos a serviço do Estado e nem será de algum modo interpretada em detrimento de seus direitos ou situação funcional.

Art. 7º

As ratificações formais desta Convenção serão comunicadas, para registro, ao Diretor-Geral do Secretariado da Organização Internacional do Trabalho.

Art. 8º

1. Esta Convenção obrigará unicamente os Países-membros da Organização Internacional do Trabalho cujas ratificações tiverem sido registradas pelo Diretor-Geral.

2. Esta Convenção entrará em vigor doze meses após a data de registro, pelo Diretor-Geral, das ratificações de dois Países-membros.

3. A partir de então, esta Convenção entrará em vigor, para todo País-membro, doze meses após a data do registro de sua ratificação.

---

(292) Promulgada pelo Decreto n. 33.196, de 29.6.1953.

Art. 9º

1. As declarações enviadas ao Diretor-Geral do Secretariado da Organização Internacional do Trabalho, nos termos do § 2º do art. 35 da Constituição da Organização Internacional do Trabalho, indicarão:

a) os territórios a respeito dos quais se comprometem a aplicar, sem modificações, as disposições da Convenção;

b) os territórios a respeito dos quais se comprometem a aplicar, com modificações, as disposições da Convenção, detalhando a natureza dessas modificações;

c) os territórios a respeito dos quais consideram inaplicável a Convenção e, nesse caso, as razões dessa inaplicabilidade;

d) os territórios a respeito dos quais pospõem sua decisão, na dependência de uma avaliação mais atenta da situação.

2. Os compromissos a que se referem as alíneas a) e b) do § 1º deste artigo serão considerados parte integrante da ratificação e produzirão os mesmos efeitos.

3. Todo País-membro, com base nas alíneas b), c) e d) do § 1º deste artigo, poderá cancelar, em qualquer tempo, no todo ou em parte, mediante nova declaração, quaisquer restrições feitas em sua declaração original.

4. Todo País-membro poderá enviar ao Diretor-Geral, em qualquer tempo, enquanto esta Convenção estiver sujeita a denúncia, declaração que modifique, em qualquer outro sentido, os termos de uma declaração anterior e informe, com o detalhamento possível, sobre a situação atual com referência a esses territórios.

Art. 10

1. As declarações enviadas ao Diretor-Geral do Secretariado da Organização Internacional do Trabalho, nos termos dos §§ 4º e 5º do Art. 35 da Constituição da Organização Internacional do Trabalho, indicarão se as disposições da Convenção serão aplicadas, sem modificações no território em questão, ou se estarão sujeitas a modificações; quando indicar que as disposições da Convenção serão aplicadas com possíveis modificações, a declaração especificará em que consistem essas modificações.

2. O País-membro ou os Países-membros ou a autoridade internacional concernentes poderão, em qualquer tempo, mediante declaração posterior, renunciar total ou parcialmente ao direito de se valer de modificação indicada em declaração anterior.

3. O País-membro ou os Países-membros ou a autoridade internacional concernentes poderão, em qualquer tempo, enquanto esta Convenção estiver sujeita a denúncia, nos termos do disposto no Art. 11, enviar ao Diretor-Geral declaração que modifique, em qualquer outro sentido, os termos de uma declaração anterior e informe sobre a atual situação com referência à aplicação da Convenção.

Art. 11

1. O País-membro que ratificar esta Convenção poderá denunciá-la ao final de um período de dez anos, a contar da data de sua entrada em vigor, mediante comunicação ao Diretor-Geral do Secretariado da Organização Internacional do Trabalho para registro. A denúncia não terá efeito antes de se completar um ano a contar da data de seu registro.

2. O País-membro que ratificar esta Convenção e que, no prazo de um ano após expirado o período de dez anos referido no parágrafo anterior, não tiver exercido o direito de denúncia provido neste Artigo, ficará obrigado a um novo período de dez anos e, daí em diante, poderá denunciar esta Convenção ao final de cada período de dez anos, nos termos deste artigo.

Art. 12

1. O Diretor-Geral do Secretariado da Organização Internacional do Trabalho dará ciência a todos os Países-membros da Organização Internacional do Trabalho do registro de todas as ratificações, declarações e denúncias que lhe forem comunicadas pelos Países--membros da Organização.

2. Ao notificar os Países-membros da Organização sobre o registro da segunda ratificação que lhe tiver sido comunicada, o Diretor--Geral lhes chamará a atenção para a data de entrada em vigor da Convenção.

Art. 13

O Diretor-Geral do Secretariado da Organização Internacional do Trabalho comunicará ao Secretário Geral das Nações Unidas, para registro, de conformidade como art. 102 da Carta das Nações Unidas, informações circunstanciadas sobre todas as ratificações, declarações e atos de denúncia por ele registrados, nos termos do disposto nos artigos anteriores.

Art. 14

O Conselho de Administração do Secretariado da Organização Internacional do Trabalho apresentará à Conferência Geral, quando considerar necessário, relatório sobre o desempenho desta Convenção e examinará a conveniência de incluir na pauta da Conferência a questão de sua revisão total ou parcial.

Art. 15

1. No caso de adotar a Conferência uma nova convenção que reveja total ou parcialmente esta Convenção, a menos que a nova convenção disponha de outro modo,

a) a ratificação, por um País-membro, da nova convenção revista implicará *ipso jure*, a partir do momento em que entrar em vigor a convenção revista, a denúncia imediata desta Convenção, não obstante as disposições do art. 11 desta Convenção;

b) esta Convenção deixará de estar sujeita a ratificação pelos Países-membros a partir da data de entrada em vigor da convenção revista.

2. Esta Convenção continuará a vigorar, na sua forma e conteúdo, nos Países-membros que a ratificaram mas não ratificarem a convenção revista.

Art. 16

As versões em inglês e francês do texto desta Convenção são igualmente oficiais.

13.1.5. Convenção (100) sobre a igualdade de remuneração de homens e mulheres por trabalho de igual valor[293]

A Conferência-Geral da Organização Internacional do Trabalho,

Convocada em Genebra pelo Conselho de Administração do Secretariado da Organização Internacional do Trabalho e reunida, em 6 de junho de 1951, em sua Trigésima Quarta Reunião;

Tendo decidido adotar proposições relativas ao princípio da igualdade de remuneração de homens e mulheres trabalhadores por trabalho de igual valor, o que constitui a sétima questão da ordem do dia da reunião;

Tendo decidido que essas proposições se revistam da forma de uma convenção internacional, adota, no dia vinte e nove de junho do ano de mil novecentos e cinquenta e um, a seguinte Convenção que pode ser citada como a Convenção sobre a Igualdade de Remuneração, de 1951:

Art. 1º

Para os fins desta Convenção:

a) o termo "remuneração" compreende o vencimento ou salário normal, básico ou mínimo, e quaisquer vantagens adicionais pagas, direta ou indiretamente, pelo empregador ao trabalhador em espécie ou *in natura*, e resultantes do emprego;

b) a expressão "igual remuneração de homens e mulheres trabalhadores por trabalho de igual valor" refere-se a tabelas de remuneração estabelecidas sem discriminação baseada em sexo.

Art. 2º

1. Todo País-membro deverá promover, por meios apropriados aos métodos em vigor para a fixação de tabelas de remuneração, e, na medida de sua compatibilidade com esses métodos, assegurar a aplicação, a todos os trabalhadores, do princípio da igualdade de remuneração de homens e mulheres trabalhadores por trabalho de igual valor.

2. Esse princípio pode ser aplicado por meio de:

a) leis ou regulamentos nacionais;

b) mecanismos legalmente estabelecidos e reconhecidos para a fixação de salários;

c) convenções ou acordos coletivos entre empregadores e trabalhadores, ou

d) a combinação desses meios.

Art. 3º

1. Quando esta ação facilitar a aplicação das disposições desta Convenção, medidas serão tomadas para promover uma avaliação objetiva de empregos com base no trabalho a ser executado.

2. Os métodos a serem seguidos nessa avaliação serão decididos pelas autoridades responsáveis pela fixação de tabelas de remuneração ou, onde forem fixadas por convenções, acordos ou contratos coletivos, pelas partes contratantes.

3. As diferenças entre as tabelas de remuneração, que correspondem, sem consideração de sexo, a diferenças no trabalho a ser executado, conforme verificadas por essa avaliação objetiva, não serão consideradas como contrárias ao princípio da igualdade de remuneração de homens e mulheres trabalhadores por trabalho de igual valor.

Art. 4º

Todo País-membro deverá colaborar, com as organizações de empregadores e de trabalhadores interessadas, da maneira mais conveniente para fazer cumprir as disposições desta Convenção.

---

(293) Data da entrada em vigor: 23 de maio de 1953. Promulgada no Brasil pelo Decreto n. 41.721, de 25.6.1957.

Art. 5º

As ratificações formais desta Convenção serão comunicadas, para registro, ao Diretor-Geral do Secretariado da Organização Internacional do Trabalho.

Art. 6º

1. Esta Convenção obrigará exclusivamente os Países-membros da Organização Internacional do Trabalho cujas ratificações tiverem sido registradas pelo Diretor-Geral.

2. Esta Convenção entrará em vigor doze meses após a data em que as ratificações de dois Países-membros tiverem sido registradas pelo Diretor-Geral.

3. A partir de então, esta Convenção entrará em vigor para qualquer País-membro doze meses após a data do registro de sua ratificação.

Art. 7º

1. As declarações enviadas ao Diretor-Geral do Secretariado da Organização Internacional do Trabalho, nos termos do § 2º do art. 35 da Constituição da Organização Internacional do Trabalho, indicarão:

a) os territórios a respeito dos quais o País-membro interessado compromete-se a aplicar, sem alterações, as disposições desta Convenção;

b) os territórios a respeito dos quais assegura que as disposições da Convenção serão aplicadas, embora sujeitas a modificações, juntamente com os detalhes das ditas modificações;

c) os territórios a respeito dos quais a Convenção é inaplicável e, nesse caso, as razões de sua inaplicabilidade;

d) os territórios a respeito dos quais adia suas decisões para uma avaliação mais profunda da situação.

2. Os compromissos a que se referem as alíneas a) e b) do § 1º deste Artigo serão considerados como parte integrante da ratificação e produzirão os mesmos efeitos.

3. Todo País-membro, com base nas alíneas b), c) ou d) do § 1º deste Artigo, poderá cancelar, em qualquer tempo, no todo ou em parte, por uma declaração subsequente, quaisquer restrições feitas em sua declaração anterior.

4. Todo País-membro poderá, em qualquer tempo em que a Convenção estiver sujeita à denúncia, de acordo com as disposições do art. 9º, enviar ao Diretor-Geral declaração que modifique em qualquer outro sentido os termos de qualquer declaração anterior e informe sobre a situação atual desses territórios especificados.

Art. 8º

1. As declarações enviadas ao Diretor-Geral do Secretariado da Organização Internacional do Trabalho, nos termos do § 4º ou 5º ou do art. 35 da Constituição da Organização Internacional do Trabalho, indicarão se as disposições serão aplicadas no território concernente sem modificações ou sujeitas a modificações; quando a declaração indicar que as disposições da Convenção serão aplicadas sob reserva de modificações, especificarão as modificações.

2. O País-membro ou os Países-membros ou uma autoridade em causa poderão, em qualquer tempo, por declaração subsequente, renunciar total ou parcialmente ao direito de invocar qualquer modificação indicada em declaração anterior.

3. O País-membro ou os Países-membros ou uma autoridade internacional em causa poderão, em qualquer tempo em que esta Convenção estiver sujeita a denúncia, de acordo com as disposições do art. 9º, enviar ao Diretor-Geral declaração que modifique em qualquer outro sentido os termos de qualquer declaração anterior e informe sobre a situação atual com referência à aplicação da Convenção.

Art. 9º

1. O País-membro que ratificar esta Convenção poderá denunciá-la ao final de um período de dez anos, a contar da data de sua entrada em vigor, mediante comunicação, para registro, ao Diretor-Geral do Secretariado da Organização Internacional do Trabalho. A denúncia não produzirá efeito antes de se completar um ano a contar da data de seu registro.

2. Todo País-membro que ratificar esta Convenção e que, no prazo de um ano após expirado o período de dez anos referido no parágrafo anterior, não tiver exercido o direito de denúncia previsto neste Artigo, ficará obrigado a um novo período de dez anos e, daí em diante, poderá denunciar esta Convenção ao final de cada período de dez anos, nos termos deste Artigo.

Art. 10

1. O Diretor-Geral do Secretariado da Organização Internacional do Trabalho dará ciência a todos os Países-membros da Organização do registro de todas as ratificações, declarações e denúncias que lhe forem comunicadas pelos Países-membros da Organização.

2. Ao notificar os Países-membros da Organização sobre o registro da segunda ratificação que lhe tiver sido comunicada, o Diretor-Geral lhes chamará a atenção para a data em que a Convenção entrará em vigor.

Art. 11

O Diretor-Geral do Secretariado da Organização Internacional do Trabalho comunicará ao Secretário Geral da Organização das Nações Unidas, para registro, em conformidade com o art. 102 da Carta das Nações Unidas, informações circunstanciadas de todas as ratificações, declarações e atos de denúncia por ele registrados, nos termos do disposto nos artigos anteriores.

Art. 12

Quando considerar necessário, o Conselho de Administração do Secretariado da Organização Internacional do Trabalho encaminhará relatório à Conferência Geral sobre o desempenho desta Convenção e examinará a conveniência de incluir na ordem do dia da Conferência a questão de sua revisão total ou parcial.

Art. 13

1. No caso de adotar a Conferência uma nova convenção, que reveja total ou parcialmente esta Convenção, a menos que a nova convenção disponha de outro modo,

a) a ratificação, por um País-membro, da nova convenção revista implicará, *ipso jure*, a partir do momento em que entrar em vigor a Convenção revista, a denúncia imediata desta Convenção, não obstante as disposições constantes do art. 9º *supra*;

b) a partir da data de entrada em vigor da convenção revista, esta Convenção deixará de estar sujeita a ratificação pelos Países--membros.

2. Esta Convenção continuará de qualquer maneira em vigor, na sua forma e conteúdo, para os Países-membros que a ratificaram, mas não ratificarem a Convenção revista.

Art. 14

As versões em inglês e francês do texto desta Convenção são igualmente oficiais.

13.1.6. Convenção (111) sobre a discriminação em matéria de emprego e profissão[294]

A Conferência Geral da Organização Internacional do Trabalho,

Convocada em Genebra pelo Conselho de Administração do Secretariado da Organização Internacional do Trabalho e reunida, em 4 de junho de 1958, em sua Quadragésima Segunda Reunião;

Tendo decidido adotar diversas proposições relativas à discriminação em matéria de emprego e profissão, o que constitui a quarta questão da ordem do dia da reunião;

Tendo decidido que essas proposições se revistam da forma de uma convenção internacional;

Considerando que a Declaração de Filadélfia afirma que todos os seres humanos, sem distinção de raça, credo ou sexo, têm o direito de buscar tanto o seu bem-estar material quanto seu desenvolvimento espiritual, em condições de liberdade e de dignidade, de segurança econômica e de igual oportunidade;

Considerando ainda que a discriminação constitui uma violação dos direitos enunciados na Declaração Universal dos Direitos Humanos, adota, aos vinte e cinco dias de junho do ano de mil novecentos e cinquenta e oito, esta Convenção que pode ser citada como a Convenção sobre a Discriminação (Emprego e Profissão), de 1958:

Art. 1º

1. Para os fins desta Convenção, o termo "discriminação" compreende:

a) toda distinção, exclusão ou preferência, com base em raça, cor, sexo, religião, opinião política, nacionalidade ou origem social, que tenha por efeito anular ou reduzir a igualdade de oportunidade ou de tratamento no emprego ou profissão;

b) qualquer outra distinção, exclusão ou preferência que tenha por efeito anular ou reduzir a igualdade de oportunidade ou tratamento no emprego ou profissão, conforme pode ser determinado pelo País-membro concernente, após consultar organizações representativas de empregadores e de trabalhadores, se as houver, e outros organismos adequados.

2. Qualquer distinção, exclusão ou preferência, com base em qualificações exigidas para um determinado emprego, não são consideradas como discriminação.

3. Para os fins desta Convenção, as palavras "emprego" e "profissão" compreendem o acesso à formação profissional, acesso a emprego e a profissões, e termos e condições de emprego.

Art. 2º

Todo País-membro, no qual vigore esta Convenção, compromete-se a adotar e seguir uma política nacional destinada a promover, por meios adequados às condições e à prática nacionais, a igualdade de oportunidade e de tratamento em matéria de emprego e profissão, objetivando a eliminação de toda discriminação nesse sentido.

---

(294) Data de entrada em vigor: 15 de julho de 1960. Promulgada pelo Brasil por meio do Decreto n. 62.150, de 19.1.1968.

Art. 3º

Todo País-membro, no qual vigore esta Convenção, compromete-se, por meios adequados às condições e à prática nacionais, a:

a) buscar a cooperação de organizações de empregadores e de trabalhadores e de outros organismos apropriados, para promover a aceitação e observância dessa política;

b) promulgar leis e promover programas educacionais de natureza que assegurem a aceitação e observância dessa política;

c) revogar quaisquer disposições legais e modificar quaisquer normas ou práticas administrativas incompatíveis com essa política;

d) pôr sob o controle direto de uma autoridade nacional a execução dessa política referente a emprego;

e) assegurar a observância dessa política nas atividades de orientação profissional, de formação profissional e de oferta de empregos;

f) indicar, em seus relatórios anuais sobre a aplicação da Convenção, as medidas adotadas na execução da política e os resultados por elas alcançados.

Art. 4º

Quaisquer medidas que afetem uma pessoa sobre a qual recaia legítima suspeita de estar se dedicando ou se achar envolvida em atividades prejudiciais à segurança do Estado, não serão consideradas discriminatórias, contanto que à pessoa envolvida assista o direito de apelar para uma instância competente de acordo com a prática nacional.

Art. 5º

1. Não são consideradas discriminatórias medidas especiais de proteção ou de assistência providas em outras convenções ou recomendações adotadas pela Conferência Internacional do Trabalho.

2. Todo País-membro pode, mediante consulta a organizações representativas de empregadores e de trabalhadores, se as houver, definir, como não discriminatórias, outras medidas especiais destinadas a atender a necessidades particulares de pessoas que, por motivo de sexo, idade, invalidez, encargos de família ou nível social ou cultural, necessitem de proteção ou assistência especial.

Art. 6º

Todo País-membro que ratifique esta Convenção compromete-se a aplicá-la nos territórios não metropolitanos de acordo com as disposições da Constituição da Organização Internacional do Trabalho.

Art. 7º

As ratificações formais desta Convenção serão comunicadas, para registro, ao Diretor-Geral do Secretariado da Organização Internacional do Trabalho.

Art. 8º

1. Esta Convenção obriga unicamente os Países-membros da Organização Internacional do Trabalho cujas ratificações tenham sido registradas pelo Diretor-Geral.

2. Esta Convenção entrará em vigor doze meses após a data do registro, pelo Diretor-Geral, das ratificações de dois Países-membros.

3. A partir de então, esta Convenção entrará em vigor para todo País-membro doze meses após a data do registro de sua ratificação.

Art. 9º

1. Todo País-membro que ratificar esta Convenção poderá denunciá-la ao final de um período de dez anos, a contar da data de sua entrada em vigor, mediante comunicação ao Diretor-Geral do Secretariado da Organização Internacional do Trabalho, para registro. A denúncia não terá efeito antes de se completar um ano a contar da data de seu registro.

2. Todo País-membro que ratificar esta Convenção e que, no prazo de um ano após expirado o período de dez anos referido no parágrafo anterior, não tiver exercido o direito de denúncia provido neste artigo, ficará obrigado a um novo período de dez anos e, daí em diante, poderá denunciar esta Convenção ao final de cada período de dez anos, nos termos deste artigo.

Art. 10

1. O Diretor-Geral do Secretariado da Organização Internacional do Trabalho dará ciência a todos os Países-membros da Organização do registro de todas as ratificações e denúncias que lhe forem comunicadas pelos Países-membros da Organização.

2. Ao notificar os Países-membros da Organização sobre o registro da segunda ratificação que lhe tiver sido comunicada, o Diretor-Geral lhes chamará a atenção para a data em que entrará em vigor a Convenção.

Art. 11

O Diretor-Geral do Secretariado da Organização Internacional do Trabalho comunicará ao Secretário Geral da Organização das Nações Unidas, para registro, em conformidade com o art. 102 da Carta das Nações Unidas, informações circunstanciadas sobre todas as ratificações e atos de denúncia por ele registrados, nos termos do disposto nos artigos anteriores.

Art. 12

O Conselho de Administração do Secretariado da Organização Internacional do Trabalho apresentará à Conferência Geral, quando considerar necessário, relatório sobre o desempenho desta Convenção e examinará a conveniência de incluir na pauta da Conferência a questão de sua revisão total ou parcial.

Art. 13

1. No caso de adotar a Conferência uma nova convenção que reveja total ou parcialmente esta Convenção, a menos que a nova convenção disponha de outro modo,

a) a ratificação, por um País-membro, da nova convenção revista implicará, *ipso jure*, a denúncia imediata desta Convenção, a partir do momento em que entrar em vigor a Convenção revista, não obstante as disposições constantes do art. 9º;

b) a partir da data da entrada em vigor da convenção revista, esta Convenção deixará de estar sujeita a ratificação pelos Países--membros.

2. Esta Convenção continuará, entretanto, em vigor, na sua forma e conteúdo atuais, para os Países-membros que a ratificaram, mas não ratificarem a convenção revista.

Art. 14

As versões em inglês e francês do texto desta Convenção são igualmente oficiais.

13.2. Convenções da OIT referente a salário e remuneração

13.2.1. *Convenção (95) concernente à proteção do salário*[295]

Convenção concernente à proteção do salário, adotada pela conferência em sua trigésima segunda sessão — Genebra 1º de julho de 1949.

A Conferência geral da Organização Internacional do Trabalho,

Convocada em Genebra pelo Conselho de administração da Repartição Internacional do Trabalho e aí se tendo reunido em 8 de junho de 1949, em sua trigésima segunda sessão.

Depois de haver decidido adotar diversas proposições relativas à proteção do salário, questão que constitui o sétimo ponto na ordem do dia da sessão,

Depois de haver decidido que essas proposições tomariam a forma de uma convenção internacional,

Adota, neste primeiro dia de julho de mil novecentos e quarenta e nove, a convenção seguinte, que será denominada Convenção para proteção do salário, de 1949.

Art. 1º

Para os fins da presente convenção, o termo "salário" significa, qualquer que seja a denominação ou modo de cálculo, a remuneração ou os ganhos susceptíveis de serem avaliados em espécie ou fixados por acordo ou pela legislação nacional, que são devidos em virtude de um contrato de aluguel de serviços, escrito ou verbal, por um empregador a um trabalhador, seja por trabalho efetuado, ou pelo que deverá ser efetuado, seja por serviços prestados ou que devam ser prestados.

Art. 2º

1. A presente convenção se aplica a todas as pessoas às quais um salário é pago ou pagável.

2. A autoridade competente, depois de consulta às organizações de empregadores e de trabalhadores, onde essas organizações existem, e estão diretamente interessadas, poderá excluir da aplicação do todo ou de certas disposições da presente convenção, as categorias de pessoas que trabalham em circunstâncias e em condições de empregos tais que a aplicação de todas ou de certas das ditas disposições não seria conveniente, e que não são empregadas em trabalhos manuais, ou que são empregadas em serviços domésticos ou ocupações analógicas.

3. Cada membro deve indicar, no seu primeiro relatório anual sobre a aplicação da presente convenção, que deve ser apresentado em virtude do art. 22 da Constituição da Organização Internacional do Trabalho, toda categoria de pessoas que se proponha a excluir da aplicação de todas ou de uma das disposições da convenção de conformidade com os termos do parágrafo precedente. Posteriormente, nenhum Membro poderá proceder a exclusões, salvo no que concerne às categorias de pessoas assim indicadas.

4. Cada Membro que tiver indicado no seu primeiro relatório anual as categorias de pessoas que se proponha a excluir da aplicação de todas ou de uma das disposições da presente convenção deve indicar, em seus relatórios ulteriores, as categorias de pessoas para as quais renuncia ao direito de recorrer às disposições do § 2º do presente artigo, e qualquer progresso que possa ter havido na possibilidade de aplicação da presente convenção a essas categorias de pessoas.

---

(295) Promulgada no Brasil pelo Decreto n. 41.721, de 25.6.1957. Revigorado pelo Decreto n. 95.461, de 11.12.1987.

Art. 3º

1. Os salários pagáveis em espécie serão pagos exclusivamente em moeda de curso legal, o pagamento sob forma de ordem de pagamento, bônus, cupons ou sob toda qualquer outra forma que se suponha representar a moeda de curso legal, será proibida.

2. A autoridade competente poderá permitir ou prescrever o pagamento do salário em cheque contra um banco ou em cheque ou vale postal, quando esse modo de pagamento for de prática corrente ou necessário em razão de circunstâncias especiais, quando uma convenção coletiva ou uma sentença arbitral o determinar, ou quando, apesar de tais disposições, o trabalhador interessado consentir.

Art. 4º

1. A legislação nacional, as convenções coletivas ou as sentenças arbitrais podem permitir o pagamento parcial do salário em espécie nas indústrias ou nas profissões em causa. O pagamento do salário sob forma de bebidas alcoólicas ou de drogas nocivas não será admitido em caso algum.

2. Nos casos em que o pagamento parcial do salário em espécie é autorizado, serão tomadas medidas apropriadas para que:

a) as prestações em espécie sirvam para o uso pessoal do trabalhador e de sua família e lhes tragam benefício;

b) o valor atribuído a essas prestações seja justo e razoável.

Art. 5º

O salário será pago diretamente ao trabalhador interessado, a menos que a legislação nacional, uma convenção coletiva ou uma sentença arbitral disponha diferentemente ou que o trabalhador interessado aceite outro processo.

Art. 6º

Fica o empregador proibido de restringir a liberdade do trabalhador de dispor de seu salário da maneira que lhe convier.

Art. 7º

Quando em uma empresa forem instaladas lojas para vender mercadorias aos trabalhadores ou serviços a ela ligados e destinados a fazer-lhes fornecimento, nenhum pressão será exercida sobre os trabalhadores interessados para que eles façam uso dessas lojas ou serviços.

2. Quando o acesso a outras lojas ou serviços não for possível, a autoridade competente tomará medidas apropriadas no sentido de obter que as mercadorias sejam vendidas e que os serviços sejam fornecidos a preços justos e razoáveis ou que as lojas ou serviços estabelecidos pelo empregador não sejam explorados com fins lucrativos, mas sim no interesse dos trabalhadores.

Art. 8º

1. Descontos em salários não serão autorizados, senão sob condições e limites prescritos pela legislação nacional ou fixados por convenção coletiva ou sentença arbitral.

2. Os trabalhadores deverão ser informados, da maneira que a autoridade competente considerar mais apropriada, das condições e limites nos quais tais descontos puderem ser efetuados.

Art. 9º

Fica proibido qualquer desconto dos salários cuja finalidade seja assegurar pagamento direto ou indireto do trabalhador ao empregador, a representante deste ou a qualquer intermediário (tal como um agente encarregado de recrutar a mão de obra), com o fim de obter ou conservar um emprego.

Art. 10

1. O salário não poderá ser objeto de penhora ou cessão, a não ser segundo as modalidades e nos limites prescritos pela legislação nacional.

2. O salário deve ser protegido contra a penhora ou a cessão na medida julgada necessária para assegurar a manutenção do trabalhador e de sua família.

Art. 11

1. Em caso de falência ou de liquidação judiciária de uma empresa, os trabalhadores seus empregados serão tratados como credores privilegiados, seja pelos salários que lhes são devidos a título de serviços prestados no decorrer de período anterior à falência ou à liquidação e que será prescrito pela legislação nacional, seja pelos salários que não ultrapassem limite prescrito pela legislação nacional.

2. O salário que constitua crédito privilegiado será pago integralmente antes que os credores comuns possam reivindicar sua parte.

3. A ordem de prioridade do crédito privilegiado constituído pelo salário, em relação aos outros créditos privilegiados, deve ser determinada pela legislação nacional.

Art. 12

1. O salário será pago em intervalos regulares. A menos que haja outras combinações satisfatórias que asseguram o pagamento do salário com intervalos regulares, os intervalos nos quais o salário deve ser pago serão prescritos pela legislação nacional fixados por convenção coletiva ou sentença arbitral.

2. Quando o contrato de trabalho terminar, a fixação final da totalidade do salário devido será feita de conformidade com a legislação nacional, com alguma convenção coletiva ou uma sentença arbitral, ou, na falta de tal legislação, convenção ou sentença, dentro de um prazo razoável, tendo-se em vista as disposições do contrato.

Art. 13

1. O pagamento do salário, quando feito em espécie, será efetuado somente nos dias úteis, e no local do trabalho ou na proximidade deste, a menos que a legislação nacional, uma convenção coletiva ou uma sentença arbitral disponham diferentemente ou que outras soluções do conhecimento dos trabalhadores interessados pareçam mais apropriadas.

2. Fica proibido o pagamento do salário em bases ou estabelecimentos similares e, se necessário prevenir abusos, nos estabelecimentos de venda a varejo e nas casas de diversão, salvo quando se trate de pessoas ocupadas nesses estabelecimentos.

Art. 14

Se for o caso, serão tomadas medidas eficazes com o fim de informar os trabalhadores de maneira apropriada e facilmente compreensível:

a) das condições de salário que lhes serão aplicáveis, antes que eles sejam admitidos em um emprego, ou quando houver quaisquer mudanças nessas condições;

b) quando do pagamento do salário, dos elementos que constituem seu salário pelo período de paga considerado, da medida em que esses elementos são suscetíveis de variar.

Art. 15

A legislação que tornar efetivas as disposições da presente convenção deve:

a) ser levada ao conhecimento dos interessados;

b) indicar pessoas encarregadas de assegurar sua execução;

c) prescrever as sanções apropriadas em caso de infração;

d) estabelecer, em todos os casos previstos, registros em dia, segundo forma e método apropriados.

Art. 16

Os relatórios anuais que devem ser apresentados nos termos do art. 22 da Constituição da Organização Internacional do Trabalho, conterão informações completas sobre as medidas que tornem efetivas as disposições da presente convenção.

Art. 17

1. Quando o território de um Membro compreende extensas regiões onde, em razão da pouca densidade da população ou do estado de seu desenvolvimento, a autoridade competente considera impraticáveis as disposições da presente convenção, ela pode, depois de consultar as organizações de empregadores e de trabalhadores interessados, onde tais organizações existam, isentar as ditas regiões da aplicação da convenção, seja de maneira geral, seja com as exceções que julgar apropriadas em relação a certas empresas ou a certos trabalhos.

2. Todo membro deverá indicar, em seu primeiro relatório anual sobre a aplicação da presente convenção, que será apresentado, em virtude do art. 22 da Constituição da Organização Internacional do Trabalho, todas as regiões nas quais se propõe a recorrer às disposições do presente artigo, e deve dar razões por que se propõe recorrer a elas. Posteriormente, nenhum Membro poderá recorrer às disposições do presente artigo, salvo no que concerne às regiões que tenha assim indicado.

3. Todo Membro que recorrer às disposições do presente artigo deverá reconsiderar, com intervalos que não excedam de três anos consultando as organizações de empregadores e de empregados interessadas, onde tais organizações existem, a possibilidade de estender a aplicação da presente convenção às regiões isentas em virtude do § 1º.

Art. 18

As ratificações formais da presente convenção serão comunicadas ao Diretor Geral da Repartição Internacional do Trabalho e por ele registradas.

Art. 19

1. A presente convenção não obrigará senão os Membros da Organização Internacional do Trabalho cuja ratificação tiver sido registrada pelo Diretor Geral.

2. Ela entrará em vigor doze meses depois que as ratificações de dois Membros tiverem sido registradas pelo Diretor Geral.

3. Posteriormente, esta convenção entrará em vigor para cada Membro doze meses depois da data em que sua ratificação tiver sido registrada.

Art. 20

1. As declarações que forem comunicadas ao Diretor Geral da Repartição Internacional do Trabalho de conformidade com o § 2º do art. 35 da Constituição da Organização Internacional do Trabalho deverão indicar:

a) os territórios nos quais o Membro interessado se compromete a aplicar, sem modificação, as disposições da convenção;

b) os territórios nos quais ele se compromete a aplicar as disposições da convenção com modificações, e em que consistem essas modificações;

c) os territórios aos quais a convenção é inaplicável e, nesse caso, as razões pelas quais ele é inaplicável;

d) os territórios para os quais reserva sua decisão, esperando exame mais aprofundado da respectiva situação.

2. Os compromissos mencionados nas alíneas *a* e *b* do parágrafo primeiro do presente artigo, serão reputados partes integrantes da ratificação e produzirão idênticos efeitos.

3. Todo Membro poderá renunciar, em nova declaração, no todo ou em parte, às reservas contidas em sua declaração anterior em virtude das alíneas *b*, *c*, e *d*, do parágrafo primeiro do presente artigo.

4. Todo Membro poderá, durante os períodos no curso dos quais a presente convenção pode ser denunciada de conformidade com as disposições do art. 22, comunicar ao Diretor Geral nova declaração modificando em qualquer outro ponto os termos de qualquer declaração anterior e esclarecendo a situação dos territórios que especificar.

Art. 21

1. As declarações comunicadas ao Diretor-Geral da Repartição Internacional do Trabalho de conformidade com os §§ 4º e 5º do art. 35 da Constituição da Organização Internacional do Trabalho devem indicar se as disposições da convenção serão aplicadas no território, com ou sem modificações; quando a declaração indicar que as disposições da convenção serão aplicadas sob reserva de modificações, ela deve especificar em que consistem as ditas modificações.

2. O Membro ou os Membros ou a autoridade internacional interessados poderão renunciar, inteira ou parcialmente, em declaração ulterior, ao direito de invocar modificação indicada em declaração anterior.

3. O Membro ou os Membros ou a autoridade internacional interessados poderão, durante os períodos no curso dos quais a convenção pode ser denunciada de conformidade com as disposições do art. 22, comunicar ao Diretor Geral nova declaração modificando, em qualquer outro ponto, os termos de qualquer declaração anterior e esclarecendo a situação no que concerne à aplicação desta convenção.

Art. 22

1. Todo Membro que tiver ratificado a presente convenção pode denunciá-la à expiração de um prazo de dez anos após a data da entrada em vigor inicial da convenção, por ato comunicado ao Diretor-Geral da Repartição Internacional do Trabalho e por ele registrado. Tal denúncia não terá efeito senão um ano depois de registrada.

2. Todo Membro que, tendo ratificado a presente convenção, dentro do prazo de um ano depois da expiração do período de dez anos mencionado no parágrafo precedente, não fizer uso da faculdade de denúncia prevista pelo presente artigo, estará comprometido para um novo período de 10 anos e, posteriormente, poderá denunciar a presente convenção à expiração de cada período de dez anos nas condições previstas no presente artigo.

Art. 23

1. O Diretor-Geral da Repartição Internacional do Trabalho notificará a todos os Membros da Organização Internacional do Trabalho o registro de todas as ratificações, declarações e denúncias que lhe forem comunicadas pelos Membros da Organização.

2. Notificando aos Membros da Organizada o registro da segunda ratificação que lhe for comunicada, o Diretor-Geral chamará a atenção dos Membros da Organização para a data da entrada em vigor da presente convenção.

Art. 24

O Diretor-Geral da Repartição Internacional do Trabalho enviará ao Secretário-Geral das Nações Unidas, para fins de registro, de conformidade com o art. 102 da Carta das Nações Unidas, informações completas a respeito de todas as ratificações, declarações e atos de denúncia que tenha registrado de conformidade com os artigos precedentes.

Art. 25

À expiração de cada período de dez anos, a contar da entrada em vigor da presente convenção, o Conselho de Administração da Repartição Internacional do Trabalho deverá apresentar à Conferência-Geral um relatório sobre a aplicação da presente convenção e decidirá, se for o caso, inscrever na ordem do dia da Conferência a questão de sua revisão total ou parcial.

Art. 26

1. No caso de a Conferência adotar uma nova convenção de revisão total ou parcial da presente convenção, e a menos que a nova convenção disponha diferentemente:

a) a ratificação por um Membro da nova convenção de revisão provocará, de pleno direito, não obstante o art. 22 acima, denúncia imediata da presente convenção quando a nova convenção de revisão tiver entrado em vigor;

b) a partir da data da entrada em vigor da nova convenção de revisão, a presente convenção cessará de estar aberta à ratificação dos Membros.

2. A presente convenção ficará, em qualquer caso, em vigor, na forma e no conteúdo, para os Membros que a tiverem ratificado e que não tiverem ratificado a convenção de revisão.

Art. 27

A versão francesa e a inglesa do texto da presente convenção fazem igualmente fé.

O texto precedente é o texto autêntico da convenção devidamente adotada pela Conferência Geral da Organização Internacional do Trabalho, em sua trigésima segunda sessão, realizada em Genebra e declarada encerrada em 2 de julho de 1949.

Em fé do que apuseram suas assinaturas, neste décimo oitavo dia de agosto de 1949:

O Presidente da Conferência — Guildhaume Myrddin-Evans.

O texto da presente Convenção é cópia exata do texto autenticado pelas assinaturas do Presidente da Conferência Internacional do Trabalho e do Diretor Geral da Repartição Internacional do Trabalho.

Cópia certificada conforme e completa pelo Diretor Geral da Repartição Internacional do Trabalho — C. W Jenks, Consultor Jurídico da Repartição Internacional do Trabalho.

13.2.2. Convenção (26) concernente à instituição de métodos de fixação de salários mínimos[296]

Convenção concernente à instituição de métodos de fixação de salários mínimos, adotada pela conferência em sua décima primeira sessão, Genebra, 16 de junho de 1928.

A Conferência-geral da Organização Internacional do Trabalho.

Convocada em Genebra pelo Conselho Administrativo da Repartição Internacional do Trabalho, e reunida em 30 de maio de 1928, em sua décima primeira sessão.

Depois de ter decidido adotar diversas proposições relativas aos métodos de fixação de salários mínimos, questão que constitui o primeiro ponto da ordem do dia da sessão, e

Depois de ter decidido que essas proposições tomariam a forma de convenção internacional, adota, neste décimo sexto dia de junho de mil novecentos e vinte e oito, a convenção presente, que será denominada Convenção Sobre os Métodos de Fixação de Salários Mínimos de 1928, a ser ratificada pelos membros da Organização Internacional do trabalho, conforme as disposições da Constituição da Organização Internacional do Trabalho:

Art. 1º

1. Todos os Membros da Organização Internacional do Trabalho que ratificam a presente convenção, se comprometem a instituir ou a conservar métodos que permitam fixar os salários mínimos dos trabalhadores empregados na indústria ou partes da indústria (e em particular nas indústrias caseiras), em que não exista regime eficaz para a fixação de salários por meio de contrato coletivo ou de outra modalidade e nas quais os salários sejam excepcionalmente baixos.

2. A palavra indústrias, para os fins da presente convenção, compreende as indústrias de transformação e o comércio.

Art. 2º

Cada Membro que ratifica a presente convenção tem a liberdade de decidir, após consulta às organizações internacionais e obreiras, se existem, para a indústria ou parte da indústria em questão, a quais indústrias ou parte de indústrias e, em particular, a quais indústrias caseiras ou parte dessas indústrias serão aplicados os métodos de fixação dos salários mínimos previstos no art. 1º.

Art. 3º

1. Cada Membro que ratifica a presente convenção tem a liberdade de determinar os métodos de fixação dos salários mínimos, assim como as modalidades de sua aplicação.

---

(296) Promulgada no Brasil pelo Decreto n. 41.721, de 25.6.1957. Revigorada pelo Decreto n. 95.461, de 11.12.1987.

2. Entretanto,

1) antes de aplicar os métodos a uma indústria na parte da indústria determinada, os representantes dos trabalhadores interessados, inclusive os representantes de suas respectivas organizações, se tais organizações existem, deverão ser consultados, assim como todas as outras pessoas especialmente qualificadas no assunto, por sua profissão ou por suas funções, às quais a autoridade competente julgar oportuno dirigir-se;

2) os empregadores e trabalhadores interessados deverão participar da aplicação dos métodos, sob a forma e na medida que poderão ser determinadas pela legislação nacional, mas, em todos os casos, em número igual e no mesmo pé de igualdade;

3) as quantias mínimas de salário que forem fixadas serão obrigatórias para os empregadores e empregados interessados; não poderão ser reduzidas por eles nem em acordo individual nem coletivo, salvo autorização geral ou particular da autoridade competente.

Art. 4º

1. Todo Membro que ratifique a presente convenção deve tomar as medidas necessárias, por meio de um sistema de controle e de sanções, para que, de uma parte, os empregadores e empregados interessados tomem conhecimento das quantias mínimas de salário em vigor e, de outra parte os salários efetivamente estipulados não sejam inferiores aos mínimos aplicáveis.

2. Todo trabalhador ao qual as quantias mínimas são aplicáveis e que recebeu salários inferiores ao mínimo deve ter direito, por via judiciária ou outra via legal, de recuperar o montante da soma que lhe é devida, dentro do prazo que poderá ser fixado pela legislação nacional.

Art. 5º

Todo Membro que ratificar a presente convenção, deverá fazer, cada ano, à Repartição Internacional do Trabalho, uma exposição geral com a lista das indústrias ou partes de indústrias nas quais foram aplicados métodos de fixação dos salários mínimos e dando conhecimento das modalidades de aplicação desses métodos, assim como os seus resultados. Essa exposição compreenderá indicações sumárias dos números aproximados de trabalhadores atingidos por essa regulamentação, as taxas de salário mínimo fixadas, e, se for o caso, as outras medidas mais importantes relativas aos salários mínimos.

Art. 6º

As ratificações oficiais da presente convenção nas condições estabelecidas pela Constituição da Organização Internacional do Trabalho, serão comunicadas ao Diretor-Geral da Repartição Internacional do Trabalho e por ele registradas.

Art. 7º

1. A presente convenção não obrigará senão os Membros da Organização Internacional do Trabalho cuja ratificação tiver sido registrada na Repartição Internacional do Trabalho.

2. Ela entrará em vigor doze meses depois da data na qual as ratificações de dois Membros forem registradas pelo Diretor Geral.

3. Em seguida, esta Convenção entrará em vigor para cada Membro doze meses depois da data em que sua ratificação tiver sido registrada.

Art. 8º

Logo que as ratificações de dois Membros da Organização Internacional do Trabalho tiverem sido registradas na Repartição Internacional de trabalho, o Diretor Geral da Repartição Internacional do Trabalho notificará o fato a todos os Membros da Organização Internacional do Trabalho. Notificará igualmente o registro das ratificações que lhe forem ulteriormente comunicadas por todos os membros da Organização.

Art. 9º

1. Todo Membro que tiver ratificado a presente Convenção poderá denunciá-la ao fim de um período de 10 anos depois da data da entrada em vigor inicial da convenção, por ato comunicado ao Diretor Geral da Repartição Internacional do Trabalho e por ele registrado. A denúncia não terá efeito senão um ano depois de registrada na Repartição Internacional do Trabalho.

2. Todo Membro que, tendo ratificado a presente Convenção, no prazo de um ano depois da expiração do período de 10 anos mencionado no parágrafo precedente, não fizer uso da faculdade de denúncia prevista no presente artigo, será obrigado por um período de cinco anos, e em seguida poderá denunciar a presente Convenção, no fim de cada cinco anos, nas condições previstas no presente artigo.

Art. 10

Ao menos uma vez a cada 10 anos, o Conselho de Administração da Repartição Internacional do Trabalho deverá apresentar à Conferência relatório sobre a aplicação da presente convenção e decidir da oportunidade de inscrever na ordem do dia da Conferência a questões da revisão ou da modificação da dita convenção.

Art. 11

Os textos em francês e inglês da presente Convenção farão fé.

O texto precedente é o texto autêntico da Convenção sobre os métodos de fixação dos salários mínimos de 1928, tal qual foi modificada pela Convenção de revisão dos artigos finais, de 1946.

O texto original da Convenção foi autenticado em 22 de junho de 1928 pelas assinaturas do Sr. Carlos Saavedra Lamas, Presidente da Conferência, e de M. Albert Thomas, Diretor da Repartição Internacional do Trabalho.

A Convenção entrou em vigor inicialmente em 14 de junho de 1930.

Em fé do que eu autentiquei, com minha assinatura, de acordo com as disposições do art. 6º da Convenção de revisão dos artigos finais, de 1946, neste trigésimo dia de abril de 1948, dois exemplares originais do texto da convenção, tal qual ela foi modificada. — Edward Phelan, Diretor Geral da Repartição Internacional do Trabalho.

O texto da Convenção aqui presente é cópia exata do texto autenticado pela assinatura do Diretor Geral da Repartição Internacional do Trabalho.

Cópia certificada para o Diretor Geral da Repartição Internacional do Trabalho: — C. W. Jeks, Consultor Jurídico da Repartição Internacional do Trabalho.

13.2.3. Convenção (99) concernente aos métodos de fixação de salário mínimo na agricultura[297]

Convenção concernente aos métodos de fixação de salário mínimo na agricultura, adotado pela conferência em sua trigésima quarta sessão, Genebra, 28 de junho de 1951.

A Conferência Geral da Organização Internacional do Trabalho,

Convocada em Genebra pelo Conselho de Administração da Repartição Internacional do Trabalho, e aí se tendo reunido em 6 de junho de 1951, em sua trigésima quarta sessão,

Depois de haver decidido adotar diversas proposições relativas aos meios de fixação dos salários mínimos na agricultura, questão que constitui o oitavo ponto na ordem do dia da sessão.

Depois de haver decidido que essas proposições tomariam a forma de uma convenção internacional.

Adota, neste vigésimo oitavo dia de junho de mil novecentos e cinquenta e um, a presente Convenção, que será denominada Convenção sobre os métodos de fixação dos salários mínimos (agricultura), 1951:

Art. 1º

1. Cada Membro da Organização Internacional do Trabalho que ratifica a presente convenção se obriga a instituir ou a conservar os métodos apropriados que permitam fixar os totais mínimos de salários para os trabalhadores empregados nas empresas de agricultura e assim também as ocupações conexas.

2. Cada Membro que ratifica a presente convenção tem a liberdade, depois de consultar as organizações mais representativas de empregadores e trabalhadores interessadas, se houver, de determinar as empresas, as ocupações e as categorias de pessoas às quais serão aplicados os métodos de fixação dos salários mínimos previstos no parágrafo precedente.

3. A autoridade competente poderá excluir da aplicação do todo ou de certas das disposições da presente convenção as categorias de pessoas às quais essas disposições são inaplicáveis, em virtude de suas condições de emprego, tais como os membros da família do empregador por ele empregados.

Art. 2º

1. A legislação nacional, as convenções coletivas ou as sentenças arbitrais poderão permitir o pagamento parcial do salário mínimo "in natura" nos casos em que este modo de pagamento é desejável ou de prática corrente.

2. Nos casos em que o pagamento parcial do salário mínimo "in natura" é autorizado, devem ser tomadas medidas apropriadas a fim de que:

a) as prestações *"in natura"* sirvam ao uso pessoal do trabalhador e de sua família e lhes tragam benefício;

b) o valor dessas prestações seja justo e razoável.

Art. 3º

1. Cada Membro que ratifica a presente Convenção terá a liberdade de determinar, sob reserva das condições previstas nos parágrafos seguintes, os métodos de fixação dos salários mínimos, assim como as modalidades de sua aplicação.

2. Antes que uma decisão seja tomada, deverá ser realizada ampla consulta preliminar às organizações mais representativas de empregadores e trabalhadores interessados, se as houver, e a todas as pessoas especialmente qualificadas a esse respeito por sua profissão ou suas funções, às quais a autoridade competente julgar útil dirigir-se.

---

(297) Promulgada no Brasil pelo Decreto n. 41.721, de 25.6.1957. Revigorada pelo Decreto n. 95.461, de 11.12.1987.

3. Os empregadores e trabalhadores interessados deverão participar da aplicação dos métodos ou ser consultados ou ter o direito de serem ouvidos, sob a forma e na medida que poderão ser determinadas pela legislação nacional, porém, em qualquer caso, sobre a base da igualdade absoluta.

4. As taxas mínimas de salário que forem fixadas, serão obrigatórias para os empregadores e trabalhadores interessados, e não poderão ser diminuídas.

5. A autoridade competente poderá, onde isso for necessário, admitir derrogações individuais das taxas mínimas de salários, a fim de evitar a diminuição das possibilidades de emprego dos trabalhadores de capacidade física ou mental reduzida.

Art. 4º

1. Todo Membro que ratifica a presente convenção deverá tomar as medidas que se impõem para que, de uma parte, os empregadores e trabalhadores interessados tenham conhecimento das taxas mínimas dos salários em vigor e que os salários não sejam inferiores às taxas mínimas aplicáveis; essas disposições devem compreender todas as medidas de controle, de inspeção e de sanções necessárias e as mais adaptáveis às condições da agricultura do país interessado.

2. Todo trabalhador ao qual as taxas mínimas são aplicáveis e que recebeu salários inferiores a essas taxas, deverá ter o direito, por via judiciária ou outra apropriada, de recuperar o montante da soma que lhe é devida, no prazo que poderá ser fixado pela legislação nacional.

Art. 5º

Todo Membro que ratifica a presente convenção deverá encaminhar a cada ano, à Repartição Internacional do Trabalho, uma exposição geral indicando as modalidades de aplicação desses métodos, assim como os seus resultados. Esta exposição compreenderá as indicações sumárias sobre as ocupações e os números aproximados de trabalhadores submetidos a esta regulamentação, as taxas do salário mínimo fixadas, e, em sendo o caso, as outras medidas mais importantes relativas ao salário mínimo.

Art. 6º

As ratificações das presente Convenção serão comunicadas ao Diretor Geral da Repartição Internacional do Trabalho e por ele registradas.

Art. 7º

1. A presente Convenção não obrigará senão os membros da Organização Internacional do Trabalho cuja ratificação tiver sido registrada pelo Distrito Geral.

2. Ele entrará em vigor doze meses depois que as ratificações de dois Membros tiverem sido registradas pelo Diretor Geral.

3. Depois disso, esta Convenção entrará em vigor, para cada Membro, doze meses após a data em que sua ratificação tiver sido registrada.

Art. 8º

1. As declarações que forem comunicadas ao Diretor Geral da Repartição Internacional do Trabalho de conformidade com o § 2º do art. 35 da Constituição da Organização Internacional do Trabalho, deverão esclarecer:

a) os territórios nos quais o Membro interessado se compromete a aplicar, sem modificações, as disposições da Convenção;

b) os territórios nos quais ele se compromete a aplicar as disposições da Convenção, com as modificações e em que consistem essas modificações;

c) os territórios para os quais a Convenção é inaplicável e, nesse caso, as razões pelas quais ela é inaplicável;

d) os territórios para os quais ele reserva sua decisão esperando um exame mais profundo da respectiva situação.

2. Os compromissos mencionados nas alíneas "a" e "b" do primeiro parágrafo do presente artigo, serão reputados partes integrantes da ratificação e produzirão idênticos efeitos.

3. Todo Membro poderá renunciar, em nova declaração, no todo ou em parte, a qualquer reserva contida em sua declaração anterior, em virtude das alíneas b) e c) do primeiro parágrafo do presente artigo.

4. Todo Membro poderá, durante os períodos no curso dos quais a presente Convenção pode ser denunciada, de conformidade com as disposições do art. 10, comunicar ao Diretor-Geral uma nova declaração modificando em qualquer ponto os termos de toda declaração anterior e dando a conhecer a situação nos territórios que especificar.

Art. 9º

1. As declarações comunicadas ao Diretor Geral da Repartição Internacional do Trabalho de conformidade com os §§ 4º e 5º do art. 35 da Constituição da Organização Internacional do Trabalho, devem indicar se as disposições da convenção serão aplicadas nos territórios com ou sem modificações; quando a declaração indica que as disposições da Convenção se aplicam sob reserva de modificações, ela deve especificar em que consistem essas modificações.

2. O Membro ou os Membros ou a autoridade internacional interessados poderão renunciar inteira ou parcialmente, em declaração ulterior, ao direito de invocar uma modificação indicada em declaração anterior.

3. O Membro ou os Membros ou autoridade internacional interessados poderão, durante os períodos no curso dos quais a Convenção pode ser denunciada, de conformidade com as disposições do art. 10, comunicar ao Diretor geral uma nova declaração modificando, em qualquer outro ponto, os termos de uma declaração anterior e esclarecendo a situação no que concerne à aplicação desta Convenção.

Art. 10

1. Todo Membro que tiver ratificado a presente Convenção pode denunciá-la à expiração de um período de dez anos depois da data em que entrou em vigor pela primeira vez, por ato comunicado ao Diretor Geral da Repartição Internacional do Trabalho e por ele registrado. A denúncia só terá efeito um ano depois de registrada.

2. Todo Membro que, tendo ratificado a presente Convenção, dentro de um prazo de um ano após a expiração do período de dez anos mencionado no parágrafo precedente, não fizer uso da faculdade de denúncia prevista pelo presente artigo, ficará comprometido por um novo período de dez anos, e, depois disso, poderá denunciar a presente Convenção à expiração de cada período de dez anos nas condições previstas no presente artigo.

Art. 11

1. O Diretor Geral da Repartição Internacional do Trabalho notificará a todos os Membros da Organização Internacional do Trabalho o registro de todas as ratificações, declarações e denúncias que lhe forem comunicadas pelos Membros da Organização.

2. Notificando aos Membros da Organização o registro da segunda ratificação que lhe for comunicada, o Diretor geral chamará a atenção dos Membros da Organização para a data em que a presente Convenção entrar em vigor.

Art. 12

O Diretor Geral da Repartição Internacional do Trabalho enviará ao Secretário Geral das Nações Unidas, para fins de registro, de conformidade com o art. 102 da Carta das Nações Unidas, as informações completas a respeito de todas as ratificações e de todos os atos de denúncia que tiver registrado de conformidade com os artigos procedentes.

Art. 13

Cada vez que julgar necessário, o Conselho de Administração da Repartição Internacional do Trabalho apresentará à Conferência Geral um relatório sobre a aplicação da presente Convenção e examinará a oportunidade de inscrever na ordem do dia da Conferência a questão de sua revisão total ou parcial.

Art. 14

1. No caso de a Conferência adotar uma nova Convenção de revisão, total ou parcial, da presente Convenção e a menos que a Convenção disponha o contrário:

a) a ratificação por um Membro da nova Convenção de revisão acarretará, de pleno direito, não obstante o art. 10 acima, denúncia imediata da presente Convenção, quando a nova Convenção de revisão tiver entrado em vigor;

b) a partir da data da entrada em vigor da nova Convenção de revisão, a presente Convenção cessará de estar aberta à ratificação dos Membros.

2. A presente Convenção ficará, em qualquer caso, em vigor, na forma e no conteúdo, para os Membros que a tiverem ratificado e não tiverem ratificado a Convenção de revisão.

Art. 15

As versões em francês e inglês do texto da presente Convenção fazem igualmente fé.

O texto precedente é o texto autêntico de Convenção devidamente adotada na Conferência-Geral da Organização Internacional do Trabalho, em sua trigésima quarta sessão, realizada em Genebra e que foi declarada encerrada em 29 de junho de 1951.

Em fé do que apuseram as suas assinaturas, neste segundo dia de agosto de 1951.

O Presidente da Conferência, Rappard.

O Diretor geral da Repartição Internacional do Trabalho, David A. Morse.

O Texto de Convenção aqui apresentado é uma cópia autenticada pelas assinaturas do Presidente da Conferência Internacional do Trabalho e do Diretor Geral da Repartição Internacional do Trabalho.

Cópia certificada conforme e completa, pelo Diretor Geral da Repartição Internacional do Trabalho: - C.W. Jenks, Consultor Jurídico da Repartição Internacional do Trabalho.

13.3. Convenções da OIT que tratam da proteção à maternidade

13.3.1. Convenção (103) relativa ao amparo à maternidade[298]

Convenção Relativa ao Amparo à Maternidade

(Revista em 1952)

A Conferência-Geral da Organização Internacional do Trabalho, Convocada em Genebra pelo Conselho de Administração da Repartição Internacional do Trabalho, e aí se tendo reunido em 4 de junho de 1952 em sua trigésima quinta sessão,

Depois de haver decidido adotar diversas proposições relativas ao amparo à maternidade, questão que constitui o sétimo ponto da ordem do dia da sessão;

Depois de haver decidido que essas proposições tomariam a forma de uma Convenção internacional, adota, neste vigésimo oitavo dia de junho de mil novecentos e cinquenta e dois, a convenção presente, que será denominada Convenção sobre o amparo à maternidade (revista), 1952.

Artigo I

1. A presente convenção aplica-se às mulheres empregadas em empresas industriais bem como às mulheres empregadas em trabalhos não industriais e agrícolas, inclusive às mulheres assalariadas que trabalham em domicílio.

2. Para os fins da presente Convenção, o termo «empresas industriais» aplica-se às empresas públicas ou privadas bem como a seus ramos (filiais) e compreende especialmente:

a) as minas, pedreiras e indústrias extrativas de todo gênero;

b) as empresas nas quais produtos são manufaturados, modificados, beneficiados, consertados, decorados, terminados, preparados para a venda, destruídos ou demolidos, ou nas quais matérias sofrem qualquer transformação, inclusive as empresas de construção naval, de produção, transformação e transmissão de eletricidade e de força motriz em geral;

c) as empresas de edificação e de engenharia civil, inclusive os trabalhos de construção, de reparação, de manutenção, de transformação e de demolição;

d) as empresas de transporte de pessoas ou de mercadorias por estrada de rodagem, estrada de ferro, via marítima ou fluvial, via aérea, inclusive a conservação das mercadorias em docas, armazéns, trapiches, entrepostos ou aeroportos.

3. Para os fins da presente convenção o termo «trabalhos não industriais» aplica-se a todos os trabalhos realizados nas empresas e serviços públicos ou privados seguintes, ou em relação com seu funcionamento:

a) os estabelecimentos comerciais;

b) os correios e os serviços de telecomunicações;

c) os estabelecimentos ou repartições cujo pessoal está empregado sobretudo em trabalhos de escritórios;

d) tipografias e jornais;

e) os hotéis, pensões, restaurantes, clubes, cafés (salões de chá) e outros estabelecimentos onde se servem bebidas, etc.;

f) os estabelecimentos destinados ao tratamento ou à hospitalização de doentes, enfermos, indigentes e órfãos;

g) as empresas de espetáculos e diversões públicos;

h) o trabalho doméstico assalariado efetuado em casas particulares bem como a todos os outros trabalhos não industriais aos quais a autoridade competente decidir aplicar os dispositivos da Convenção.

4. Para os fins da presente Convenção, o termo «trabalhos agrícolas» aplica-se a todos os trabalhos executados nas empresas agrícolas, inclusive as plantações (fazendas) e nas grandes empresas agrícolas industrializadas.

5. Em todos os casos onde não parece claro se a presente Convenção se aplica ou não a uma empresa, a uma filial (ramo) ou a um trabalho determinados, a questão deve ser decidida pela autoridade competente após consulta às organizações representativas de empregadores e empregados interessadas, se existirem.

6. A legislação nacional pode isentar da aplicação da presente Convenção as empresas onde os únicos empregados são os membros da família do empregador de acordo com a referida legislação.

Artigo II

Para os fins da presente convenção o termo "mulher" designa toda pessoa do sexo feminino, qualquer que seja sua idade ou nacionalidade, raça ou crença religiosa, casada ou não, e o termo "filho" designa toda criança nascida de matrimônio ou não.

---

(298) Promulgada no Brasil pelo Decreto n. 58.820, de 14 de julho de 1966.

Artigo III

1. Toda mulher à qual se aplica a presente convenção tem o direito, mediante exibição de um atestado médico que indica a data provável de seu parto, a uma licença de maternidade.

2. A duração dessa licença será de doze semanas, no mínimo; uma parte dessa licença será tirada, obrigatoriamente, depois do parto.

3. A duração da licença tirada obrigatoriamente depois do parto será estipulada pela legislação nacional; não será, porém, nunca inferior a seis semanas; o restante da licença total poderá ser tirado, segundo o que decidir a legislação nacional, seja antes da data provável do parto, seja após a data da expiração da licença obrigatória ou seja ainda uma parte antes da primeira destas datas e uma parte depois da segunda.

4. Quando o parto se dá depois da data presumida, a licença tirada anteriormente se acha automaticamente prorrogada até a data efetiva do parto e a duração da licença obrigatória depois do parto não deverá ser diminuída por esse motivo.

5. Em caso de doença confirmada por atestado médico como resultante da gravidez, a legislação nacional deve prever uma licença pré-natal suplementar cuja duração máxima pode ser estipulada pela autoridade competente.

6. Em caso de doença confirmada por atestado médico como corolário de parto, a mulher tem direito a uma prorrogação da licença após o parto cuja duração máxima pode ser estipulada pela autoridade competente.

Artigo IV

1. Quando uma mulher se ausentar de seu trabalho em virtude dos dispositivos do artigo três acima, ela tem direito a prestações em espécie e a assistência médica.

2. A percentagem das prestações em espécie será estipulada pela legislação nacional de maneira a serem suficientes para assegurar plenamente a subsistência da mulher e de seu filho em boas condições de higiene e segundo um padrão de vida apropriado.

3. A assistência médica abrangerá assistência pré-natal, assistência durante o parto e assistência após o parto prestado por parteira diplomada ou por médico, e bem assim a hospitalização quando for necessária; a livre escolha do médico e livre escolha entre um estabelecimento público ou privado serão respeitadas.

4. As prestações em espécie e a assistência médica serão concedidas quer nos moldes de um sistema de seguro obrigatório quer mediante pagamento efetuado por fundos públicos, em ambos os casos serão concedidos de pleno direito a todas as mulheres que preencham as condições estipuladas.

5. As mulheres que não podem pretender, de direito, a quaisquer prestações, receberão apropriadas prestações pagas dos fundos de assistência pública, sob ressalva das condições relativas aos meios de existência prescritas pela referida assistência.

6. Quando as prestações em espécie fornecidas nos moldes de um sistema de seguro social obrigatório são estipuladas com base nos proventos anteriores, elas não poderão ser inferiores a dois terços dos proventos anteriores tomados em consideração.

7. Toda contribuição devida nos moldes de um sistema de seguro social obrigatório que prevê a assistência à maternidade e toda taxa calculada na base dos salários pagos, que seria cobrada tendo em vista fornecer tais prestações, devem ser pagas de acordo com o número de homens e mulheres empregados nas empresas em apreço, sem distinção de sexo, sejam pagas pelos empregadores ou, conjuntamente, pelos empregadores e empregados.

8. Em hipótese alguma, deve o empregador ser tido como pessoalmente responsável pelo custo das prestações devidas às mulheres que ele emprega.

Artigo V

1. Se a mulher amamentar seu filho, será autorizada a interromper seu trabalho com esta finalidade durante um ou vários períodos cuja duração será fixada pela legislação nacional.

2. As interrupções do trabalho para fins de aleitamento devem ser computadas na duração do trabalho e remuneradas como tais nos casos em que a questão seja regulamentada pela legislação nacional ou de acordo com estes, nos casos em que a questão seja regulamentada por convenções coletivas, as condições serão estipuladas de acordo com a convenção coletiva pertinente.

Artigo VI

Quando uma mulher se ausentar de seu trabalho em virtude dos dispositivos do art. 3º da presente Convenção, é ilegal para seu empregador despedi-la durante a referida ausência ou em data tal que o prazo do aviso-prévio termine enquanto durar a ausência acima mencionada.

Artigo VII

1. Todo membro da Organização Internacional do Trabalho que ratifica a presente Convenção pode, por meio de uma declaração que acompanha sua ratificação, prever derrogações no que diz respeito:

a) a certas categorias de trabalhos não industriais;

b) a trabalhos executados em empresas agrícolas outras que não plantações;

c) ao trabalho doméstico assalariado efetuado em casas particulares;

d) às mulheres assalariadas trabalhando em domicílio;

e) às empresas de transporte marítimo de pessoas ou mercadorias.

2. As categorias de trabalhos ou de empresas para as quais tenham aplicação os dispositivos do parágrafo primeiro do presente artigo deverão ser designadas na declaração que acompanha a ratificação da convenção.

3. Todo Membro que fez tal declaração pode, a qualquer tempo anulá-la em todo ou em parte, por uma declaração ulterior.

4. Todo Membro, com relação ao qual está em vigor uma declaração feita nos termos do parágrafo primeiro do presente artigo, indicará todos os anos no seu relatório anual sobre a aplicação da presente Convenção, a situação de sua legislação e de suas práticas quanto aos trabalhos e empresas aos quais se aplica o referido parágrafo primeiro em virtude daquela declaração, precisando até que ponto deu execução ou se propõe a dar execução a no que diz respeito aos trabalhos e empresas em apreço.

5. Ao término de um período de cinco anos após a entrada em vigora da presente Convenção, o Conselho Administrativo do Bureau Internacional do Trabalho submeterá à Conferência um relatório especial com relação à aplicação dessas derrogações e contendo as propostas que julgará oportunas em vista das medidas a serem tomadas a este respeito.

Artigo VIII

As retificações formais da presente Convenção serão comunicadas ao Diretor-Geral da Repartição Internacional do Trabalho e por ele registradas.

Artigo IX

1. A presente Convenção será obrigatória somente para os Membros da Organização Internacional do Trabalho, cuja ratificação tiver sido registrada pelo Diretor-Geral.

2. Esta Convenção entrará em vigor 12 meses após terem sido registradas pelo Diretor-Geral as ratificações de dois Membros.

3. Em seguida a Convenção entrará em vigor para cada Membro doze meses após a data em que sua ratificação tiver sido registrada.

Artigo X

1. As declarações comunicadas ao Diretor-Geral da Repartição Internacional do Trabalho, nos termos do § 2º do art. 35 da Constituição da Organização Internacional do Trabalho, deverão indicar:

a) os territórios para os quais o Membro interessado se compromete a que as disposições da Convenção ou alguns de seus capítulos sejam aplicados sem modificação;

b) os territórios para os quais ele se compromete a que as disposições da Convenção ou alguns de seus capítulos sejam aplicados com modificações, e em que consistem tais modificações;

c) os territórios onde a Convenção não poderá ser aplicada e, nesses casos, as razões por que não pode ser aplicada;

d) os territórios para os quais reserva sua decisão na pendência de um exame mais pormenorizado da situação dos referidos territórios.

2. Os compromissos mencionados nas alíneas *a* e *b* do primeiro parágrafo do presente artigo serão partes integrantes da ratificação e produzirão efeitos idênticos.

3. Qualquer Membro poderá renunciar, mediante nova declaração, a todas ou a parte das restrições contidas em sua declaração anterior, em virtude das alíneas *b*, *c* e *d* do parágrafo primeiro do presente artigo.

4. Qualquer Membro poderá, no decorrer dos períodos em que a presente convenção possa ser denunciada, de acordo com o disposto no art. 12, comunicar ao Diretor-Geral uma nova declaração modificando em qualquer sentido os termos de declarações anteriores e indicando a situação em territórios determinados.

Artigo XI

1. As declarações comunicadas ao Diretor-Geral da Repartição Internacional do Trabalho, nos termos dos §§ 4º e 5º do art. 35 da Constituição da Organização Internacional do Trabalho, devem indicar se as disposições da convenção serão aplicadas no território com ou sem modificações; sempre que a declaração indicar que as disposições da Convenção sejam aplicadas com a ressalva de modificações, deve especificar em que consistem as referidas modificações.

2. O Membro ou os Membros ou autoridade internacional interessados poderão renunciar total ou parcialmente, mediante declaração ulterior, ao direito de invocar uma modificação indicada em declaração anterior.

3. O Membro ou os Membros ou a autoridade internacional interessados poderão, no decorrer dos períodos em que a Convenção possa ser denunciada, de acordo com o disposto no art. 12, comunicar ao Diretor-Geral uma nova declaração que modifique em qualquer sentido os termos de uma declaração anterior e indicando a situação no que concerne à aplicação desta Convenção.

Artigo XII

1. Qualquer Membro que houver ratificado a presente Convenção poderá denunciá-la ao término de um período de 10 anos após a data da sua vigência inicial, mediante comunicação ao Diretor-Geral da Repartição Internacional do Trabalho e por ele registrada. A denúncia surtirá efeito somente um ano após ter sido registrada.

2. Qualquer Membro que houver ratificado a presente convenção e no prazo de um ano após o término do período de 10 anos mencionado no parágrafo precedente não fizer uso da faculdade de denúncia prevista no presente artigo, estará vinculado por um novo período de 10 anos e, em seguida, poderá denunciar a Convenção ao término de cada período de 10 anos nas condições previstas no presente artigo.

Artigo XIII

O Diretor-Geral da Repartição Internacional do Trabalho notificará todos os Membros da Organização Internacional do Trabalho do registro de todas as ratificações, declarações e denúncias que lhe forem comunicadas pelos Membros da Organização.

2. Ao notificar os Membros da Organização do registro da segunda ratificação que lhe tiver sido comunicado, o Diretor-Geral chamará a sua atenção para a data em que a presente Convenção entrará em vigor.

Artigo XIV

O Diretor-Geral da Repartição Internacional do Trabalho comunicará ao Secretário-Geral das Nações Unidas, para efeito de registro nos termos do art. 102 da Carta das Nações Unidas, os dados completos com respeito a todas as ratificações, declarações e atos de denúncia que houver registrado de acordo com os artigos precedentes.

Artigo XV

Sempre que julgar necessário, o Conselho de Administração da Repartição Internacional do Trabalho apresentará à Conferência Geral um relatório sobre a aplicação da presente convenção e examinará a conveniência de inscrever na ordem do dia da Conferência a questão da sua revisão, total ou parcial.

Artigo XVI

1.Caso a Conferência adote uma nova Convenção que importe na revisão total ou parcial da presente, e a menos que a nova convenção disponha de outra forma:

a) a ratificação, por um Membro, da nova Convenção que fizer a revisão, acarretará, de pleno direito, não obstante o art. 12 acima, denúncia imediata da presente, desde que a nova Convenção tenha entrado em vigor;

b) a partir da data da entrada em vigor da Convenção que fizer a revisão, a presente deixará de estar aberta à ratificação pelos Membros.

2. A presente Convenção continuará em vigor, todavia, em sua forma e conteúdo, para os Membros que a tiverem ratificado e que não ratifiquem a que fizer a revisão.

Artigo XVII

As versões francesa e inglesa do texto da presente Convenção fazem igualmente fé.

O texto acima é o texto autêntico da Convenção devidamente adotada na Conferência-Geral da Organização Internacional do Trabalho na sua trigésima quinta sessão, que teve lugar em Genebra e que foi concluída a 28 de junho de 1952.

Em fé do que apuseram suas assinaturas, neste quarto dia do mês de junho de 1952:

O Presidente da Conferência José de Segadas Viana, o Diretor-Geral da Repartição Internacional do Trabalho David A. Morse.

13.4. Convenções da OIT referentes à proteção do trabalhador doméstico e em domicílio

A Convenção n. 189 da OIT define como trabalho doméstico qualquer trabalho realizado em ou para um domicílio, e o/a trabalhador/a doméstico/a como uma pessoa que realiza trabalho doméstico no marco de uma relação de trabalho. O conteúdo da Convenção aborda:

• Direitos humanos e direitos fundamentais no trabalho;

• Trabalho infantil doméstico;

• Proteção contra abusos, assédio e violência no local de trabalho;

• Condições de emprego não menos favoráveis do que aquelas garantidas ao conjunto dos trabalhadores;

• Proteção às/aos trabalhadoras/es domésticas/os migrantes;

• Jornada de trabalho;

- Estabelecimento de remuneração mínima;
- Proteção social;
- Medidas de saúde e segurança no trabalho;
- Agências de emprego privadas;
- Acesso a instâncias de resolução de conflitos;
- Inspeção do trabalho.

Já a Recomendação n. 201 da OIT apresenta orientações para a implementação de programas e ações, trazendo no conteúdo de seus artigos os seguintes temas:

- Liberdade de associação e direito à negociação coletiva;
- Medidas relacionadas à saúde de trabalhadores e trabalhadoras domésticas;
- Identificação e proibição de trabalho doméstico insalubre para crianças e proteção para trabalhadores/as domésticos/as jovens;
- Informações sobre termos e condições de emprego;
- Proteção contra abuso, assédio e violência no local de trabalho;
- Jornada de trabalho;
- Proteção quanto a remunerações e pagamento *in natura*;
- Condições adequadas de acomodação e alimentação;
- Saúde e segurança;
- Trabalhadores/as migrantes;
- Agências de emprego privadas;
- Inspeção do trabalho;
- Elaboração e implementação de políticas e programas;
- Cooperação internacional para proteção dos trabalhadores/as domésticos/as.

13.4.1. Convenção (189) sobre trabalho decente para as trabalhadoras e os trabalhadores domésticos

Convenção sobre o Trabalho Decente para as Trabalhadoras e os Trabalhadores Domésticos (n. 189)

A Conferência-Geral da Organização Internacional do Trabalho,

Convocada em Genebra pelo Conselho de Administração da Organização Internacional do Trabalho, reunida nesta cidade no dia 1º de junho de 2011 em sua 100ª Reunião;

Consciente do comprometimento da Organização Internacional do Trabalho de promover o trabalho decente para todos por meio do alcance dos objetivos da Declaração da OIT sobre os Princípios e Direitos Fundamentais no Trabalho e da Declaração da OIT sobre Justiça Social para uma Globalização Equitativa;

Reconhecendo a contribuição significativa dos trabalhadores domésticos para a economia global, que inclui o aumento das possibilidades de trabalho remunerado para as trabalhadoras e trabalhadores com responsabilidades familiares, o aumento da capacidade de cuidado das pessoas de idade avançada, das crianças e das pessoas com deficiência, e um aporte substancial das transferências de renda em cada país e entre os países;

Considerando que o trabalho doméstico continua sendo subvalorizado e invisível e é executado principalmente por mulheres e meninas, muitas das quais são migrantes ou membros de comunidades desfavorecidas e, portanto, particularmente vulneráveis à discriminação em relação às condições de emprego e trabalho, bem como outros abusos de direitos humanos;

Considerando também que, em países em desenvolvimento, que historicamente têm escassas oportunidades de emprego formal, os trabalhadores domésticos constituem uma proporção significativa da força de trabalho nacional e permanecem entre os mais marginalizados; e

Recordando que convenções e recomendações internacionais do trabalho se aplicam a todos os trabalhadores, inclusive trabalhadores domésticos, a não ser que se disponha o contrário;

Observando a particular relevância, para os trabalhadores domésticos, da Convenção sobre Trabalhadores Migrantes (Revisada), 1949 (n. 97), a Convenção sobre Trabalhadores Migrantes (Disposições Complementares), 1975 (n. 143), a Convenção sobre Trabalhadores e Trabalhadoras com Responsabilidades Familiares, 1981 (n. 156), a Convenção sobre Agências Privadas de Empregos, 1997 (n. 181), e a Recomendação sobre Relacionamento Empregatício, 2006 (n. 198), bem como o Marco Multilateral da OIT para as Migrações Laborais: Princípios e diretrizes não vinculantes para uma abordagem baseada em direitos para a migração laboral (2006);

Reconhecendo as condições específicas sob as quais o trabalho doméstico é executado e que fazem com que seja desejável complementar as normas de âmbito geral com normas específicas para os trabalhadores domésticos para que possam exercer plenamente seus direitos; Recordando outros instrumentos internacionais relevantes, como a Declaração Universal dos Direitos Humanos, o Pacto Internacional dos Direitos Civis e Políticos, o Pacto Internacional de Direitos Econômicos, Sociais e Culturais, a Convenção Internacional sobre a Eliminação de Todas as Formas de Discriminação Racial, a Convenção sobre a Eliminação de Todas as Formas de Discriminação Contra a Mulher, a Convenção das Nações Unidas Contra o Crime Transnacional Organizado e, em particular, seu Protocolo para Prevenir, Suprimir e Punir o Tráfico de Pessoas, especialmente Mulheres e Crianças, assim como o Protocolo contra o Contrabando de Imigrantes por Terra, Mar e Ar, a Convenção sobre os Direitos da Criança, a Convenção Internacional sobre a Proteção dos Direitos de Todos os Trabalhadores Migrantes e seus Familiares; e

Tendo decidido adotar diversas proposições relativas ao trabalho decente para os trabalhadores domésticos, questão que constitui o quarto ponto da ordem do dia da reunião; e Anexos

Tendo decidido que estas propostas devem tomar a forma de uma Convenção Internacional,

Adota, neste dia 16 de junho do ano de dois mil e onze, a seguinte Convenção, que pode ser citada como a Convenção sobre as Trabalhadoras e os Trabalhadores Domésticos, 2011.

Art. 1º

Para o propósito desta Convenção:

(a) o termo "trabalho doméstico" designa o trabalho executado em ou para um domicílio ou domicílios;

(b) o termo "trabalhadores domésticos" designa toda pessoa, do sexo feminino ou masculino, que realiza um trabalho doméstico no marco de uma relação de trabalho;

(c) uma pessoa que executa o trabalho doméstico apenas ocasionalmente ou esporadicamente, sem que este trabalho seja uma ocupação profissional, não é considerada trabalhador doméstico.

Art. 2º

1. A presente Convenção se aplica a todos os trabalhadores domésticos.

2. Todo Membro que ratifique esta Convenção poderá, após consultar as organizações mais representativas de empregadores e trabalhadores, assim como as organizações que representem trabalhadores domésticos e organizações que representem os empregadores dos trabalhadores domésticos, quando tais organizações existam, excluir integramente ou parcialmente do seu âmbito de aplicação:

(a) categorias de trabalhadores para as quais esteja previsto outro tipo de proteção no mínimo equivalente;

(b) categorias limitadas de trabalhadores em razão de problemas especiais de natureza substantiva que possam surgir.

3. Todo Membro que se beneficiar da possibilidade prevista no parágrafo anterior deverá, em seu primeiro relatório sobre a aplicação da Convenção de acordo com o art. 22 da Constituição da Organização Internacional do Trabalho, indicar toda categoria particular de trabalhadores que tenha sido excluída em virtude do parágrafo anterior, assim como as razões para tal exclusão; e, em relatórios subsequentes, deverão especificar qualquer medida tomada visando à extensão da aplicação da Convenção aos trabalhadores em questão.

Art. 3º

1. Todo Membro deverá adotar medidas para assegurar a promoção e a proteção efetivas dos direitos humanos de todos os trabalhadores domésticos, em conformidade com as disposições da presente Convenção.

2. Todo Membro deverá, no que diz respeito aos trabalhadores domésticos, adotar medidas previstas na presente Convenção para respeitar, promover e tornar realidade os princípios e direitos fundamentais no trabalho, a saber:

(a) a liberdade de associação e a liberdade sindical e o reconhecimento efetivo do direito à negociação coletiva;

(b) a eliminação de todas as formas de trabalho forçado ou obrigatório;

(c) a erradicação efetiva do trabalho infantil; e

(d) a eliminação da discriminação em matéria de emprego e ocupação.

3. Ao adotar medidas para assegurar que os trabalhadores domésticos e os empregadores dos trabalhadores domésticos usufruam da liberdade sindical, da liberdade de associação e do reconhecimento efetivo do direito à negociação coletiva, os Membros deverão proteger o direito dos trabalhadores domésticos e dos empregadores dos trabalhadores domésticos de constituir organizações, federações e confederações, que julguem pertinentes, e, a partir da condição de observar os estatutos destas organizações, afiliar-se às mesmas.

Art. 4º

1. Todo Membro deverá estabelecer uma idade mínima para os trabalhadores domésticos, em consonância com as disposições da Convenção sobre a Idade Mínima, 1973 (n. 138), e a Convenção sobre as Piores Formas de Trabalho Infantil, 1999 (n. 182), idade que não poderá ser inferior à idade mínima estabelecida na legislação nacional para os trabalhadores em geral.

2. Todo Membro deverá adotar medidas para assegurar que o trabalho realizado por trabalhadores domésticos menores de 18 anos e com idade superior à idade mínima para emprego não os impeça ou interfira em sua educação obrigatória, nem comprometa suas oportunidades para acessar o ensino superior ou uma formação profissional.

Art. 5º

Todo Membro deverá adotar medidas para assegurar que os trabalhadores domésticos gozem de uma proteção efetiva contra todas as formas de abuso, assédio e violência.

Art. 6º

Todo Membro deverá adotar medidas para assegurar que trabalhadores domésticos, como os trabalhadores em geral, usufruam de condições equitativas de emprego e condições de trabalho decente, assim como, se residem no domicílio onde trabalham, assegurar condições de vida decentes que respeitem sua privacidade.

Art. 7º

Todo Membro deverá adotar medidas para assegurar que os trabalhadores domésticos sejam informados sobre suas condições de emprego de maneira apropriada, verificável e de fácil compreensão e, preferivelmente, quando possível, por meio de contratos escritos de acordo com a legislação nacional ou acordos coletivos que incluam em particular:

(a) o nome e sobrenome do empregador e do trabalhador e os respectivos endereços;

(b) o endereço do domicílio ou domicílios de trabalho habituais;

(c) a data de início e, quando o contrato é válido por um período determinado de tempo, sua duração;

(d) o tipo de trabalho a ser executado;

(e) a remuneração, método de cálculo e periodicidade de pagamentos;

(f) as horas regulares de trabalho;

(g) as férias anuais remuneradas e os períodos de descanso diários e semanais;

(h) a provisão de alimentação e acomodação, quando for o caso;

(i) o período de experiência, quando for o caso;

(j) as condições de repatriação, quando for o caso; e

(k) as condições que regirão o término da relação de trabalho, incluindo todo o prazo de aviso-prévio comunicado pelo trabalhador doméstico ou pelo empregador.

Art. 8º

1. Na legislação nacional, se deverá dispor que trabalhadores domésticos migrantes, que são contratados em um país para prestar serviços domésticos em outro país, recebam uma oferta de emprego por escrito ou contrato de trabalho, que seja válido no país onde os trabalhadores prestarão serviços, que inclua as condições de emprego assinaladas no art. 7º, antes de cruzar as fronteiras nacionais para assumir o emprego sobre o qual a oferta ou o contrato dizem respeito.

2. A disposição do parágrafo anterior não se aplica aos trabalhadores que possuem liberdade de movimento em virtude de emprego sob acordos regionais, bilaterais ou multilaterais ou no marco de organizações de integração econômica regional.

3. Os Membros deverão adotar medidas para cooperar entre si no sentido de assegurar a aplicação efetiva das disposições da presente Convenção para trabalhadores domésticos migrantes.

4. Todo Membro deverá especificar, por meio da legislação ou outras medidas, as condições segundo as quais os trabalhadores domésticos migrantes terão direito à repatriação por expiração ou término do contrato de trabalho em virtude do qual foram empregados.

Art. 9º

1. Cada Membro deverá tomar medidas para assegurar que os trabalhadores domésticos:

(a) possam alcançar livremente com o empregador ou potencial empregador um acordo sobre se residirão ou não no domicílio onde trabalham;

(b) que residem no domicílio no qual trabalham não sejam obrigados a permanecer no domicílio ou acompanhar os membros do domicílio durante períodos de descanso diários ou semanais ou durante as férias anuais; e

(c) tenham o direito de manter em sua posse seus documentos de viagem e identidade.

Art. 10

1. Todo Membro deverá adotar medidas para garantir a igualdade de tratamento entre os trabalhadores domésticos e os trabalhadores em geral com relação às horas normais de trabalho, à compensação de horas extras, aos períodos de descanso diários e semanais e férias anuais remuneradas, em conformidade com a legislação nacional e com acordos coletivos, considerando as características específicas do trabalho doméstico.

2. O período de descanso semanal deverá ser de pelo menos 24 horas consecutivas.

3. Períodos nos quais os trabalhadores domésticos não dispõem livremente de seu tempo e permanecem à disposição do domicílio onde trabalham de maneira a atender a possíveis demandas de serviços devem ser considerados como horas de trabalho, na medida em que se determine na legislação nacional, acordos coletivos ou qualquer outro mecanismo em conformidade com a prática nacional.

Art. 11

Todo Membro deverá adotar medidas para assegurar que trabalhadores domésticos se beneficiem de um regime de salário mínimo, onde tal regime exista, e que a remuneração seja estabelecida sem discriminação por sexo.

Art. 12

1. Os salários dos trabalhadores domésticos deverão ser pagos diretamente em dinheiro, em intervalos regulares, não menos que uma vez por mês. A menos que a modalidade de pagamento esteja prevista na legislação nacional ou em acordos coletivos, o pagamento poderá ser realizado por transferência bancária, cheque bancário, cheque postal ou ordem de pagamento ou por outro meio de pagamento monetário legal, com o consentimento do trabalhador interessado.

2. O pagamento de uma proporção limitada da remuneração dos trabalhadores domésticos na forma de parcelas *in natura* poderá ser determinado na legislação nacional, em acordos coletivos ou em decisão arbitral, em condições não menos favoráveis que aquelas geralmente aplicáveis a outras categorias de trabalhadores, sempre e quando se adotem as medidas necessárias para assegurar que as prestações *in natura* sejam feitas com o acordo do trabalhador e sejam apropriadas para seu uso e benefício pessoal, e que o valor atribuído às mesmas seja justo e razoável.

Art. 13

Todo trabalhador doméstico tem direito a um ambiente de trabalho seguro e saudável.

Todo Membro, em conformidade com a legislação e a prática nacionais, deverá adotar medidas eficazes, com devida atenção às características específicas do trabalho doméstico, a fim de assegurar a segurança e saúde no trabalho dos trabalhadores domésticos. As medidas referidas no parágrafo anterior poderão ser aplicadas progressivamente, em consulta com as organizações mais representativas de em- pregadores e trabalhadores, assim como com as organizações representativas dos trabalhadores domésticos e com as organizações representativas dos empregadores dos trabalhadores domésticos, quando tais organizações existam.

Art. 14

1. Todo Membro deverá adotar as medidas apropriadas, com a devida atenção às características específicas do trabalho doméstico e atuando em conformidade com a legislação e a prática nacionais, para assegurar que os trabalhadores domésticos se beneficiem de condições não menos favoráveis que aquelas aplicadas aos trabalhadores em geral, com relação à proteção da seguridade social, inclusive no que diz respeito à maternidade.

2. As medidas referidas no parágrafo anterior poderão ser aplicadas progressivamente, em consulta com as organizações mais representativas de empregadores e trabalhadores, assim como com as organizações representativas dos trabalhadores domésticos e com as organizações representativas dos empregadores dos trabalhadores domésticos, quando tais organizações existam.

Art. 15

1. Para proteger efetivamente os trabalhadores domésticos contra práticas abusivas, que tenham sido contratados ou colocados no emprego por agências privadas de emprego, inclusive os migrantes, todo Membro deverá:

(a) determinar as condições que regirão o funcionamento das agências privadas de emprego que contratam ou colocam no emprego trabalhadores domésticos, em conformidade com a legislação e prática nacionais;

(b) assegurar a existência de mecanismos e procedimentos adequados para a investigação de queixas, abusos presumidos e práticas fraudulentas em decorrência das atividades das agências privadas de emprego em relação aos trabalhadores domésticos;

(c) adotar todas as medidas necessárias e apropriadas, tanto em sua jurisdição como, quando proceda, em colaboração com outros Membros, para proporcionar uma proteção adequada e prevenir os abusos contra os trabalhadores domésticos contratados ou colocados em seu território por agências privadas de emprego. Serão incluídas as leis ou regulamentos que especifiquem as obrigações respectivas da agência privada de emprego e do domicílio para com os trabalhadores domésticos e serão previstas sanções, incluída a proibição das agências privadas de emprego que incorram em práticas fraudulentas e abusos;

(d) considerar, quando se contratar os trabalhadores domésticos de um país para prestar serviços em outro país, a celebração de acordos bilaterais, regionais ou multilaterais, com a finalidade de prevenir abusos e práticas fraudulentas na contratação, colocação e no emprego; e

(e) adotar medidas para assegurar que as taxas cobradas pelas agências privadas de emprego não sejam deduzidas da remuneração dos trabalhadores domésticos.

2. Ao colocar em prática cada uma das disposições deste artigo, todo Membro deverá realizar consultas com as organizações mais representativas dos empregadores e dos trabalhadores, assim como com as organizações representativas dos trabalhadores domésticos e com as organizações representativas dos empregadores dos trabalhadores domésticos, quando tais organizações existam.

Art. 16

Todo Membro deverá adotar, em conformidade com a legislação e prática nacionais, medidas para assegurar que todos os trabalhadores domésticos, seja em pessoa ou por meio de representantes, tenham acesso efetivo aos tribunais ou outros mecanismos de resolução de conflitos, em condições não menos favoráveis que aquelas previstas para os demais trabalhadores.

Art. 17

Todo Membro deverá estabelecer mecanismos de queixa e meios eficazes e acessíveis para assegurar o cumprimento da legislação nacional relativa à proteção dos trabalhadores domésticos. Todo Membro deverá formular e colocar em prática medidas relativas à inspeção do trabalho, à aplicação de normas e sanções, com a devida atenção às características específicas do trabalho doméstico, em conformidade com a legislação nacional.

À medida que seja compatível com a legislação nacional, tais medidas deverão especificar as condições sob as quais se poderá autorizar o acesso ao domicílio, com o devido respeito à privacidade.

Art. 18

Todo Membro, em consulta com organizações mais representativas de empregadores e trabalhadores, deverá colocar em prática as disposições desta Convenção por meio da legislação, acordos coletivos ou outras medidas adicionais de acordo com a prática nacional, estendendo ou adaptando medidas existentes para aplicá-las também aos trabalhadores domésticos ou elaborando medidas específicas para o setor, quando apropriado.

Artigo19

Esta Convenção não afetará disposições mais favoráveis aplicáveis a trabalhadores domésticos em virtude de outras convenções internacionais do trabalho.

Art. 20

As ratificações formais desta Convenção serão comunicadas, para registro, ao Diretor-Geral da Organização Internacional do Trabalho.

Art. 21

1. Esta Convenção obrigará unicamente os Membros da Organização Internacional do Trabalho cujas ratificações tiverem sido registradas pelo Diretor-Geral.

2. Esta Convenção entrará em vigor doze meses após da data de registro em que as ratificações de dois Membros tenham sido registradas pelo Diretor-Geral.

3. A partir deste momento, esta Convenção entrará em vigor para todos os Membros, doze meses após a data do registro de sua ratificação.

Art. 22

1. Todo Membro que tenha ratificado esta Convenção poderá denunciá-la ao final de um período de dez anos, a contar da data de sua entrada em vigor, mediante comunicação ao Diretor-Geral da Organização Internacional do Trabalho, para registro. A denúncia não terá efeito antes de se completar um ano a contar da data de seu registro.

2. Todo Membro que tenha ratificado esta Convenção e que, no prazo de um ano depois de expirado o período de dez anos referido no parágrafo anterior, não tiver exercido o direito de denúncia disposto neste artigo, ficará obrigado a um novo período de dez anos e, daí em diante, poderá denunciar esta Convenção ao final de cada período de dez anos, nos termos deste artigo.

Art. 23

1. O Diretor-Geral da Organização Internacional do Trabalho notificará todos os Membros da Organização Internacional do Trabalho sobre o registro de todas as ratificações e denúncias que lhe forem comunicadas pelos Membros da Organização.

2. Ao notificar os Membros da Organização sobre o registro da segunda ratificação que lhe tiver sido comunicada, o Diretor-Geral lhes chamará a atenção para a data na qual entrará em vigor esta Convenção.

Art. 24

O Diretor-Geral da Organização Internacional do Trabalho comunicará ao Secretário Geral das Nações Unidas, para registro, em conformidade com o art. 102 da Carta das Nações Unidas, informações completas sobre ratificações e atos de denúncia por ele registrados.

Art. 25

O Conselho de Administração da Organização Internacional do Trabalho apresentará à Conferência Geral, quando considerar necessário, relatório sobre a aplicação desta Convenção e examinará a conveniência de incluir na ordem do dia da Conferência a questão de sua revisão total ou parcial.

Art. 26

1. No caso de a Conferência adotar uma nova Convenção que reveja total ou parcialmente esta Convenção, a menos que a nova Convenção contenha disposições em contrário:

a) a ratificação por um Membro da nova Convenção revisada implicará, *ipso jure*, a denúncia imediata desta Convenção, a partir do momento em que a nova Convenção revisada entrar em vigor, não obstante as disposições do art. 22 *supra*;

b) a partir da data de entrada em vigor da Convenção revisada, esta Convenção deixará de estar sujeita a ratificação pelos Membros.

2. A presente Convenção continuará, em todo o caso, em vigor, na sua forma e conteúdo atuais, para os Membros que a ratificaram, mas não ratificarem a Convenção revisada.

Art. 27 As versões em inglês e francês do texto desta Convenção são igualmente autênticas.

13.4.1.1. Recomendação (201) sobre o trabalho doméstico decente para as trabalhadoras e os trabalhadores domésticos

Recomendação sobre o Trabalho Doméstico Decente para as Trabalhadoras e os Trabalhadores Domésticos (n. 201)

A Conferência-Geral da Organização Internacional do Trabalho,

Convocada em Genebra pelo Conselho de Administração da Organização Internacional do Trabalho, reunida nesta cidade em 1º de Junho de 2011 em sua 100ª sessão;

Depois de ter adotado a Convenção sobre as Trabalhadoras e os Trabalhadores Domésticos, 2011;

Depois de ter decidido adotar diversas proposições relativas ao trabalho decente para os trabalhadores domésticos, questão que constitui o quarto ponto da ordem do dia; e

Depois de ter decidido que tais proposições devem tomar a forma de uma recomendação que complemente a Convenção sobre as Trabalhadoras e os Trabalhadores Domésticos, 2011;

Adota, neste dia, 16 de junho do ano de dois mil e onze, a presente Recomendação, que pode ser citada como a Recomendação sobre as Trabalhadoras e os Trabalhadores Domésticos, 2011.

1. As disposições desta Recomendação complementam aquelas da Convenção sobre as Trabalhadoras e os Trabalhadores Domésticos, 2011 ("a Convenção") e deveriam ser consideradas conjuntamente com elas.

2. Ao adotar medidas para assegurar que os trabalhadores domésticos usufruam da liberdade de associação e do reconhecimento efetivo do direito à negociação coletiva, os Membros deveriam:

(a) identificar e eliminar restrições legislativas ou administrativas ou outros obstáculos ao exercício do direito dos trabalhadores domésticos de constituir suas próprias organizações ou afiliar-se às organizações de trabalhadores que julguem convenientes e ao direito das organizações de trabalhadores domésticos de se afiliarem a organizações, federações e confederações de trabalhadores;

(b) contemplar a possiblidade de adotar ou apoiar medidas para fortalecer a capacidade das organizações de trabalhadores e empregadores, as organizações que representem os trabalhadores domésticos e as organizações que representem os empregadores dos trabalhadores domésticos, com a finalidade de promover, de forma efetiva, os interesses de seus membros, com a condição de que se proteja, em todo o momento, o direito à independência e autonomia de tais organizações, em conformidade com a legislação.

3. Ao adotar medidas para a eliminação da discriminação em matéria de emprego e ocupação, os Membros, em conformidade com as normas internacionais do trabalho, deveriam, entre outras coisas:

(a) assegurar que os sistemas de exames médicos relacionados ao trabalho respeitem o princípio da confidencialidade de dados pessoais e a privacidade dos trabalhadores domésticos e estejam em consonância com o repertório de recomendações práticas da OIT, intitulado "Proteção de dados pessoais dos trabalhadores" (1997) e com outras normas internacionais pertinentes sobre proteção de dados pessoais;

(b) prevenir qualquer discriminação em relação a tais exames; e

(c) garantir que não se exija que os trabalhadores domésticos se submetam a exames de diagnóstico de HIV ou gravidez, ou que revelem seu estado quanto ao HIV ou gravidez.

4. Os Membros, ao avaliar a questão dos exames médicos dos trabalhadores domésticos, deveriam considerar:

(a) colocar à disposição dos membros dos domicílios e dos trabalhadores domésticos a informação sobre saúde pública disponível com respeito aos principais problemas de saúde e enfermidades que podem suscitar a necessidade de se submeter a exames médicos em cada contexto nacional;

(b) colocar à disposição dos membros dos domicílios e dos trabalhadores domésticos a informação sobre exames médicos voluntários, os tratamentos médicos e as boas práticas de saúde e higiene, em consonância com as iniciativas de saúde pública destinadas à comunidade em geral;

(c) difundir informação sobre as melhores práticas em matéria de exames médicos relativos ao trabalho, com as adaptações pertinentes para ter em conta o caráter específico do trabalho doméstico.

5. (1) Os Membros deveriam, levando em consideração as disposições da Convenção n. 182 e a Recomendação n. 190 sobre as Piores Formas de Trabalho Infantil, de 1999, identificar as modalidades de trabalho doméstico que, por sua natureza ou pelas circunstâncias nas quais são executados, poderiam prejudicar a saúde, segurança ou moral de crianças e proibir e eliminar estas formas de trabalho infantil.

(2) Ao regulamentar as condições de trabalho e de vida dos trabalhadores domésticos, os Membros deveriam dispensar especial atenção às necessidades dos trabalhadores domésticos menores de 18 anos e com idade superior à idade mínima de emprego definida pela legislação nacional e adotar medidas para protegê-los, inclusive:

(a) limitando estritamente suas horas de trabalho para assegurar que disponham de tempo adequado para descanso, educação ou formação profissional, atividades de lazer e de contato com familiares;

(b) proibindo o trabalho noturno;

(c) restringindo o trabalho excessivamente demandante, tanto física como psicologicamente;

(d) estabelecendo ou fortalecendo mecanismos de vigilância de suas condições de trabalho e vida.

6. (1) Os Membros deveriam prestar assistência apropriada, quando necessário, para assegurar que os trabalhadores domésticos compreendam suas condições de emprego.

(2) Além dos elementos enumerados no art. 7 da Convenção, as condições de emprego deveriam incluir os seguintes dados:

(a) uma descrição do posto de trabalho;

(b) licença por enfermidade e, quando proceda, todo outro tipo de licença pessoal;

(c) a taxa de remuneração ou compensação das horas extras e das horas de disponibilidade imediata para o trabalho, em consonância com o § 3º do art. 10 da Convenção;

(d) todo outro pagamento ao qual o trabalhador doméstico tenha direito;

(e) todo pagamento *in natura* e seu valor monetário;

(f) detalhes sobre o tipo de alojamento provido; e

(g) todo desconto autorizado da remuneração do trabalhador.

(3) Os Membros deverão considerar o estabelecimento de um contrato de trabalho padrão para o trabalho doméstico, em consulta com as organizações mais representativas de empregadores e dos trabalhadores, assim como com as organizações representativas dos trabalhadores domésticos e com as organizações representativas de empregadores dos trabalhadores domésticos, quando tais organizações existam.

(4) O contrato padrão deverá estar permanentemente à disposição, de forma gratuita, para os trabalhadores domésticos, empregadores domésticos, organizações representativas e público em geral.

7. Os Membros deverão considerar o estabelecimento de mecanismos para proteger os trabalhadores domésticos do abuso, assédio e violência, por exemplo:

(a) criando mecanismos de queixa acessíveis com a finalidade de que os trabalhadores domésticos possam informar os casos de abuso, assédio ou violência;

(b) assegurando que todas as queixas de abuso, assédio ou violência sejam investigadas e sejam objeto de ações judiciais, segundo proceda; e

(c) estabelecendo programas de reinserção e readaptação dos trabalhadores domésticos vítimas de abuso, assédio e violência, inclusive proporcionando a eles alojamento temporário e atenção à saúde.

8. (1) As horas de trabalho, inclusive as horas extras e os períodos de disponibilidade imediata para o trabalho deveriam ser registradas com exatidão, em conformidade com o § 3º do art. 10 da Convenção, e o trabalhador doméstico deverá ter fácil acesso a esta informação;

(2) Os Membros deveriam considerar a possibilidade de elaborar orientações práticas a este respeito, em consulta com as organizações mais representativas de empregadores e trabalhadores, assim como com as organizações representativas dos trabalhadores domésticos e com organizações representativas de empregadores de trabalhadores domésticos, quando elas existam.

9. (1) Com respeito aos períodos nos quais os trabalhadores domésticos não dispõem livremente de seu tempo e permanecem à disposição dos membros do domicílio para atender a possíveis demandas por seus serviços (períodos de disponibilidade imediata para o trabalho), os Membros, na medida em que a legislação nacional ou acordos coletivos determinem, deverão regulamentar:

(a) o número máximo de horas por semana, mês ou ano que pode ser solicitado ao trabalhador doméstico que permaneça em disponibilidade imediata para o trabalho e a forma com que se pode medir estas horas;

(b) o período de descanso compensatório ao qual o trabalhador doméstico tem direito, caso o período normal de descanso seja interrompido pela obrigação de permanecer em disponibilidade imediata para o trabalho; e

(c) a taxa segundo a qual o período de disponibilidade imediata para o trabalho deve ser remunerado.

(2) Para os trabalhadores domésticos cujas tarefas habituais sejam realizadas à noite, levando em consideração as dificuldades do trabalho noturno, os Membros deverão considerar a adoção de medidas comparáveis às que se referem o subparágrafo 9.1.

10. Os Membros deveriam tomar medidas para garantir que trabalhadores domésticos tenham direito a períodos adequados de descanso, durante a jornada de trabalho, que permitam a realização de refeições e pausas.

11. (1) O dia de descanso semanal deve ser de ao menos 24 horas consecutivas.

(2) O dia fixo de descanso semanal deverá ser determinado em comum acordo entre as partes, em conformidade com a legislação nacional ou acordos coletivos, atendendo às demandas do trabalho e às necessidades culturais, religiosas e sociais do trabalhador doméstico.

(3) Quando a legislação nacional ou acordos coletivos prevejam que o descanso semanal poderá ser acumulado em um período de mais de sete dias para os trabalhadores em geral, tal período não deverá exceder 14 dias para o trabalhador doméstico.

12. A legislação nacional e os acordos coletivos deveriam definir as razões pelas quais se poderia exigir dos trabalhadores domésticos que prestem serviço em seu período de descanso diário ou semanal, e se deveria prever um período de descanso compensatório apropriado, independente de compensação financeira.

13. O tempo dispendido pelo trabalhador doméstico no acompanhamento de membros do domicílio durante as férias não deveria ser contado como parte de suas férias anuais remuneradas.

14. Quando se estabeleça que o pagamento de uma determinada proporção da remuneração será feito em parcelas *in natura*, os Membros deveriam contemplar a possibilidade de:

(a) estabelecer um limite máximo para a proporção da remuneração que poderá ser paga *in natura*, de forma a não diminuir indevidamente a remuneração necessária para a manutenção dos trabalhadores domésticos e suas famílias;

(b) calcular o valor monetário dos pagamentos *in natura*, tomando por referência critérios objetivos, como o valor de mercado de tais prestações, seu preço de custo ou o preço fixado por autoridades públicas, segundo proceda;

(c) limitar os pagamentos *in natura* ao que é claramente apropriado para o uso e benefício pessoal do trabalhador doméstico, como alimentação e acomodação;

(d) assegurar, quando se exige a um trabalhador doméstico que resida no domicílio do empregador, que não se aplique nenhum desconto na remuneração com respeito ao alojamento, a menos que o trabalhador doméstico aceite o desconto; e

(e) assegurar que os artigos diretamente relacionados ao desempenho das tarefas dos trabalhadores domésticos, como uniformes, ferramentas e material de proteção, assim como sua limpeza e manutenção, não sejam considerados como pagamentos *in natura*, e que seu custo não seja descontado da remuneração dos trabalhadores domésticos.

15. (1) Os trabalhadores domésticos deveriam receber, no momento de cada pagamento, uma relação escrita de fácil compreensão, na qual figurem a remuneração total que será paga e a quantidade específica e a finalidade de qualquer dedução que tenha sido feita.

(2) Mediante o término da relação de trabalho, qualquer valor pendente deveria ser pago imediatamente.

16. Os Membros deveriam adotar medidas para assegurar que os trabalhadores domésticos usufruam de condições não menos favoráveis àquelas aplicadas aos demais trabalhadores em geral no que diz respeito à proteção dos créditos salariais no caso de insolvência ou falecimento do empregador.

17. Quando a acomodação e alimentação são fornecidas, deveria se prever, levando-se em consideração as condições nacionais, as seguintes condições:

(a) um quarto separado e privado que seja adequadamente mobiliado e ventilado, equipado com uma maçaneta com chave, que deve ser entregue ao trabalhador doméstico;

(b) acesso a instalações sanitárias em boas condições, compartilhadas ou privadas;

(c) iluminação suficiente e, na medida em que seja necessário, calefação ou ar condicionado, em função das condições prevalecentes do domicílio; e

(d) refeições de boa qualidade e em quantidade suficiente, adaptadas, quando proceda e de maneira razoável, às necessidades culturais e religiosas particulares dos trabalhadores domésticos a que se referem.

18. No caso do término da relação de trabalho por iniciativa do empregador, por outros motivos que não faltas graves, aos trabalhadores domésticos que moram no domicílio no qual trabalham, deveria ser concedido um período razoável de aviso-prévio e tempo livre suficiente durante este período para buscar um novo emprego e alojamento.

19. Os Membros, em consulta com as organizações mais representativas de empregadores e de trabalhadores, assim como com organizações representativas dos trabalhadores domésticos e com organizações representativas dos empregadores dos trabalhadores domésticos, quando tais organizações existam, deveriam adotar medidas com a finalidade de, por exemplo:

(a) proteger os trabalhadores domésticos, eliminando ou reduzindo ao mínimo, na medida do que é razoavelmente factível, os perigos e riscos relacionados com o trabalho, com vistas a prevenir acidentes, enfermidades e mortes e promover a segurança e saúde no trabalho nos domicílios que constituam locais de trabalho;

(b) estabelecer um sistema de inspeção suficiente e apropriado, em conformidade com o disposto no art. 17 da Convenção, e sanções adequadas em caso de infração da legislação do trabalho em matéria de segurança e saúde no trabalho;

(c) instaurar procedimentos para a coleta e publicação de estatísticas sobre enfermidades e acidentes profissionais relativos ao trabalho doméstico, assim como outras estatísticas que se considerem úteis para a prevenção dos riscos e acidentes no contexto da segurança e saúde no trabalho;

(d) prestar assistência em matéria de segurança e saúde no trabalho, inclusive sobre aspectos ergonômicos e equipamentos de proteção; e

(e) desenvolver programas de formação e difundir orientações sobre os requisitos em matéria de segurança e saúde no trabalho que sejam específicas para o trabalho doméstico.

20. (1) Os Membros deveriam considerar, em conformidade com a legislação nacional, meios para facilitar o pagamento das contribuições à previdência social, inclusive com respeito aos trabalhadores domésticos que prestam serviços para múltiplos empregadores, por exemplo mediante um sistema de pagamento simplificado.

(2) Os Membros deveriam considerar a celebração de acordos bilaterais, regionais ou multilaterais para assegurar que os trabalhadores domésticos migrantes, cobertos por tais acordos, gozem da igualdade de tratamento com respeito à seguridade social, assim como do acesso aos direitos de seguridade social e à manutenção da transferência de tais direitos.

(3) O valor monetário dos pagamentos *in natura* deveria ser devidamente considerado para fins de previdência social, inclusive com respeito à contribuição dos empregadores e dos direitos e benefícios dos trabalhadores domésticos.

21. (1) Os Membros deveriam considerar a adoção de medidas adicionais para assegurar a proteção efetiva dos trabalhadores domésticos e, em particular, dos trabalhadores domésticos migrantes, como por exemplo:

(a) estabelecer uma linha telefônica nacional de assistência, com serviços de tradução para os trabalhadores domésticos que precisem de apoio;

(b) em consonância com o art. 17 da Convenção, prover um sistema de visitas, antes da colocação, a domicílios que empregarão trabalhadores domésticos migrantes;

(c) criar uma rede de alojamento de emergência;

(d) sensibilizar empregadores quanto às suas obrigações, proporcionado a eles informação sobre as boas práticas relativas ao emprego dos trabalhadores domésticos, sobre as obrigações legais em matéria de emprego e migração em relação aos trabalhadores domésticos migrantes, sobre suas medidas de execução e as sanções em caso de infração, e sobre os serviços de assistência à disposição dos trabalhadores domésticos e seus empregadores;

(e) assegurar que trabalhadores domésticos possam recorrer a mecanismos de queixa e tenham a capacidade para apresentar recursos legais, tanto civil quanto penal, durante o emprego e depois de terminada a relação de trabalho, independentemente de ter deixado o país de emprego; e

(f) estabelecer um serviço público de comunicação que informe aos trabalhadores domésticos, em idiomas que eles compreendam, seus direitos, legislação relevante, mecanismos de queixa disponíveis e recursos disponíveis, a legislação em matéria de emprego e a legislação sobre migração, assim como acerca da proteção jurídica contra delitos como atos de violência, tráfico de pessoas e privação de liberdade, e lhes proporcione outros dados que possam necessitar.

(2) Os Membros que são países de origem de trabalhadores domésticos migrantes deveriam contribuir para a proteção efetiva dos direitos desses trabalhadores, informando-lhes seus direitos antes de sua partida de seu país, estabelecendo fundos de assistência legal, serviços consulares especializados e adotando qualquer outra medida que seja apropriada.

22. Os Membros, em consulta com as organizações mais representativas de empregadores e de trabalhadores, assim como com organizações representativas dos trabalhadores domésticos e com organizações representativas dos empregadores dos trabalhadores domésticos, quando tais organizações existam, deveriam considerar a possibilidade de especificar, por meio de legislação nacional ou outras medidas, as condições sob as quais os trabalhadores domésticos migrantes teriam direito à repatriação sem custos para eles, após o término do contrato de trabalho em virtude do qual foram empregados.

23. Os Membros deveriam promover boas práticas das agências privadas de emprego com relação aos trabalhadores domésticos, inclusive trabalhadores domésticos migrantes, tendo em conta os princípios e enfoques contemplados na Convenção sobre Agências Privadas de Emprego, 1997 (n. 181) e na Recomendação sobre Agências Privadas de Emprego, 1997 (n. 188).

24. Na medida em que seja compatível com a legislação e a prática nacionais relativas ao respeito à privacidade, os Membros poderão considerar as condições sob as quais os inspetores do trabalho ou outros funcionários encarregados de velar pelo cumprimento das disposições aplicáveis ao trabalho doméstico deveriam ser autorizados a ter acesso aos locais em que se realiza o trabalho.

25. (1) Os Membros, em consulta com as organizações mais representativas de empregadores e de trabalhadores, assim como com organizações representativas dos trabalhadores domésticos e com organizações representativas dos empregadores dos trabalhadores domésticos, quando tais organizações existam, deveriam estabelecer políticas e programas, com o objetivo de:

(a) fomentar o desenvolvimento contínuo de competências e qualificações dos trabalhadores domésticos, inclusive, se for o caso, a alfabetização de forma a melhorar suas possibilidades de desenvolvimento profissional e de emprego;

(b) atender às necessidades dos trabalhadores domésticos quanto ao alcance do equilíbrio entre trabalho e vida familiar; e

(c) assegurar que as preocupações e os direitos dos trabalhadores domésticos sejam levados em consideração no contexto de esforços mais gerais de conciliação entre responsabilidades do trabalho e familiares.

(2) Os Membros, em consulta com as organizações mais representativas de empregadores e de trabalhadores, assim como com organizações representativas dos trabalhadores domésticos e com organizações representativas dos empregadores dos trabalhadores domésticos, quando tais organizações existam, deveriam elaborar indicadores e sistemas de medição apropriados de maneira a fortalecer a capacidade dos órgãos nacionais de estatística com o objetivo de coletar, de maneira efetiva, dados necessários para facilitar a formulação eficaz de políticas em matéria de trabalho doméstico.

26. (1) Os Membros deveriam considerar a cooperação entre si para assegurar que a Convenção sobre as Trabalhadoras e os Trabalhadores Domésticos, 2011, e a presente Recomendação sejam aplicadas de forma efetiva aos trabalhadores domésticos migrantes.

(2) Os Membros deveriam cooperar nos níveis bilateral, regional e global com o propósito de melhorar a proteção de trabalhadores domésticos, especialmente no que diz respeito à prevenção do trabalho forçado e tráfico de pessoas, ao acesso à seguridade social, ao monitoramento de agências privadas de emprego que contratam pessoas para desempenharem trabalho doméstico em outro país, à disseminação de boas práticas e à compilação de estatísticas sobre trabalho doméstico.

(3) Os Membros deveriam tomar as medidas apropriadas para assistir uns aos outros e dar efeito às disposições da Convenção por meio da cooperação ou assistência internacionais reforçadas, ou ambas, que inclua apoio ao desenvolvimento econômico e social e desenvolvimento de programas de erradicação da pobreza e de ensino universal.

(4) No contexto da imunidade diplomática, os Membros deveriam considerar:

a) a adoção de políticas e códigos de conduta para o pessoal diplomático destinados a prevenir a violação dos direitos dos trabalhadores domésticos; e

b) a cooperação entre si em nível bilateral, regional e multilateral com a finalidade de enfrentar as práticas abusivas contra os trabalhadores domésticos e preveni-las.

13.4.2. Convenção (177) sobre trabalho em domicílio

Convenção n. 177 da Organização Internacional do Trabalho (OIT) sobre trabalho em domicílio (1996)

A Conferência-Geral da Organização Internacional do Trabalho, convocada em Genebra pelo Conselho de Administração da Repartição Internacional do Trabalho, e reunida em sua sessão 83 em 4 de junho de 1996, e lembrando que muitas convenções internacionais de trabalho e recomendações, que estabelecem normas de aplicação geral relativas às condições de trabalho são aplicáveis aos trabalhadores no domicílio, e observando que as condições particulares que caracterizam o trabalho em casa torná-lo desejável melhorar a aplicação destas Convenções e Recomendações para trabalhadores no domicílio, e completá-las com normas que tenham em conta as características especiais do trabalho para casa, e havendo decidido adotar diversas proposições relativas ao trabalho em casa, que é o quarto item da agenda da sessão, e havendo determinado que essas propostas tomariam a forma de uma convenção internacional; adota, neste dia vinte de junho do ano de 1996, a seguinte Convenção, que poderá ser citada como Convenção sobre o Trabalho Início de 1996:

Art. 1º

Para efeitos da presente Convenção:

(A) a expressão "trabalho em domicílio" trabalho significa realizada por uma pessoa, a ser referido como um trabalhador em domicílio,

(I) na casa dele ou dela ou de outras instalações de sua escolha, além do local de trabalho do empregador;

(II) para remuneração;

(III) o que resulta em um produto ou serviço conforme especificado pelo empregador, independentemente de quem fornece os equipamentos, materiais ou outros insumos utilizados, a menos que essa pessoa tenha o grau de autonomia e de independência econômica necessário para ser considerado um trabalhador independente, sob as leis nacionais, regulamentos ou decisões judiciais;

(B) pessoas com estatuto de empregado não se tornem trabalhadores no domicílio, na acepção da presente Convenção, simplesmente, ocasionalmente, realizando seu trabalho como empregados em casa, ao invés de em seus locais de trabalho habitual;

(C) o empregador designa uma pessoa, singular ou coletiva que, diretamente ou por pessoa interposta, com ou sem intermediários estão previstas na legislação nacional, dá um trabalho para casa em virtude da atividade empresarial dele ou dela.

Art. 2º

A presente Convenção se aplica a todos as pessoas que realizem trabalho de casa, na acepção do art. 1º.

Art. 3º

Todo Membro que tenha ratificado a presente Convenção deverá adotar, implementar e revisar periodicamente uma política nacional sobre o trabalho em casa que visa a melhorar a situação dos trabalhadores no domicílio, em consulta com as organizações mais representativas de empregadores e trabalhadores e, quando existem, com as organizações preocupadas com domicílio e os de empregadores de trabalhadores domésticos.

Art. 4º

1. A política nacional sobre o trabalho de origem deve promover, na medida do possível, a igualdade de tratamento entre os trabalhadores domésticos e assalariados outros, tendo em conta as características especiais do trabalho para casa e, quando adequado, condições aplicáveis para o mesmo ou um tipo similar de trabalho realizado em uma empresa.

2. Igualdade de tratamento deve ser promovida, em particular, em relação a:

(A) do domicílio «direito de estabelecer ou participar de organizações de sua própria escolha e para participar das atividades dessas organizações;

(B) a proteção contra a discriminação no emprego e na ocupação;

(C) a proteção no campo da segurança e saúde ocupacional;

(D) a remuneração;

(E) proteção legal de segurança social;

(F) o acesso à formação;

(G) idade mínima para admissão a emprego ou trabalho, e

(H) proteção à maternidade.

Art. 5º

A política nacional sobre o trabalho de origem deve ser implementada por meio de leis e regulamentos, acordos coletivos, sentenças arbitrais ou de qualquer outra maneira conforme a prática nacional.

Art. 6º

Medidas adequadas devem ser tomadas para que as estatísticas de trabalho incluem, na medida do trabalho, possível em casa.

Art. 7º

Leis e regulamentos nacionais de segurança e saúde no trabalho são aplicáveis para trabalhar em casa, tendo em conta as suas características especiais, e estabelecerá as condições em que determinados tipos de trabalho e o uso de determinadas substâncias pode ser proibida em trabalho de casa por razões de segurança e de saúde.

Art. 8º

Onde o uso de intermediários no trabalho de casa é permitido, as respectivas responsabilidades dos empregadores e intermediários serão determinadas por leis e regulamentos ou por decisões judiciais, em conformidade com a prática nacional.

Art. 9º

1. Um sistema de inspeção de acordo com legislação e práticas nacionais deve assegurar o cumprimento das leis e regulamentos aplicáveis ao trabalho de casa.

2. Soluções adequadas, incluindo sanções, quando necessário, em caso de violação dessas leis e regulamentos devem ser previstas e efetivamente aplicadas.

Art. 10

A presente Convenção não afeta as disposições mais favoráveis aplicáveis aos trabalhadores no domicílio em outras convenções internacionais do trabalho.

Art. 11

As ratificações formais da presente Convenção serão comunicadas ao Diretor-Geral da Repartição Internacional do Trabalho para registro.

Art. 12

1. Esta Convenção obrigará apenas os Membros da Organização Internacional do Trabalho cujas ratificações tenham sido registradas pelo Diretor-Geral da Repartição Internacional do Trabalho.

2. Ela entrará em vigor 12 meses após a data em que as ratificações de dois Membros tenham sido registradas pelo Diretor-Geral.

3. Posteriormente, esta Convenção entrará em vigor para cada Membro 12 meses após a data em que sua ratificação tenha sido registrada.

Art. 13

1. Qualquer membro que ratificar esta Convenção poderá denunciá-la após um período de dez anos a partir da data em que a primeira Convenção entrar em vigor, por um ato comunicado ao Diretor-Geral da Repartição Internacional do Trabalho para registro. A denúncia não surtirá efeito até um ano após a data em que está registrada.

2. Todo Membro que tenha ratificado a presente Convenção e que, no prazo de ano após a expiração do período de dez anos mencionado no parágrafo anterior, o exercício do direito de denúncia previsto neste artigo ficará obrigado por novo período de dez anos e, posteriormente, poderá denunciar esta Convenção ao final de cada período de dez anos, nas condições previstas no presente artigo.

Art. 14

1. O Diretor-Geral da Repartição Internacional do Trabalho notificará todos os Membros da Organização Internacional do Trabalho o registro de todas as ratificações e denúncias comunicadas pelos Membros da Organização.

2. Ao notificar os Membros da Organização do registro da segunda ratificação, o Diretor-Geral chamará a atenção dos membros da Organização para a data em que a Convenção entrará em vigor.

Art. 15

O Diretor-Geral da Repartição Internacional do Trabalho comunicará ao Secretário-Geral das Nações Unidas, para registro, em conformidade com o art. 102 da Carta das Nações Unidas, informações completas sobre todas as ratificações e atos de denúncia registrada pelo Diretor-geral em conformidade com o disposto nos artigos anteriores.

Art. 16

Às vezes, como se pode considerar necessário, o Conselho de Administração da Repartição Internacional do Trabalho apresentará à Conferência-Geral um relatório sobre a aplicação da presente Convenção e examinará a conveniência de incluir na agenda da Conferência a questão de sua revisão no todo ou em parte.

Art. 17

1. Caso a Conferência adote uma nova Convenção, a presente Convenção, no todo ou em parte, então, a menos que a nova Convenção disponha de outra forma.

(A) a ratificação por um Membro da nova Convenção revista implicará *ipso jure* a denúncia imediata da presente Convenção, não obstante o disposto no art. 13 acima, se e quando a nova Convenção revista tenha entrado em vigor;

(B) a partir da data em que a nova convenção revista entrar em vigor, a presente Convenção deixará de estar aberta à ratificação dos membros.

2. A presente Convenção continuará de qualquer maneira em vigor na sua forma e conteúdo para os Membros que a ratificaram, mas não ratificarem a Convenção revista.

Art. 18

As versões em Inglês e francês do texto desta Convenção são igualmente autênticas.

13.5. Convenção da OIT sobre férias anuais remuneradas

CONVENÇÃO 132 DA OIT

CONVENÇÃO SOBRE FÉRIAS ANUAIS REMUNERADAS[299] (REVISTA EM 1970)

A Conferência Geral da Organização Internacional do Trabalho,

Convocada em Genebra pela Administração da Repartição Internacional do Trabalho, e tendo-se reunido em sua Quinquagésima-Quarta Sessão em 3 de junho de 1970, e

Tendo decidido adotar diversas propostas relativas a férias remuneradas, assunto que constitui o quarto item da agenda da sessão, e

Tendo determinado que estas propostas tomarão a forma de uma Convenção Internacional, adota, em 24 de junho de 1970, a seguinte Convenção que será denominada Convenção sobre Férias Remuneradas (revista), 1970:

Art. 1º

As disposições da presente Convenção, caso não sejam postas em execução por meio de acordos coletivos, sentenças arbitrais ou decisões judiciais, seja por organismos oficiais de fixação de salários, seja por qualquer outra maneira conforme a prática nacional e considerada apropriada, levando-se em conta as condições próprias de cada país, deverão ser aplicadas através de legislação nacional.

Art. 2º

1. - A presente Convenção aplicar-se-á a todas as pessoas empregadas, à exceção dos marítimos.

2. - Quando necessário, a autoridade competente ou qualquer órgão apropriado de cada país poderá, após consulta às organizações de empregadores e de trabalhadores interessadas, onde existirem, proceder à exclusão do âmbito da Convenção de categorias determinadas de pessoas empregadas, desde que sua aplicação cause problemas particulares de execução ou de natureza constitucional ou legislativa de certa importância.

3. - Todo Membro que ratifique a Convenção deverá, no primeiro relatório sobre sua aplicação, o qual ele é obrigado a apresentar em virtude do art. 22 da Constituição da Organização Internacional do Trabalho, indicar, com base em motivos expostos, as categorias que tenham sido objeto de exclusão em decorrência do § 2º deste Artigo, e expor nos relatórios ulteriores o estado de sua legislação e de sua prática quanto às mencionadas categorias, precisando em que medida a Convenção foi executada ou ele se propõe a executar em relação às categorias em questão.

Art. 3º

1. - Toda pessoa a quem se aplique a presente Convenção terá direito a férias anuais remuneradas de duração mínima determinada.

2. - Todo Membro que ratifique a Convenção deverá especificar a duração das férias em uma declaração apensa à sua ratificação.

3. - **A duração das férias não deverá em caso algum ser inferior a 3 (três) semanas de trabalho, por 1 (um) ano de serviço.**

4. - Todo Membro que tiver ratificado a Convenção poderá informar ao Diretor-Geral da Repartição Internacional do Trabalho, por uma declaração ulterior, que ele aumenta a duração do período de férias especificado no momento de sua ratificação.

Art. 4º

1. - **Toda pessoa que tenha completado, no curso de 1 (um) ano determinado, um período de serviço de duração inferior ao período necessário à obtenção de direito à totalidade das férias prescritas no Artigo terceiro acima terá direito, nesse ano, a férias de duração proporcionalmente reduzidas.**

2. - Para os fins deste Artigo o termo "ano" significa ano civil ou qualquer outro período de igual duração fixado pela autoridade ou órgão apropriado do país interessado.

Art. 5º

1. - Um período mínimo de serviço poderá ser exigido para a obtenção de direito a um período de férias remuneradas anuais.

2. - Cabe à autoridade competente e ao órgão apropriado do país interessado fixar a duração mínima de tal período de serviço, que não poderá em caso algum ultrapassar 6 (seis) meses.

3. - O modo de calcular o período de serviço para determinar o direito a férias será fixado pela autoridade competente ou pelo órgão apropriado de cada país.

4. - Nas condições a serem determinadas pela autoridade competente ou pelo órgão apropriado de cada país, as faltas ao trabalho por motivos independentes da vontade individual da pessoa empregada interessada tais como faltas devidas a doenças, a acidente, ou a licença para gestantes, não poderão ser computadas como parte das férias remuneradas anuais mínimas previstas no § 3º do art. 3º da presente Convenção.

Art. 6º

1. - Os dias feriados oficiais ou costumeiros, quer se situem ou não dentro do período de férias anuais, não serão computados como parte do período de férias anuais remuneradas previsto no § 3º do art. 3º acima.

---

[299] Promulgada no Brasil pelo Decreto n. 3.197, de 5 de outubro de 1999.

2. - Em condições a serem determinadas pela autoridade competente ou pelo órgão apropriado de cada país, os períodos de incapacidade para o trabalho resultantes de doença ou de acidentes não poderão ser computados como parte do período mínimo de férias anuais previsto no § 3º, do art. 3º da presente Convenção.

Art. 7º

1. - Qualquer pessoa que entre em gozo de período de férias previsto na presente Convenção deverá receber, em relação ao período global, pelo menos a sua remuneração média ou normal (incluindo-se a quantia equivalente a qualquer parte dessa remuneração em espécie, e que não seja de natureza permanente, ou seja concedida quer o indivíduo esteja em gozo de férias ou não), calculada de acordo com a forma a ser determinada pela autoridade competente ou órgão responsável de cada país.

2. - As quantias devidas em decorrência do § 1º acima deverão ser pagas à pessoa em questão antes do período de férias, salvo estipulação em contrário contida em acordo que vincule a referida pessoa e seu empregador.

Art. 8º

1. - O fracionamento do período de férias anuais remuneradas pode ser autorizado pela autoridade competente ou pelo órgão apropriado de cada país.

2. - Salvo estipulação em contrário contida em acordo que vincule o empregador e a pessoa empregada em questão, e desde que a duração do serviço desta pessoa lhe dê direito a tal período de férias, uma das frações do referido período deverá corresponder pelo menos a duas semanas de trabalho ininterruptos.

Art. 9º

1. - A parte ininterrupta do período de férias anuais remuneradas mencionada no § 2º do art. 8º da presente Convenção deverá ser outorgada e gozada dentro de no máximo 1 (um) ano, e o resto do período de férias anuais remuneradas dentro dos próximos 18 (dezoito) meses, no máximo, a contar do término do ano em que foi adquirido o direito de gozo de férias.

2. - Qualquer parte do período de férias anuais que exceder o mínimo previsto poderá ser postergada com o consentimento da pessoa empregada em questão, por um período limitado além daquele fixado no § 1º deste artigo.

3. - O período mínimo de férias e o limite de tempo referidos no § 2º deste artigo serão determinados pela autoridade competente após consulta às organizações de empregadores e trabalhadores interessadas, ou através de negociação coletiva ou por qualquer outro modo conforme à prática nacional, sendo levadas em conta as condições próprias de cada país.

Art. 10

1. - A ocasião em que as férias serão gozadas será determinada pelo empregador, após consulta à pessoa empregada interessada em questão ou seus representantes, a menos que seja fixada por regulamento, acordo coletivo, sentença arbitral ou qualquer outra maneira conforme à prática nacional.

2. - Para fixar a ocasião do período de gozo das férias serão levadas em conta as necessidades do trabalho e as possibilidades de repouso e diversão ao alcance da pessoa empregada.

Art. 11

Toda pessoa empregada que tenha completado o período mínimo de serviço que pode ser exigido de acordo com o § 1º do art. 5º da presente Convenção deverá ter direito, em caso de cessação da relação empregatícia, ou a um período de férias remuneradas proporcional à duração do período de serviço pelo qual ela não gozou ainda tais férias, ou a uma indenização compensatória, ou a um crédito de férias equivalente.

Art. 12

Todo acordo relativo ao abandono do direito ao período mínimo de férias anuais remuneradas previsto no § 3º do art. 3º da presente Convenção ou relativo à renúncia ao gozo das férias mediante indenização ou de qualquer outra forma, será, dependendo das condições nacionais, nulo de pleno direito ou proibido.

Art. 13

A autoridade competente ou órgão apropriado de cada país poderá adotar regras particulares em relação aos casos em que uma pessoa empregada exerça, durante suas férias, atividades remuneradas incompatíveis com o objetivo dessas férias.

Art. 14

Medidas efetivas apropriadas aos meios pelos quais se dará efeito às disposições da presente Convenção devem ser tomadas através de uma inspeção adequada ou de qualquer outra forma, a fim de assegurar a boa aplicação e o respeito às regras ou disposições relativas às férias remuneradas.

Art. 15

1. - Todo Membro pode depositar as obrigações da presente Convenção separadamente:

a) em relação às pessoas empregadas em setores econômicos diversos da agricultura;

b) em relação às pessoas empregadas na agricultura.

2. - Todo membro precisará, em sua ratificação, se aceita as obrigações da Convenção em relação às pessoas indicadas na alínea "a" do § 1º acima ou em relação às pessoas mencionadas na alínea "b" do referido parágrafo, ou em relação a ambas categorias.

3. - Todo membro que na ocasião da sua ratificação não tiver aceitado as obrigações da presente Convenção senão em relação às pessoas mencionadas na alínea "a" ou senão em relação às pessoas mencionadas na alínea "b" do § 1º acima, poderá, ulteriormente,

notificar ao Diretor-Geral da Repartição Internacional do Trabalho que aceita as obrigações da Convenção em relação a todas as pessoas a que se aplica a presente Convenção.

Art. 16

A presente Convenção contém revisão da Convenção sobre Férias Remuneradas, 1936, e a Convenção sobre Férias Remuneradas (Agricultura), 1952, nos seguintes termos:

a) a aceitação das obrigações da presente Convenção em relação às pessoas empregadas nos setores econômicos diversos da Agricultura, por um Membro que é parte da Convenção sobre Férias Remuneradas, 1936, acarreta, de pleno direito, a denúncia imediata desta última Convenção;

b) a aceitação das obrigações da presente Convenção sobre Férias Remuneradas (Agricultura), 1952, acarreta, de pleno direito, a denúncia imediata desta última Convenção;

c) a entrada em vigor da presente Convenção não coloca obstáculo à ratificação da Convenção sobre Férias Remuneradas (Agricultura), 1952.

Art. 17

As ratificações formais da presente Convenção serão comunicadas ao Diretor-Geral da Repartição Internacional do Trabalho, para fins de registro.

Art. 18

1. - A presente Convenção não vincula senão os Membros da Organização Internacional do Trabalho cuja ratificação tenha sido registrada pelo Diretor-Geral.

2. - Ela entrará em vigor 12 (doze) meses após o registro pelo Diretor-Geral, das ratificações de dois Membros.

3. - Subsequentes a presente Convenção entrará em vigor para cada Membro 12 (doze) meses após a data do registro de sua ratificação.

Art. 19

1. - Todo Membro que tiver ratificado a presente Convenção poderá denunciá-la ao término de um período de 10 (dez) anos contados da data da entrada em vigor inicial da Convenção por um ato comunicado ao Diretor-Geral da Repartição Internacional do Trabalho e por ele registrado. A denúncia só terá efeito 1 (um) ano após ter sido registrada.

2. - Todo membro que tenha ratificado a presente Convenção e que, dentro de 1 (um) ano após o término do período de 10 (dez) anos mencionado no parágrafo precedente, não tenha feito uso do seu direito de denúncia previsto por este Artigo, estará vinculado por um novo período de 10 (dez) anos e, subsequentemente, poderá denunciar a presente Convenção ao término de cada período de 10 (dez) anos nas condições revistas neste artigo.

Art. 20

1. - O Diretor-Geral da Repartição Internacional do Trabalho notificará a todos os Membros da Organização Internacional do Trabalho do registro de todas as ratificações e denúncias que lhe forem comunicadas pelos membros da Organização.

2. - Quando notificar os Membros da Organização sobre o registro da segunda ratificação a ele comunicada, o Diretor-Geral deverá chamar a atenção dos Membros da Organização para a data da entrada em vigor da presente Convenção.

Art. 21

O Diretor-Geral da Repartição Internacional do Trabalho comunicará ao Secretário-Geral da Organização das Nações Unidas, para fins de registro, de acordo com o art. 102 da Carta das Nações Unidas, informações completas sobre todas as ratificações e atos de denúncias registrados por ele de acordo com as disposições dos Artigos precedentes.

Art. 22

Quando julgar necessário, o Corpo Dirigente da Repartição Internacional do Trabalho apresentará à Conferência-Geral um relatório sobre a aplicação da presente Convenção e examinará a conveniência de colocar na agenda da Conferência a questão de sua revisão total ou parcial.

Art. 23

1. - No caso de a Conferência adotar uma nova Convenção que revise a presente Convenção, e a menos que a nova Convenção disponha em contrário:

a) a ratificação por um membro da nova Convenção contendo a revisão acarreta a denúncia imediata da presente Convenção, não obstante as disposições do art. 19 acima, se e quando a nova Convenção entrar em vigor;

b) a partir da data da entrada em vigor da nova Convenção que contém a revisão, será vedada a ratificação da presente Convenção pelos Membros.

2. - A presente Convenção, em todo caso, será mantida em vigor, quanto a sua forma e conteúdo em relação aos Membros que a houverem ratificado mas não houverem ratificado a Convenção revisora.

Os textos em francês e em inglês do texto da presente Convenção fazem igualmente fé.

O Texto que precede é o texto autêntico da Convenção devidamente adotada na Conferência-Geral da Organização do Trabalho, em sua quinquagésima quarta sessão, realizada em Genebra e declara encerrada a vinte e cinco de junho de 1970.

Em fé do que apuseram suas assinaturas, no dia vinte e cinco de junho de 1970.

Referências Bibliográficas

ACCIOLY, Hildebrando. *Manual de Direito Internacional Público*. São Paulo: Saraiva, 1986.

AMARAL, Renata Campetti. *O Direito Internacional:* Público e Privado. 4. ed. Porto Alegre: Verbo Jurídico, 2008.

AMORIM ARAÚJO, Luís Ivani de. *Curso de Direito Internacional Público*. São Paulo: Revista dos Tribunais, 1990.

ANNONI, Danielle (Org.). *Direitos Humanos e Poder Econômico:* Conflitos e Alianças. Curitiba: Juruá, 2005.

ARAÚJO, Nadia de. *Direito Internacional Privado:* Teoria e prática brasileira. 2. ed. Rio de Janeiro: Renovar, 2004.

AZKOUL, Marco Antônio. *Teoria Geral do Estado*. São Paulo: Juarez de Oliveira, 2002.

BARROS, Alice Monteiro de. *Curso de Direito do Trabalho*. 3. ed. São Paulo: LTr, 2007.

BARROSO, Darlan. *Manual de Direito Processual Civil, Vol I:* teoria geral e processo de conhecimento. 2. ed. Barueri: Manole, 2007.

_____. *Direito Internacional (Elementos de Direito, Vol. II)*. São Paulo: Revista dos Tribunais, 2009.

BEZERRA LEITE, Carlos Henrique. *Curso de Direito Processual do Trabalho*. 4. ed. São Paulo: LTr, 2007.

_____. *Curso de Direito Processual do Trabalho*. 5. ed. São Paulo: LTr, 2007.

BOBBIO, Norberto. *Estado, Governo e Sociedade: Para uma teoria geral da política*. 9. ed. Rio de Janeiro: Paz e Terra, 2001.

BORCHARDT, Klaus-Dieter. *O ABC do Direito Comunitário*. 5 ed. Coleção Documentação Europeia. Luxemburgo: Serviço das Publicações Oficiais das Comunidades Europeias, 2000.

BOSON, Gerson de Britto Mello. *Direito Internacional Público:* O Estado em Direito das Gentes. 3. ed. Belo Horizonte: Del Rey, 2000.

BRAGA, Marcelo Pepe. *Direito Internacional*. Rio de Janeiro: Forense, São Paulo: Método, 2009.

CAMPOS, Diego Araújo. *Direito Internacional Público para concursos:* Teoria e questões. Rio de Janeiro: Academia do Concurso, 2009.

_____. *Relações Internacionais para Provas e Concursos*. Niterói: Impetus, 2010.

CASTRO, Celso Antônio Pinheiro de; FALCÃO, Leonor Peçanha. *Ciência Política:* Uma Introdução. São Paulo: Atlas, 2004.

COMISSÃO EUROPEIA. *A Europa em 12 lições*. Luxemburgo: Serviço das Publicações Oficiais das Comunidades Europeias, 2003.

_____. *Um protagonista a nível mundial — As relações externas da União Europeia*. Luxemburgo: Serviço das Publicações Oficiais das Comunidades Europeias, 2004.

_____. *Como Funciona a União Europeia — Guia das instituições da União Europeia*. Luxemburgo: Serviço das Publicações Oficiais das Comunidades Europeias, 2006.

COMPARATO, Fábio Konder. *A afirmação histórica dos Direitos Humanos*. 3. ed. São Paulo: Saraiva, 2003.

CORRÊA JR., Luiz Carlos Bivar. *Direito Processual Penal*. Brasília: Vestcon, 2006.

CUNHA, Rafael Moura da. *Anti-Dumping: Formas de Controle dos Estados*. Disponível em: <http://www.franca.unesp.br/revista/graduacao%20art.s%202004/Rafael%20Moura%20da%20Cunha.htm> Acesso em: 16 mar. 2005.

DALLEGRAVE NETO, José Affonso. *Contrato Internacional de Trabalho*. Artigo disponível em: <http://www.apej.com.br/artigos_doutrina_txt.asp?Id_Artigo=97> Acesso em: 28 dez. 2005.

DIAZ LABRANO, Roberto Diaz. *Mercosur:* integración y Derecho. Buenos Aires: Intercontinental, 1998.

DI SENA JÚNIOR, Roberto. *O dumping e as práticas desleais de comércio exterior*. Teresina: *Jus Navigandi*, ano 4, n. 44, 2000. Disponível em: <http://jus2.uol.com.br/doutrina/texto.asp?id=768> Acesso em: 17 dez. 2005.

FAVARO, Luciano Monti. *Os Sujeitos de Direito Internacional Econômico*. Disponível em: <http://www.rvmd.ucb.br/sites/000/77/00000003.pdf> Acesso em: 31 dez. 2008.

FERREIRA FILHO, Manoel Gonçalves. *Curso de Direito Constitucional*. 21. ed. São Paulo: Saraiva, 1994.

FLORES, César. O Direito Comercial Internacional e a Preservação Ambiental: Entre o Risco e o Desenvolvimento. In: LEITE, José Rubem Morato; BELLO FILHO, Ney de Barros (Orgs.). *Direito Ambiental Contemporâneo*. Barueri: Manole, 2004.

FRAHM, Carina; VILLATORE, Marco R. C. *Dumping* Social e o Direito do Trabalho. In: *Direito Coletivo do Trabalho*. São Paulo: LTr, 2003.

FRANCO FILHO, Georgenor de Souza. *Globalização & desemprego:* mudanças nas relações de trabalho. São Paulo: LTr, 1998.

FRIEDE, Reis. *Curso Resumido de Ciência Política e Teoria Geral do Estado.* Rio de Janeiro: Forense Universitária, 2002.

GARABINI, Vera. *Direito Internacional & Comunitário.* Belo Horizonte: Leiditathi Editora Jurídica, 2005.

GARCIA, Gustavo Filipe Barbosa. *Curso de Direito do Trabalho.* São Paulo: Método, 2007.

GOMES, Dinaura Godinho Pimentel. Os Direitos Sociais no âmbito do Sistema Internacional de normas de proteção dos Direitos Humanos e seu impacto no Direito Brasileiro: Problemas e Perspectivas. In: *Revista Trabalhista*, Rio de Janeiro: Forense, v. IX, 2004.

HUSEK, Carlos Roberto. *Curso de Direito Internacional Público.* 7. ed. São Paulo: LTr, 2007.

JO, Hee Moon. *Introdução ao Direito Internacional.* São Paulo: LTr, 2000.

_____. *Moderno Direito Internacional Privado.* São Paulo: LTr, 2001.

KELSEN, Hans. *Teoria Pura do Direito.* 6. ed. São Paulo: Martins Fontes, 1998.

Manual de Procedimentos em Matéria de Convenções e Recomendações Internacionais do Trabalho. Mtb: Brasília, 1993.

KLIPPEL, Rodrigo. *Teoria Geral do Processo Civil.* Niterói: Impetus, 2007.

LIMA JÚNIOR, Jayme Benvenuto. *Os Direitos Humanos Econômicos, Sociais e Culturais.* Rio de Janeiro: Renovar, 2001.

LOSANO, G. Mário (Org.); KELSEN, Hans; CAMPAGNOLO, Umberto. *Direito Internacional e Estado Soberano.* São Paulo: Martins Fontes, 2002.

MARTINS, Eliane Maria Octaviano. Arquivo consultado na internet através de: <http://www.planalto.gov.br/ccivil_03/revista/Rev_57/Art.s/Art_Eliane.htm> Acesso em: 20 dez. 2005.

MARTINS, Sérgio Pinto. *Instituições de Direito Público e Privado.* 6. ed. São Paulo: Atlas, 2006.

_____. *Direito do trabalho.* 22. ed. São Paulo: Atlas, 2006.

MAZZUOLI, Valério de Oliveira. Direitos humanos e cidadania à luz do novo direito internacional. Disponível em: <http://www.ambito-juridico.com.br> (In: *Seminário Virtual Ambito-jurídico: Temas Atuais do Direito Constitucional*). Acesso em: 23 abr. 2000.

_____. Direitos Humanos, Cidadania e Educação: uma nova concepção introduzida pela Constituição Federal de 1988. In: *Revista Forense*, v. 359, estudos e comentários, jan./fev., 2002.

_____. *Direito Internacional Público:* parte geral. 4. ed. São Paulo: Revista dos Tribunais, 2008.

MATTOS, Adherbal Meira. *Direito Internacional Público.* 2. ed. Rio de Janeiro: Renovar, 2002.

MEIRELLES, Hely Lopes. *Direito Administrativo Brasileiro.* 22. ed. São Paulo: Malheiros, 1997.

MELLO, Celso D. de Albuquerque. *Direito Constitucional Internacional: uma introdução.* 2. ed. Rio de Janeiro: Renovar, 2000.

MERCOSUL. Brasília: MTb, SEFIT, 1998.

MIRANDA, Henrique Savonitti. *Curso de Direito Administrativo.* 5. ed. Brasília: Senado Federal, 2007.

MIRANDA, Jorge. *Curso de Direito Internacional Público:* uma visão sistemática do direito internacional dos nossos dias. Rio de Janeiro: Forense, 2009.

MONTENEGRO FILHO, Misael. *Processo Civil para Concursos Públicos.* 4. ed. São Paulo: Método, 2007.

MONTENEGRO NETO, Francisco. A OIT e a idade mínima de admissão ao emprego: até onde vai a preocupação com o menor? Teresina: *Jus Navigandi*, ano 10, n. 961, 2006. Disponível em: <http://jus2.uol.com.br/doutrina/texto.asp?id=7997> Acesso em: 3 fev. 2008.

MOSER, Claudinei. *Imunidade de Jurisdição do Estado Estrangeiro:* a Questão da (IR) Responsabilidade da União pelo Pagamento do Débito Judicial Trabalhista. Disponível em: <http://bdjur.stj.gov.br/jspui/bitstream/2011/16837/1/Imunidade_Jurisdi%c3%a7%c3%a3o_Estado_Estrangeiro.pdf> Acesso em: 22 jan. 2009.

NOVELINO, Marcelo. *Direito Constitucional para Concursos.* Rio de Janeiro: Forense, 2007.

PACHECO, Denilson Feitoza. *Direito Processual Penal:* teoria, crítica e práxis. 5. ed. Niterói: Impetus, 2008.

PIOVESAN, Flávia. A Constituição Brasileira de 1988 e os Tratados Internacionais de Proteção dos Direitos Humanos. In: *Os Direitos Humanos e o Direito Internacional.* Rio de Janeiro: Renovar, 1999.

_____. Direitos Humanos, Globalização Econômica e Integração Regional. In: *Direito Internacional do Século XXI – Integração, Justiça e Paz.* Curitiba: Juruá, 2003.

PIRES, Kátia Vanessa. As novas tendências do Direito Internacional: o Direito Comunitário e a Supranacionalidade. In: *Revista do Curso de Direito da Universidade Estadual de Montes Claros*, Montes Claros, Unimontes, v. 23, n. 23 (jan./jun. 2001), 2002, p. 65-74.

REIS, Jair Teixeira dos. *Direitos Humanos para provas e concursos*. 3. ed. Curitiba: Juruá, 2009.

_____. *Direitos Humanos Sistematizados*. Rio de Janeiro: Elsevier, 2008.

REZEK, J. Francisco. *Direito Internacional Público:* curso elementar. 10. ed. rev. e atual. São Paulo: Saraiva, 2005.

RIBAS, Gustavo Santamaria Carvalhal. A adoção de uma cláusula social nos tratados da OMC. Teresina: *Jus Navigandi*, ano 9, n. 644, 2005. Disponível em: <http://jus2.uol.com.br/doutrina/texto.asp?id=6548> Acesso em: 27 dez. 2005.

ROCHA, Andréa Presas. Igualdade salarial e regras de proteção ao salário. *Jus Navigandi*: Teresina, ano 12, n. 1597, 15 nov. 2007. Disponível em: <http://jus2.uol.com.br/doutrina/texto.asp?id=10660> Acesso em: 22 jan. 2009.

RUSSO CANTERO, Carlos Marcial. *El Mercosur ante al necessidad de organismos supranacionales*. Asuncíon — Paraguay: Continental, 1999.

SAMPAIO, Patrícia Regina Pinheiro; SOUZA, Carlos Affonso Pereira de. *Conflito entre Tratados e Leis*. Disponível em: <http://www.puc-rio.br/sobrepuc/ depto/direito/pet_jur/cafpattl.html> Acesso em: 7 abr. 2005.

SARAIVA, Renato. *Curso de Direito Processual do Trabalho*. 4. ed. São Paulo: Método, 2007.

SCALQUETTE, Rodrigo Arnoni. *Direito Processual Penal*. 2. ed. São Paulo: DPJ, 2007.

SCHAFRANSKI, Sílvia Maria Derbli. *Direitos Humanos e seu Processo de Universalização – Análise da Convenção Americana*. Curitiba: Juruá, 2003.

SÉ, Jairo Sento. *O Estrangeiro e o Direito do Trabalho*. Disponível em: <http://www.direitoufba.net/mensagem/jairosentose/dt-trabalho-doestrangeiro.doc> Acesso em: 22 jan. 2009.

SILVA, Geraldo Eulálio do Nascimento; ACCIOLY, Hildebrando. *Manual de Direito Internacional Público*. 15. ed. São Paulo: Saraiva, 2002.

SILVA, José Afonso da. *Curso de Direito Constitucional Positivo*. 12. ed. São Paulo: Malheiros, 1996.

SOARES, Mário Lúcio Quintão. *Teoria do Estado:* Introdução. 2. ed. Belo Horizonte: Del Rey, 2004.

SOUZA, Sérgio Augusto G. Pereira de. A declaração dos direitos da criança e a convenção sobre os direitos da criança. Direitos humanos a proteger em um mundo em guerra. Teresina: *Jus Navigandi*, ano 6, n. 53, 2002. Disponível em: <http://jus2.uol.com.br/doutrina/texto.asp?id=2568> Acesso em: 3 fev. 2008.

SÜSSEKIND, Arnaldo. *Instituições de Direito do Trabalho*. 11. ed. São Paulo: LTr, 1991.

_____. *Direito Internacional do Trabalho*. 3. ed. São Paulo: LTr, 2000.

TEIXEIRA, Carla Noura. *Direito Internacional:* Público, Privado e dos Direitos Humanos. São Paulo: Saraiva, 2007.

TURA, Marco Antônio Ribeiro. *Imunidade Jurisdição e Relação de Trabalho na Constituição de 1988*. Disponível em: <http://www.tura.adv.br/art.s.asp> Acesso em: 25 mar. 2006.

VIEIRA, Maria Margareth Garcia. *A Globalização e as Relações de Trabalho*. 1. ed. Curitiba: Juruá, 2003.

VITAGLIANO, José Arnaldo; BIASI, Clóvis Guido de. A estrutura comunitária da União Europeia e as bases jurídicas do Mercosul. Teresina: *Jus Navigandi*, ano 6, n. 52, 2001. Disponível em: <http://jus2.uol.com.br/doutrina/texto.asp?id=2324> Acesso em: 18 mar. 2006.